Dichter, Denker
und Erzähler

Dichter, Denker und Erzähler

A German Reader

EDITED BY

Peter Heller & Edith Ehrlich

WAVELAND

PRESS, INC.

Prospect Heights, Illinois

For information about this book, write or call:
Waveland Press, Inc.
P.O. Box 400
Prospect Heights, Illinois 60070
(312) 634-0081

ISBN 0-88133-432-4

ACKNOWLEDGMENTS

GOTTFRIED BENN: "Nur zwei Dinge" from *Gesammelte Werke* by Gottfried Benn (Wiesbaden: Limes Verlag, 1958), reprinted by permission of the publisher.

WOLFGANG BORCHERT: "Nachts schlafen die Ratten doch" from *An diesem Dienstag* in *Wolfgang Borcherts Gesamtwerk* by Wolfgang Borchert (Reinbek bei Hamburg: Rowohlt Verlag, 1949), reprinted by permission of the publisher.

BERTOLT BRECHT: "Legende von der Entstehung des Buches Taoteking" from *Hundert Gedichte* by Bertolt Brecht (Frankfurt am Main: Suhrkamp Verlag, 1955), reprinted by permission of the publisher.

RICHARD DEHMEL: "Der Arbeitsmann" by Richard Dehmel (Frankfurt am Main: S. Fischer Verlag, 1911), reprinted by permission of Vera Tügel-Dehmel.

PAUL ERNST: "Der Hecht" from *Komödianten- und Spitzbubengeschichten* by Paul Ernst (Gütersloh: Sigbert Mohn Verlag), reprinted by permission of the publisher.

SIGMUND FREUD: "Die Zerlegung der psychischen Persönlichkeit" from *Neue Folge der Vorlesungen zur Einführung in die Psychoanalyse*, 1933, © 1940 by Imago Publishing Co., Ltd., London, reprinted by permission of the publisher.

STEFAN GEORGE: "Du schlank und rein wie eine flamme . . ." from *Werke* by Stefan George (Düsseldorf: Verlag Helmut Küpper, 1958), reprinted by permission of the publisher.

HERMANN HESSE: "Märchen" ("Flötentraum") and "Im Nebel" from *Gesammelte Schriften in 7 Bänden*, Vol. 5, by Hermann Hesse (Frankfurt am Main: Suhrkamp Verlag, 1958), reprinted by permission of the publisher.

THEODOR HEUSS: "Ignaz Philipp Semmelweis," and "Gregor Mendel" from *Deutsche Gestalten* by Theodor Heuss (Tübingen: Rainer Wunderlich Verlag Hermann Leins, 1947), reprinted by permission of the publisher.

Hugo von Hofmannsthal: "Die Beiden" from *Gedichte*, Insel-Bücherei (Frankfurt am Main: Insel-Verlag, 1946), reprinted by permission of the publisher. "Das Erlebnis des Marschalls von Bassompierre" by *Hofmannsthal* from Hugo von Hofmannsthal *Die Erzählungen.*—Copyright 1945 by Bermann-Fischer Verlag A.G., Stockholm.

Karl Jaspers: "Ursprünge der Philosophie" from *Einführung in die Philosophie* by Karl Jaspers (Munich: R. Piper & Co. Verlag, 1957), reprinted by permission of the author.

Franz Kafka: "Poseidon." Reprinted by permission of Schocken Books Inc. from *Beschreibung eines Kampfes* by Franz Kafka, Copyright © 1936, 1937 by Heinr. Mercy Sohn, Prague. Copyright © 1946 by Schocken Books Inc., New York.

Reinhard Lettau: "Herr Strich schreitet zum Äußersten" from *Schwierigkeiten beim Häuserbauen* by Reinhard Lettau (München: Carl Hanser Verlag, 1962), reprinted by permission of the author.

Thomas Mann: "Im Spiegel" from *Altes und Neues* by Thomas Mann © 1953 by S. Fischer Verlag GmbH, Frankfurt-am-Main), reprinted by permission.

Max Planck: "Sinn und Grenzen der exakten Wissenschaft," excerpt from Max Planck, *Sinn und Grenzen der exakten Wissenschaft*, 7th edition 1965, Johann Ambrosius Barth Verlag, Leipzig; reprinted by permission of Nelly Planck.

Adolf Portmann: "Vom Ursprung des Menschen" from *Aus dem Wörterbuch des Biologen* by Adolf Portmann (Basel: Friedrich Reinhardt Verlag, 1st ed. 1944, 2nd ed. 1965), reprinted by permission of the publisher.

Rainier Maria Rilke: "Herbsttag," "Der Panther," and "Das Karussell" from *Sämtliche Werke* by Rainer Maria Rilke (Frankfurt am Main: Insel-Verlag, 1955), reprinted by permission of the publisher.

Arthur Schnitzler: "Das Tagebuch der Redegonda" by Arthur Schnitzler from Arthur Schnitzler *Ausgewählte Erzählungen*—Copyright 1950 by S. Fischer Verlag, Frankfurt am Main.

Kurt Tucholsky: "Der Mann, der zu spät kam" by Kurt Tucholsky (Reinbek bei Hamburg: Rowohlt Verlag), reprinted by permission of the publisher.

Stefan Zweig: "Die Welt der Sicherheit" from *Die Welt von Gestern* by Stefan Zweig (© 1944 by Bermann-Fischer Verlag AB, Stockholm), reprinted by permission of S. Fischer Verlag, Frankfurt-am-Main

Note: We gratefully acknowledge that Joerg Schaefer allowed us to use some materials originally compiled and introduced by him.

A portion of this book is reprinted from *German Fiction and Poetry* by Peter Heller and Edith Ehrlich, copyright © 1967 by Macmillan Publishing Co., Inc., and *German Essays and Expository Prose* by Peter Heller, Joerg Schaefer, and Edith Ehrlich, copyright © 1969 by Macmillan Publishing Co., Inc.

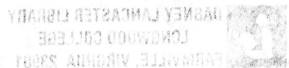

Preface

Dichter, Denker und Erzähler is a reader for the intermediate and advanced levels of study in German. The book should also serve as a first introduction to the range of German literature and thought from the eighteenth century to the present.

The texts in each of the parts are arranged in chronological sequence. At the same time, the first three parts are graded in the sense that the selections in Part I, *Fabeln und Märchen*, presuppose less knowledge of German and offer more explanatory comments than the more complex *Erzählungen und Episoden* of Part II which are, in turn, less exacting than the expository prose contained in the section of *Essays und wissenschaftliche Prosa* (Part III). The anthology of poetry, Part IV, forms a self-contained unit. The poems that are easier in terms of linguistic structure (such as Goethe's *"Heidenröslein," "Gefunden," "Wandrers Nachtlied,"* and *"Erlkönig"*; Brentano's *"Wiegenlied"*; Mörike's *"Das verlassene Mägdlein"*; Heine's *"Es war ein alter König"* and *"Die Lorelei"*(*"Ich weiss nicht, was soll es bedeuten . . ."*) or Hesse's *"Im Nebel"* might well be read in conjunction with the readings in the first two parts.

Lists of vocabulary intended for active command, and questions to be answered orally or in writing, accompany the first two parts in keeping with what the editors have found to be assignments of suitable length.

The short introductory passages to each writer and his work are meant to orient students unacquainted with German literature and cultural history, and to stimulate discussion by suggesting an interpretive approach or critical bias pertinent to a given text. In the most advanced prose section (Part III), it seemed appropriate to offer introductions in German which would serve also as reading exercises in their own right.

The "Notes and References" are meant for instructors and students who may want a guide to some standard editions and to some interpretations of the texts and authors included in Parts I, II, and IV.

The vocabulary items and explanations given in footnotes in the text serve only to facilitate reading comprehension. (Items to be assigned as active vocabulary occur in the vocabulary building lists.) The end vocabulary includes all German words that occur in the text except for articles, pronouns, and numbers. The meanings given are restricted to those required in the context of the readings.

P. H.
E. E.

Contents

Part I. *Fabeln und Märchen*

Part II. *Erzählungen und Episoden*

Part III. *Essays und wissenschaftliche Prosa*

Part IV. *Gedichte*

Part I

*Fabeln
und
Märchen*

Gotthold Ephraim Lessing: Ölgemälde von Johann Heinrich Tischbein d. A. (courtesy Eigentum der Nationalgalerie, Staatliche Museen, Berlin-Dahlem).

Gotthold Ephraim Lessing
(1729–1781)

In criticism and drama, thought and style, Lessing was the founder of modern German literature. His best-known works are the comedy Minna von Barnhelm *(1767), the tragedy* Emilia Galotti *(1772), and the philosophical drama of rational enlightenment and religious tolerance entitled* Nathan der Weise *(1779). His work as a critic includes* Laokoon *(1766) and* Hamburgische Dramaturgie *(1767–1769). In manner and in content, the following fable suggests one aspect of Lessing's achievement. The symbol of the crossbow and the economy of diction aiming at the essential point illustrate his ideal of unadorned concision and vigor.*

Der Besitzer des Bogens

EIN MANN hatte einen trefflichen[1] Bogen[2] von Ebenholz,[3] mit dem er sehr weit und sehr sicher schoß, und den er ungemein wert hielt.[4] Einst aber, als er ihn aufmerksam betrachtete, sprach er: „Ein wenig plump[5] bist du doch! Alle deine Zierde[6] ist Glätte. Schade! — Doch dem ist abzuhelfen![7]" fiel ihm ein. „Ich will hingehen und den besten   5 Künstler Bilder in den Bogen schnitzen[8] lassen." — Er ging hin, und der Künstler schnitzte eine ganze Jagd[9] auf den Bogen; und was hätte sich besser auf einen Bogen geschickt[10] als eine Jagd?

Der Mann war voller Freuden. „Du verdienst diese Zierraten,[11] mein lieber Bogen!" — Indem will er ihn versuchen; er spannt,[12] und   10 der Bogen — zerbricht.

---

[1] **trefflich** excellent
[2] **der Bogen** crossbow
[3] **das Ebenholz** ebony
[4] **den ... hielt** which he valued very highly
[5] **plump** clumsy, crude
[6] **die Zierde** ornament

[7] **dem ist abzuhelfen** this can be helped
[8] **schnitzen** carve
[9] **die Jagd** the hunt, hunting scene
[10] **sich schicken** to be suitable
[11] **die Zierrat** ornament
[12] **spannen** draw (*a bow*)

3

Johann Peter Hebel
(1760–1826)

The popular anecdotes and poems, the humorous fables and the un-assuming tales of this master of the literary miniature (Alemannische Gedichte (1803), Schatzkästlein des rheinischen Hausfreundes (1811)) have endured by virtue of their simplicity and depth of feeling, their apparent ease, their good sense, and their stylistic perfection.

Seltsamer[1] Spazierritt[2]

EIN MANN reitet auf seinem Esel nach Haus und läßt seinen Buben zu Fuß nebenherlaufen.[3] Kommt ein Wanderer und sagt: „Das ist nicht recht, Vater, daß Ihr[4] reitet und laßt Euern[5] Sohn laufen; Ihr habt stärkere Glieder."[6] Da stieg der Vater vom Esel herab und ließ den Sohn reiten. Kommt wieder ein Wandersmann und sagt: „Das ist nicht recht, Bursche,[7] daß du reitest und lässest[8] deinen Vater zu Fuß gehen. Du hast jüngere Beine." Da saßen beide auf[9] und ritten eine Strecke.[10] Kommt ein dritter Wandersmann und sagt: „Was ist das für ein Unverstand,[11] zwei Kerle[12] auf einem schwachen Tiere? Sollte man nicht einen Stock nehmen und euch beide hinabjagen?"[13] Da stiegen beide ab und gingen selbstdritt[14] zu Fuß, rechts und links der Vater und Sohn, und in der Mitte der Esel. Kommt ein vierter Wandersmann und sagt: „Ihr seid drei kuriose Gesellen.[15] Ist's nicht genug, wenn zwei zu Fuß gehen? Geht's nicht leichter, wenn einer von euch reitet?" Da band der Vater dem Esel die vorderen Beine zusammen, und der Sohn band ihm die hinteren Beine zusammen, zogen einen starken Baumpfahl durch,[16] der an der Straße stand, und trugen den Esel auf der Achsel[17] heim.

So weit kann's kommen,[18] wenn man es allen Leuten will recht machen.[19]

5

10

15

20

[1] **seltsam** odd
[2] **der Spazierritt** ride
[3] **nebenherlaufen** run alongside
[4] **Ihr** you
[5] **Euern** your
[6] **das Glied** limb
[7] **der Bursche** (*young*) fellow
[8] **lässest** läßt
[9] **aufsitzen** mount
[10] **eine Strecke** some distance
[11] **der Unverstand** nonsense
[12] **der Kerl** fellow
[13] **hinabjagen** chase down *or* off
[14] **selbstdritt** the three of them
[15] **der Geselle** fellow, companion
[16] **zogen . . . durch** *meaning:* they suspended the donkey from a pole
[17] **die Achsel** shoulder
[18] **So . . . kommen** *meaning:* This is how far things can go
[19] **wenn . . . machen** (*read:* **wenn man es allen Leuten recht machen will**) if you try to please everybody

4

Jakob Grimm
(1785–1863)
Wilhelm Grimm
(1786–1859)

In search of the mythical past and of the true spirit of their people, these learned Romanticists and founders of Germanic philology collected the fairytales of rural Germany as they had been passed down by word of mouth from generation to generation. Their work, a masterpiece of German prose, became a favorite of the nursery and a classic of world literature (Kinder- und Hausmärchen, 1812–1822).

The following stories project the fulfillment of wishful thinking into the never-never land of "Once upon a time." In the lyrical tale of the poor and kind-hearted girl, even the distant stars are moved to compassion so that they will clothe the child in finery and come down as silver dollars. In the farce of "Doctor Know-It-All," an illiterate peasant gains the reputation of omniscience and the advantages of wealth. And in the weird and humorous saga of a strong and fearless simpleton, the hero, undaunted by evil spirits, will earn the favors of a king and marry a princess. Naive and straightforward in language, Grimm's fairy tales reveal an inexhaustible wealth of imagination; at the same time, they are designed to comfort the simple folk. For them all stories turn out well and they will live happily ever after.

Die Sterntaler[1]

Es WAR einmal[2] ein kleines Mädchen, dem waren Vater und Mutter gestorben,[3] und es war so arm, daß es kein Kämmerchen[4] mehr hatte, darin zu wohnen, kein Bettchen mehr, darin zu schlafen, und endlich gar nichts mehr als die Kleider auf dem Leib und ein Stückchen Brot[5] in der Hand, das ihm ein mitleidiges Herz geschenkt hatte. Es war aber 5 gut und fromm. Und weil es so von aller Welt verlassen[6] war, ging es

[1] **der Taler** old German coin: *"silver dollar"*
[2] **Es war einmal** Once upon a time there was
[3] **dem ... gestorben** whose father and mother had died
[4] **das Kämmerchen** little room
[5] **ein Stückchen Brot** a little piece of bread
[6] **von ... verlassen** forsaken by everyone

5

Brüder Grimm: Gemälde von Elisabeth Jerichau, 1855 (courtesy Alfred Kröner Verlag, Stuttgart).

im Vertrauen auf[7] den lieben Gott[8] hinaus ins Feld. Da begegnete ihm
ein armer Mann, der sprach: „Ach, gib mir etwas zu essen, ich bin so
hungrig." Es reichte ihm das ganze Stückchen Brot und sagte: „Gott
segne dir's!"[9] und ging weiter. Da kam ein Kind, das jammerte[10] und 10
sprach: „Es friert mich so an meinem Kopfe,[11] schenk mir etwas, womit
ich ihn bedecken kann." Da tat es seine Mütze ab[12] und gab sie ihm.
Und als es noch eine Weile gegangen war, kam wieder ein Kind und
hatte kein Leibchen[13] und fror: da gab es ihm seins; und noch weiter,
da bat eins um ein Röcklein, das gab es auch von sich hin.[14] Endlich 15
gelangte es in einen Wald, und es war schon dunkel geworden, da kam
noch eins und bat um ein Hemdlein, und das fromme Mädchen dachte:
„Es ist dunkle Nacht, da sieht[15] dich niemand, du kannst wohl dein
Hemd weggeben", und zog das Hemd ab und gab es auch noch hin.
Und wie es so stand und gar nichts mehr hatte, fielen auf einmal[16] die 20
Sterne vom Himmel und waren lauter harte, blanke[17] Taler; und ob es
gleich[18] sein Hemdlein weggegeben, so hatte es ein neues an, und das
war vom allerfeinsten[19] Linnen. Da sammelte es sich die Taler hinein
und war reich sein Lebtag.[20]

[7] **im Vertrauen auf** trusting in	[14] **das . . . hin** this she also gave away
[8] **der liebe Gott** the Good Lord	[15] **abziehen** take off
[9] **Gott segne dir's!** *lit.:* May God bless it for you	[16] **auf einmal** all of a sudden
[10] **jammern** cry, lament	[17] **blank** shiny
[11] **Es . . . Kopfe** my head is freezing so	[18] **ob es gleich** although she
[12] **abtun** take off	[19] **vom allerfeinsten** of the very finest
[13] **das Leibchen** vest	[20] **sein Lebtag** for the rest of her life

Doktor Allwissend

Es WAR einmal ein armer Bauer namens Krebs,[1] der[2] fuhr mit zwei
Ochsen ein Fuder Holz[3] in die Stadt und verkaufte es für zwei Taler an
einen Doktor. Wie ihm nun das Geld ausbezahlt wurde, saß der
Doktor gerade zu Tisch;[4] da sah der Bauer, wie er schön[5] aß und
trank, und das Herz ging ihm danach auf, und er wäre auch gern ein 5
Doktor gewesen. Also blieb er noch ein Weilchen stehen und fragte
endlich, ob er nicht auch könnte ein Doktor werden. „O ja", sagte der
Doktor, „das ist bald geschehen."[6] „Was muß ich tun?" fragte der
Bauer. „Erstlich kauf dir ein Abc-Buch, so eins, wo vorn ein Göckelhahn drin ist;[7] zweitens mache deinen Wagen und deine zwei Ochsen 10

[1] **der Krebs** crawfish, crab	[6] **das . . . geschehen** that is easily done
[2] **der** *demonstrative pronoun* that one, that man, he	[7] **(ein Abc-Buch) . . . Göckelhahn drin ist** *Note: Since the peasant cannot read,*
[3] **ein Fuder Holz** a wagon load of wood	*the doctor identifies the kind of primer (**das Abc-Buch**) used in elementary school, by*
[4] **(saß) zu Tisch** was having a meal	*referring to the rooster (**der Göckelhahn**)*
[5] **schön** *here:* well	*imprinted on the front page.*

zu Geld[8] und schaff dir damit Kleider an[9] und was sonst zur Doktorei[10] gehört; drittens laß dir ein Schild[11] malen mit den Worten: «Ich bin der Doktor Allwissend», und laß das oben über deine Haustür nageln." Der Bauer tat alles, wie's ihm geheißen war.[12] Als er nun ein wenig gedoktert[13] hatte, aber noch nicht viel, ward einem reichen, großen Herrn Geld gestohlen. Da ward[14] ihm von dem Doktor Allwissend gesagt, der in dem und dem Dorfe wohnte und auch wissen müßte, wo das Geld hingekommen wäre. Also ließ der Herr seinen Wagen anspannen,[15] fuhr hinaus ins Dorf und fragte bei ihm an,[16] ob er der Doktor Allwissend wäre. Ja, der wär' er. So sollte er mitgehn und das gestohlene Geld wiederschaffen.[17] O ja, aber die Grete, seine Frau, müßte auch mit, und sie fuhren zusammen fort. Als sie auf den adligen Hof[18] kamen, war der Tisch gedeckt,[19] da sollte er erst mitessen. Ja, aber seine Frau, die Grete auch, sagte er und setzte sich mit ihr hinter den Tisch.

Wie nun der erste Bediente[20] mit einer Schüssel schönem Essen kam, stieß der Bauer seine Frau an[21] und sagte: „Grete, das war der erste," und meinte, es wäre derjenige, welcher das erste Essen brächte. Der Bediente aber meinte, er hätte damit sagen wollen: „Das ist der erste Dieb", und weil er's nun wirklich war, ward ihm angst,[22] und er sagte draußen zu seinen Kameraden: „Der Doktor weiß alles, wir kommen übel an,[23] er hat gesagt, ich wäre der erste." Der zweite wollte gar nicht hinein, er mußte aber doch. Wie er nun mit seiner Schüssel hereinkam, stieß der Bauer seine Frau an: „Grete, das ist der zweite." Dem Bedienten ward ebenfalls angst, und er machte, daß er hinauskam.[24] Dem dritten ging's nicht besser,[25] der Bauer sagte wieder: „Grete, das ist der dritte." Der vierte mußte eine verdeckte[26] Schüssel hineintragen, und der Herr sprach zum Doktor, er sollte seine Kunst zeigen und raten, was darunter läge; es waren aber Krebse. Der Bauer sah die Schüssel an, wußte nicht, wie er sich helfen sollte,[27] und sprach: „Ach, ich armer Krebs!" Wie der Herr das hörte, rief er: „Da, er weiß es, nun weiß er auch, wer das Geld hat."

[8] **(mache) zu Geld** convert into cash, sell
[9] **(schaff dir) an** buy yourself
[10] **die Doktorei** doctoring; *here: doing anything only an educated man can do, including a bit of magic*
[11] **das Schild** sign
[12] **wie's . . . war** just as he had been told to do it
[13] **doktern** to doctor; (*see Doktorei above*)
[14] **ward** wurde
[15] **(ließ) seinen Wagen anspannen** had the horses hitched to his carriage
[16] **fragte . . . an** inquired of him

[17] **wiederschaffen** get back, find
[18] **auf . . . Hof** to the nobleman's estate
[19] **war . . . gedeckt** the table was set
[20] **der Bediente** servant
[21] **(stieß) an** poked
[22] **ward ihm angst** he became scared
[23] **wir . . . an** we are in trouble
[24] **er machte . . . hinauskam** he got out of the room as fast as he could
[25] **ging's nicht besser** did not fare any better
[26] **verdeckt** covered
[27] **wie . . . sollte** what he should do

8

Dem Bedienten aber ward gewaltig angst; und er blinzelte[28] den
Doktor an, er möchte einmal herauskommen.[29] Wie er nun hinauskam,
gestanden sie ihm alle viere,[30] sie hätten das Geld gestohlen, sie wollten's   45
ja gerne herausgeben[31] und ihm eine schwere Summe dazu,[32] wenn er
sie nicht verraten wollte; es ginge ihnen sonst an den Hals.[33] Sie
führten ihn auch hin, wo das Geld versteckt lag. Damit war der
Doktor zufrieden, ging wieder hinein, setzte sich an den Tisch und
sprach: „Herr, nun will ich in meinem Buch suchen, wo das Geld   50
steckt."[34] Der fünfte Bediente aber kroch[35] in den Ofen und wollte
hören, ob der Doktor noch mehr wüßte. Der saß aber und schlug sein
Abc-Buch auf, blätterte hin und her[36] und suchte den Göckelhahn.
Weil er ihn nicht gleich[37] finden konnte, sprach er: „Du bist doch
darin und mußt auch heraus."[38] Da glaubte der im Ofen, er wäre   55
gemeint, sprang voller Schrecken heraus und rief: „Der Mann weiß
alles." Nun zeigte der Doktor Allwissend dem Herrn, wo das Geld lag,
sagte aber nicht, wer's gestohlen hatte, bekam von beiden Seiten viel
Geld zur Belohnung[39] und ward ein berühmter Mann.

[28] **blinzelte (an)** winked at
[29] **er möchte einmal herauskommen**
(*to indicate*) that he should come out
[30] **alle viere** all four of them
[31] **herausgeben** hand over
[32] **eine . . . dazu** a great deal of money
on top of it
[33] **es . . . Hals** for otherwise this would
cost them their necks
[34] **wo . . . steckt** where the money is

hidden
[35] **kriechen** crawl
[36] **blätterte . . . her** turned the pages
back and forth
[37] **gleich** right away
[38] **(du) mußt heraus** Note *the double
meaning:* "you must come out" *and*
"you must turn up"
[39] **zur Belohnung** as a reward

Märchen von einem, der auszog,[1] das Fürchten zu lernen

I

EIN VATER hatte zwei Söhne, davon[2] war der älteste klug und gescheit
und wußte sich in alles wohl zu schicken,[3] der jüngste aber war dumm,
konnte nichts begreifen und lernen. Und wenn ihn die Leute sahen,
sprachen sie: „Mit dem wird der Vater noch seine Last[4] haben!"
Wenn nun etwas zu tun war, so mußte es der älteste allzeit ausrichten;[5]   5
hieß ihn aber der Vater noch spät oder gar in der Nacht[6] etwas holen,

[1] **ausziehen** set out
[2] **davon** von denen
[3] **(er) wußte . . . schicken** (he) knew
how to adjust himself to all situations
[4] **seine Last** *here:* a load of troubles
[5] **ausrichten** take care of
[6] **noch . . . Nacht** in the evening, let
alone at night

9

und der Weg ging dabei über den Kirchhof oder sonst einen schaurigen Ort, so antwortete er wohl: „Ach nein, Vater, ich gehe nicht dahin, es gruselt mir!"[7] denn er fürchtete sich. Oder wenn abends beim Feuer Geschichten erzählt wurden, wobei einem die Haut schaudert,[8] so sprachen die Zuhörer[9] manchmal: „Ach, es gruselt mir!" Der jüngste saß in einer Ecke und hörte das mit an[10] und konnte nicht begreifen, was es heißen sollte. „Immer sagen sie, es gruselt mir! Mir gruselt's nicht, das wird wohl[11] eine Kunst sein, von der ich auch nichts verstehe."[12]

Nun geschah es, daß der Vater einmal zu ihm sprach: „Hör du, in der Ecke dort, du wirst groß und stark, du mußt auch etwas lernen, womit du dein Brot verdienst.[13] Siehst du, wie dein Bruder sich Mühe gibt, aber an dir ist Hopfen und Malz verloren."[14] — „Ei, Vater", antwortete er, „ich will gerne was lernen; ja, wenn's anginge,[15] so möchte ich lernen, daß mir's gruselte." Der älteste lachte, als er das hörte, und dachte bei sich:[16] ‚Du lieber Gott,[17] was ist mein Bruder ein Dummbart,[18] aus dem wird sein Lebtag nichts,[19] was ein Häkchen werden will, muß sich beizeiten krümmen.'[20] Der Vater seufzte und antwortete ihm: „Das Gruseln, das sollst du schon lernen,[21] aber dein Brot wirst du damit nicht verdienen."

Bald danach kam der Küster[22] zu Besuch ins Haus, da klagte ihm der Vater seine Not[23] und erzählte, wie sein jüngster Sohn in allen Dingen so schlecht beschlagen[24] wäre, er wüßte nichts und lernte nichts. „Denkt Euch,[25] als ich ihn fragte, womit er sein Brot verdienen wollte, hat er gar verlangt, das Gruseln zu lernen." — „Wenn's weiter nichts ist", antwortete der Küster, „das kann er bei mir lernen; tut ihn nur zu mir,[26] ich will ihn schon abholen."[27] Der Vater war es zufrieden,[28] weil er dachte: ‚Der Junge wird doch ein wenig zugestutzt.'[29] Der Küster nahm ihn also ins Haus, und er mußte die Glocke läuten. Nach ein paar Tagen weckte er ihn um Mitternacht, hieß ihn aufstehen, in den Kirchturm steigen und läuten. ‚Du sollst schon lernen,

---

[7] **es gruselt mir!** I am scared! It makes me shudder! It gives me the creeps (the shivers)

[8] **wobei einem die Haut schaudert** *meaning:* which give one goose pimples

[9] **der Zuhörer** listener

[10] **hörte das mit an** listened to this

[11] **wohl** *here:* probably

[12] **eine Kunst ... verstehe** another skill of which I know nothing

[13] **sein Brot verdienen** earn one's living

[14] **an ... verloren** (*Prov.*) all effort is wasted on you; you are a hopeless case

[15] **wenn's anginge** if possible

[16] **dachte bei sich** thought to himself

[17] **Du lieber Gott!** Good Lord!

[18] **der Dummbart** silly ass, dolt

[19] **aus ... nichts** he'll never amount to anything

[20] **was ... krümmen.** (*Prov.*) as the twig is bent, the tree will grow

[21] **das Gruseln lernen** learn how to get the shivers *or* creeps

[22] **der Küster** sexton

[23] **jemandem seine Not klagen** tell one's troubles to someone

[24] **schlecht beschlagen** ignorant

[25] **Denkt Euch** Just think

[26] **tut ... mir** just send him to me

[27] **ich ... abholen** *here:* I'll take care of him

[28] **war es zufrieden** war damit zufrieden

[29] **(wird) zugestutzt** will be cut down to size

was Gruseln ist', dachte er, ging heimlich voraus, und als der Junge
oben war und sich umdrehte und das Glockenseil[30] fassen wollte, so
sah er auf der Treppe, dem Schalloch[31] gegenüber eine weiße Gestalt 40
stehen. „Wer da?" rief er, aber die Gestalt gab keine Antwort, regte
und bewegte sich nicht. „Gib Antwort", rief der Junge, „oder mache,
daß du fortkommst,[32] du hast hier in der Nacht nichts zu schaffen."[33]
Der Küster aber blieb unbeweglich stehen, damit der Junge glauben
sollte, es wäre ein Gespenst. Der Junge rief zum zweitenmal: „Was 45
willst du hier? Sprich, wenn du ein ehrlicher Kerl bist, oder ich werfe
dich die Treppe hinab!" Der Küster dachte: ‚Das wird so schlimm
nicht gemeint sein',[34] gab keinen Laut von sich und stand, als wenn er
von Stein wäre. Da rief ihn der Junge zum dritten Male an, und als das
auch vergeblich war, nahm er einen Anlauf[35] und stieß das Gespenst[36] 50
die Treppe hinab, daß es in einer Ecke liegenblieb. Darauf läutete er die
Glocke, ging heim, legte sich ins Bett und schlief fort. Die Küsterfrau
wartete lange Zeit auf ihren Mann, aber er wollte nicht wieder-
kommen.[37] Da ward ihr endlich angst, sie weckte den Jungen und
fragte: „Weißt du nicht, wo mein Mann geblieben ist? Er ist vor Dir 55
auf den Turm gestiegen." — „Nein", antwortete der Junge, „aber da
hat einer dem Schalloch gegenüber auf der Treppe gestanden, und weil
er keine Antwort geben und auch nicht weggehen wollte, so habe ich
ihn für einen Spitzbuben gehalten[38] und hinuntergestoßen. Geht nur
hin, so werdet Ihr sehen, ob er's gewesen ist, es sollte mir leid tun."[39] 60
Die Frau sprang fort und fand ihren Mann, der in einer Ecke lag und
ein Bein gebrochen hatte.

Sie trug ihn herab und eilte dann mit lautem Geschrei zu dem Vater
des Jungen. „Euer Junge", rief sie, „hat großes Unglück angerichtet,[40]
meinen Mann hat er die Treppe hinabgeworfen, daß er ein Bein 65
gebrochen hat, schafft den Taugenichts[41] aus unserem Hause."[42] Der
Vater erschrak, kam herbeigelaufen und schalt den Jungen aus. „Was
sind das für gottlose Streiche,[43] die muß dir der Böse[44] eingegeben[45]
haben." — „Vater", antwortete er, „hört nur an, ich bin ganz unschuldig; er stand da in der Nacht wie einer, der Böses im Sinne hat.[46] 70
Ich wußte nicht, wer's war, und habe ihn dreimal ermahnt zu reden

---

[30] **das Glockenseil** bell rope
[31] **das Schalloch** louvre window (*in the belfry*)
[32] **mache, daß du fortkommst!** get lost!
[33] **(du hast hier) nichts zu schaffen** you have no business here
[34] **Das ... gemeint sein** He probably does not mean it
[35] **einen Anlauf nehmen** take a running start
[36] **das Gespenst** ghost
[37] **er wollte nicht wiederkommen** he did not come back

[38] **so ... gehalten** I therefore thought he was a scoundrel
[39] **es ... tun** I would be sorry
[40] **Unglück anrichten** cause trouble *or* misfortune
[41] **der Taugenichts** ne'er-do-well
[42] **aus dem Hause schaffen** get (something *or* someone) out of the house
[43] **Was ... Streiche** What sort of wicked pranks are these
[44] **der Böse** the Evil One, devil
[45] **eingeben** prompt, inspire
[46] **Böses im Sinne haben** have evil intentions

oder wegzugehen." — „Ach", sprach der Vater, „mit dir erleb' ich nur Unglück, geh mir aus den Augen,[47] ich will dich nicht mehr ansehen." — „Ja, Vater, recht gerne, wartet nur, bis Tag ist, da will ich ausgehen und das Gruseln lernen, so versteh' ich doch eine Kunst, die mich 75 ernähren kann." — „Lerne, was du willst", sprach der Vater, „mir ist alles einerlei.[48] Da hast du fünfzig Taler, damit geh in die weite Welt und sage keinem Menschen, wo du her bist[49] und wer dein Vater ist; denn ich muß mich deiner schämen." — „Ja, Vater, wie Ihr's haben wollt, wenn Ihr nicht mehr verlangt, das kann ich leicht in acht 80 behalten."[50]

Als nun der Tag anbrach,[51] steckte der Junge seine fünfzig Taler in die Tasche, ging hinaus auf die große Landstraße[52] und sprach immer vor sich hin:[53] „Wenn mir's nur gruselte! Wenn mir's nur gruselte!" Da kam ein Mann heran, der hörte, was der Junge sprach, und als sie 85 ein Stück weiter waren, daß man den Galgen sehen konnte, sagte der Mann zu ihm: „Siehst du, dort ist der Baum, wo sieben mit des Seilers Tochter Hochzeit gehalten[54] haben und jetzt das Fliegen lernen. Setz dich darunter und warte, bis die Nacht kommt, so wirst du schon das Gruseln lernen." — „Wenn weiter nichts dazugehört",[55] antwortete 90 der Junge, „das ist leicht getan; lerne ich aber so geschwind das Gruseln, so sollst du meine fünfzig Taler haben, komm nur morgen früh wieder zu mir." Da ging der Junge zu dem Galgen, setzte sich darunter und wartete, bis der Abend kam. Und weil ihm fror,[56] machte er sich ein Feuer an, aber um Mitternacht ging der Wind so kalt, daß er trotz des 95 Feuers nicht warm werden wollte. Und als der Wind die Gehenkten[57] gegeneinander stieß, daß sie sich hin und her bewegten, so dachte er: ‚Du frierst unten beim Feuer, was mögen die da oben erst frieren und zappeln!'[58] Und weil er mitleidig war, legte er die Leiter an,[59] stieg hinauf, knüpfte einen nach dem andern los[60] und holte sie alle sieben 100 herab. Darauf schürte er das Feuer,[61] blies es an[62] und setzte sie ringsherum, daß sie sich wärmen sollten. Aber sie saßen da und regten sich nicht, und das Feuer ergriff ihre Kleider. Da sprach er: „Nehmt euch in acht, sonst häng' ich euch wieder hinauf." Die Toten aber hörten nicht,

[47] **geh mir aus den Augen** get out of my sight
[48] **mir ist alles einerlei** it's all the same to me
[49] **wo du her bist** where you come from
[50] **in acht behalten** keep in mind
[51] **Als . . . anbrach** When the day dawned
[52] **die große Landstraße** the main highway
[53] **(er) sprach vor sich hin** he kept saying to himself
[54] **mit . . . gehalten** *lit.* married the

rope-maker's daughter; *therefore:* were hanged
[55] **Wenn . . . dazugehört** If that's all there is to it
[56] **weil ihm fror** weil es ihn fror
[57] **die Gehenkten** the corpses on the gallows
[58] **was . . . zappeln!** How much more must those up there freeze and fidget!
[59] **die Leiter anlegen** put up the ladder (*against the gallows*)
[60] **losknüpfen** untie
[61] **das Feuer schüren** rake the fire
[62] **anblasen** blow upon, revive (a fire)

schwiegen und ließen ihre Lumpen[63] fort brennen.[64] Da ward er bös 105
und sprach: „Wenn ihr nicht achtgeben wollt, so kann ich euch nicht
helfen, ich will nicht mit euch verbrennen", und hing sie nach der
Reihe[65] wieder hinauf. Nun setzte er sich zu seinem Feuer und schlief
ein, und am andern Morgen, da kam der Mann zu ihm, wollte die
fünfzig Taler haben und sprach: „Nun weißt du, was Gruseln ist?" 110
— „Nein", antwortete er, „woher sollte ich's wissen? Die da
droben[66] haben das Maul[67] nicht aufgetan und waren so dumm, daß
sie die paar alten Lappen,[68] die sie am Leibe haben, brennen ließen." Da
sah der Mann, daß er die fünfzig Taler heute nicht davontragen würde,
ging fort und sprach: „So einer ist mir noch nicht vorgekommen."[69] 115
Der Junge ging auch seines Weges[70] und fing wieder an, vor sich
hin zu reden: „Ach, wenn mir's nur gruselte! Ach, wenn mir's nur
gruselte!" Das hörte ein Fuhrmann, der hinter ihm herschritt, und
fragte: „Wer bist du?" — „Ich weiß nicht", antwortete der Junge. Der
Fuhrmann fragte weiter: „Wo bist du her?" — „Ich weiß nicht." — 120
„Wer ist dein Vater?" — „Das darf ich nicht sagen." — „Was brummst
du beständig[71] in den Bart hinein?"[72] — „Ei", antwortete der Junge,
„ich wollte, daß mir's gruselte, aber niemand kann mich's lehren." —
„Laß dein dummes Geschwätz",[73] sprach der Fuhrmann, „komm, geh
mit mir, ich will sehen,[74] daß ich dich unterbringe."[75] Der Junge ging 125
mit dem Fuhrmann, und abends gelangten sie zu einem Wirtshaus, wo
sie übernachten wollten. Da sprach er beim Eintritt in die Stube wieder
ganz laut: „Wenn mir's nur gruselte! Wenn mir's nur gruselte!" Der
Wirt, der das hörte, lachte und sprach: „Wenn dich danach lüstet,[76]
dazu sollte hier wohl Gelegenheit sein." — „Ach, schweig stille",[77] 130
sprach die Wirtsfrau, „so mancher Vorwitzige[78] hat schon sein Leben
eingebüßt,[79] schade um[80] die schönen Augen, wenn die das Tageslicht
nicht wieder sehen sollten." Der Junge aber sagte: „Wenn's noch so
schwer[81] wäre, ich will's einmal[82] lernen." Er ließ dem Wirt auch
keine Ruhe, bis dieser erzählte, nicht weit davon[83] stünde ein ver- 135
wünschtes[84] Schloß, wo einer wohl lernen könnte, was Gruseln wäre,

---

[63] **die Lumpen** rags
[64] **fort brennen** keep on burning
[65] **nach der Reihe** in turn
[66] **die da droben** those up there
[67] **das Maul** mouth (of an animal, also vulgarly of a person)
[68] **die Lappen** rags
[69] **So . . . vorgekommen** I never met anyone like him
[70] **seines Weges gehen** proceed on one's way
[71] **beständig** constantly
[72] **Was . . . hinein?** What do you keep mumbling to yourself?
[73] **Laß . . . Geschwätz** Stop your silly babbling

[74] **ich will sehen** I'll see to it
[75] **unterbringen** find accommodations for; take care of
[76] **Wenn . . . lüstet** If you desire that
[77] **schweig stille** be quiet
[78] **vorwitzig** inquisitive, prying
[79] **einbüßen** lose, forfeit
[80] **schade um** too bad about
[81] **noch so schwer** no matter how difficult
[82] **einmal** here: just
[83] **davon** here: away
[84] **verwünscht** enchanted (under an evil spell)

13

wenn er nur drei Nächte darin wachen wollte. Der König hätte dem,
der's wagen wollte, seine Tochter zur Frau versprochen, und die wäre
die schönste Jungfrau, welche die Sonne beschien.[85] In dem Schlosse
steckten auch große Schätze, von bösen Geistern bewacht, die würden 140
dann frei und könnten einen Armen reich genug machen! Da ging der
Junge am andern Morgen vor den König und sprach: „Wenn's erlaubt
wäre, so wollte ich wohl drei Nächte in dem verwünschten Schlosse
wachen." Der König sah ihn an, und weil er ihm gefiel, sprach er: „Du
darfst dir noch dreierlei[86] ausbitten,[87] aber es müssen leblose Dinge 145
sein, und die darfst du mit ins Schloß nehmen." Da antwortete er:
„So bitt' ich um ein Feuer, eine Drehbank[88] und eine Schnitzbank[89]
mit dem Messer."

II

Der König ließ ihn das alles bei Tage in das Schloß tragen. Als es
Nacht werden wollte,[90] ging der Junge hinauf, machte sich in einer
Kammer ein helles Feuer an, stellte die Schnitzbank mit dem Messer
daneben und setzte sich auf die Drehbank. „Ach, wenn mir's nur
gruselte!" sprach er, „aber hier werde ich's auch nicht lernen." Gegen   5
Mitternacht wollte er sich sein Feuer einmal aufschüren,[91] wie er so
hineinblies, da schrie's plötzlich aus einer Ecke: „Au, miau![92] Was uns
friert!"[93] — „Ihr Narren", rief er, „was schreit ihr? Wenn euch friert,
kommt, setzt euch ans Feuer und wärmt euch." Und wie er das gesagt
hatte, kamen zwei große schwarze Katzen in einem gewaltigen 10
Sprunge[94] herbei, setzten sich ihm zu beiden Seiten und sahen ihn mit
ihren feurigen Augen ganz wild an. Über ein Weilchen,[95] als sie sich
gewärmt hatten, sprachen sie: „Kamerad, wollen wir eins in der Karte
spielen?"[96] — „Warum nicht?" antwortete er, „aber zeigt einmal eure
Pfoten her!" Da streckten sie die Krallen aus. „Ei", sagte er, „was habt 15
ihr lange Nägel! Wartet, die muß ich euch erst abschneiden." Damit
packte er sie beim Kragen,[97] hob sie auf die Schnitzbank und schraubte
ihnen die Pfoten fest. „Euch habe ich auf die Finger gesehen",[98] sprach
er, „da vergeht mir die Lust zum Kartenspiel", schlug sie tot und warf

[85] **welche . . . beschien** *lit.:* on whom
    the sun shone, *i.e.,* under the sun
[86] **dreierlei** three things
[87] **ausbitten** ask for, request
[88] **die Drehbank** turning lathe
[89] **die Schnitzbank** carving bench
[90] **Als . . . wollte** When night began to
    fall
[91] **aufschüren** schüren
[92] **Au miau!** Ouch meeow!
[93] **Was uns friert!** How cold we are!

[94] **der Sprung** leap
[95] **Über ein Weilchen** After a little
    while
[96] **Wollen . . . spielen?** Shall we have a
    game of cards?
[97] **beim Kragen packen** grab by the
    neck
[98] **Euch . . . gesehen** *(pun) meaning:* I
    have watched you closely, you're up to
    no good

14

sie hinaus ins Wasser. Als er aber die zwei zur Ruhe gebracht hatte, da   20
kamen aus allen Ecken und Enden[99] schwarze Katzen und schwarze
Hunde an glühenden Ketten, immer mehr und mehr, daß er sich nicht
mehr bergen[1] konnte. Die schrien greulich, traten ihm auf sein Feuer,
zerrten es auseinander[2] und wollten es ausmachen. Das sah er ein
Weilchen ruhig mit an,[3] als es ihm aber zu arg ward, faßte er sein   25
Schnitzmesser und rief: „Fort mit dir, du Gesindel!"[4] und haute auf
sie los.[5] Ein Teil sprang weg, die andern schlug er tot und warf sie
hinaus in den Teich. Als er wiedergekommen war, blies er aus den
Funken[6] sein Feuer frisch an und wärmte sich. Und als er so saß, wollten
ihm die Augen nicht länger offen bleiben, und er bekam Lust zu   30
schlafen. Da blickte er um sich und sah in der Ecke ein großes Bett.
„Das ist mir eben recht",[7] sprach er und legte sich hinein. Als er aber
die Augen zutun[8] wollte, so fing das Bett von selbst[9] an zu fahren und
fuhr im ganzen Schloß herum. „Recht so", sprach er, „nur besser zu."[10]
Da rollte das Bett fort, als wären sechs Pferde vorgespannt,[11] über   35
Schwellen[12] und Treppen auf und ab. Auf einmal, hopp hopp, fiel es
um, das Unterste zu oberst, daß es wie ein Berg auf ihm lag. Aber er
schleuderte[13] Decken und Kissen in die Höhe, stieg heraus und sagte:
„Nun mag fahren, wer Lust hat", legte sich an sein Feuer und schlief,
bis es Tag war. Am Morgen kam der König, und als er ihn da auf der   40
Erde liegen sah, meinte er, er wäre tot. Da sprach er: „Es ist doch
schade um den schönen Menschen." Das hörte der Junge, richtete sich
auf[14] und sprach: „So weit ist's noch nicht!"[15] Da wunderte sich der
König, freute sich aber und fragte, wie es ihm gegangen wäre. „Recht
gut", antwortete er, „eine Nacht wäre herum, die zwei anderen   45
werden auch herumgehen."[16] Als er zum Wirt kam, da machte der
große Augen.[17] „Ich dachte nicht", sprach er, „daß ich dich wieder
lebendig sehen würde; hast du nun gelernt, was Gruseln ist?" —
„Nein", sagte er, „es ist alles vergeblich, wenn mir's nur einer sagen
könnte!"   50
Die zweite Nacht ging er abermals hinauf ins alte Schloß, setzte sich
zum Feuer und fing sein altes Lied wieder an: „Wenn mir's nur
gruselte!" Wie Mitternacht herankam, ließ sich ein Lärm und
Gepolter[18] hören, erst sachte,[19] dann immer stärker, dann war's ein
bißchen still, endlich kam mit lautem Geschrei ein halber Mensch den   55

[99] **aus . . . Enden** from everywhere	[10] **nur besser zu** let's go faster
[1] **sich bergen** hide *or* protect himself	[11] **vorspannen** harness to
[2] **auseinanderzerren** pull apart	[12] **die Schwelle** threshold
[3] **mit ansehen** watch	[13] **schleudern** toss
[4] **Gesindel** riff-raff	[14] **sich aufrichten** sit up
[5] **(er) haute . . . los** (he) went at them with blows	[15] **So . . . nicht!** Things haven't got that far yet!
[6] **die Funken** embers	[16] **herum sein, herumgehen** *here:* pass
[7] **Das . . . recht** That's just right for me	[17] **große Augen machen** be astonished
[8] **zutun** close	[18] **das Gepolter** noise, racket
[9] **von selbst** by itself	[19] **sachte** softly

Schornstein[20] herab und fiel vor ihn hin. „Heda!"[21] rief er, „noch ein halber gehört dazu, das ist zu wenig." Da ging der Lärm von frischem an, es tobte und heulte,[22] und da fiel die andere Hälfte auch herab. „Wart", sprach er, „ich will dir erst das Feuer ein wenig anblasen." Wie er das getan hatte und sich wieder umsah,[23] da waren die beiden 60 Stücke zusammengefahren,[24] und da saß ein greulicher[25] Mann auf seinem Platz. „So haben wir nicht gewettet",[26] sprach der Junge, „die Bank ist mein." Der Mann wollte ihn wegdrängen,[27] aber der Junge ließ sich's nicht gefallen,[28] schob ihn mit Gewalt weg und setzte sich wieder auf seinen Platz. Da fielen noch mehr Männer herab, einer 65 nach dem andern, die holten neun Totenbeine und zwei Totenköpfe, setzten auf[29] und spielten Kegel.[30] Der Junge bekam auch Lust und fragte: „Hört ihr, kann ich mittun?"[31]

„Ja, wenn du Geld hast." — „Geld genug", antwortete er, „aber eure Kugeln sind nicht recht rund." Da nahm er die Totenköpfe, setzte 70 sie in die Drehbank und drehte sie rund.[32] „So, jetzt werden sie besser schüppeln",[33] sprach er, „heida,[34] nun geht's lustig!"[35] Er spielte mit und verlor etwas von seinem Geld, als es aber zwölf Uhr schlug, war alles vor seinen Augen verschwunden. Er legte sich nieder und schlief ruhig ein. Am andern Morgen kam der König und wollte sich erkun- 75 digen. „Wie ist dir's diesmal gegangen?" fragte er. — „Ich habe gekegelt", antwortete er, „und ein paar Heller[36] verloren." — „Hat dir denn nicht gegruselt?" — „Ei was",[37] sprach er, „lustig hab' ich mich gemacht.[38] Wenn ich nur wüßte, was Gruseln wäre!"

In der dritten Nacht setzte er sich wieder auf seine Bank und sprach 80 ganz verdrießlich:[39] „Wenn es mir nur gruselte!" Als es spät ward, kamen sechs große Männer und brachten[40] eine Totenlade[41] hereingetragen. Da sprach er: „Ha, ha, das ist gewiß mein Vetterchen, das erst vor ein paar Tagen gestorben ist", winkte mit dem Finger[42] und rief: „Komm, Vetterchen, komm!" Sie stellten den Sarg auf die Erde, 85 er aber ging hinzu und nahm den Deckel ab, da lag ein toter Mann

---

[20] **der Schornstein** chimney
[21] **Heda!** Hey!
[22] **es . . . heulte** there was howling and raging
[23] **sich umsehen** look around
[24] **zusammenfahren** *here:* join together (*by themselves*)
[25] **greulich** gruesome
[26] **So . . . gewettet** That's not what we agreed upon; I'm not going to stand for this
[27] **wegdrängen** push away
[28] **(er) ließ . . . gefallen** (he) wouldn't put up with it
[29] **setzten auf** *here:* put up the pins
[30] **Kegel spielen** bowl
[31] **kann ich mittun?** can I play with you?

[32] **drehte sie rund** turned them until they were round
[33] **schüppeln** (*dial.*) shove, roll
[34] **heida!** hey! hurrah!
[35] **nun geht's lustig** now we'll have some fun
[36] **ein paar Heller** a few cents
[37] **ei was!** oh nonsense!
[38] **lustig hab' ich mich gemacht** I've had fun; it was a joke
[39] **verdrießlich** vexed
[40] **brachten . . . hereingetragen** carried in
[41] **die Totenlade** coffin
[42] **mit dem Finger winken** wag one's finger, beckon

darin. Er fühlte ihm ans Gesicht, aber es war kalt wie Eis. „Wart",
sprach er, „ich will dich ein bißchen wärmen", ging ans Feuer, wärmte
seine Hand und legte sie ihm auf's Gesicht, aber der Tote blieb kalt.
Nun nahm er ihn heraus, setzte ihn ans Feuer und rieb ihm die Arme, 90
damit das Blut wieder in Bewegung kommen sollte. Als auch das nichts
helfen wollte, fiel ihm ein: ‚Wenn zwei zusammen im Bett liegen, so
wärmen sie sich', brachte ihn ins Bett, deckte ihn zu und legte sich
neben ihn. Über ein Weilchen ward auch der Tote warm und fing an,
sich zu regen. Da sprach der Junge: „Siehst du, Vetterchen, hätt' ich 95
dich nicht gewärmt!"[43] Der Tote hub an[44] zu sprechen: „Jetzt will
ich dich erwürgen."[45] — „Was", sagte er, „ist das der Dank? Gleich
sollst du wieder in deinen Sarg", hob ihn auf, warf ihn hinein und
machte den Deckel zu; da kamen die sechs Männer und trugen ihn
wieder fort. „Es will mir nicht gruseln",[46] sagte er, „hier lerne ich's 100
mein Lebtag nicht."

Da trat ein Mann herein, der war größer als alle anderen und sah
fürchterlich aus; er war aber alt und hatte einen langen weißen Bart.
„O du Wicht",[47] rief er, „nun sollst du bald lernen, was Gruseln ist;
denn du sollst sterben." — „Nicht so schnell", antwortete der Junge, 105
„soll ich sterben, so muß ich auch dabeisein."[48] — „Dich will ich schon
packen",[49] sprach der Unhold.[50] — „Sachte, sachte, mach dich nicht so
breit;[51] so stark wie du bin ich auch." — „Das wollen wir sehn",
sprach der Alte, „bist du stärker als ich, so will ich dich gehen lassen;
komm, wir wollen's versuchen." Da führte er ihn durch dunkle 110
Gänge[52] zu einem Schmiedefeuer,[53] nahm eine Axt und schlug den
einen Amboß mit einem Schlag in die Erde. „Das kann ich noch
besser", sprach der Junge und ging zu dem andern Amboß. Der Alte
stellte sich nebenhin[54] und wollte zusehen, und sein weißer Bart hing
herab. Da faßte der Junge die Axt, spaltete[55] den Amboß auf einen 115
Hieb und klemmte den Bart des Alten mit hinein.[56] „Nun hab' ich
dich", sprach der Junge, „jetzt ist das Sterben an dir."[57] Dann faßte er
eine Eisenstange[58] und schlug auf den Alten los, bis er wimmerte, und
bat, er möchte aufhören, er wollte ihm große Reichtümer geben. Der
Junge zog die Axt 'raus[59] und ließ ihn los. Der Alte führte ihn wieder 120
ins Schloß zurück und zeigte ihm in einem Keller drei Kasten voll Gold.

[43] **hätt' . . . gewärmt!** if I hadn't
warmed you!
[44] **anheben** begin
[45] **erwürgen** strangle
[46] **Es . . . gruseln** I simply can't get
scared
[47] **der Wicht** wretch
[48] **dabeisein** *here:* agree
[49] **Dich . . . packen** I'll get you
[50] **der Unhold** monster
[51] **mach . . . breit** don't brag

[52] **der Gang** corridor
[53] **das Schmiedefeuer** forge fire
[54] **nebenhin** next to (*him*)
[55] **spalten** split
[56] **mit hineinklemmen** clamp (something) fast
[57] **Jetzt . . . an dir.** Now it's your turn
to die.
[58] **die Eisenstange** iron rod
[59] **'raus** heraus

„Davon", sprach er, „ist ein Teil den Armen,[60] der andere dem König, der dritte dein." Indem schlug es zwölfe, und der Geist verschwand. Am andern Morgen kam der König und sagte: „Nun wirst du gelernt haben, was Gruseln ist!" — „Nein", antwortete er, „was ist's nur?[61] 125 Mein toter Vetter war da, und ein bärtiger Mann ist gekommen, der hat mir da unten viel Geld gezeigt, aber was Gruseln ist, hat mir keiner gesagt." Da sprach der König: „Du hast das Schloß erlöst[62] und sollst meine Tochter heiraten".

Da ward das Gold heraufgebracht und die Hochzeit gefeiert, aber 130 der junge König, so lieb er seine Gemahlin hatte[63] und so vergnügt er war,[64] sagte doch immer: „Wenn mir nur gruselte, wenn mir nur gruselte!" Das verdroß sie endlich. Ihr Kammermädchen[65] sprach: „Ich will Hilfe schaffen,[66] das Gruseln soll er schon lernen." Sie ging hinaus zum Bach, der durch den Garten floß, und ließ sich einen 135 ganzen Eimer[67] voll Gründlinge[68] holen. Nachts, als der junge König schlief, mußte seine Gemahlin ihm die Decke wegziehen und den Eimer voll kaltem Wasser mit den Gründlingen über ihn herschütten,[69] daß die kleinen Fische um ihn herum zappelten.[70] Da wachte er auf und rief: „Ach, was gruselt mir, was gruselt mir,[71] liebe Frau! Ja, nun weiß 140 ich, was Gruseln ist."

---

[60] ein Teil den Armen   ein Teil für die Armen
[61] was ist's nur?   what might it be?
[62] erlösen   redeem
[63] so ... hatte   much as he loved his wife
[64] so ... war   merry as he was
[65] das Kammermädchen   chamber maid

[66] Ich ... schaffen   I'll fix this
[67] der Eimer   pail
[68] der Gründling   gudgeon (small fish)
[69] über ihn herschütten   pour out over him
[70] zappeln   writhe
[71] was gruselt mir!   how scared I am! how I shudder!

Wilhelm Hauff
(1802–1827)

*Unlike the anonymous authors of the genuine folktales, Hauff, a some-
what Philistine Romanticist, stylized his fairytales deliberately in order to
give them a veneer of naive folklore. The amusing "Story of Caliph Stork"
paraphrases Oriental motifs and concludes a tale of metamorphoses with the
humorous return to the comforts and respectable conventions characteristic of
the nineteenth-century middle class rather than of Eastern potentates.*

Die Geschichte von Kalif Storch

I

DER KALIF Chasid zu Bagdad saß einmal an einem schönen Nachmittag
behaglich auf seinem Sofa; er hatte ein wenig geschlafen, denn es war
ein heißer Tag, und er sah nun nach seinem Schläfchen[1] recht heiter
aus. Er rauchte aus einer langen Pfeife von Rosenholz,[2] trank hie und
da ein wenig Kaffee, den ihm ein Sklave einschenkte,[3] und strich sich   5
allemal[4] vergnügt den Bart,[5] wenn es ihm geschmeckt hatte.[6] Kurz,[7]
man sah dem Kalifen an,[8] daß es ihm recht wohl war.[9] Um diese
Stunde konnte man gar gut mit ihm reden, weil er da immer recht
mild und leutselig[10] war; deswegen besuchte ihn auch sein Großwesir[11]
Mansor alle Tage um diese Zeit. An diesem Nachmittag nun kam er   10
auch, sah aber sehr nachdenklich[12] aus, ganz gegen seine Gewohnheit.
Der Kalif nahm die Pfeife ein wenig aus dem Mund und sprach:
„Warum machst du ein so nachdenkliches Gesicht, Großwesir?"

Der Großwesir schlug die Arme kreuzweis über die Brust,[13] verneigte
sich vor seinem Herrn und antwortete: „Herr, ob ich ein nachdenkliches   15
Gesicht mache, weiß ich nicht; aber da unten am Schloß steht ein
Krämer,[14] der hat so schöne Sachen, daß es mich ärgert, nicht viel
überflüssiges Geld zu haben."

---

[1] **das Schläfchen** little nap
[2] **das Rosenholz** rosewood
[3] **einschenken** pour *or* serve a drink
[4] **allemal** every time
[5] **sich den Bart streichen** stroke one's beard
[6] **wenn . . . hatte** *lit.:* whenever he had enjoyed the taste; whenever he was satisfied
[7] **kurz** *here:* in short
[8] **jemandem etwas ansehen** be able to tell by looking at someone
[9] **daß . . . war** that he felt quite comfortable
[10] **leutselig** affable, pleasant
[11] **der Großwesir** Grand Vizier, prime minister
[12] **nachdenklich** thoughtful
[13] **die Arme kreuzweis über die Brust schlagen** cross one's arms over his chest
[14] **der Krämer** peddler

Wilhelm Hauff, Kalif Storch: Nach einem Aquarell von Ruth Koser-Michäels (courtesy of Droemersche Verlagsanstalt, München).

Der Kalif, der seinem Großwesir schon lange[15] gern eine Freude gemacht hätte,[16] schickte seinen schwarzen Sklaven hinunter, um den Krämer heraufzuholen. Bald kam der Sklave mit ihm zurück. Es war ein kleiner, dicker Mann, schwarzbraun im Gesicht und in zerlumptem[17] Anzug. Er trug einen Kasten, in dem er allerhand[18] Waren hatte, Perlen und Ringe, reichbeschlagene[19] Pistolen, Becher[20] und Kämme. Der Kalif und sein Großwesir musterten alles durch,[21] und der Kalif kaufte endlich für sich und Mansor schöne Pistolen, für die Frau des Wesirs aber einen Kamm. Als der Krämer seinen Kasten schon wieder zumachen wollte, sah der Kalif eine kleine Schublade und fragte, ob darin auch noch Waren seien. Der Krämer zog die Schublade heraus und zeigte eine Dose mit schwärzlichem Pulver[22] und ein Papier mit sonderbarer Schrift, die weder der Kalif noch Mansor lesen konnten. „Ich bekam einmal diese zwei Stücke von einem Kaufmann, der sie in Mekka auf der Straße fand", sagte der Krämer, „ich weiß nicht, was sie enthalten; Euch stehen sie um geringen Preis zu Dienst,[23] ich kann doch nichts damit anfangen."[24] Der Kalif, der in seiner Bibliothek gerne alte Manuskripte hatte, wenn er sie auch[25] nicht lesen konnte, kaufte Schrift und Dose[26] und entließ[27] den Krämer. Der Kalif aber dachte, er möchte gerne wissen, was die Schrift enthalte, und fragte den Wesir, ob er jemanden kenne, der sie entziffern[28] könnte. „Gnädigster Herr und Gebieter",[29] antwortete der, „an der großen Moschee[30] wohnt ein Mann, er heißt Selim der Gelehrte; der versteht alle Sprachen; laß ihn kommen, vielleicht kennt er diese geheimnisvollen Schriftzüge."[31]

Der Gelehrte war bald herbeigeholt. „Selim", sprach der Kalif zu ihm, „Selim, man sagt, du seiest sehr klug; guck einmal[32] ein wenig in diese Schrift, ob du sie lesen kannst. Kannst du sie lesen, so bekommst du ein neues Festkleid[33] von mir, kannst du es nicht, so bekommst du zwölf Backenstreiche[34] und fünfundzwanzig auf die Fußsohlen,[35] weil man dich dann ohne Grund Selim den Gelehrten nennt." Selim verneigte sich und sprach: „Dein Wille geschehe,[36] o Herr!" Lange

[15] **schon lange** for a long time
[16] **jemandem eine Freude machen** give pleasure to someone, please someone
[17] **zerlumpt** ragged
[18] **allerhand** all kinds of
[19] **reichbeschlagen** richly decorated
[20] **der Becher** goblet, beaker
[21] **durchmustern** scrutinize carefully
[22] **schwärzliches Pulver** blackish powder
[23] **zu Dienst stehen** be at the disposal (of)
[24] **ich . . . anfangen** I have no use for it
[25] **wenn . . . auch** even if, even though
[26] **die Dose** box
[27] **entlassen** dismiss
[28] **entziffern** decipher
[29] **Gnädigster . . . Gebieter!** Gracious Lord and Master!
[30] **die Moschee** mosque
[31] **geheimnisvollen Schriftzüge** mysterious writing
[32] **guck einmal** why don't you look
[33] **das Festkleid** holiday clothes
[34] **der Backenstreich** box on the ear, slap in the face
[35] **die Fußsohle** sole of the foot
[36] **Dein Wille geschehe** Your will be done!

betrachtete er die Schrift, plötzlich aber rief er aus: „Das ist lateinisch, o Herr, oder ich lasse mich hängen." „Sag, was drin steht", befahl der Kalif, „wenn es lateinisch ist!"

Selim fing an zu übersetzen: „Mensch, der du dieses findest, preise Allah für seine Gnade! Wer von dem Pulver in dieser Dose schnupft[37] und dazu spricht: ‚Mutabor',[38] der kann sich in jedes Tier verwandeln[39] und versteht auch die Sprache der Tiere. Will er wieder in seine menschliche Gestalt zurückkehren, so neige er sich dreimal gen[40] Osten und spreche wieder jenes Wort. Aber hüte dich,[41] wenn du verwandelt bist, daß du nicht lachest, sonst verschwindet das Zauberwort sogleich gänzlich[42] aus deinem Gedächtnis, und du bleibst für immer ein Tier."

Als Selim der Gelehrte also gelesen hatte, war der Kalif über die Maßen[43] vergnügt. Er ließ den Gelehrten schwören, niemandem etwas von dem Geheimnis zu sagen, schenkte ihm ein schönes Kleid und entließ ihn. Zu seinem Großwesir aber sagte er: „Das heiß' ich gut einkaufen,[44] Mansor! Wie freue ich mich darauf,[45] ein Tier zu sein! Morgen früh kommst du zu mir. Wir gehen dann miteinander aufs Feld, schnupfen eine Kleinigkeit aus meiner Dose und belauschen[46] dann, was in der Luft und im Wasser, im Wald und auf dem Feld gesprochen wird."

Kaum hatte am andern Morgen der Kalif Chasid gefrühstückt und sich angekleidet, als schon der Großwesir erschien, um ihn auf dem Spaziergang[47] zu begleiten. Der Kalif steckte die Dose mit dem Zauberpulver in den Gürtel, und nachdem er seinem Gefolge[48] befohlen, zurückzubleiben,[49] machte er sich mit dem Großwesir ganz allein auf den Weg.[50] Sie gingen zuerst durch die weiten Gärten des Kalifen, spähten[51] aber vergebens[52] nach etwas Lebendigem, um ihr Kunststück[53] zu versuchen. Der Wesir schlug endlich vor, weiter hinaus an einen Teich zu gehen, wo er schon oft viele Tiere, namentlich[54] Störche, gesehen habe, die durch ihr gravitätisches Wesen[55] und ihr Geklapper[56] immer seine Aufmerksamkeit erregt[57] hätten.

Der Kalif billigte den Vorschlag[58] seines Wesirs und ging mit ihm dem Teich zu. Als sie dort angekommen waren, sahen sie einen Storch

[37] **schnupfen** sniff
[38] **Mutabor** *Lat.:* I shall be changed
[39] **sich verwandeln in** change into
[40] **gen** gegen
[41] **hüte dich!** beware!
[42] **gänzlich** completely
[43] **über die Maßen** extremely
[44] **Das ... einkaufen!** That's what I call a good buy!
[45] **Wie freue ich mich darauf** How I look forward to
[46] **belauschen** eavesdrop, spy on
[47] **der Spaziergang** walk, promenade
[48] **das Gefolge** retinue, attendants
[49] **zurückbleiben** remain behind
[50] **sich auf den Weg machen** start out
[51] **spähen** watch for, look out for
[52] **vergebens** in vain
[53] **das Kunststück** trick
[54] **namentlich** particularly, especially
[55] **gravitätisches Wesen** dignified behavior
[56] **das Geklapper** clattering (*of storks*)
[57] **Aufmerksamkeit erregen** attract attention
[58] **den Vorschlag billigen** approve the suggestion

ernsthaft auf und ab gehen, Frösche suchend und hie und da etwas vor sich hin klappernd.[59] Zugleich sahen sie auch weit oben in der Luft 85 einen andern Storch dieser Gegend zuschweben.

„Ich wette meinen Bart, gnädigster Herr", sagte der Großwesir, „diese zwei Langbeine[60] werden jetzt ein schönes Gespräch miteinander führen. Wie wäre es, wenn wir Störche würden?"

„Wohl gesprochen!" antwortete der Kalif. „Aber vorher wollen 90 wir noch einmal nachsehen, wie man wieder Mensch wird. — Richtig! Dreimal gen Osten geneigt und ‚Mutabor' gesagt, so bin ich wieder Kalif und du Wesir. Aber nur um's Himmels willen[61] nicht gelacht,[62] sonst sind wir verloren!"

Während der Kalif also sprach, sah er den andern Storch über ihrem 95 Haupte[63] schweben und langsam sich zur Erde[64] niederlassen. Schnell zog er die Dose aus dem Gürtel, nahm eine gute Prise,[65] bot sie dem Großwesir dar,[66] der gleichfalls[67] schnupfte, und beide riefen: „Mutabor!"

Da schrumpften[68] ihre Beine ein und wurden dünn und rot, die 100 schönen gelben und roten Pantoffeln[69] des Kalifen und seines Begleiters wurden unförmliche[70] Storchfüße, die Arme wurden zu Flügeln, der Hals fuhr aus den Achseln[71] und ward eine Elle[72] lang, der Bart war verschwunden, und den Körper bedeckten weiche Federn.

„Ihr habt einen hübschen Schnabel, Herr Großwesir", sprach nach 105 langem Erstaunen der Kalif. „Beim Barte des Propheten, so etwas habe ich in meinem Leben noch nicht gesehen."

„Danke untertänigst",[73] erwiderte der Großwesir, indem er sich bückte;[74] „aber wenn ich es wagen darf, möchte ich behaupten, Eure Hoheit[75] sehen als Storch beinahe noch hübscher aus denn als Kalif.[76] 110 Aber kommt, wenn es Euch gefällig ist,[77] daß wir unsere Kameraden dort belauschen und erfahren, ob wir wirklich Storchisch können!"[78]

Indem[79] war der andere Storch auf der Erde angekommen. Er putzte sich mit dem Schnabel die Füße, legte seine Federn zurecht[80] und ging auf den ersten Storch zu.[81] Die beiden neuen Störche aber beeilten sich, 115

[59] **vor sich hinklappern** chatter to himself
[60] **die Langbeine** longlegs
[61] **um's Himmels willen** for heaven's sake
[62] **nicht gelacht** no laughing
[63] **das Haupt** head
[64] **sich . . . niederlassen** alight on the ground
[65] **die Prise** pinch
[66] **darbieten** offer
[67] **gleichfalls** likewise
[68] **einschrumpfen** shrink, shrivel
[69] **der Pantoffel** slipper
[70] **unförmlich** misshapen
[71] **der . . . Achseln** the necks shot out of their shoulders
[72] **eine Elle** an ell (*old measure of length, about seven-tenths of a yard*)
[73] **Danke untertänigst** Thank you most humbly
[74] **sich bücken** bow
[75] **Eure Hoheit** Your Highness
[76] **denn als Kalif** than as Caliph
[77] **wenn . . . ist** if it please you
[78] **Storchisch können** understand stork language
[79] **indem** *here:* meanwhile
[80] **zurechtlegen** arrange
[81] **auf jemanden *oder* etwas zugehen** walk towards, approach

in ihre Nähe zu kommen, und vernahmen zu ihrem Erstaunen folgendes Gespräch: „Guten Morgen, Frau Langbein, so früh schon auf der Wiese?"

„Schönen Dank, liebe Klapperschnabel![82] Ich habe mir ein kleines Frühstück geholt. Ist Euch vielleicht ein Viertelchen[83] Eidechs[84] 120 gefällig[85] oder ein Froschschenkelein?"[86]

„Danke gehorsamst;[87] habe heute gar keinen Appetit. Ich komme auch wegen etwas ganz anderem auf die Wiese. Ich soll heute vor den Gästen meines Vaters tanzen, und da will ich mich im stillen[88] ein wenig üben."[89] 125

Zugleich schritt die junge Störchin mit wunderlichen Bewegungen durch das Feld. Der Kalif und Mansor sahen ihr verwundert nach. Als sie aber in malerischer Stellung auf einem Fuß stand und mit den Flügeln anmutig dazu wedelte,[90] da konnten sich die beiden nicht mehr halten;[91] ein unaufhaltsames[92] Gelächter brach aus ihren Schnäbeln 130 hervor,[93] von dem sie sich erst nach langer Zeit erholten. Der Kalif faßte sich[94] zuerst wieder. „Das war einmal ein Spaß", rief er, „der nicht mit Gold zu bezahlen ist. Schade, daß die dummen Tiere durch unser Gelächter sich haben verscheuchen[95] lassen, sonst hätten sie gewiß auch noch gesungen!" 135

Aber jetzt fiel es dem Großwesir ein, daß das Lachen während der Verwandlung verboten war. Er teilte seine Angst deswegen dem Kalifen mit. „Potz Mekka und Medina![96] Das wäre ein schlechter Spaß, wenn ich ein Storch bleiben müßte! Besinne dich doch auf[97] das dumme Wort, ich bringe es nicht heraus!"[98] 140

„Dreimal gen Osten müssen wir uns bücken und dazu sprechen: Mu-Mu-Mu."

Sie stellten sich gen Osten und bückten sich in einem fort,[99] daß ihre Schnäbel beinahe die Erde berührten. Aber o Jammer,[1] das Zauberwort war ihnen entfallen,[2] und sooft sich auch der Kalif bückte, so sehnlich[3] 145 auch sein Wesir ‚Mu — Mu —' dazu rief, jede Erinnerung daran war verschwunden, und der arme Chasid und sein Wesir waren und blieben Störche.

[82] **liebe Klapperschnabel** dear (*Mrs.*) Chatter-Beak
[83] **ein Viertelchen** *lit.:* a little quarter; a small piece
[84] **die Eidechs (e)** lizard
[85] **(Ist Euch) gefällig?** would you like?
[86] **das Froschschenkelein** little frog leg
[87] **Danke gehorsamst** Thank you most humbly
[88] **im stillen** quietly, in secret
[89] **(sich) üben** practice
[90] **mit den Flügeln anmutig dazu wedelte** in addition gracefully moved her wings
[91] **sich halten können** be able to restrain oneself

[92] **unaufhaltsam** irresistible
[93] **hervorbrechen** burst forth
[94] **sich fassen** regain control over oneself
[95] **verscheuchen** shoo away, scare away
[96] **Potz . . . Medina!** (*Lit.:* By Mecca and Medina) For heaven's sake!
[97] **sich besinnen auf** remember, recall
[98] **herausbringen** get something out, utter
[99] **in einem fort** constantly, continually
[1] **o Jammer!** oh misery!
[2] **war ihnen entfallen** had slipped their mind
[3] **sehnlich** longingly

II

Traurig wanderten die Verzauberten[4] durch die Felder, sie wußten gar nicht, was sie in ihrem Elend[5] anfangen sollten.[6] Aus ihrer Storchen- 150 haut[7] konnten sie nicht heraus, in die Stadt zurück konnten sie auch nicht, um sich zu erkennen zu geben,[8] denn wer hätte einem Storch geglaubt, daß er ein Kalif sei, und wenn man es auch geglaubt hätte, würden die Einwohner von Bagdad einen Storch zum Kalifen gewollt haben? 155

So schlichen sie mehrere Tage umher[9] und ernährten sich kümmerlich[10] von Feldfrüchten, die sie aber wegen ihrer langen Schnäbel nicht gut verspeisen konnten. Auf Eidechsen und Frösche hatten sie keinen Appetit, denn sie befürchteten, mit solchen Leckerbissen[11] sich den Magen zu verderben.[12] Ihr einziges Vergnügen in dieser traurigen Lage 160 war, daß sie fliegen konnten, und so flogen sie oft auf die Dächer von Bagdad, um zu sehen, was in der Stadt vorging.[13]

In den ersten Tagen bemerkten sie große Unruhe[14] und Trauer[15] in den Straßen. Als sie aber ungefähr am vierten Tage nach ihrer Verzauberung auf dem Palaste des Kalifen saßen, da sahen sie unten 165 in den Straßen einen prächtigen Aufzug.[16] Trommeln und Pfeifen ertönten, ein Mann in einem goldgestickten Scharlachmantel[17] ritt auf einem geschmückten[18] Pferd, umgeben von glänzenden[19] Dienern. Halb Bagdad sprang ihm nach,[20] und alle schrien: „Heil Mizra, dem Herrscher von Bagdad!" Da sahen die beiden Störche auf dem Dache 170 des Palastes einander an, und der Kalif Chasid sprach: „Ahnst[21] du jetzt, warum ich verzaubert bin, Großwesir? Dieser Mizra ist der Sohn meines Todfeindes,[22] des mächtigen Zauberers Kaschnur, der mir in einer bösen Stunde Rache schwur. Kein anderer als er verkaufte uns das Verwandlungspulver. Aber noch gebe ich die Hoffnung nicht auf. 175 Komm mit mir, du treuer Gefährte[23] meines Elends, wir wollen zum Grab des Propheten wandern,[24] vielleicht, daß an heiliger Stätte[25] der Zauber gelöst wird!"[26]

Sie erhoben sich vom Dach des Palastes und flogen der Gegend von Medina zu. 180

---

[4] **die Verzauberten** the enchanted, the victims of sorcery
[5] **das Elend** misery
[6] **(was sie) anfangen sollten** what they should do
[7] **die Storchenhaut** stork's skin
[8] **sich zu erkennen geben** make oneself known
[9] **umherschleichen** wander about
[10] **kümmerlich** miserably, wretchedly
[11] **der Leckerbissen** tidbit
[12] **sich den Magen verderben** upset one's stomach
[13] **was darin vorging** what was going on there
[14] **die Unruhe** unrest
[15] **die Trauer** mourning, sorrowing

[16] **ein prächtiger Aufzug** a magnificent parade
[17] **in . . . Scharlachmantel** in a scarlet cloak embroidered with gold
[18] **geschmückt** adorned
[19] **glänzend** splendid
[20] **sprang ihm nach** ran after him
[21] **ahnen** guess, suspect
[22] **der Todfeind** deadly enemy
[23] **der Gefährte** companion
[24] **zum . . . wandern** make a pilgrimage to the grave of the prophet (*Mohammed*)
[25] **an heiliger Stätte** on hallowed ground
[26] **(daß) der Zauber gelöst wird** (that) the magic spell will be lifted

Mit dem Fliegen wollte es aber gar nicht gut gehen,[27] denn die beiden Störche hatten noch wenig Übung.[28] „O Herr", ächzte[29] nach ein paar Stunden der Großwesir, „ich halte es mit Eurer Erlaubnis[30] nicht mehr lange aus,[31] Ihr fliegt gar zu schnell![32] Auch ist es schon Abend, und wir täten wohl,[33] ein Unterkommen[34] für die Nacht zu 185 suchen."

Chasid gab der Bitte seines Dieners Gehör,[35] und da er unten im Tal eine Ruine erblickte, die ein Obdach zu gewähren[36] schien, so flogen sie dahin. Der Ort, wo sie sich diese Nacht niedergelassen[37] hatten, schien ehemals[38] ein Schloß gewesen zu sein. Schöne Säulen[39] ragten 190 unter den Trümmern[40] hervor;[41] mehrere Gemächer, die noch ziemlich[42] erhalten waren, zeugten[43] von der ehemaligen[44] Pracht des Hauses. Chasid und sein Begleiter gingen in den Gängen umher, um sich ein trockenes Plätzchen zu suchen. Plötzlich blieb Storch Mansor stehen. „Herr und Gebieter", flüsterte er leise, „wenn es nur nicht 195 töricht[45] für einen Großwesir, noch mehr aber für einen Storch wäre, sich vor Gespenstern zu fürchten! Mir ist ganz unheimlich[46] zumut, denn hierneben[47] hat es ganz vernehmlich[48] geseufzt und gestöhnt." Der Kalif blieb nun auch stehen und hörte ganz deutlich ein leises Weinen, das eher einem Menschen als einem Tiere anzugehören 200 schien.[49] Voll Erwartung wollte er der Gegend zugehen, woher die Klagetöne[50] kamen; der Wesir aber packte ihn mit dem Schnabel am Flügel und bat ihn flehentlich,[51] sich nicht in neue unbekannte Gefahren zu stürzen.[52] Doch vergebens![53] Der Kalif, dem auch unter dem Storchenflügel ein tapferes Herz schlug,[54] riß sich mit Verlust[55] einiger 205 Federn los[56] und eilte in einen finstern Gang. Bald war er an einer Tür angelangt,[57] die nur angelehnt schien[58] und woraus er deutliche Seufzer und ein leises Geheul[59] vernahm.[60] Er stieß mit dem Schnabel

[27] **Mit . . . gehen** They had, however, great trouble flying
[28] **die Übung** practice
[29] **ächzen** groan
[30] **die Erlaubnis** permission
[31] **(ich halte es) nicht . . . aus** I can't stand it much longer
[32] **gar zu schnell** much too fast
[33] **wir täten wohl** we would do well
[34] **das Unterkommen** shelter
[35] **Gehör geben** give a hearing to; grant
[36] **Obdach gewähren** provide shelter
[37] **sich niederlassen** settle down
[38] **ehemals** once, formerly
[39] **die Säule** column
[40] **die Trümmer** ruins
[41] **hervorragen** rise above
[42] **ziemlich** tolerably well
[43] **zeugen** testify, bear witness to
[44] **ehemalig** bygone
[45] **töricht** foolish
[46] **unheimlich** uncanny **mir . . .**

zumut *meaning:* I feel that there is something uncanny about this place
[47] **hierneben** right near here
[48] **vernehmlich** clearly, audibly
[49] **ein leises Weinen, das . . . anzugehören schien** *meaning:* soft weeping suggesting a human being rather than an animal
[50] **die Klagetöne** lamentations
[51] **flehentlich bitten** implore
[52] **sich stürzen** hurl, plunge oneself
[53] **Doch vergebens!** But in vain!
[54] **(dem) ein . . . schlug** whose heart beat bravely . . .
[55] **der Verlust** loss
[56] **sich losreißen** tear oneself away
[57] **anlangen** arrive at, reach
[58] **die . . . schien** which seemed slightly ajar
[59] **das Geheul** *here:* crying, moaning
[60] **vernehmen** hear

die Tür auf, blieb aber überrascht[61] auf der Schwelle[62] stehen. In dem verfallenen[63] Gemach, das nur durch ein kleines Gitterfenster[64] spärlich 210 erleuchtet[65] war, sah er eine große Nachteule am Boden sitzen. Dicke Tränen rollten ihr aus den großen runden Augen, und mit heiserer Stimme stieß sie ihre Klagen aus[66] dem krummen Schnabel hervor. Als sie aber den Kalifen und seinen Wesir, der indessen[67] auch herbeigeschlichen war, erblickte, erhob sie ein lautes Freudengeschrei.[68] 215 Zierlich[69] wischte[70] sie mit dem braungefleckten[71] Flügel die Träne aus dem Auge, und zu dem großen Erstaunen der beiden rief sie in gutem menschlichem Arabisch: ,,Willkommen, ihr Störche, ihr seid mir ein gutes Zeichen meiner Errettung,[72] denn durch Störche werde mir ein großes Glück kommen, ist mir einst vorausgesagt[73] worden!" 220

Als sich der Kalif von seinem Erstaunen erholt hatte, bückte er sich mit seinem langen Hals, brachte seine dünnen Füße in zierliche Stellung und sprach: ,,Nachteule! Deinen Worten nach darf ich glauben, eine Leidensgefährtin[74] an dir zu sehen. Aber ach, deine Hoffnung, daß durch uns deine Rettung kommen werde, ist vergeblich. Du wirst 225 unsere Hilflosigkeit[75] selbst erkennen, wenn du unsere Geschichte hörst." Die Nachteule bat ihn, zu sprechen; der Kalif hub an[76] und erzählte, was wir bereits wissen.

Als der Kalif der Eule seine Geschichte vorgetragen[77] hatte, dankte sie ihm und sagte: ,,Vernimm[78] auch meine Geschichte und höre, wie 230 ich nicht weniger unglücklich bin als du! Mein Vater ist der König von Indien, ich, seine einzige unglückliche Tochter, heiße Lusa. Jener Zauberer Kaschnur, der euch verzauberte, hat auch mich in Unglück gestürzt.[79] Er kam eines Tages zu meinem Vater und begehrte mich zur Frau für[80] seinen Sohn Mizra. Mein Vater aber, der ein hitziger[81] 235 Mann ist, ließ ihn die Treppe hinunterwerfen. Der Elende[82] wußte sich unter einer anderen Gestalt wieder in meine Nähe zu schleichen,[83] und als ich einst in meinem Garten Erfrischungen zu mir nehmen[84] wollte, brachte er mir, als Sklave verkleidet,[85] einen Trank bei,[86] der

---

[61] **überrascht** surprised, astonished
[62] **die Schwelle** threshold
[63] **verfallen** dilapidated, decayed
[64] **das Gitterfenster** barred window
[65] **spärlich erleuchtet** faintly illuminated
[66] **Klagen herausstoßen** utter lamentations
[67] **indessen** meanwhile
[68] **ein Freudengeschrei erheben** utter cries of joy
[69] **zierlich** gracefully
[70] **wischen** wipe
[71] **braungefleckt** brown-spotted
[72] **die Errettung** salvation, redemption
[73] **voraussagen** foretell, prophesy
[74] **die Leidensgefährtin** fellow sufferer
[75] **die Hilflosigkeit** helplessness
[76] **hub an** began (his story)
[77] **vortragen** relate
[78] **vernehmen** hear, listen to
[79] **ins Unglück stürzen** plunge into misfortune; ruin
[80] **begehrte mich zur Frau** desired my hand in marriage
[81] **hitzig** hot-tempered
[82] **der Elende** wretch
[83] **(wußte sich) zu schleichen** contrived to sneak
[84] **zu sich nehmen** eat or drink; partake of food or drink
[85] **verkleidet** disguised
[86] **einen Trank beibringen** administer a potion

mich in diese abscheuliche[87] Gestalt verwandelte. Als ich vor Schrecken 240
ohnmächtig wurde, brachte er mich hierher und rief mir mit schreck-
licher Stimme in die Ohren: ‚Da sollst du bleiben, von den Tieren
gehaßt, bis an dein Ende oder bis einer aus freiem Willen dich, selbst[88]
in dieser Gestalt, zur Gattin begehrt. So räche[89] ich mich an dir und
deinem stolzen Vater.'   245

Seitdem[90] sind viele Monate verflossen.[91] Einsam und traurig lebe
ich als Einsiedlerin[92] in diesem Gemäuer,[93] fern von der Welt, selbst
den Tieren ein Greuel.[94] Die schöne Natur ist vor mir verschlossen,
denn ich bin blind am Tage, und nur wenn der Mond sein bleiches
Licht über diese Ruine ausgießt,[95] fällt der verhüllende Schleier von 250
meinem Blick."[96]

Die Eule hatte geendet und wischte sich mit dem Flügel wieder die
Augen aus, denn die Erzählung ihrer Leiden[97] hatte ihr Tränen
entlockt.[98]

Der Kalif war bei der Erzählung der Prinzessin in tiefes Nachdenken 255
versunken.[99] „Wenn mich nicht alles täuscht",[1] bemerkte er, „so
besteht[2] zwischen meinem und deinem Unglück ein geheimer Zusammenhang; aber wo finde ich den Schlüssel[3] zu diesem Rätsel?"[4] Die
Eule antwortete ihm: „O Herr, auch mir ahnet dies;[5] denn es ist mir
einst in meiner frühesten Jugend von einer weisen Frau vorhergesagt 260
worden, daß ein Storch mir ein großes Glück bringen werde. Ich
wüßte vielleicht, wie wir uns retten könnten." Der Kalif war sehr
erstaunt und fragte, auf welchem Wege sie meine. „Der Zauberer, der
uns beide unglücklich gemacht hat", sagte sie, „kommt alle Monate
einmal in diese Ruinen. Nicht weit von diesem Gemach ist ein Saal. 265
Dort pflegt er dann mit vielen Genossen zu schmausen.[6] Schon oft
habe ich sie dort belauscht. Sie erzählen einander dann ihre schändlichen[7]
Werke, vielleicht, daß er dabei das Zauberwort, das ihr vergessen habt,
ausspricht."[8]

„O teuerste[9] Prinzessin", rief der Kalif, „sag an,[10] wann kommt er, 270
und wo ist der Saal?"

Die Eule schwieg einen Augenblick[11] und sprach dann: „Nehmet

---

[87] **abscheulich** abominable, detestable
[88] **selbst** even
[89] **sich rächen** take revenge
[90] **seitdem** since then
[91] **sind verflossen** have passed
[92] **die Einsiedlerin** hermit (*fem.*)
[93] **das Gemäuer** walls
[94] **ein Greuel** abomination
[95] **ausgießen** shed
[96] **fällt . . . Blick** *meaning:* the veil that
envelops my eyes is lifted
[97] **ihrer Leiden** of her sufferings
[98] **Tränen entlocken** bring to tears
[99] **in Nachdenken versinken** to become absorbed in thought

[1] **Wenn . . . täuscht** If I am not deceived
[2] **so besteht** there exists
[3] **der Schlüssel** key
[4] **das Rätsel** riddle, mystery
[5] **mir ahnet dies** I suspect this
[6] **schmausen** feast
[7] **schändlich** shameful
[8] **vielleicht, daß er (ausspricht)** perhaps he will utter
[9] **teuerste** dearest
[10] **sag an!** tell me!
[11] **der Augenblick** instant

es nicht ungütig,[12] aber versteht mich bitte recht, meine Herren, nur unter einer Bedingung[13] kann ich Euren Wunsch erfüllen."

„Sprich aus![14] Sprich aus!" schrie Chasid. „Befiehl, es ist mir jede recht!"[15]

„Ich möchte nämlich gerne zugleich auch frei sein; dies kann aber nur geschehen, wenn einer von euch mir seine Hand reicht."[16]

Die Störche schienen über den Antrag[17] etwas betroffen[18] zu sein, und der Kalif winkte seinem Diener, mit ihm ein wenig hinauszugehen.

„Großwesir", sprach vor der Tür der Kalif, „das ist ein dummer Handel,[19] aber Ihr könntet sie schon nehmen."

„So?"[20] antwortete dieser.[21] „Daß mir meine Frau, wenn ich nach Haus komme, die Augen auskratzt?[22] Auch bin ich ein alter Mann, und Ihr seid noch jung und unverheiratet und könntet eher[23] einer jungen schönen Prinzessin die Hand geben."

„Das ist es eben",[24] seufzte der Kalif, indem er traurig die Flügel hängen ließ,[25] „wer sagt dir denn, daß sie jung und schön ist? Das heißt die Katze im Sack kaufen!"[26]

Sie redeten einander gegenseitig noch lange zu,[27] endlich aber, als der Kalif sah, daß sein Wesir lieber Storch bleiben als die Eule heiraten wollte, entschloß er sich, die Bedingung selbst zu erfüllen. Die Eule war hocherfreut.[28] Sie gestand[29] ihnen, daß sie zu keiner bessern Zeit hätten kommen können, weil wahrscheinlich in dieser Nacht die Zauberer sich versammeln[30] würden.

Sie verließ mit den Störchen das Gemach, um sie in jenen Saal zu führen. Lange gingen sie in einem finstern Gang hin; endlich strahlte ihnen aus einer halbverfallenen[31] Mauer ein heller Schein[32] entgegen.[33] Als sie dort angelangt[34] waren, riet ihnen[35] die Eule, sich ganz ruhig zu verhalten.[36] Sie konnten von der Lücke,[37] an der sie standen, einen großen Saal übersehen.[38] Er war ringsum[39] mit Säulen geschmückt und prachtvoll verziert. Viele farbige Lampen ersetzten[40] das Licht des

---

[12] **Nehmet es nicht ungütig** Do not take it unkindly; do not hold it against me
[13] **die Bedingung** condition
[14] **Sprich aus!** Say it!
[15] **es ... recht** I'll agree to any condition
[16] **seine Hand reichen** marry
[17] **der Antrag** proposition, proposal
[18] **betroffen** taken aback
[19] **der Handel** *here:* affair, bargain
[20] **So?** Is that so?
[21] **dieser** *here:* the latter
[22] **auskratzen** scratch out
[23] **eher** *here:* much rather
[24] **Das ist es eben** That's just it
[25] **die Flügel hängen lassen** let his wings droop

[26] **Eine Katze im Sack kaufen** (*Prov.*) To buy a pig in a poke
[27] **zureden** (*try to*) persuade
[28] **hocherfreut** overjoyed
[29] **gestehen** confess, assure
[30] **sich versammeln** gather, get together
[31] **halbverfallen** half decayed
[32] **der Schein** light
[33] **entgegenstrahlen** shine towards
[34] **anlangen** arrive
[35] **riet ihnen** advised *or* told them
[36] **sich ruhig verhalten** be quiet
[37] **die Lücke** crevice (*in the wall*)
[38] **übersehen** overlook, survey
[39] **ringsum** all around
[40] **ersetzen** substitute for

Tages. In der Mitte des Saales stand ein runder Tisch, mit vielen und ausgesuchten Speisen beladen. Rings um den Tisch zog sich [41] ein Sofa, auf dem acht Männer saßen. In einem dieser Männer erkannten die 305 Störche jenen Krämer wieder, der ihnen das Zauberpulver verkauft hatte. Sein Nachbar [42] forderte ihn auf,[43] ihnen seine neuesten Taten zu berichten. Er erzählte unter andern [44] auch die Geschichte des Kalifen und seines Wesirs.

„Was für ein Wort hast du ihnen denn aufgegeben?" fragte ihn 310 ein anderer Zauberer. „Ein recht schweres lateinisches, es heißt Mutabor."

Als die Störche an ihrer Mauerlücke dieses hörten, waren sie vor Freude beinahe außer sich.[45] Sie liefen auf ihren großen Füßen so schnell dem Tor der Ruine zu, daß die Eule kaum folgen konnte. Dort 315 sprach der Kalif gerührt [46] zu der Eule: „Retterin meines Lebens und des Lebens meines Freundes, nimm zum ewigen [47] Dank für das, was du an uns getan, mich zum Gemahl an!" Dann aber wandte er sich nach Osten. Dreimal bückten die Störche ihre langen Hälse der Sonne entgegen, die soeben hinter dem Gebirge heraufstieg. „Mutabor!" 320 riefen sie, und im Nu [48] waren sie verwandelt, und in der hohen Freude des neugeschenkten Lebens [49] lagen Herr und Diener lachend und weinend einander in den Armen.[50] Wer beschreibt aber ihr Erstaunen, als sie sich umsahen? Eine schöne Dame, herrlich geschmückt, stand vor ihnen. Lächelnd gab sie dem Kalifen die Hand. „Erkennt Ihr Eure 325 Nachteule nicht mehr?" sagte sie. Sie war es; der Kalif war von ihrer Schönheit und Anmut so entzückt, daß er ausrief, es sei sein größtes Glück, daß er Storch geworden sei.

Die drei zogen nun miteinander auf Bagdad zu. Der Kalif fand in seinen Kleidern nicht nur die Dose mit Zauberpulver, sondern auch 330 seinen Geldbeutel. Er kaufte daher im nächsten Dorfe, was zu ihrer Reise nötig war, und so kamen sie bald an die Tore von Bagdad. Dort aber erregte die Ankunft des Kalifen großes Erstaunen. Man hatte ihn für tot erklärt,[51] und das Volk war daher hocherfreut, seinen geliebten Herrscher wiederzuhaben. 335

Um so mehr aber entbrannte [52] der Haß gegen den Betrüger Mizra. Das Volk zog in den Palast und nahm den alten Zauberer und seinen Sohn gefangen. Den Alten schickte der Kalif in dasselbe Gemach der Ruine, das die Prinzessin als Eule bewohnt hatte, und ließ ihn dort aufhängen. Dem Sohn aber, der nichts von den Künsten des Vaters 340

[41] **zog sich** extended
[42] **der Nachbar** neighbor
[43] **auffordern** call upon
[44] **unter andern** among others
[45] **vor Freude außer sich sein** not be able to contain oneself for joy
[46] **gerührt** with emotion
[47] **ewig** eternal

[48] **im Nu** instantly
[49] **in . . . Lebens** in the great joy of their newly granted life
[50] **einander in den Armen liegen** embrace each other
[51] **(jemanden) für tot erklären** claim (someone's) death
[52] **entbrennen** break out, flare up

verstand, ließ der Kalif die Wahl,[53] ob er sterben oder schnupfen wolle. Als er das letztere wählte, bot ihm der Großwesir die Dose. Eine tüchtige Prise,[54] und das Zauberwort des Kalifen verwandelte ihn in einen Storch. Der Kalif ließ ihn in einen eisernen Käfig[55] sperren, den man in seinem Garten aufstellte.[56]   345

Lange und vergnügt lebte Kalif Chasid mit seiner Frau, der Prinzessin; seine vergnügtesten Stunden waren immer die, wenn ihn der Großwesir nachmittags besuchte; da sprachen sie dann oft von ihrem Storchenabenteuer, und wenn der Kalif recht heiter war, ließ er sich herab,[57] den Großwesir nachzuahmen, wie er als Storch ausgesehen 350 hatte. Er stieg dann ernsthaft mit steifen Füßen im Zimmer auf und ab, klapperte, wedelte mit den Armen wie mit Flügeln und zeigte, wie jener sich vergeblich nach Osten geneigt und Mu — Mu — dazu gerufen habe. Für die Frau Kalifin und ihre Kinder war diese Vorstellung[58] allemal eine große Freude; wenn aber der Kalif gar zu lange 355 klapperte und nickte und Mu — Mu — schrie, dann drohte ihm lächelnd der Wesir: Er wollte das, was vor der Türe der Prinzessin Nachteule verhandelt worden sei,[59] der Frau Kalifin mitteilen.

---

[53] (jemandem) die Wahl lassen let (someone) choose
[54] eine tüchtige Prise a good-sized pinch
[55] der Käfig cage
[56] aufstellen put up

[57] sich herablassen condescend, deign
[58] die Vorstellung performance
[59] ... (was) verhandelt worden sei what had been discussed; their discussion

Hermann Hesse (photo: Fritz Eschen, German Information Center).

Hermann Hesse
(1877–1962)

Torn between opposites, oscillating between negation and affirmation, equally prone to faith and to despair, Hesse, whose major works include the novels Siddharta (1922), Der Steppenwolf (1927) *and* Das Glasperlenspiel (1943), *has ever sought to reconcile the irreconcilables by expressing the "eternal antithesis" which underlies all experience. He conceived of poetry and creative expression as revelation of the human condition. He conceived of the human condition in terms of his own awareness of vital beauty and of a transitory world destined to perish, of death in life and of life in death. The following selection, a brief and highly subjective "fairytale," illustrates Hesse's art. It is a transparent allegory of man's deathbound passage through life.*

Märchen

„HIER", sagte mein Vater, und übergab mir eine kleine, beinerne Flöte, „nimm das und vergiß deinen alten Vater nicht, wenn du in fernen Ländern die Leute mit deinem Spiel erfreust.[1] Es ist jetzt hohe Zeit, daß du die Welt siehst und etwas lernst. Ich habe dir diese Flöte machen lassen, weil du doch keine andre Arbeit tun und immer nur singen magst. Nur denke auch daran, daß du immer hübsche und liebenswürdige Lieder vorträgst,[2] sonst wäre es schade um die Gabe, die Gott dir verliehen hat."

Mein lieber Vater verstand wenig von der Musik, er war ein Gelehrter; er dachte, ich brauchte nur in das hübsche Flötchen zu blasen, so werde es schon gut sein. Ich wollte ihm seinen Glauben nicht nehmen,[3] darum bedankte ich mich, steckte die Flöte ein und nahm Abschied.

Unser Tal war mir bis zur großen Hofmühle[4] bekannt; dahinter fing denn also die Welt an, und sie gefiel mir sehr wohl. Eine müdegeflogene Biene[5] hatte sich auf meinen Ärmel[6] gesetzt, die trug ich mit mir fort, damit ich später bei meiner ersten Rast gleich einen Boten[7] hätte, um Grüße in die Heimat zurückzusenden.

---

[1] **erfreuen** delight
[2] **Lieder vortragen** perform songs
[3] **jemandem seinen Glauben nehmen** destroy someone's faith
[4] **die Hofmühle** *here:* gristmill
[5] **eine müdgeflogene Biene** a bee tired from flying
[6] **der Ärmel** sleeve
[7] **der Bote** messenger

33

Wälder und Wiesen begleiteten meinen Weg, und der Fluß lief
rüstig mit; ich sah, die Welt war von der Heimat wenig verschieden. 20
Die Bäume und Blumen, die Kornähren und Haselbüsche sprachen
mich an,[8] ich sang ihre Lieder mit,[9] und sie verstanden mich, gerade
wie [10] daheim; darüber wachte auch meine Biene wieder auf, sie kroch
langsam bis auf meine Schulter, flog ab und umkreiste mich zweimal
mit ihrem tiefen süßen Gebrumme, dann steuerte sie geradeaus 25
rückwärts [11] der Heimat zu.

Da kam aus dem Walde hervor ein junges Mädchen gegangen,[12] das
trug einen Korb [13] am Arm und einen breiten, schattigen [14] Strohhut
auf dem blonden Kopf.

„Grüß Gott",[15] sagte ich zu ihr, „wo willst denn du hin?" [16]   30
„Ich muß den Schnittern das Essen bringen", sagte sie und ging
neben mir. „Und wo willst du heut noch hinaus?" [17]

„Ich gehe in die Welt, mein Vater hat mich geschickt. Er meint, ich
solle den Leuten auf der Flöte vorblasen,[18] aber das kann ich noch nicht
richtig, ich muß es erst lernen."   35

„So, so. Ja, und was kannst du denn eigentlich? Etwas muß man
doch können."

„Nichts Besonderes. Ich kann Lieder singen."

„Was für Lieder denn?"

„Allerhand Lieder, weißt du, für den Morgen und für den Abend 40
und für alle Bäume und Tiere und Blumen. Jetzt könnte ich zum
Beispiel ein hübsches Lied singen von einem jungen Mädchen, das
kommt aus dem Wald heraus und bringt den Schnittern ihr Essen."

„Kannst du das? Dann sing's einmal!" [19]

„Ja, aber wie heißt du eigentlich?"   45

„Brigitte."

Da sang ich das Lied von der hübschen Brigitte mit dem Strohhut,
und was sie im Korbe hat, und wie die Blumen ihr nachschauen, und
die blaue Winde [20] vom Gartenzaun [21] langt nach [22] ihr, und alles was
dazu gehörte.[23] Sie paßte ernsthaft auf und sagte, es wäre gut. Und als 50
ich ihr erzählte, daß ich hungrig sei, da tat sie den Deckel von ihrem
Korb und holte mir ein Stück Brot heraus. Als ich da hineinbiß und

---

[8] **sprachen mich an** *here:* called out to
me
[9] **ich ... mit** I joined in their songs
[10] **gerade wie** just as
[11] **steuerte geradeaus rückwärts**
headed straight back
[12] **(kam) gegangen** came walking
[13] **der Korb** basket
[14] **schattig** *here:* giving shade
[15] **Grüß Gott!** *South German greeting:*
Good day! Hello!
[16] **wo ... hin?** well, where are you
going

[17] **wo ... hinaus?** how far do you
want to go today?
[18] **auf ... vorblasen** play (*to them*) on
the flute
[19] **Dann sing's einmal!** Then why
don't you sing it!
[20] **die blaue Winde** blue bindweed
[21] **der Gartenzaun** garden fence
[22] **langen nach** reach out for
[23] **alles was dazu gehörte** all that went
with it

tüchtig dazu weitermarschierte, sagte sie aber: „Man muß nicht im Laufen[24] essen. Eins nach dem andern."

„Willst du mir noch etwas singen?"[25] fragte sie dann, als ich fertig war. 55

„Ich will schon.[26] Was soll es sein?"

„Von einem Mädchen, dem ist sein Schatz[27] davongelaufen, und es ist traurig."

„Nein, das kann ich nicht. Ich weiß ja nicht, wie das ist, und man 60 soll auch nicht so traurig sein. Ich soll immer nur artige und liebenswürdige Lieder vortragen, hat mein Vater gesagt. Ich singe dir vom Kuckucksvogel[28] oder vom Schmetterling."[29]

„Und von der Liebe weißt du gar nichts?" fragte sie dann.

„Von der Liebe? Oh doch, das ist ja das allerschönste." 65

Alsbald fing ich an und sang von dem Sonnenstrahl, der die roten Mohnblumen[30] lieb hat, und wie er mit ihnen spielt und voller Freude ist. Und vom Finkenweibchen,[31] wenn es auf den Finken[32] wartet, und wenn er kommt, dann fliegt es weg und tut erschrocken.[33] Und sang weiter von dem Mädchen mit den braunen Augen und vom dem 70 Jüngling, der daherkommt und singt und ein Brot dafür geschenkt bekommt;[34] aber nun will er kein Brot mehr haben, er will einen Kuß von der Jungfer[35] und will in ihre braunen Augen sehen, und er singt so lange fort[36] und hört nicht auf, bis sie anfängt zu lächeln und bis sie ihm den Mund mit ihren Lippen schließt. 75

Da neigte Brigitte sich herüber und schloß mir den Mund mit ihren Lippen und tat die Augen zu und tat sie wieder auf, und ich sah in die nahen braungoldenen Sterne, darin war ich selber gespiegelt und ein paar weiße Wiesenblumen.

„Die Welt ist sehr schön", sagte ich, „mein Vater hat recht 80 gehabt. Jetzt will ich dir aber tragen helfen, daß wir zu deinen Leuten kommen."

Ich nahm ihren Korb, und wir gingen weiter, ihr Schritt klang mit meinem Schritt und ihre Fröhlichkeit mit meiner gut zusammen, und der Wald sprach fein und kühl vom Berg herunter;[37] ich war noch 85 nie so vergnügt gewandert. Eine ganze Weile sang ich munter zu,[38] bis ich aufhören mußte vor lauter Fülle;[39] es war allzu vieles, was vom

---

[24] **im Laufen** while walking (*fast*)
[25] **Willst ... singen Willst du noch etwas für mich singen**
[26] **ich will schon** I'm willing
[27] **der Schatz** sweetheart
[28] **der Kuckucksvogel** cuckoo bird (*symbol of faithlessness*)
[29] **der Schmetterling** butterfly (*symbol of fickleness*)
[30] **die Mohnblume** poppy
[31] **das Finkenweibchen** female finch
[32] **der Fink** finch

[33] **tut erschrocken** acts frightened
[34] **etwas geschenkt bekommen** receive something as a gift
[35] **die Jungfer** girl
[36] **er ... fort** he continues singing
[37] **der Wald ... herunter** *meaning:* the refreshing woods spoke to me distantly and gently from the mountainside
[38] **... sang ich munter zu** I sang along cheerfully
[39] **vor lauter Fülle** because of all this wealth and splendor

35

Tal und vom Berg und aus Gras und Laub und Fluß und Gebüschen
zusammenrauschte und erzählte.[40]

Da mußte ich denken: wenn ich alle diese tausend Lieder der Welt   90
zugleich verstehen und singen könnte, von Gräsern und Blumen und
Menschen und Wolken und allem, vom Laubwald[41] und vom
Föhrenwald[42] und auch von allen Tieren, und dazu noch alle Lieder der
fernen Meere und Gebirge, und die der Sterne und Monde, und wenn
das alles zugleich in mir innen tönen und singen könnte, dann wäre ich   95
der liebe Gott,[43] und jedes neue Lied müßte als ein Stern am Himmel
stehen.

Aber wie ich eben so dachte[44] und davon ganz still und wunderlich[45]
wurde, weil mir das früher noch nie in den Sinn gekommen[46] war, da
blieb Brigitte stehen und hielt mich an dem Korbhenkel[47] fest.   100

„Jetzt muß ich da hinauf", sagte sie, „da droben sind unsere Leute im
Feld. Und du, wo gehst du hin? Kommst du mit?"

„Nein, mitkommen kann ich nicht. Ich muß in die Welt. Schönen
Dank für das Brot, Brigitte, und für den Kuß; ich will an dich denken."

Sie nahm ihren Eßkorb, und über dem Korb neigten sich ihre Augen   105
im braunen Schatten noch einmal zu mir, und ihre Lippen hingen an
meinen, und ihr Kuß war so gut und lieb, daß mir vor lauter Wohlsein[48]
beinah traurig werden wollte.[49] Da rief ich schnell Lebewohl und
marschierte eilig die Straße hinunter.

Das Mädchen stieg langsam den Berg hinan, und unter dem herab-   110
hängenden Buchenlaub[50] am Waldrand blieb sie stehen und sah herab
und mir nach, und als ich ihr winkte und den Hut überm Kopfe
schwang,[51] da nickte sie noch einmal und verschwand still wie ein
Bild in den Buchenschatten[52] hinein.

II

Ich aber ging ruhig meine Straße und war in Gedanken,[53] bis der
Weg um eine Ecke bog.

[40] **es war ... erzählte** *meaning:* Too
many voices joined in the murmur
and the rustling to tell of valley and
mountain, grass, leaves, river, and
underbrush
[41] **der Laubwald** deciduous forest
[42] **der Föhrenwald** forest of firs
[43] **der liebe Gott** the good Lord
[44] **Aber ... dachte** But just when these
thoughts came to me
[45] **wunderlich** dizzy
[46] **in den Sinn kommen** cross one's
mind

[47] **der Korbhenkel** the handle of the
basket
[48] **vor lauter Wohlsein** because of all
this pleasure and happiness
[49] **(daß mir) beinah ... wollte** that I
almost became sad
[50] **das Buchenlaub** beech-leaves
[51] **den Hut überm Kopfe schwingen**
wave one's hat above one's head
[52] **der Buchenschatten** shadow of the
beech trees
[53] **in Gedanken sein** to be lost in thought

Da stand eine Mühle, und bei der Mühle lag ein Schiff auf dem Wasser, darin saß ein Mann allein und schien nur auf mich zu warten, denn als ich den Hut zog und zu ihm in das Schiff hinüberstieg, da fing das Schiff sogleich zu fahren an und lief den Fluß hinunter.[54] Ich saß in der Mitte des Schiffs, und der Mann saß hinten am Steuer, und als ich ihn fragte, wohin wir führen, da blickte er auf und sah mich aus verschleierten grauen Augen an.

„Wohin du magst", sagte er mit einer gedämpften Stimme.[55] „Den Fluß hinunter und ins Meer, oder zu den großen Städten, du hast die Wahl. Es gehört alles mir."

„Es gehört alles dir? Dann bist du der König?"

„Vielleicht", sagte er. „Und du bist ein Dichter, wie mir scheint?[56] Dann singe mir ein Lied zum Fahren!"

Ich nahm mich zusammen,[57] es war mir bange vor[58] dem ernsten grauen Mann, und unser Schiff schwamm so schnell und lautlos den Fluß hinab. Ich sang vom Fluß, der die Schiffe trägt und die Sonne spiegelt und am Felsenufer stärker aufrauscht[59] und freudig seine Wanderung vollendet.

Des Mannes Gesicht blieb unbeweglich, und als ich aufhörte, nickte er still wie ein Träumender. Und alsdann begann er zu meinem Erstaunen selber zu singen, und auch er sang vom Fluß und von des Flusses Reise durch die Täler, und sein Lied war schöner und mächtiger als meines, aber es klang alles ganz anders.

Der Fluß, wie er ihn sang,[60] kam als ein taumelnder Zerstörer[61] von den Bergen herab, finster und wild; knirschend[62] fühlte er sich von den Mühlen gebändigt, von den Brücken überspannt, er haßte jedes Schiff, das er tragen mußte, und in seinen Wellen und langen grünen Wasserpflanzen wiegte[63] er lächelnd die weißen Leiber der Ertrunkenen.[64]

Das alles gefiel mir nicht und war doch so schön und geheimnisvoll von Klang,[65] daß ich ganz irre wurde und beklommen schwieg.[66] Wenn das richtig war, was dieser alte, feine und kluge Sänger mit seiner gedämpften Stimme sang, dann waren alle meine Lieder nur Torheit und schlechte[67] Knabenspiele gewesen. Dann war die Welt auf ihrem Grund[68] nicht gut und licht wie Gottes Herz, sondern

---

[54] (das Schiff) lief den Fluß hinunter the ship traveled down the river
[55] mit ... Stimme in a muted voice
[56] wie mir scheint it seems to me
[57] Ich ... zusammen I pulled myself together
[58] es ... vor I was afraid of
[59] aufrauschen rise up and swirl
[60] wie er ihn sang as he sang of it
[61] ein taumelnder Zerstörer a tumbling and reeling destroyer

[62] knirschend lit.: with gnashing teeth; resentfully
[63] wiegen rock, cradle
[64] die Ertrunkenen the drowned
[65] geheimnisvoll von Klang sounded mysterious
[66] beklommen schweigen meaning: maintain an uneasy silence
[67] schlechte here: silly, simple-minded, naive
[68] die Welt auf ihrem Grund the world in its essence

dunkel und leidend, böse und finster, und wenn die Wälder rauschten, so war es nicht aus Lust, sondern aus Qual.

Wir fuhren dahin,[69] und die Schatten wurden lang, und jedesmal, 40 wenn ich zu singen anfing, tönte es weniger hell, und meine Stimme wurde leiser, und jedesmal erwiderte der fremde Sänger mir ein Lied, das die Welt noch rätselhafter und schmerzlicher machte und mich noch befangener[70] und trauriger.

Mir tat die Seele weh, und ich bedauerte, daß ich nicht am Lande 45 und bei den Blumen geblieben war oder bei der schönen Brigitte, und um mich in der wachsenden Dämmerung[71] zu trösten, fing ich mit lauter Stimme wieder an und sang durch den roten Abendschein das Lied von Brigitte und ihren Küssen.

Da begann die Dämmerung, und ich verstummte, und der Mann am 50 Steuer sang, und auch er sang von der Liebe und Liebeslust, von braunen und von blauen Augen, von roten feuchten Lippen, und es war schön und ergreifend,[72] was er leidvoll über dem dunkelnden Fluß sang, aber in seinem Lied war auch die Liebe finster und bang und ein tödliches Geheimnis geworden, an dem die Menschen irr und wund 55 in ihrer Not und Sehnsucht tasteten,[73] und mit dem sie einander quälten und töteten.

Ich hörte zu und wurde so müde und betrübt, als sei ich schon Jahre unterwegs und sei durch lauter Jammer und Elend gereist. Von dem Fremden her fühlte ich immerzu einen leisen, kühlen Strom von 60 Trauer und Seelenangst[74] zu mir herüber und in mein Herz schleichen.

„Also ist denn nicht das Leben das Höchste und Schönste", rief ich endlich bitter, „sondern der Tod. Dann bitte ich dich, du trauriger König, singe mir ein Lied vom Tode!"

Der Mann am Steuer sang nun vom Tode, und er sang schöner, als 65 ich je hatte singen hören. Aber auch der Tod war nicht das Schönste und Höchste, es war auch bei ihm kein Trost. Der Tod war Leben, und das Leben war Tod, und sie waren ineinander verschlungen[75] in einem ewigen rasenden Liebeskampf,[76] und dies war das Letzte und der Sinn der Welt,[77] und von dorther kam ein Schein, der alles Elend noch zu 70 preisen vermochte, und von dorther kam ein Schatten, der alle Lust und alle Schönheit trübte und mit Finsternis umgab. Aber aus der Finsternis brannte die Lust inniger[78] und schöner, und die Liebe glühte tiefer in dieser Nacht.

Ich hörte zu und war ganz still geworden, ich hatte keinen Willen 75

---

[69] **dahinfahren** travel along
[70] **befangen** ill at ease
[71] **in ... Dämmerung** as it grew darker
[72] **ergreifend** moving
[73] **an dem die Menschen irr und wund in ihrer Not und Sehnsucht tasteten** *meaning:* for which men groped confusedly in their need and painful longing

[74] **die Seelenangst** anxiety of the soul
[75] **ineinander verschlungen** intertwined
[76] **in ... Liebeskampf** in an eternally raging battle of love
[77] **das Letzte ... Welt** the ultimate answer and the meaning of the world
[78] **innig** deeply

38

mehr in mir als den des fremden Mannes. Sein Blick ruhte auf mir, still und mit einer gewissen traurigen Güte, und seine grauen Augen waren voll vom Weh und von der Schönheit der Welt. Er lächelte mich an, und da faßte[79] ich mir ein Herz und bat in meiner Not: „Ach, laß uns umkehren, du! Mir ist angst hier in der Nacht, und ich möchte zurück und dahin gehen, wo ich Brigitte finden kann, oder heim zu meinem Vater." 80

Der Mann stand auf und deutete in die Nacht,[80] und seine Laterne schien hell auf sein mageres und festes Gesicht. „Zurück geht kein Weg", sagte er ernst und freundlich, „man muß immer vorwärtsgehen, wenn man die Welt ergründen[81] will. Und von dem Mädchen mit den braunen Augen hast du das Beste und Schönste schon gehabt, und je weiter du von ihr bist, desto besser und schöner wird es werden. Aber fahre du immerhin,[82] wohin du magst, ich will dir meinen Platz am Steuer geben!" 85

Ich war zum Tod betrübt[83] und sah doch, daß er recht hatte. Voll Heimweh dachte ich an Brigitte und an die Heimat und an alles, was eben noch nahe und licht und mein gewesen war, und was ich nun verloren hatte. Aber jetzt wollte ich den Platz des Fremden nehmen und das Steuer führen. So mußte es sein. 90

Darum stand ich schweigend auf und ging durch das Schiff zum Steuersitz,[84] und der Mann kam mir schweigend entgegen, und als wir beieinander[85] waren, sah er mir fest ins Gesicht und gab mir seine Laterne. 95

Aber als ich am Steuer saß und die Laterne neben mir stehen hatte, da war ich allein im Schiff, ich erkannte es mit einem tiefen Schauder, der Mann war verschwunden, und doch war ich nicht erschrocken, ich hatte es geahnt. Mir schien, es sei der schöne Wandertag und Brigitte und mein Vater und die Heimat nur ein Traum gewesen, und ich sei alt und betrübt und sei schon immer und immer[86] auf diesem nächtlichen[87] Fluß gefahren. 100

105

Ich begriff, daß ich den Mann nicht rufen dürfe, und die Erkenntnis der Wahrheit überlief[88] mich wie ein Frost.

Um zu wissen, was ich schon ahnte, beugte ich mich über das Wasser hinaus und hob die Laterne, und aus dem schwarzen Wasserspiegel[89] sah mir ein scharfes und ernstes Gesicht mit grauen Augen entgegen, ein altes, wissendes Gesicht, und das war ich. 110

Und da kein Weg zurückführte, fuhr ich auf dem dunkeln Wasser weiter durch die Nacht.

---

[79] **sich ein Herz fassen** take courage
[80] **deutete in die Nacht** pointed into the night
[81] **ergründen** understand in its essence, fathom
[82] **Aber . . . immerhin** But you travel on
[83] **zum Tod betrübt** grieved unto death

[84] **der Steuersitz** the helmsman's seat
[85] **beieinander** next to each other
[86] **immer und immer** forever
[87] **nächtlich** nocturnal
[88] **überlief mich wie ein Frost** overcame me like a chill
[89] **der Wasserspiegel** (mirror-like) surface of the water

Franz Kafka
(1883–1924)

The majority of Kafka's enigmatic parables, reflections, fables and short stories as well as his famous fragmentary novels Der Prozeß (The Trial) *and* Das Schloß (The Castle) *were published only after his death. They describe in quiet and lucid prose the absurd and desperate experience of man's failure to achieve a meaningful existence. Since, like Poseidon, his mind is constantly preoccupied with unfinished business, and since man ever lags behind the job of accounting for his existence, he will never survey, or gain a perspective on, the ocean of his own life unless it be on "doomsday," that is, in the moment of disengagement when his world will come to a stop and when he may willingly surrender to a "quiet instant." For only in the final release through impending death may he be exempt from the ceaseless process of living and striving, from the unending and, possibly, self-imposed effort to arrive at a rationale for a constantly shifting multitude of concerns. And only when it is, perhaps, too late to matter, he may hope to catch a glimpse of the meaning, the unity, the totality of his own life, and thus of the law of all being.*

Poseidon

POSEIDON saß an seinem Arbeitstisch und rechnete. Die Verwaltung aller Gewässer gab ihm unendliche Arbeit. Er hätte Hilfskräfte[1] haben können, wie viel er wollte, und er hatte auch sehr viele, aber da er sein Amt sehr ernst nahm, rechnete er alles noch einmal durch und so halfen ihm die Hilfskräfte wenig. Man kann nicht sagen, daß ihn die Arbeit freute,[2] er führte sie eigentlich nur aus, weil sie ihm auferlegt war,[3] ja er hatte sich schon oft um fröhlichere Arbeit, wie er sich ausdrückte, beworben,[4] aber immer, wenn man ihm dann verschiedene Vorschläge machte, zeigte es sich, daß ihm doch nichts so zusagte,[5] wie sein bisheriges Amt.[6] Es war auch sehr schwer, etwas anderes für ihn zu   10

---

[1] **Hilfskräfte** assistants
[2] **daß ... freute** that he enjoyed the work
[3] **jemandem etwas auferlegen** impose something on someone
[4] **sich um Arbeit bewerben** apply for work
[5] **es sagte ihm zu** it appealed to him
[6] **sein bisheriges Amt** *here:* his present position

finden. Man konnte ihm doch unmöglich etwa ein bestimmtes Meer zuweisen;[7] abgesehen davon, daß[8] auch hier die rechnerische Arbeit[9] nicht kleiner, sondern nur kleinlicher[10] war, konnte der große Poseidon doch immer nur eine beherrschende[11] Stellung bekommen. Und bot man ihm eine Stellung außerhalb des Wassers an, wurde ihm schon von der Vorstellung übel,[12] sein göttlicher Atem geriet in Unordnung,[13] sein eherner Brustkorb[14] schwankte. Übrigens nahm man seine Beschwerde nicht eigentlich ernst; wenn ein Mächtiger quält, muß man ihm auch in der aussichtslosesten[15] Angelegenheit scheinbar[16] nachzugeben versuchen; an eine wirkliche Enthebung[17] Poseidons von seinem Amt dachte niemand, seit Urbeginn[18] war er zum Gott der Meere bestimmt worden und dabei mußte es bleiben.[19]

Am meisten ärgerte er sich — und dies verursachte hauptsächlich seine Unzufriedenheit mit dem Amt — wenn er von den Vorstellungen hörte, die man sich von ihm machte,[20] wie er etwa[21] immerfort mit dem Dreizack[22] durch die Fluten kutschiere.[23] Unterdessen saß er hier in der Tiefe des Weltmeeres[24] und rechnete ununterbrochen, hie und da eine Reise zu Jupiter war die einzige Unterbrechung der Eintönigkeit,[25] eine Reise übrigens, von der er meistens wütend zurückkehrte. So hatte er die Meere kaum gesehn, nur flüchtig beim eiligen Aufstieg[26] zum Olymp, und niemals wirklich durchfahren.[27] Er pflegte zu sagen,[28] er warte damit bis zum Weltuntergang,[29] dann werde sich wohl noch ein stiller Augenblick ergeben,[30] wo er knapp vor[31] dem Ende nach Durchsicht[32] der letzten Rechnung noch schnell eine kleine Rundfahrt werde machen können.

[7] **zuweisen** assign

[8] **abgesehen davon, daß** quite apart from the fact that

[9] **die rechnerische Arbeit** the amount of calculation

[10] **kleinlich** petty

[11] **beherrschend** ruling, sovereign

[12] **es wurde ihm übel** he became sick (to his stomach)

[13] **(sein) Atem geriet in Unordnung** he began to breathe irregularly

[14] **sein eherner Brustkorb** *here:* his iron chest

[15] **aussichtslos** hopeless

[16] **scheinbar** ostensibly

[17] **die Enthebung** removal

[18] **seit Urbeginn** since the beginning (*of the world*)

[19] **dabei ... bleiben** it had to remain that way

[20] **sich Vorstellungen machen** imagine, have notions (*about*)

[21] **etwa** *here:* for example

[22] **der Dreizack** trident

[23] **durch ... kutschieren** drive through the waves in a chariot

[24] **das Weltmeer** great ocean

[25] **Unterbrechung der Eintönigkeit** break in monotony

[26] **beim eiligen Aufstieg** on his hasty ascent

[27] **durchfahren** traverse

[28] **er pflegte zu sagen** he used to say

[29] **der Weltuntergang** end of the world

[30] **dann ... ergeben** then there might still be a quiet moment

[31] **knapp vor** shortly before

[32] **nach Durchsicht** after having checked

Assignments

Lessing: *Der Besitzer des Bogens*

VOCABULARY BUILDING

der Besitzer, -s, -	owner
weit	far
schießen, schoß, geschossen	to shoot
einst	once, once upon a time
aufmerksam	attentive(ly)
betrachten	to look at, regard, observe
schade!	what a pity!
einfallen, (fällt ein), fiel ein, ist eingefallen (*with dative object*)	to occur to
es fällt ihm ein	it occurs to him
der Künstler, -s, -	artist
das Bild, -(e)s, -er	picture
die Freude, -, -n	joy, pleasure
versuchen	to try
zerbrechen, (zerbricht), zerbrach, ist zerbrochen	to break; also transitive (auxiliary: *haben*) to break (something)

QUESTIONS

I. The following items of additional vocabulary will help you to answer the questions:

schätzen esteem
> **Er schätzte ihn** (*i.e.*, **seinen Bogen**), **weil...** He esteemed it because...

mißfallen, (mißfällt), mißfiel, mißfallen (*with dative object*) to displease
> **Es mißfiel ihm, daß...** It displeased him that...

jemanden (*acc.*) **etwas** (*acc.*) **tun lassen** to have someone do something
geschehen, (geschieht), geschah, ist geschehen to happen

II. Answer each of the following questions with a complete German sentence:

1. Warum schätzte der Mann seinen Bogen?
2. Was mißfiel ihm an seinem Bogen?
3. Was ließ er den Künstler tun?
4. Was geschah, als er nun den Bogen wieder spannte?

Hebel: *Seltsamer Spazierritt*

VOCABULARY BUILDING

reiten, (reitet), ritt, ist geritten	to ride (*on horseback*)
der Esel, -s, -	donkey, jackass

zu Fuß	on foot
das Bein, -(e)s, -e	leg
was für ein	what kind of
das Tier, -(e)s, -e	animal
der Stock, -(e)s, ⸚e	stick
rechts, links	right, left
die Mitte, -, -n	middle
es geht leicht	it is easy
zusammenbinden, (bindet zusammen), band zusammen, zusammengebunden	to tie together
vorder-	anterior
die vorderen Beine	front legs
hinter-	posterior
die hinteren Beine	hind legs

QUESTIONS

I. The following items of additional vocabulary will help you to answer the questions.

gefallen, (gefällt), gefiel, gefallen	please
es gefällt ihm nicht	he does not like it
es gefällt ihm nicht, daß . . .	he does not like the fact that . . .
die Moral, -	moral

II. Answer each of the following questions with a complete German sentence.

1. Was gefällt dem ersten Wanderer nicht?
2. Was gefällt dem zweiten Wanderer nicht?
3. Was gefällt dem dritten Wanderer nicht?
4. Was taten Vater und Sohn, um es allen recht zu machen?
5. Was ist die Moral von der Geschichte?

Grimm: *Die Sterntaler*

VOCABULARY BUILDING

der Stern, -(e)s, -e	star
das Mädchen, -s, -	girl
der Leib, -(e)s, -er	body
schenken	to give as a gift
fromm	pious, devout
begegnen	to meet, encounter
geben, (gibt), gab, gegeben	to give
hungrig	hungry
das Kind, -(e)s, -er	child
die Mütze, -, -n	cap
der Wald, -(e)s, ⸚er	forest, wood
dunkel	dark
mitleidig	compassionate, sympathetic
einmal	once

43

es war einmal	once upon a time
auf einmal	all of a sudden, suddenly
gar nichts	nothing at all

QUESTIONS

Answer each of the following questions with a complete German sentence.

1. Was wollte der arme Mann von dem kleinen Mädchen?
2. Was gab das Mädchen den vier Kindern, denen es begegnete? (Use the appropriate forms of "**sein**," e.g., "**seine Mütze**," "**sein Leibchen**," etc.)
3. Was geschah, als das Mädchen gar nichts mehr hatte?

Grimm: *Doktor Allwissend*

VOCABULARY BUILDING

der Bauer, -s, -n	peasant, farmer
das Holz, -es, ⸚er	wood
die Weile, -	while (space of time)
endlich	final(ly)
sonst	otherwise, else
gehören	to belong
das gehört mir	that belongs to me
das Dorf, -(e)s, ⸚er	village
das Essen, -s, -	food, meal
der Dieb, -(e)s, -e	thief
wirklich	real(ly)
die Angst, -, ⸚e	fear, anxiety
die Kunst, -, ⸚e	art
zeigen	to show, demonstrate
raten, (rät), riet, geraten	to guess, advise
gestehen, gestand, gestanden	to confess
verraten, (verrät), verriet, verraten	to betray; disclose, reveal
der Hals, -es, ⸚er	neck, throat
führen	to lead
verstecken	to hide
zufrieden	satisfied
der Ofen, -s, ⸚	oven, stove
hin und her	back and forth, to and fro
berühmt	famous

QUESTIONS

I. The following phrases and items of vocabulary will help you to answer the questions.

sich (*dat.*) **etwas** (*acc.*)

kaufen	to buy something for oneself
anschaffen	to get (procure, buy) something for oneself
machen lassen	to have something made for oneself

44

etwas (*acc.*)
   zu Geld machen   to sell something
   verkaufen   to sell something
   erfahren   to find out, learn something
   bekommen   to get, receive, obtain something

vor jemandem (*dat.*) **Angst bekommen**   to get to be *or* to become
   afraid of someone
an etwas (*acc.*) **glauben**   to believe in something
an jemanden (*acc.*) **glauben**   to believe in someone
   er glaubt daran   he believes in it
   er glaubt daran, daß . . .   he believes (in the fact) that . . .

II. Answer the following questions in one or more complete German
sentences.

  1. Was tat der arme Bauer, um ein reicher Bauer zu werden?
  2. Was wollte der adlige Herr von dem Doktor Allwissend erfahren?
  3. Wie kam es (*how did it come about*), daß die ersten drei Bedienten vor
     dem Doktor Angst bekamen?
  4. Warum ließ der Herr den Doktor raten, was in der verdeckten
     Schüssel sei?
  5. Wie kam es, daß der Herr und der vierte Bediente an den Doktor
     glaubten?
  6. Warum blätterte der Bauer eigentlich in seinem Abc-Buch hin und
     her, bevor er sagte, wo das Geld steckte?
  7. Wie kam es, daß der fünfte Bediente daran glaubte, daß der Doktor
     Allwissend alles wisse?
  8. Warum bekam der Bauer von beiden Seiten viel Geld zur Beloh-
     nung?

Grimm: *Märchen von einem, der auszog, das Fürchten zu*
      lernen

Part I, pp. 9–14

VOCABULARY BUILDING

fürchten	to fear
sich (*acc.*) **vor etwas fürchten**	to be afraid of something
klug	clever, smart
gescheit	clever, sensible
dumm	silly, stupid, dumb
begreifen, begriff, begriffen	to grasp, understand, comprehend
die Kirche, -, -n	church
die Treppe, -, -n	stairway, flight of stairs; step
die Gestalt, -, -en	form, figure, shape
stehen bleiben, blieb stehen, ist	
stehengeblieben	stop, stand still

45

werfen, (wirft), warf, geworfen	to throw
holen	to fetch, get, bring
hinab, herab; hinunter, herunter	down(ward) (**hin-** direction away from speaker; **her-** direction toward the speaker)
hinab-werfen, herab-werfen; hinunter-werfen, herunter-werfen;	} to throw down
herab-holen, herunter-holen	to fetch, get, take down
erschrecken, (erschrickt), erschrak, (ist)erschrocken	to be alarmed, be frightened; also transitive (*auxiliary:* haben) frighten, terrify (someone)
das Feuer, -s, -	fire
ein Feuer anmachen	to make a fire
die Leiter, -n	ladder
der Tote, -n, -n	dead man, corpse, deceased
übernachten	to spend the night
das Schloß, -sses, ⸗sser	castle
der König, -s, -e	king
wagen	to dare, venture, risk

QUESTIONS

I. The following phrases and vocabulary will help you to answer the questions.

Worüber lachte er?	*What* did he laugh *about*?
Er lachte *darüber, daß* . . .	He laughed *about the fact that* . . .
jemanden (*acc.*) etwas lehren	to teach something to someone
damit (*subordinating conjunction*)	in order that
. . . damit er glauben sollte . . .	in order that he should believe
um . . . zu (*with infinitive*)	in order to
um ihn zu erschrecken	in order to frighten him
Warum wollte sie das nicht?	*Why* didn't she want that?
Sie wollte das nicht, *weil* er . . . (*verb last*)	She didn't want that *because* he . . .
gewinnen, gewann, gewonnen	to win

II. Answer in one or more complete German sentences.

1. Beschreiben Sie die zwei Söhne!
2. Worüber lachte der älteste Sohn?
3. Was wollte der Küster den Jungen lehren?
4. Warum blieb der Küster auf der Treppe stehen?
5. Warum wollte seine Frau den Jungen nicht mehr in ihrem Haus haben?
6. Was tat der Junge mit den sieben Gehenkten?
7. Was mußte der Junge wagen, um die Tochter des Königs zur Frau zu gewinnen?

Grimm: *Märchen von einem, der auszog*

Part II, pp. 14–18

VOCABULARY BUILDING

der Schatz, -es, ⸚e	treasure
die Katze, -, -n	cat
das Spiel, -(e)s, -e	game, play
das Kartenspiel	card game
das Kegelspiel	game of skittles, ninepins
— spielen	to play
Karten spielen	to play cards
Kegel spielen	bowl
— mit-spielen	to participate in, join (in) a game
die Hälfte, -, -n	half
die eine Hälfte	the one half
die andere Hälfte	the other half
— halb (*adj.*)	half
das Drittel, -s, -	third
ein Drittel	a third
der Sarg, -(e)s, ⸚e	coffin
lebendig	alive

VERB STUDY

schlagen, (schlägt), schlug, ge-schlagen	to beat, hit, strike
es schlägt zwölf (Uhr)	the clock strikes twelve
— tot-schlagen, (schlägt tot), schlug tot, totgeschlagen	to kill, beat to death
ab-schneiden, (schneidet ab), schnitt ab, abgeschnitten	to cut off
an-fangen, (fängt an), fing an, angefangen	to begin
— fing zu rollen an	began to roll
herab-kommen, kam herab, ist herabgekommen	to come down
— kommt den Schornstein herab	comes down the chimney
heraus-steigen, stieg heraus, ist herausgestiegen	to climb out
hinaus-gehen, ging hinaus, ist hinausgegangen	to go out(side)
um-fallen, (fällt um), fiel um, ist umgefallen	to fall over, topple over
verlieren, verlor, verloren	to lose
verschwinden, (verschwindet), verschwand, ist verschwunden	to disappear

47

QUESTIONS

I. In order to answer questions (1), (2), and (3) below, you will have to prepare brief summaries.

A. The following exercise in word order will suggest an answer to the first question.

(1) Read the following statements:

(a) Die zwei Katzen wollten mit ihm Karten spielen.
(b) Der Junge schlug die zwei Katzen tot.

Now rearrange the word order to fit the following arrangement:

(c) Zuerst (at first) schlug _____ tot, die (*relative pronoun*) _____ wollten.

(2) Same procedure as in (1) above.

(a) Hunde und Katzen kamen aus allen Ecken und Enden.
(b) Der Junge wurde sie alle los.
(jemanden oder etwas los-werden (wird los), wurde los, ist los-geworden, *to get rid of someone or something*)
(c) Dann kamen _____ Ecken und Enden, aber _____ _____ los.

(3) Same procedure as in (1) above.

(a) Er ging zu Bett.
(b) Das Bett fing zu rollen an.
(c) Das Bett fuhr mit ihm durch das Schloß.
(d) Das Bett fiel um.
(e) Das Bett lag auf ihm wie ein Berg.
(f) Als er _____ ging, fing _____ an und fuhr _____ Schloß, bis es umfiel und _____ lag.

(4) Same procedure as in (1) above.

(a) Er stieg heraus.
(b) Er legte sich an sein Feuer.
(c) Er schlief, bis es Tag war.
(d) Er aber _____ heraus, legte sich _____ Feuer, und schlief, _____ war.

B. Use the following words and phrases in conjunction with your answer to the second question which should consist of five (or six) sentences.

(1) ein Mann in zwei Hälften
(2) noch mehr Männer
(3) mit Totenköpfen kegeln
mitspielen
(4) als es zwölf schlug
verschwinden
(5) ein-schlafen

C. For questions (3) and (4), you are on your own. Prepare them in writing. Your answer to question (3) should not exceed six sentences;

your answer to question (4) should be restricted to one or two sentences.

II. Prepare the following questions as indicated above.

1. Was geschah in der ersten Nacht?
2. Was geschah in der zweiten Nacht?
3. Was geschah in der dritten Nacht?
4. Wie lernte der Junge endlich das Gruseln?

Hauff: *Die Geschichte von Kalif Storch*

Part I, pp. 19–24

VOCABULARY BUILDING

Note: The following vocabulary will also help you in answering the questions.

1. **schicken**	to send
die Ware, -, -n	merchandise
das macht mir Freude	that gives me pleasure
er wollte ihm eine Freude machen	he wanted to give pleasure to him, he wanted to give him a present
2. **wer**	he who, whoever
das Pulver, -s, -	powder
verwandeln	to change, transform
sich (*acc.*) **verwandeln in**	to change (*oneself*) into, be transformed into
die menschliche Gestalt	human shape or figure
sich neigen	to bend, bow down
das Gedächtnis, -ses	memory
3. **schrumpfen, ein-schrumpfen**	to shrink
der Pantoffel, -s, -	slipper
der Storch, -(e)s, ⸚e	stork
der Storch(en)fuß, -es, ⸚e	foot of a stork
der Flügel, -s, -	wing
4. **üben**	to practice
die Bewegung, -, -en	movement
die Stellung, -, -en	position, attitude

QUESTIONS

1. Warum ließ der Kalif den Krämer holen?
2. Was stand auf dem Papier, das der Kalif zusammen mit der Dose von dem Krämer kaufte?
3. Was geschah, als der Kalif und sein Begleiter zum ersten Mal „Mutabor!" riefen?
4. Was brachte den Kalifen und den Großwesier zum Lachen?

49

Hauff: *Die Geschichte von Kalif Storch*

Part II, pp. 25–31

VOCABULARY BUILDING

Note: The following vocabulary will also help you to answer the questions.

1. der Zauberer, -s, - — magician
   der Aufzug, -(e)s, ⸚e — parade, procession
   der Herrscher, -s, - — ruler

2. begehren — to desire
   nah — near
     die Nähe — proximity
     in der Nähe — nearby
     in meiner Nähe — near me
   kleiden — to clothe
     sich (*acc.*) verkleiden — to disguise oneself
     als Sklave verkleidet — disguised as a slave
   archaic: der Trank, der Trunk — drink
   modern: das Getränk, -(e)s, -e — drink
   wandeln — to change; walk
   die Eule, -, -n — owl
   der Gatte, -n, -n — husband
   die Gattin, -, -nen — wife

3. heiraten — to marry
   verheiratet — married
   unverheiratet — unmarried, single
   lieber . . . als — rather . . . than

   Example: Er wollte lieber Storch bleiben als heiraten. *He preferred to stay a stork rather than marry.*

   eine Bedingung erfüllen — to fulfill *or* meet a condition

4. die Lücke, -, -n — gap
   die Mauerlücke — gap *or* crevice in the wall
   belauschen — to listen in, spy on
   in der Mitte des Saales — in the middle of the hall
   jemandem etwas (*acc.*) berichten — to report or relate something to someone

   Example: Der Zauberer berichtete seinem Nachbarn seine neuesten Taten. *The magician related his latest activities to his neighbor.*

5. auf-hängen, (hängt auf), hing auf, aufgehängt — to hang, hang up
   wählen — to choose, elect
     die Wahl, -, -en — choice
   der Käfig, -s, -e — cage

QUESTIONS

1. Was ging in Bagdad vor, nachdem der Kalif verschwunden war?
   (vor-gehen *take place*)
2. Erzählen Sie die Geschichte der Prinzessin Nachteule!
   (*to be done in writing*)
3. Was wurde vor der Türe der Prinzessin Nachteule zwischen den beiden Störchen verhandelt?
4. Wie gelang es den Störchen, sich wieder in Menschen zu verwandeln?
5. Wie erging es dem alten Zauberer und seinem Sohn?
   (Wie erging es . . . *What happened to . . .*)

Hesse: *Märchen*

Part I, pp. 33-36

VOCABULARY BUILDING

1. **die Flöte, -, -n**	flute
fern	distant, far away
die Leute (*plural only*)	people
2. **hübsch**	pretty
der Korb, -(e)s, ⸚e	basket
das Stroh, -s	straw
der Strohhut	straw hat
jemandem (das) Essen	
bringen	to bring food *or* a meal to someone
3. **der Strahl, -(e)s, -en**	ray
der Sonnenstrahl	sun ray
der Kuß, -es, ⸚e	kiss
die Liebe	love
4. **das Laub, -(e)s**	foliage
der Laubwald, -(e)s, ⸚er	deciduous forest
das Gebirge, -s, -e	mountain range
der Mond, -(e)s, -e	moon
5. **liebenswürdig**	amiable, gracious, polite
vor-tragen, (trägt vor), trug vor, vorgetragen	to recite, present
die Gabe, -, -n	gift, talent

QUESTIONS

1. Was gab der Vater dem Sohn? Warum schickte er ihn fort? Wie stellte er sich das Leben vor, das sein Sohn in fernen Ländern führen sollte?
2. Beschreiben Sie das Mädchen! Wohin geht sie? Was wissen wir von ihr?
3. Was für Lieder sang der junge Mann für Brigitte? Wann hörte er zu singen auf?
4. Was sind die „tausend Lieder", die er „zugleich verstehen und singen" will?
5. Warum wollte er keine traurigen Lieder singen?

51

Hesse: *Märchen*

Part II, pp. 36–39

VOCABULARY BUILDING

1. **in Gedanken** — lost *or* absorbed in thought
   der Fluß, -sses, ̈sse — river
   auf jemanden warten — to wait for someone
   er schien auf mich zu warten — he seemed to be waiting for me

2. **der Klang, -(e)s, ̈e** — (*musical*) sound
   leiden (leidet), litt gelitten — suffer
   das Rätsel, -s, - — riddle, mystery
   rätselhaft — mysterious

3. **bedauern** — to regret
   am Lande — on the shore
   bei jemandem bleiben — stay with *or* near someone

4. **der Trost, -es** — consolation, solace
   der Tod, -(e)s — death
   der Kampf, -es, ̈e — struggle
   ineinander verschlungen — intertwined
   ewig — eternal

5. **vorwärts** — forward, ahead
   zurück — back(ward)
   zurück geht kein Weg — no way leads backward, there is no going back

6. **ernst** — serious
   das Gesicht, -(e)s, -er — face

QUESTIONS

1. Was geschah, nachdem der junge Mann das Mädchen verlassen hatte?
2. Wie unterscheiden sich die Lieder des alten Sängers von den Liedern des jungen Mannes?
3. Was bedauerte der Junge, als es Abend wurde?
4. Was sang der Alte von Leben und Tod?
5. Warum ließ er den jungen Mann nicht umkehren?
6. Was sah der junge Mann, als er sich über das Wasser beugte?
7. Was mögen wohl das Schiff, der Strom, der Alte bedeuten?

Kafka: *Poseidon*

VOCABULARY BUILDING

1. **rechnen** — to calculate, reckon
   die Rechnung, -, -en — calculation, bill
   die Verwaltung, -, -en — administration

2. **das Amt, -(e)s, ⸚er**   office, post, sphere of duty
   die Stellung, -, -en   position
   es wird ihm übel   he is getting sick

3. **sich** (*acc.*) **ärgern**   to get angry *or* annoyed
   die Vorstellung, -, -en   notion, idea
   sich (*dat.*) **eine Vorstellung**
     von etwas (*dat.*) **oder von**   to have a notion concerning some-
     jemandem machen   thing or someone
     man macht sich eine falsche   people have mistaken notions about
     Vorstellung von ihm   him

4. **die Unterbrechung, -, -en**   interruption
   der Besuch, -(e)s, -e   visit
   der Besuch bei (*plus dative*)   visit at or with

5. **der Untergang, -(e)s, ⸚e**   decline, end
   der Weltuntergang   end of the world
   der Augenblick, -s, -e   moment
   die Fahrt, -, -en   trip, ride
   die Rundfahrt   roundtrip

QUESTIONS

1. Warum mußte Poseidon so schwer arbeiten?
2. Warum gab es für ihn kein anderes Amt?
3. Worüber ärgerte er sich am meisten?
4. Was unterbrach hie und da die Eintönigkeit seines Lebens?
5. Wann wollte er endlich die Meere durchfahren?

Part II

*Erzählungen
und
Episoden*

Johann Peter Hebel

Hebel's simple tale culminates in the confrontation between an old woman and the corpse of her former lover miraculously preserved in enduring youth and beauty. It conveys both the terror of time and the power of love to transcend the inexorable law of change and decay.

Unverhofftes Wiedersehen

IN FALUN in Schweden[1] küßte vor guten fünfzig Jahren und mehr[2] ein junger Bergmann seine junge hübsche Braut und sagte zu ihr: „Auf Sankt Luciä[3] wird unsere Liebe von des Priesters Hand gesegnet.[4] Dann sind wir Mann und Weib, und bauen uns ein eigenes Nestlein." „— und Friede und Liebe soll darin wohnen", sagte die schöne Braut 5 mit holdem Lächeln, „denn du bist mein einziges und alles, und ohne dich möchte ich lieber im Grab sein, als an einem andern Ort." Als sie aber von St. Luciä der Pfarrer zum zweitenmal in der Kirche ausgerufen hatte: „So[5] nun jemand Hindernis wüßte anzuzeigen,[6] warum diese Personen nicht möchten ehelich[7] zusammenkommen", da meldete 10 sich der Tod.[8] Denn als der Jüngling den andern Morgen in seiner schwarzen Bergmannskleidung an ihrem Haus vorbeiging, der Bergmann[9] hat sein Totenkleid immer an, da klopfte er zwar noch einmal an ihrem Fenster, und sagte ihr guten Morgen, aber keinen guten Abend mehr. Er kam nimmer aus dem Bergwerk[10] zurück, und sie 15 säumte[11] vergeblich selbigen Morgen ein schwarzes Halstuch mit rotem Rand für ihn zum Hochzeittag, sondern als[12] er nimmer kam, legte sie es weg, und weinte um ihn und vergaß ihn nie. Unterdessen wurde die Stadt Lissabon[13] in Portugal durch ein Erdbeben zerstört,

[1] **Schweden** Sweden
[2] **vor ... mehr** easily more than fifty years ago
[3] **auf Sankt Luciä** in St. Lucia's Church
[4] **(wird) gesegnet** will be blessed
[5] **so** *here:* whether, if
[6] **So ... anzuzeigen** *lit.:* If anyone could name an obstacle; would know of a reason why
[7] **ehelich** in marriage
[8] **da ... Tod** death raised his hand
[9] **der Bergmann** miner
[10] **das Bergwerk** mine
[11] **säumen** hem
[12] **sondern als** *here:* and when
[13] **Lissabon** Lisbon. *Note: The following section refers to a series of major events in the history of the age, e.g., the earthquake*

at Lisbon (*1755*), The Seven Years' War (*1756–1763*), the death of the German Emperor Francis I (*1765*), the suspension of the Jesuit Order (*1773*), the divisions of Poland (*1772–1773; 1793; 1795*), the death of the Empress Maria Theresia of Austria (*1780*), the execution of the Swedish minister and reformer Struensee (*1772*), the American War of Independence (*1775–1783*), the siege of Gibraltar (*1779–1782*), the beginning of the French Revolution (*1789*) and of the wars which followed in its wake (*from 1792 onward*), Austria's troubles with the Hungarians, the death of Emperor Leopold II (*1792*), Napoleon's conquest of Prussia (*1806*), the bombardment of Copenhagen (*1807*).

57

und der siebenjährige Krieg ging vorüber, und Kaiser Franz der erste 20
starb, und der Jesuiten-Orden wurde aufgehoben und Polen geteilt,
und die Kaiserin Maria Theresia starb, und der Struensee wurde
hingerichtet,[14] Amerika wurde frei, und die vereinigte französische
und spanische Macht konnte Gibraltar nicht erobern. Die Türken
schlossen den General Stein in der Veteraner Höhle in Ungarn ein, und 25
der Kaiser Joseph starb auch. Der König Gustav von Schweden eroberte
russisch Finnland, und die französische Revolution und der lange
Krieg fing an, und der Kaiser Leopold der zweite ging auch ins Grab.
Napoleon eroberte Preußen, und die Engländer bombardierten Kopen-
hagen, und die Ackerleute säten und schnitten. Der Müller mahlte und 30
die Schmiede hämmerten, und die Bergleuten gruben nach[15] den
Metalladern in ihrer unterirdischen Werkstatt. Als aber die Bergleute
in Falun im Jahr 1809 etwas vor oder nach Johannis zwischen zwei
Schachten[16] eine Öffnung durchgraben wollten, gute dreihundert
Ellen tief unter dem Boden, gruben sie aus dem Schutt und Vitriol- 35
wasser[17] den Leichnam eines Jünglings heraus, der ganz mit Eisenvitriol
durchdrungen,[18] sonst aber unverwest[19] und unverändert war; also
daß[20] man seine Gesichtszüge[21] und sein Alter noch völlig erkennen
konnte, als wenn er erst vor einer Stunde gestorben, oder ein wenig
eingeschlafen wäre, an der Arbeit. Als man ihn aber zu Tag ausgeför- 40
dert[22] hatte, Vater und Mutter, Gefreundte[23] und Bekannte waren
schon lange tot, kein Mensch wollte den schlafenden Jüngling kennen
oder etwas von seinem Unglück wissen, bis die ehemalige Verlobte[24]
des Bergmanns kam, der eines Tages auf die Schicht gegangen war[25]
und nimmer zurückkehrte. Grau und zusammengeschrumpft kam sie 45
an einer Krücke[26] an den Platz und erkannte ihren Bräutigam; und
mehr mit freudigem Entzücken als mit Schreck sank sie auf die geliebte
Leiche nieder, und erst als sie sich von einer langen heftigen Bewegung
des Gemüts[27] erholt hatte. „Es ist mein Verlobter", sagte sie endlich,
„um den ich fünfzig Jahre lang getrauert hatte, und den mich Gott 50
noch einmal sehen läßt vor meinem Ende. Acht Tage vor der Hochzeit
ist er auf die Grube gegangen[28] und nimmer gekommen." Da wurden
die Gemüter[29] aller Umstehenden[30] von Wehmut und Tränen
ergriffen, als sie sahen die ehemalige Braut jetzt in der Gestalt des

---

[14] **hingerichtet** executed
[15] **graben nach** dig for
[16] **zwischen zwei Schachten** between two shafts
[17] **das Vitriolwasser** vitriol water
[18] **durchdrungen (mit)** soaked (in)
[19] **unverwest** without a trace of decay
[20] **also daß** so daß
[21] **die Gesichtszüge** features
[22] **zu Tag ausgefördert** brought up into daylight

[23] **die Gefreundte Freunde**
[24] **ehemalige Verlobte** former betrothed
[25] **auf die Schicht gehen** go down for one's shift
[26] **die Krücke** crutch
[27] **Bewegung des Gemüts** emotion
[28] **auf die Grube gehen** go down into the mine
[29] **die Gemüter** *here:* hearts
[30] **die Umstehenden** bystanders

hingewelkten[31] kraftlosen Alters und den Bräutigam noch in seiner 55
jugendlichen Schöne, und wie in ihrer Brust nach 50 Jahren die Flamme
der jugendlichen Liebe noch einmal erwachte; aber er öffnete den Mund
nimmer zum Lächeln oder die Augen zum Wiedererkennen; und wie
sie ihn endlich von den Bergleuten in ihr Stüblein[32] tragen ließ, als die
einzige, die ihm angehöre,[33] und ein Recht an ihn habe, bis ein Grab 60
gerüstet sei auf dem Kirchhof. Den andern Tag, als das Grab gerüstet[34]
war auf dem Kirchhof und ihn die Bergleute holten, legte sie ihm das
schwarzseidene Halstuch mit roten Streifen um, und begleitete ihn in
ihrem Sonntagsgewand, als wenn es ihr Hochzeittag und nicht der Tag
seiner Beerdigung[35] wäre. Denn als man ihn auf dem Kirchhof ins 65
Grab legte, sagte sie: ,,Schlafe nun wohl, noch einen Tag oder zehen im
kühlen Hochzeitbett, und laß dir die Zeit nicht lang werden. Ich habe
nur noch wenig zu tun, und komme bald, und bald wirds wieder
Tag.[36] — Was die Erde einmal wiedergegeben[37] hat, wird sie zum
zweitenmal auch nicht behalten'', sagte sie, als sie fortging, und noch 70
einmal umschaute.

---

[31] **hingewelkt** withered
[32] **das Stüblein** little chamber
[33] **die ihm angehöre** who belonged to him
[34] **gerüstet** prepared

[35] **die Beerdigung** interment
[36] **bald . . . Tag** day will soon break again
[37] **wiedergegeben** given back

Heinrich von Kleist (photo: Inter Nationes, Historisches Bildarchiv, Lolo Handke).

Heinrich von Kleist
(1777–1811)

The dramatic genius of Kleist remains unsurpassed among German play-wrights. His works range from high tragedy (Penthesilea (1807), Prinz Friedrich von Homburg (1810)) to comedy (Der zerbrochene Krug (1806)) and to narrative prose of relentless dramatic energy. The following anecdote, written in support of the author's unsuccessful attempts to lead his countrymen in the opposition against Napoleon, reveals his capacity to turn a slight episode into a vivid, tightly knit scene and into a symbol of reckless courage.

Anekdote aus dem letzten preußischen Kriege

IN EINEM bei Jena liegenden Dorf erzählte mir auf einer Reise nach Frankfurt der Gastwirt, daß sich mehrere Stunden nach der Schlacht, um die Zeit,[1] da das Dorf schon ganz von der Armee des Prinzen von Hohenlohe verlassen[2] und von Franzosen, die es für besetzt gehalten, umringt[3] gewesen wäre, ein einzelner preußischer Reiter darin gezeigt   5 hätte; und versicherte mir, daß wenn alle Soldaten, die an diesem Tag mitgefochten,[4] so tapfer gewesen wären wie dieser, die Franzosen hätten geschlagen werden müssen, wären sie auch noch dreimal stärker gewesen, als sie in der Tat[5] waren.

Dieser Kerl, sprach der Wirt, sprengte,[6] ganz von Staub bedeckt,   10 vor meinen Gasthof und rief:

„Herr Wirt!"

Und da ich frage: „Was gibt's?"

„Ein Glas Branntwein!"[7] antwortet er, indem er sein Schwert in die Scheide wirft, „mich dürstet."[8]   15

---

[1] **um die Zeit...** *October 14, 1806, the battle at Jena and Auerstedt where Napoleon's army inflicted a decisive defeat on the Prussians who were under the command of Prince Hohenlohe (at Jena) and the Duke of Brunswick (at Auerstedt).*

[2] **verlassen (war)** had been deserted *Note the frequent omission of the auxiliary*

in compound tenses throughout the anecdote.

[3] **umringt** surrounded

[4] **mitgefochten (hatten)** had taken part in the fighting

[5] **in der Tat** actually

[6] **sprengte** galloped

[7] **der Branntwein** brandy

[8] **mich dürstet** I am thirsty

„Gott im Himmel!" sag' ich, „will Er[9] machen, Freund, daß[10] Er wegkommt! Die Franzosen sind ja dicht vor dem Dorf!"

„Ei was!"[11] spricht er, indem er dem Pferde den Zügel über den Hals legt. „Ich habe den ganzen Tag nichts genossen!"[12]

„Nun Er ist, glaub' ich, vom Satan besessen[13] — ! He! Lise!" rief 20 ich, „schaff' ihm eine Flasche Danziger[14] herbei!"[15] und sage: „Da!" und will ihm die Flasche in die Hand drücken, damit er nur reite.[16]

„Ach was!"[17] spricht er, indem er die Flasche wegstößt und sich den Hut abnimmt: „wo soll ich mit dem Quark[18] hin?"[19] Und: „Schenk' Er ein!"[20] spricht er, indem er sich den Schweiß von der Stirn 25 abtrocknet, „denn ich habe keine Zeit!"

„Nun, Er ist ein Kind des Todes",[21] sag' ich. „Da!" sag' ich und schenk' ihm ein, „da trink' Er und reit' Er! Wohl mag's Ihm bekommen!"[22]

„Noch eins!" spricht der Kerl, während die Schüsse schon von allen 30 Seiten ins Dorf prasseln.[23]

Ich sage: „Noch eins? Plagt Ihn — !"[24]

„Noch eins!" spricht er, indem er sich den Bart wischt und sich vom Pferde herab schneuzt,[25] „denn es wird bar[26] bezahlt!"

„Ei, mein' Seel', so wollt' ich doch, daß Ihn — !"[27] Da!" sag' ich und 35 schenk' ihm noch, wie er verlangt, ein zweites und schenk' ihm, da er getrunken, noch ein drittes ein und frage, „ist Er nun zufrieden?"

„Ach!" — schüttelt sich der Kerl. „Der Schnaps[28] ist gut!" — „Na!" spricht er und setzt sich den Hut auf, „was bin ich schuldig?"[29]

„Nichts! Nichts!" versetz' ich.[30] „Pack' Er sich,[31] ins Teufels 40 Namen, die Franzosen ziehen augenblicklich ins Dorf!"

„Na!" sagt er, indem er in seinen Stiefel greift, „so soll's Ihm Gott lohnen."[32] Und holt aus dem Stiefel einen Pfeifenstummel[33] hervor und spricht, nachdem er den Kopf ausgeblasen:[34] „Schaff' Er mir Feuer!"

---

[9] **Er (Ihm, Ihn)** you *Note: The third person singular was at one time used to address persons of the lower and middle classes.*
[10] **will Er machen (daß)** will he see to it (that)
[11] **Ei was!** What of it!
[12] **(ich habe) nichts genossen** I've had nothing to eat or drink
[13] **besessen** possessed
[14] **Danziger (Goldwasser)** liqueur (made in the city of Danzig)
[15] **(schaff' ihm) herbei** get him
[16] **damit er nur reite** just so he leave
[17] **Ach was!** Nonsense!
[18] **der Quark** rubbish, junk
[19] **wo soll ich mit . . . hin?** what shall I do with . . . ?
[20] **schenk' Er ein!** *meaning:* pour me a drink!
[21] **Nun, . . . Todes** Well, you're done for

[22] **Wohl . . . bekommen!** To your health!
[23] **prasseln** rattle
[24] **Plagt Ihn (der Teufel)?** Does (the devil) plague you?
[25] **sich schneuzen** blow one's nose
[26] **bar** in cash
[27] **daß Ihn** daß Ihn der Teufel hole
[28] **der Schnaps** brandy, liquor
[29] **was bin ich schuldig?** What do I owe you?
[30] **versetz ich** I reply
[31] **Pack' Er sich** Get out
[32] **so . . . lohnen** may God reward you for it
[33] **Pfeifenstummel** short pipe
[34] **nachdem er den Kopf (der Pfeife) ausgeblasen (hat)** after having cleaned (emptied by blowing) the bowl of the pipe

„Feuer?" sag' ich, „plagt Ihn — ?" 45

„Feuer, ja!" spricht er, „denn ich will mir eine Pfeife Tabak anmachen!"[35]

„Ei, den Kerl reiten Legionen — ![36] He, Lise", ruf' ich das Mädchen, und während der Kerl sich die Pfeife stopft, schafft das Mädchen ihm Feuer. 50

„Na!" sagt der Kerl, die Pfeife, die er angeschmaucht,[37] im Maul, „nun sollen die Franzosen die Schwerenot kriegen!"[38]

Und damit, indem er sich den Hut in die Augen drückt[39] und zum Zügel greift, wendet er das Pferd und zieht vom Leder.[40]

„Ein Mordskerl!"[41] sag' ich, „ein verfluchter, verwetterter Galgen- 55 strick![42] Will Er sich in Henkers Namen scheren,[43] wo Er hingehört? Drei Chasseurs[44] — sieht Er nicht? halten ja schon vor dem Tor!"[45]

„Ei was!" spricht er, indem er ausspuckt, und faßt die drei Kerls blitzend[46] ins Auge,[47] „wenn ihrer zehn wären, ich fürcht' mich nicht."

Und in dem Augenblick reiten auch die drei Franzosen schon ins 60 Dorf.

„Bassa Manelka!"[48] ruft der Kerl und gibt seinem Pferde die Sporen und sprengt[49] auf sie ein und greift sie, als ob er das ganze Hohen- lohische Corps hinter sich hätte, an; dergestalt,[50] daß, da die Chasseurs ungewiß, ob nicht noch mehr Deutsche im Dorf sein mögen, einen 65 Augenblick wider ihre Gewohnheit stutzen.[51] Er, mein' Seel', ehe man noch eine Hand umkehrt, alle drei vom Sattel haut, die Pferde, die auf dem Platz herumlaufen, aufgreift,[52] damit bei mir vorbeisprengt und: „Bassa Teremtetem!"[53] ruft und, „sieht er wohl Herr Wirt?" und „Adies!" und „Auf Wiedersehen!" und „hoho! hoho! hoho!" — 70

So einen Kerl, sprach der Wirt, habe ich Zeit meines Lebens nicht gesehen.

---

[35] **anmachen = anzünden** light

[36] **den Kerl reiten Legionen (von Teufeln)** this fellow is possessed by legions (of devils)

[37] **angeschmaucht (hat)** has begun to smoke

[38] **die Schwerenot kriegen** get hell

[39] **indem ... drückt** as he pulls his hat way down over his forehead

[40] **vom Leder ziehen** to draw one's sword

[41] **ein Mordskerl** a devil of a fellow

[42] **verwetterter Galgenstrick** hard-boiled rogue

[43] **sich scheren** be off

[44] **die Chasseurs** French cavalrymen

[45] **das Tor** gate, gateway to the village

[46] **blitzend** with flashing eyes

[47] **ins Auge fassen** glare at

[48] **Bassa Manelka** *a Turkish swear word*

[49] **auf sie einsprengen** gallop toward them

[50] **dergestalt, daß** in such a manner that

[51] **stutzen** hesitate

[52] **aufgreift** seizes

[53] **Teremtetem** *onomatopoetic, suggesting the sound of a trumpet*

Heinrich von Kleist

With a stubbornness characteristic of Kleist and of his heroes, the main character in this ghost story insists upon confronting the unfathomable until it destroys him. The irrational horror refuses to yield to the claim that the world should make sense. And, consequently, the catastrophe is inevitable, much as in the story of Michael Kohlhaas (1810) in which the absolute claim to justice leads its protagonist to crime and capital punishment. Even the tortured sentences convey the desperate attempt to impose order upon a reality that remains essentially alien and inscrutable to the mind of man.

Das Bettelweib von Locarno

AM Fuße der Alpen, bei Locarno im oberen Italien, befand sich ein altes, einem Marchese gehöriges Schloß, das man jetzt, wenn man vom St. Gotthard[1] kommt, in Schutt und Trümmern[2] liegen sieht: ein Schloß mit hohen und weitläufigen[3] Zimmern, in deren einem einst, auf Stroh, das man ihr unterschüttete,[4] eine alte kranke Frau, die sich 5 bettelnd vor der Tür eingefunden[5] hatte, von der Hausfrau, aus Mitleiden, gebettet[6] worden war. Der Marchese, der, bei der Rückkehr von der Jagd, zufällig in das Zimmer trat, wo er seine Büchse abzusetzen pflegte,[7] befahl der Frau unwillig, aus dem Winkel, in welchem sie lag, aufzustehn und sich hinter den Ofen zu verfügen.[8] Die Frau, da sie sich 10 erhob, glitschte mit der Krücke auf dem glatten Boden aus[9] und beschädigte sich, auf eine gefährliche Weise, das Kreuz;[10] dergestalt, daß[11] sie zwar noch mit unsäglicher Mühe aufstand und quer wie es ihr vorgeschrieben war, über das Zimmer[12] ging, hinter dem Ofen aber, unter Stöhnen und Ächzen,[13] niedersank und verschied.[14] 15

Mehrere Jahre nachher, da der Marchese, durch Krieg und Miß-wachs,[15] in bedenkliche Vermögensumstände[16] geraten war, fand sich

[1] **St. Gotthard** Alpine pass leading from Switzerland to Italy
[2] **in Schutt und Trümmern** in ruins
[3] **weitläufig** spacious
[4] **unterschütten** spread under
[5] **sich eingefunden hatte** had come (to)
[6] **gebettet** bedded down
[7] **pflegte** used to
[8] **sich verfügen** *here:* get behind
[9] **ausglitschen** slip
[10] **beschädigte sich das Kreuz** hurt her back (*spine*)
[11] **dergestalt, daß** so that, in such a manner that
[12] **quer über das Zimmer** (diagonally) across the room
[13] **unter . . . Ächzen** with groans and heavy sighs
[14] **verscheiden** pass away
[15] **der Mißwachs** crop failure
[16] **bedenkliche Vermögensumstände** financial difficulties

64

ein florentinischer [17] Ritter bei ihm ein, der das Schloß, seiner schönen Lage [18] wegen, von ihm kaufen wollte. Der Marchese, dem viel an dem Handel gelegen war, [19] gab seiner Frau auf, [20] den Fremden in dem obenerwähnten, [21] leerstehenden Zimmer, das sehr schön und prächtig eingerichtet war, unterzubringen. Aber wie betreten [22] war das Ehepaar, als der Ritter mitten in der Nacht, verstört und bleich, zu ihnen herunterkam, hoch und teuer versichernd, [23] daß es in dem Zimmer spuke, indem [24] etwas, das dem Blick unsichtbar [25] gewesen, mit einem Geräusch, als ob es auf Stroh gelegen, im Zimmerwinkel aufgestanden, mit vernehmlichen Schritten, langsam und gebrechlich, [26] quer über das Zimmer gegangen und hinter dem Ofen, unter Stöhnen und Ächzen, niedergesunken sei.

Der Marchese, erschrocken, er wußte selbst nicht recht warum, lachte den Ritter mit erkünstelter Heiterkeit [27] aus [28] und sagte, er wolle sogleich aufstehn und die Nacht, zu seiner Beruhigung, [29] mit ihm in dem Zimmer zubringen. Doch der Ritter bat um die Gefälligkeit, [30] ihm zu erlauben, daß er, auf einem Lehnstuhl, in seinem Schlafzimmer übernachte, und als der Morgen kam ließ er anspannen, empfahl sich [31] und reiste ab. Dieser Vorfall, der außerordentliches Aufsehen machte, schreckte, auf eine dem Marchese höchst unangenehme Weise, mehrere Käufer ab; [32] dergestalt, daß, da sich unter seinem eignen Hausgesinde, [33] befremdend und unbegreiflich, [34] das Gerücht erhob, daß es in dem Zimmer, zur Mitternachtsstunde, umgehe, [35] er, um es mit einem entscheidenden Verfahren niederzuschlagen, [36] beschloß, die Sache in der nächsten Nacht selbst zu untersuchen. Demnach [37] ließ er, beim Einbruch der Dämmerung, [38] sein Bett in dem besagten Zimmer aufschlagen [39] und erharrte, [40] ohne zu schlafen, die Mitternacht. Aber wie

---

[17] **florentinisch** Florentine, coming from Florence
[18] **die Lage** location
[19] **dem . . . war** who was eager to conclude the deal
[20] **gab auf** told, asked
[21] **obenerwähnten** above-mentioned
[22] **betreten** embarrassed, upset
[23] **hoch und teuer versichernd** swearing solemnly
[24] **indem** *here:* since
[25] **dem Blick unsichtbar** invisible to the eye
[26] **gebrechlich** frail, *here:* with frail steps
[27] **mit erkünstelter Heiterkeit** with forced gaiety
[28] **auslachen** laugh at
[29] **zu seiner Beruhigung** in order to reassure him
[30] **die Gefälligkeit** favor
[31] **sich empfehlen** take leave

[32] **abschrecken** scare away, frighten off
Translate in this manner: **Da sich unter seinem eignem Hausgesinde . . . das Gerücht erhob, daß es . . . umgehe, beschloß er, die Sache in der nächsten Nacht selbst zu untersuchen, um es (das Gerücht) mit einem entscheidenden Verfahren niederzuschlagen.**
[33] **das Hausgesinde** servants
[34] **befremdend und unbegreiflich** strangely and incomprehensibly
[35] **(daß es) in dem Zimmer umgehe** that the room was haunted
[36] **um . . . niederzuschlagen** in order to squash it (*the rumor*) by a decisive act
[37] **Demnach** Accordingly
[38] **beim . . . Dämmerung** as dusk set in
[39] **sein Bett aufschlagen lassen** had his bed made
[40] **erharrte** waited for

erschüttert war er, als er in der Tat, mit dem Schlage der Geisterstunde,[41]   45
das unbegreifliche Geräusch wahrnahm;[42] es war, als ob ein Mensch
sich von Stroh, das unter ihm knisterte,[43] erhob, quer über das Zimmer
ging und hinter dem Ofen, unter Geseufz und Geröchel,[44] niedersank.
Die Marquise, am andern Morgen, da er herunterkam, fragte ihn, wie
die Untersuchung abgelaufen;[45] und da er sich, mit scheuen und   50
ungewissen Blicken, umsah und, nachdem er die Tür verriegelt,[46]
versicherte,[47] daß es mit dem Spuk seine Richtigkeit habe,[48] so erschrak
sie, wie sie in ihrem Leben nicht getan, und bat ihn, bevor er die Sache
verlauten ließe,[49] sie noch einmal, in ihrer Gesellschaft, einer kalt-
blütigen Prüfung zu unterwerfen.[50] Sie hörten aber, samt einem treuen   55
Bedienten, den sie mitgenommen hatten, in der Tat, in der nächsten
Nacht, dasselbe unbegreifliche, gespensterartige[51] Geräusch; und nur
der dringende Wunsch, das Schloß, es koste was es wolle,[52] los zu
werden,[53] vermochte sie, das Entsetzen, das sie ergriff, in Gegenwart
ihres Dieners zu unterdrücken[54] und dem Vorfall irgendeine gleich-   60
gültige und zufällige Ursache, die sich entdecken lassen müsse, unterzuschieben.[55] Am Abend des dritten Tages, da beide, um der Sache auf
den Grund zu kommen, mit Herzklopfen wieder die Treppe zu dem
Fremdenzimmer bestiegen, fand sich[56] zufällig der Haushund, den
man von der Kette losgelassen hatte, vor der Tür desselben ein;   65
dergestalt, daß beide, ohne sich bestimmt zu erklären,[57] vielleicht in der
unwillkürlichen Absicht,[58] außer sich selbst noch etwas Drittes,
Lebendiges, bei sich zu haben, den Hund mit sich in das Zimmer
nahmen. Das Ehepaar, zwei Lichter auf dem Tisch, die Marquise
unausgezogen, der Marchese Degen und Pistolen, die er aus dem   70
Schrank genommen, neben sich, setzten sich, gegen elf Uhr, jeder auf
sein Bett; und während sie sich mit Gesprächen, so gut sie vermögen,
zu unterhalten suchen,[59] legt sich der Hund, Kopf und Beine zusammengekauert,[60] in der Mitte des Zimmers nieder und schläft ein.

[41] **mit . . .Geisterstunde** at the stroke
of midnight, *lit.:* of the witching hour
[42] **wahrnehmen** perceive
[43] **knistern** rustle
[44] **unter . . . Geröchel** amid sighing and
gasping
[45] **wie . . . abgelaufen (war)** how the
investigation had gone
[46] **verriegeln** bolt
[47] **versicherte** *here:* confirmed
[48] **daß . . . habe** that the room was
actually haunted
[49] **bevor . . . ließ** before he would let
the matter be known
[50] **einer Prüfung unterwerfen** to subject to a test
[51] **gespensterartig** ghostlike
[52] **es . . . wolle** at any cost; no matter
how

[53] **loswerden** get rid of
[54] **(vermochte sie) das Entsetzen, das
sie ergriff (zu unterdrücken)** enabled her to suppress the horror which
seized her
[55] **(dem Vorfall irgendeine) (Ursache)
unterzuschieben** to assign some
cause to the incident
[56] **sich vorfinden** to be present
[57] **ohne . . . erklären** without giving
any definite reason for it
[58] **unwillkürliche Absicht** unconscious
intention
[59] **(und während sie sich) zu unterhalten suchen** while they try to entertain each other
[60] **Kopf . . . zusammengekauert**
curled up

Drauf, in dem Augenblick der Mitternacht, läßt sich das entsetzliche   75
Geräusch wieder hören; jemand, den kein Mensch mit Augen sehen
kann, hebt sich, auf Krücken, im Zimmerwinkel empor; man hört das
Stroh, das unter ihm rauscht; und mit dem ersten Schritt: tapp! tapp!
erwacht der Hund, hebt sich plötzlich, die Ohren spitzend,[61] vom
Boden empor, und knurrend[62] und bellend, grad als ob[63] ein Mensch   80
auf ihn eingeschritten käme,[64] rückwärts gegen den Ofen weicht er
aus.[65] Bei diesem Anblick stürzt die Marquise, mit sträubenden
Haaren,[66] aus dem Zimmer; und während der Marchese, der den
Degen ergriffen: „Wer da?" ruft und, da ihm niemand antwortet,
gleich einem Rasenden,[67] nach allen Richtungen die Luft durchhaut,[68]   85
läßt sie anspannen,[69] entschlossen, augenblicklich nach der Stadt
abzufahren. Aber ehe sie noch nach Zusammenraffung einiger Sachen[70]
aus dem Tore herausgerasselt,[71] sieht sie schon das Schloß ringsum in
Flammen aufgehen. Der Marchese, von Entsetzen überreizt,[72] hatte
eine Kerze genommen und dasselbe, überall mit Holz getäfelt[73] wie es   90
war, an allen vier Ecken, müde seines Lebens, angesteckt.[74] Vergebens
schickte sie Leute hinein, den Unglücklichen zu retten; er war auf die
elendiglichste Weise[75] bereits umgekommen,[76] und noch jetzt liegen,
von den Landleuten[77] zusammengetragen, seine weißen Gebeine in
dem Winkel des Zimmers, von welchem er das Bettelweib von Locarno   95
hatte aufstehen heißen.[78]

[61] **die Ohren spitzend** pricking up its ears
[62] **knurrend** growling
[63] **grad als ob** just as if
[64] **. . . auf ihn eingeschritten käme** . . . came walking toward him
[65] **ausweichen** *here:* withdraw
[66] **mit sträubenden Haaren** with hair on end
[67] **gleich einem Rasenden** like a madman
[68] **die Luft durchhauen** slash through the air
[69] **(sie) läßt anspannen** she orders the carriage to be got ready
[70] **nach . . . Sachen** having quickly gathered up a few things
[71] **herausrasseln** rattle out
[72] **von Entsetzen überreizt** unnerved by horror
[73] **getäfelt** panelled
[74] **anstecken** set fire to
[75] **auf die elendiglichste Weise** in the most miserable manner
[76] **umkommen** die
[77] **die Landleute** farmers
[78] **(er) hatte aufstehen heißen** (he) had ordered (*her*) to get up

Heinrich Heine
(1797–1856)

*Even though in the nineteenth century his prose (Harzreise (1826))
and his poetry (Buch der Lieder (1827), Romanzero (1851)) were much
beloved in Germany, Heine's reputation has flourished abroad rather than in
his native country. This is only partially due to the fact that the character and
the works of this voluntary exile, who spent the better part of his life in Paris,
were destined to become a target of anti-semitic propaganda. Some of Heine's
poetry is marred by stereotypes, and his sparkling wit is sometimes impaired
by indiscriminate witticisms. Heine knew himself to be both "the last of the
Romantics" and the gravedigger of Romanticism. The constant interplay
between the Romantic and the Realist within him is productive of a genuine
and compelling irony. Yet while Heine's "sardonic smile" may animate
brilliant insights, it is quite as likely to accompany amusing gossip. At his
best, he is a master of lively, imaginative and irreverent satire. His ease and
excellence in this genre is illustrated by the following episode (from the* Harzreise*) which pokes fun at the rationalistic ideal of the Enlightenment.*

Doktor Saul Ascher

IN JENER NACHT, die ich in Goslar[1] zubrachte, ist mir etwas höchst
Seltsames begegnet. Noch immer kann ich nicht ohne Angst daran
zurückdenken. Ich bin von Natur nicht ängstlich, aber vor Geistern
fürchte ich mich fast so sehr wie der *Östreichische Beobachter*.[2] Was
ist Furcht? Kommt sie aus dem Verstande oder aus dem Gemüt? Über
diese Frage disputierte ich so oft mit dem Doktor Saul Ascher,[3] wenn
wir zu Berlin im Café Royal, wo ich lange Zeit meinen Mittagstisch[4]

[1] **Goslar** *city on the northern side of the
Harz Mountains*
[2] **der Östreichische Beobachter**
*Austrian newspaper, mouthpiece of the
reaction led by Prince Metternich. The
"Geister" feared by this paper are those of
the opposition, i.e., of liberalism.*
[3] **Dr. Saul Ascher** *a devoted disciple of
Kantian philosophy whom Heine uses here
to embody what he believed to be the*

*essence of Kant's thought, namely the
absolute supremacy of dry, bloodless
rationality* (**Vernunft**) *over the intuitive,
non-rational immediacy of feeling* (**Gemüt**).
*This Heine does most cleverly in this
episode, although the validity of his interpretation of Kant is debatable.*
[4] **(wo ich) meinen Mittagstisch hatte**
where I ate dinner regularly

hatte, zufällig zusammentrafen. Er behauptete immer, wir fürchten etwas, weil wir es durch Vernunftschlüsse [5] für furchtbar erkennen. Nur die Vernunft sei eine Kraft, nicht das Gemüt. Während ich gut aß und gut trank, demonstrierte er mir fortwährend die Vorzüge der Vernunft. Gegen das Ende seiner Demonstration pflegte er nach seiner Uhr zu sehen,[6] und immer schloß er damit: „Die Vernunft ist das höchste Prinzip!" — Vernunft. Wenn ich jetzt dieses Wort höre, so sehe ich noch immer den Doktor Saul Ascher mit seinen abstrakten Beinen, mit seinem engen, transcendentalgrauen [7] Leibrock [8] und mit seinem schroffen, frierend kalten Gesichte, das einem Lehrbuche der Geometrie als Kupfertafel [9] dienen konnte. Dieser Mann, tief in den Fünfzigern,[10] war eine personifizierte gerade Linie. In seinem Streben nach dem Positiven [11] hatte der arme Mann sich alles Herrliche aus dem Leben herausphilosophiert, alle Sonnenstrahlen, allen Glauben und alle Blumen, und es blieb ihm nichts übrig als das kalte, positive Grab. Auf den Apoll von Belvedere [12] und auf das Christentum hatte er eine spezielle Malice. Gegen letzteres schrieb er sogar eine Broschüre,[13] worin er dessen Unvernünftigkeit und Unhaltbarkeit [14] bewies. Er hat überhaupt eine ganze Menge Bücher geschrieben, worin immer die Vernunft von ihrer eigenen Vortrefflichkeit renommiert,[15] und wobei es der arme Doktor gewiß ernsthaft genug meinte und also in dieser Hinsicht [16] alle Achtung verdiente.[17] Darin aber bestand ja eben der Hauptspaß,[18] daß er ein so ernsthaft närrisches Gesicht schnitt,[19] wenn er dasjenige nicht begreifen konnte, was jedes Kind begreift, eben weil es ein Kind ist. Einigemal besuchte ich auch den Vernunftdoktor in seinem eigenen Hause, wo ich schöne Mädchen bei ihm fand; denn die Vernunft verbietet nicht die Sinnlichkeit.[20] Als ich ihn einst ebenfalls besuchen wollte, sagte mir sein Bedienter: „Der Herr Doktor ist eben gestorben." Ich fühlte nicht viel mehr dabei, als wenn er gesagt hätte: „Der Herr Doktor ist ausgezogen."[21]

Doch zurück nach Goslar. „Das höchste Prinzip ist die Vernunft!" sagte ich beschwichtigend [22] zu mir selbst, als ich ins Bett stieg.

[5] **die Vernunftschlüsse** *lit.:* conclusions arrived at by means of logical reasoning

[6] **(er) pflegte . . . sehen** (he) used to look at his watch

[7] **abstrakt, transcendental** *two terms used frequently by* **Kant** *and employed here by* **Heine** *to parody him*

[8] **der Leibrock** dress coat

[9] **die Kupfertafel** *lit.:* copper engraving, *here:* diagram

[10] **tief in den Fünfzigern** way into his fifties

[11] **nach dem Positiven** for the objectively real, for objective experience

[12] **Apoll von Belvedere** classical Greek statue, *here:* an embodiment of beauty

[13] **die Broschüre** pamphlet

[14] **die Unhaltbarkeit** untenability, indefensibility

[15] **von . . . renommiert** boasts of its own excellence

[16] **in dieser Hinsicht** in this respect

[17] **alle Achtung verdienen** deserve to be greatly esteemed

[18] **der Hauptspaß** capital joke

[19] **ein so . . . schnitt** made such an earnestly foolish face

[20] **die Sinnlichkeit** sensuality

[21] **ausgezogen** *here:* moved away

[22] **beschwichtigend** reassuringly

Indessen,[23] es half nicht. Ich hatte eben in Varnhagen von Enses 40
„Deutsche Erzählungen", die ich von Klaustal[24] mitgenommen hatte,
jene entsetzliche Geschichte gelesen, wie der Sohn, den sein eigener
Vater ermorden wollte, in der Nacht von dem Geiste seiner
toten Mutter gewarnt wird. Die wunderbare Darstellung dieser
Geschichte bewirkte,[25] daß mich während des Lesens ein inneres 45
Grauen durchfröstelte.[26] Auch erregen Gespenstererzählungen ein noch
schauerlicheres Gefühl, wenn man sie auf der Reise liest, und zumal des
Nachts,[27] in einer Stadt, in einem Hause, in einem Zimmer, wo man
noch nie gewesen. „Wie viel Gräßliches mag sich schon zugetragen
haben auf diesem Flecke, wo du eben liegst?" so denkt man unwill- 50
kürlich.[28] Überdies schien jetzt der Mond so zweideutig[29] ins Zimmer
herein, an der Wand bewegten sich allerlei unberufene[30] Schatten, und
als ich mich im Bett aufrichtete, um hinzusehen, erblickte ich —
   Es gibt nichts Unheimlicheres, als wenn man bei Mondschein das
eigene Gesicht zufällig im Spiegel sieht. In demselben Augenblicke 55
schlug eine schwerfällige, gähnende Glocke, und zwar so lang und
langsam, daß ich nach dem zwölften Glockenschlage sicher glaubte, es
seien unterdessen volle zwölf Stunden verflossen, und es müßte wieder
von vorn anfangen, zwölf zu schlagen. Zwischen dem vorletzten und
letzten Glockenschlage schlug noch eine andere Uhr, sehr rasch, fast 60
keifend gell,[31] und vielleicht ärgerlich über die Langsamkeit ihrer Frau
Gevatterin.[32] Als beide eiserne Zungen schwiegen, und tiefe Totenstille
im ganzen Hause herrschte, war es mir plötzlich, als[33] hörte ich auf
dem Korridor vor meinem Zimmer etwas schlottern und schlappen,[34]
wie der unsichere Gang eines alten Mannes. Endlich öffnete sich meine 65
Tür, und langsam trat herein der verstorbene Doktor Saul Ascher.
Ein kaltes Fieber rieselte[35] mir durch Mark und Bein,[36] ich zitterte wie
Espenlaub,[37] und kaum wagte ich das Gespenst anzusehen. Er sah aus
wie sonst, derselbe transcendentalgraue Leibrock, dieselben abstrakten
Beine und dasselbe mathematische Gesicht; nur war dieses etwas 70
gelblicher als sonst, auch der Mund, der sonst zwei Winkel von $22\frac{1}{2}$
Grad bildete, war zusammengekniffen,[38] und die Augenkreise hatten
einen größeren Radius. Schwankend und wie sonst sich auf sein

---

[23] **Indessen** However
[24] **Klaustal** *town in the Harz Mountains*
[25] **bewirkte** had the effect
[26] **(daß mich) ein inneres Grauen durchfröstelte** that I shuddered with dread
[27] **zumal des Nachts** especially during the night
[28] **unwillkürlich** instinctively
[29] **zweideutig** ambiguous
[30] **unberufen** unbidden
[31] **fast keifend gell** shrilly scolding

[32] **Frau Gevatterin** *here:* neighbor
[33] **(es) war mir (als)** I felt as if
[34] **schlottern und schlappen** slouching and shuffling along
[35] **rieseln** ripple, run
[36] **durch Mark und Bein** *lit.:* through marrow and bone; right through my body
[37] **Ich zitterte wie Espenlaub** *meaning:* I shook like a leaf
[38] **zusammengekniffen** tightly closed, pinched

spanisches Röhrchen[39] stützend, näherte er sich mir, und in seinem gewöhnlichen mundfaulen[40] Dialekte sprach er freundlich: „Fürchten 75 Sie sich nicht, und glauben Sie nicht, daß ich ein Gespenst sei. Es ist Täuschung Ihrer Phantasie, wenn Sie mich als Gespenst zu sehen glauben. Was ist ein Gespenst? Geben Sie mir eine Definition. Deduzieren Sie mir die Bedingungen der Möglichkeit eines Gespenstes.[41] In welchem vernünftigen Zusammenhange stände eine solche Erschei- 80 nung mit der Vernunft? Die Vernunft, ich sage die Vernunft —" Und nun schritt das Gespenst zu[42] einer Analyse der Vernunft, zitierte Kants „Kritik der reinen Vernunft",[43] 2. Teil, 1. Abschnitt, 2. Buch, 3. Hauptstück, die Unterscheidung von Phänomena und Noumena,[44] konstruierte alsdann den problematischen[45] Gespensterglauben, setzte 85 einen Syllogismus[46] auf den anderen, und schloß mit dem logischen Beweise, daß es durchaus keine Geister gibt. Mir unterdessen lief der kalte Schweiß über den Rücken, meine Zähne klapperten wie Kastagnetten, aus Seelenangst[47] nickte ich unbedingte Zustimmung bei jedem Satz, womit der spukende[48] Doktor die Absurdität aller 90 Gespensterfurcht bewies, und derselbe[49] demonstrierte so eifrig, daß er einmal in der Zerstreuung,[50] statt seiner goldenen Uhr, eine Handvoll Würmer aus der Uhrtasche zog und, seinen Irrtum bemerkend, mit possierlich ängstlicher Hastigkeit[51] wieder einsteckte. „Die Vernunft ist das höchste —" da schlug die Glocke eins, und das Gespenst 95 verschwand.

---

[39] **spanisches Röhrchen** thin cane
[40] **mundfaul** drawling, dragging
[41] **Deduzieren ... Gespenstes** Deduce for me the conditions for the possibility of a ghost.
[42] **schritt zu** proceeded to
[43] **Kritik der reinen Vernunft—** *Critique of Pure Reason*
[44] **Phänomena und Noumena** phenomena: *things as we perceive them*; noumena: *things as they are in themselves*
[45] **problematisch** *here:* theoretical

[46] **der Syllogismus** syllogism (*Classic form of logical argument, in which a necessary conclusion is deduced from two premises*)
[47] **aus Seelenangst** in my anxiety (of soul)
[48] **spukend** ghostly, spectral
[49] **derselbe er**
[50] **in der Zerstreuung** absentmindedly
[51] **mit ... Hastigkeit** *lit.:* with quaintly scrupulous haste

71

Im Park: Schloß Schönbrunn, Wien (courtesy of Velhagen and Klasing, Berlin).

72

Arthur Schnitzler
(1862–1931)

Schnitzler's plays, Anatol (*1893*), Liebelei (*1894*), *and fiction, for example,* Lieutenant Gustl (*1899*), *are representative of literary Impressionism and of Vienna at the turn of the century. Realistically—and with meticulous craftsmanship—Schnitzler treats of human relationships, notably of erotic entanglements which involve both the heart and the senses. His psychological acumen serves him to uncover the fictions which preoccupy a society self-conscious of its refinement and of its decadence. And yet he suggests that all of life is a mirage; that there is no vital experience beyond the momentary sensations and self-deceptions which sustain and delude us. For what we cherish as reality is only a web of transient, endearing and bitter-sweet illusions.*

The following story suggests this melancholy and frivolous perspective on life. The episode related to the narrator seems to conform to the "realistic" conventions of his age and setting. Nonetheless it is revealed as a maze of fiction within fiction. Its ingenuity will challenge the reader to unravel it— but only in order to dismiss him with a final question mark.

Das Tagebuch der Redegonda

[Assignment I]

GESTERN NACHTS, als ich mich auf dem Heimweg für eine Weile im Stadtpark[1] auf einer Bank niedergelassen hatte, sah ich plötzlich in der anderen Ecke einen Herrn lehnen, von dessen Gegenwart ich vorher nicht das geringste bemerkt hatte. Da zu dieser späten Stunde an leeren Bänken im Park durchaus kein Mangel[2] war, kam mir das Erscheinen 5 dieses nächtlichen Nachbars etwas verdächtig vor; und eben machte[3] ich Anstalten, mich zu entfernen, als der fremde Herr, der einen langen grauen Überzieher[4] und gelbe Handschuhe trug, den Hut lüftete, mich beim Namen nannte und mir einen guten Abend wünschte. Nun erkannte ich ihn, recht angenehm überrascht. Es war Dr. Gottfried 10 Wehwald, ein junger Mann von guten Manieren, ja sogar von einer gewissen Vornehmheit des Auftretens, die zumindest ihm selbst eine immerwährende stille Befriedigung zu gewähren schien.[5] Vor etwa

---

[1] **der Stadtpark** *a park in the center of Vienna*
[2] **Mangel an** lack of
[3] **Anstalten machen** be about to
[4] **der Überzieher** overcoat

[5] **ja sogar ... schien** and even of some distinction in his appearance which seemed to be a source of continuous and quiet satisfaction at least to the young man himself

73

vier Jahren war er als Konzeptspraktikant[6] aus der Wiener Statthalterei[7] nach einer kleinen niederösterreichischen Landstadt[8] versetzt[9]   15
worden, tauchte aber von Zeit zu Zeit wieder unter seinen Freunden
im Caféhause[10] auf,[11] wo er stets mit jener gemäßigten Herzlichkeit[12]
begrüßt wurde, die seiner eleganten Zurückhaltung gegenüber geboten
war.[13] Daher fand ich es auch angezeigt,[14] obzwar ich ihn seit Weihnachten nicht gesehen hatte, keinerlei Befremden über Stunde und Ort   20
unserer Begegnung zu äußern;[15] liebenswürdig, aber anscheinend
gleichgültig[16] erwiderte ich seinen Gruß und schickte mich eben an,
mit ihm ein Gespräch zu eröffnen, wie es sich für Männer von Welt
geziemt,[17] die am Ende auch ein zufälliges Wiedersehen in Australien
nicht aus der Fassung bringen[18] dürfte, als er mit einer abwehrenden   25
Handbewegung[19] kurz bemerkte: „Verzeihen Sie, werter Freund, aber
meine Zeit ist gemessen und ich habe mich nur zu dem Zwecke hier
eingefunden, um Ihnen eine etwas sonderbare Geschichte zu erzählen,
vorausgesetzt natürlich,[20] daß Sie geneigt[21] sein sollten, sie anzuhören.“

Nicht ohne Verwunderung über diese Anrede erklärte ich mich   30
trotzdem sofort dazu bereit, konnte aber nicht umhin, meinem
Befremden Ausdruck zu verleihen,[22] daß Dr. Wehwald mich nicht im
Caféhause aufgesucht habe, ferner wieso es ihm gelungen war, mich
nächtlicherweise hier im Stadtpark aufzufinden und endlich, warum
gerade ich zu der Ehre ausersehen sei,[23] seine Geschichte anzuhören.   35

„Die Beantwortung der beiden ersten Fragen", erwiderte er mit
ungewohnter Herbheit,[24] „wird sich im Laufe meines Berichtes von
selbst ergeben.[25] Daß aber meine Wahl gerade auf Sie fiel, werter
Freund (er nannte mich nun einmal nicht anders),[26] hat seinen Grund
darin, daß Sie sich meines Wissens[27] auch schriftstellerisch betätigen[28]   40

[6] **der Konzeptspraktikant** *Austrian
title for a student of law engaged in
practical training in a state office prior to
the completion of the degree required for
government service.*
[7] **Wiener Statthalterei** *government
office in Vienna*
[8] **niederösterreichische Landstadt**
provincial town in Lower Austria
[9] **versetzt** transferred
[10] **das Caféhaus** *Note: The coffee houses
of Vienna served in those days as regular
meeting places for social intercourse.*
[11] **tauchte . . . auf** turned up
[12] **gemäßigte Herzlichkeit** restrained
cordiality
[13] **die . . . geboten war** which was in
keeping with his attitude of elegant
reserve.
[14] **Daher . . . angezeigt** Therefore I
thought it appropriate
[15] **Befremden äußern** express
astonishment

[16] **anscheinend gleichgültig** with an
air of indifference
[17] **wie es sich geziemt** as is fitting
[18] **aus der Fassung bringen** disconcert
[19] **mit . . . Handbewegung** with a gesture of protest
[20] **natürlich vorausgesetzt** provided of
course
[21] **geneigt** inclined
[22] **(ich) konnte nicht umhin (Ausdruck
zu verleihen)** I could not but express
[23] **warum . . . sei** why I of all people
should have been singled out for the
honor, why I should have the honor
[24] **die Herbheit** harshness
[25] **(wird sich) von selbst ergeben** will
become apparent
[26] **er . . . anders** *meaning:* he insisted
upon addressing me in this manner
[27] **meines Wissens** as far as I know
[28] **sich schriftstellerisch betätigen** to
be engaged in writing

und ich daher glaube, auf eine Veröffentlichung meiner merkwürdigen, aber ziemlich zwanglosen[29] Mitteilungen in leidlicher[30] Form
rechnen[31] zu dürfen.“

Ich wehrte bescheiden ab, worauf Dr. Wehwald mit einem sonderbaren Zucken um die Nasenflügel[32] ohne weitere Einleitung begann: 45
„Die Heldin meiner Geschichte heißt Redegonda. Sie war die Gattin
eines Rittmeisters,[33] Baron T. vom Dragonerregiment X, das in
unserer kleinen Stadt Z garnisonierte.“ (Er nannte tatsächlich nur diese
Anfangsbuchstaben, obwohl mir nicht nur der Name der kleinen
Stadt, sondern aus Gründen, die bald ersichtlich[34] sein werden, auch 50
der Name des Rittmeisters und die Nummer des Regiments keine
Geheimnisse bedeuten.) „Redegonda“, fuhr Dr. Wehwald fort, „war
eine Dame von außerordentlicher Schönheit und ich verliebte mich in
sie, wie man zu sagen pflegt,[35] auf den ersten Blick. Leider war mir jede
Gelegenheit versagt,[36] ihre persönliche Bekanntschaft zu machen, da 55
die Offiziere mit der Zivilbevölkerung beinahe gar keinen Verkehr
pflegten[37] und an dieser Exklusivität selbst gegenüber uns Herren von
der politischen Behörde[38] in fast verletzender Weise festhielten. So sah
ich Redegonda immer nur von weitem; sah sie allein oder an der Seite
ihres Gemahls, nicht selten in Gesellschaft anderer Offiziere und 60
Offiziersdamen, durch die Straßen spazieren, erblickte sie manchmal an
einem Fenster ihrer auf dem Hauptplatze gelegenen Wohnung, oder
sah sie abends in einem holpernden Wagen[39] nach dem kleinen Theater
fahren, wo ich dann das Glück hatte, sie vom Parkett[40] aus in ihrer
Loge[41] zu beobachten, die von den jungen Offizieren in den Zwischen- 65
akten[42] gerne besucht wurde. Zuweilen war mir, als geruhe[43] sie,
mich zu bemerken. Aber ihr Blick streifte immer nur so flüchtig über
mich hin,[44] daß ich daraus keine weiteren Schlüsse ziehen[45] konnte.
Schon hatte ich die Hoffnung aufgegeben, ihr jemals meine Anbetung
zu Füßen legen zu dürfen,[46] als sie mir an einem wundervollen Herbst- 70
vormittag in dem kleinen parkartigen Wäldchen,[47] das sich vom
östlichen Stadttor aus weit ins Land hinaus erstreckte, vollkommen
unerwartet entgegenkam. Mit einem unmerklichen[48] Lächeln ging sie

[29] **merkwürdigen ... zwanglosen** remarkable but rather informal
[30] **leidlich** tolerable
[31] **rechnen auf** count on
[32] **mit ... Nasenflügel** with a strange
twitching of his nose
[33] **der Rittmeister** cavalry captain
[34] **ersichtlich** apparent
[35] **wie ... pflegt** as the expression goes
[36] **(mir) war jede Gelegenheit versagt**
I had no opportunity
[37] **Verkehr pflegen** to associate with
[38] **die politische Behörde** civil government

[39] **in ... Wagen** in a jolting carriage
[40] **das Parkett** orchestra, pit
[41] **die Loge** box
[42] **der Zwischenakt** intermission
[43] **geruhen** deign
[44] **(streifte) so ... hin** passed over me
so fleetingly
[45] **Schlüsse ziehen** draw conclusions
[46] **(ihr) meine ... dürfen** lit.: to be
permitted to lay my devotion at her
feet; to confess to her my devotion
[47] **in ... Wäldchen** in the small, well-
kept grove
[48] **unmerklich** imperceptible

an mir vorüber, vielleicht ohne mich überhaupt zu gewahren und war
bald wieder hinter dem gelblichen Laub verschwunden. Ich hatte sie   75
an mir vorübergehen lassen, ohne nur die Möglichkeit in Erwägung zu
ziehen,[49] daß ich sie hätte grüßen oder gar [50] das Wort an sie richten
können; und auch jetzt, da sie mir entschwunden war, dachte ich nicht
daran, die Unterlassung [51] eines Versuchs zu bereuen, dem keinesfalls
ein Erfolg hätte beschieden sein können.[52] Aber nun geschah etwas   80
Sonderbares: Ich fühlte mich nämlich plötzlich gezwungen, mir
vorzustellen, was daraus geworden wäre,[53] wenn ich den Mut gefunden
hätte, ihr in den Weg zu treten und sie anzureden. Und meine Phantasie
spiegelte mir vor,[54] daß Redegonda, fern davon mich abzuweisen, ihre
Befriedigung [55] über meine Kühnheit keineswegs zu verbergen suchte,   85
es im Laufe eines lebhaften Gespräches an Klagen über die Leere ihres
Daseins, die Minderwertigkeit ihres Verkehrs [56] nicht fehlen ließ [57]
und endlich ihrer Freude Ausdruck gab, in mir eine verständnisvolle
mitfühlende Seele [58] gefunden zu haben. Und so verheißungsvoll [59] war
der Blick, den sie zum Abschied auf mir ruhen ließ, daß mir, der ich   90
all dies, auch den Abschiedsblick, nur in meiner Einbildung erlebt hatte,
am Abend desselben Tages, da ich sie in ihrer Loge wiedersah, nicht
anders zumute war, als schwebe [60] ein köstliches [61] Geheimnis zwischen
uns beiden. Sie werden sich nicht wundern, werter Freund, daß ich, der
nun einmal von der Kraft seiner Einbildung eine so außerordentliche   95
Probe bekommen hatte, jener ersten Begegnung auf die gleiche Art
bald weitere folgen ließ,[62] und daß sich unsere Unterhaltungen von
Wiedersehen zu Wiedersehen freundschaftlicher,[63] vertrauter,[64] ja
inniger [65] gestalteten, bis eines schönen Tages unter entblätterten [66]
Ästen die angebetete Frau [67] in meine sehnsüchtigen Arme sank. Nun   100
ließ ich meinen beglückenden Wahn [68] immer weiterspielen,[69] und so
dauerte es nicht mehr lange, bis Redegonda mich in meiner kleinen,
am Ende der Stadt gelegenen Wohnung besuchte und mir Seligkeiten
beschieden waren,[70] wie sie mir die armselige Wirklichkeit nie so

---

[49] **in Erwägung ziehen**   consider
[50] **oder gar**   let alone
[51] **die Unterlassung**   omission
[52] **dem keinesfalls ... können**   which could not possibly have been successful
[53] **was daraus geworden wäre**   what would have happened
[54] **meine Phantasie spiegelte mir vor** *meaning:* in my fantasies I persuaded myself
[55] **die Befriedigung**   satisfaction, pleasure
[56] **die Minderwertigkeit ihres Verkehrs** *meaning:* the triteness of her social life
[57] **(es an Klagen) nicht fehlen ließ** *meaning:* that she complained
[58] **eine ... Seele** *meaning:* a man of heart who could understand and share her feelings

[59] **verheißungsvoll**   full of promise
[60] **schweben**   hover
[61] **köstlich**   precious
[62] **(daß ich) jener ersten ... ließ** *meaning:* that I invented in a similar manner further sequels to this first encounter
[63] **freundschaftlich**   amicable
[64] **vertraut**   familiar
[65] **innig**   intimate
[66] **entblättert**   leafless
[67] **die angebetete Frau**   the woman (*I*) adored
[68] **mein beglückender Wahn**   my blissful illusion
[69] **(ließ) immer weiterspielen** *meaning:* gave further rein (*to*)
[70] **mir ... waren**   and I experienced such bliss

berauschend [71] zu bieten vermocht hätte. Auch an Gefahren fehlte es 105
nicht, unser Abenteuer zu würzen.[72] So geschah es einmal im Laufe
des Winters, daß der Rittmeister an uns vorbeisprengte, als wir auf der
Landstraße im Schlitten pelzverhüllt [73] in die Nacht hineinfuhren; und
schon damals stieg ahnungsvoll in meinen Sinnen auf,[74] was sich bald
in ganzer Schicksalsschwere [75] erfüllen sollte. In den ersten Frühlings- 110
tagen erfuhr man in der Stadt, daß das Dragonerregiment, dem
Redegondas Gatte angehörte, nach Galizien [76] versetzt werden sollte.

[Assignment II]

Meine, nein, unsere Verzweiflung war grenzenlos. Nichts blieb unbesprochen, was unter solchen außergewöhnlichen Umständen zwischen
Liebenden erwogen zu werden pflegt: gemeinsame Flucht, gemein- 115
samer Tod, schmerzliches Fügen [77] ins Unvermeidliche. Doch der
letzte Abend erschien, ohne daß ein fester Entschluß gefaßt worden
wäre. Ich erwartete Redegonda in meinem blumengeschmückten
Zimmer. Daß für alle Möglichkeiten vorgesorgt sei, war mein Koffer
gepackt, mein Revolver schußbereit,[78] meine Abschiedsbriefe ge- 120
schrieben. Dies alles, mein werter Freund, ist die Wahrheit. Denn so
völlig war ich unter die Herrschaft meines Wahns geraten, daß ich das
Erscheinen der Geliebten an diesem Abend, dem letzten vor dem
Abmarsch [79] des Regiments, nicht nur für möglich hielt, sondern daß
ich es geradezu [80] erwartete. Nicht wie sonst gelang es mir, ihr Schatten- 125
bild herbeizulocken,[81] die Himmlische in meine Arme zu träumen;
nein, mir war als hielte etwas Unberechenbares,[82] vielleicht Furchtbares,
sie daheim zurück; hundertmal ging ich zur Wohnungstüre, horchte
auf die Treppe hinaus, blickte aus dem Fenster, Redegondas Nahen [83]
schon auf der Straße zu erspähen; ja, in meiner Ungeduld war ich nahe 130
daran, davonzustürzen, Redegonda zu suchen, sie mir zu holen,
trotzig mit dem Recht des Liebenden und Geliebten sie dem Gatten
abzufordern [84] — bis ich endlich, wie von Fieber geschüttelt, auf
meinen Diwan niedersank. Da, plötzlich, es war nahe an Mitternacht,
tönte draußen die Klingel. Nun aber fühlte ich mein Herz stillestehen. 135
Denn daß die Klingel tönte, verstehen Sie mich wohl, war keine
Einbildung mehr. Sie tönte ein zweites und ein drittes Mal und erweckte
mich schrill und unwidersprechlich zum völligen Bewußtsein der
Wirklichkeit. Aber in demselben Augenblick, da ich erkannte, daß
mein Abenteuer bis zu diesem Abend nur eine seltsame Reihe von 140

---

[71] **berauschend** intoxicating
[72] **würzen** add spice
[73] **pelzverhüllt** wrapped in furs
[74] **und schon . . . auf** and even then my spirit was heavy with foreboding
[75] **die Schicksalsschwere** fatality
[76] **Galizien** Galicia, *formerly part of the Austrian Empire, now part of Western Poland*

[77] **schmerzliches Fügen** painful resignation
[78] **schußbereit** loaded
[79] **der Abmarsch** departure
[80] **geradezu** actually
[81] **herbeilocken** conjure up
[82] **unberechenbar** incalculable
[83] **das Nahen** approach
[84] **abfordern** demand

Träumen bedeutet hatte, fühlte ich die kühnste Hoffnung in mir erwachen: Daß Redegonda, durch die Macht meiner Wünsche in den Tiefen ihrer Seele ergriffen, in eigener Gestalt herbeigelockt,[85] herbeigezwungen, draußen vor meiner Schwelle[86] stünde, daß ich sie in der nächsten Minute leibhaftig[87] in den Armen halten würde. In dieser 145 köstlichen Erwartung ging ich zur Türe und öffnete. Aber es war nicht Redegonda, die vor mir stand, es war Redegondas Gatte; er selbst, so wahrhaft und lebendig, wie Sie hier mir gegenüber auf dieser Bank sitzen, und blickte mir starr ins Gesicht. Mir blieb natürlich nichts übrig, als[88] ihn in mein Zimmer treten zu lassen, wo ich ihn einlud, 150 Platz zu nehmen. Er aber blieb aufrecht stehen, und mit unsäglichem Hohn um die Lippen sprach er: ,Sie erwarten Redegonda. Leider ist sie am Erscheinen verhindert. Sie ist nämlich tot.' ,Tot', wiederholte ich, und die Welt stand still. Der Rittmeister sprach unbeirrt[89] weiter: ,Vor einer Stunde fand ich sie an ihrem Schreibtisch sitzend, dies kleine 155 Buch vor sich, das ich der Einfachheit halber[90] gleich mitgebracht habe. Wahrscheinlich war es der Schreck, der sie tötete, als ich so unvermutet[91] in ihr Zimmer trat. Hier diese Zeilen sind die letzten, die sie niederschrieb. Bitte!' Er reichte mir ein offenes, in violettes Leder gebundenes Büchlein, und ich las die folgenden Worte: 160 ,Nun verlasse ich mein Heim auf immer, der Geliebte wartet.' Ich nickte nur, langsam, wie zur Bestätigung. ,Sie werden erraten haben', fuhr der Rittmeister fort, ,daß es Redegondas Tagebuch ist, das Sie in der Hand haben. Vielleicht haben Sie die Güte, es durchzublättern, um jeden Versuch des Leugnens als aussichtslos zu unterlassen.'[92] Ich 165 blätterte, nein, ich las. Beinahe eine Stunde las ich, an den Schreibtisch gelehnt, während der Rittmeister regungslos auf dem Diwan saß, las die ganze Geschichte unserer Liebe, diese holde, wundersame Geschichte, — in all ihren Einzelheiten; von dem Herbstmorgen an, da ich im Wald zum erstenmal das Wort an Redegonda gerichtet hatte, las 170 von unserem ersten Kuß, von unseren Spaziergängen, unseren Fahrten ins Land hinein, unseren Wonnestunden[93] in meinem blumengeschmückten Zimmer, von unseren Flucht- und Todesplänen, unserem Glück und unserer Verzweiflung. Alles stand in diesen Blättern aufgezeichnet, alles — was ich niemals in Wirklichkeit — und doch alles 175 genau so, wie ich es in meiner Einbildung erlebt hatte. Und ich fand das durchaus nicht so unerklärlich, wie Sie es, werter Freund, in diesem Augenblick offenbar zu finden scheinen. Denn ich ahnte mit einemmal,[94] daß Redegonda mich ebenso geliebt hatte wie ich sie und daß

---

[85] **herbeigelockt** *here:* enticed
[86] **die Schwelle** threshold
[87] **leibhaftig** bodily
[88] **Mir blieb nichts übrig, als . . .** I had no choice but . . .
[89] **unbeirrt** calmly
[90] **der Einfachheit halber** for the sake of clarity

[91] **unvermutet** unexpectedly
[92] **um jeden . . . unterlassen** *meaning:* so that you realize the uselessness of any denial
[93] **die Wonnestunden** hours of bliss
[94] **ich . . . einemmal** all of a sudden it dawned upon me

ihr dadurch die geheimnisvolle Macht geworden war,[95] die Erlebnisse 180
meiner Phantasie in der ihren alle mitzuleben. Und da sie als Weib den
Urgründen[96] des Lebens, dort wo Wunsch und Erfüllung eines sind,
näher war als ich, war sie wahrscheinlich im tiefsten überzeugt gewesen,
alles das, was nun in ihrem violetten Büchlein aufgezeichnet stand,
wirklich durchlebt zu haben. Aber noch etwas anderes hielt ich für 185
möglich: daß dieses ganze Tagebuch nicht mehr oder nicht weniger
bedeutete, als eine auserlesene[97] Rache, die sie an mir nahm, Rache für
meine Unentschlossenheit, die meine, unsere Träume nicht hatte zur
Wahrheit werden lassen; ja, daß ihr plötzlicher Tod das Werk ihres
Willens und daß es ihre Absicht gewesen war, das verräterische[98] 190
Tagebuch dem betrogenen Gatten auf solche Weise in die Hände zu
spielen.[99] Aber ich hatte keine Zeit, mich mit der Lösung dieser
Fragen lange aufzuhalten,[1] für den Rittmeister konnte ja doch nur eine,
die natürliche Erklärung gelten; so tat ich denn, was die Umstände
verlangten, und stellte mich ihm mit den in solchen Fallen üblichen 195
Worten zur Verfügung."[2]
„Ohne den Versuch" —
„Zu leugnen?!" unterbrach Dr. Wehwald herb. „Oh! Selbst wenn
ein solcher Versuch die leiseste Aussicht auf Erfolg geboten hätte, er
wäre mir kläglich[3] erschienen. Denn ich fühlte mich durchaus verant- 200
wortlich für alle Folgen eines Abenteuers, das ich hatte erleben wollen
und das zu erleben ich nur zu feig gewesen. — ‚Mir liegt daran', sprach
der Rittmeister, ‚unsern Handel auszutragen,[4] noch eh Redegondas
Tod bekannt wird. Es ist ein Uhr früh, um drei Uhr wird die Zusammenkunft unserer Zeugen stattfinden, um fünf soll die Sache erledigt 205
sein.' Wieder nickt' ich zum Zeichen des Einverständnisses.[5] Der
Rittmeister entfernte sich mit kühlem Gruß. Ich ordnete meine
Papiere,[6] verließ das Haus, holte zwei mir bekannte Herren von der
Bezirkshauptmannschaft[7] aus den Betten — einer war ein Graf —
teilte ihnen nicht mehr mit als nötig war, um sie zur raschen Erledigung 210
der Angelegenheit zu veranlassen,[8] spazierte dann auf dem Hauptplatz
gegenüber den dunklen Fenstern auf und ab, hinter denen ich Redegondas Leichnam liegen wußte, und hatte das sichere Gefühl, der
Erfüllung meines Schicksals entgegenzugehen. Um fünf Uhr früh in

---

[95] **(daß ihr) geworden war** that she had acquired
[96] **die Urgründe** wellsprings
[97] **auserlesen** choice
[98] **verräterisch** compromising
[99] **in die Hände spielen** get it into the hands
[1] **aufzuhalten mit** *here:* spend on
[2] **(ich) stellte mich ihm (zur Verfügung)** I put myself at his disposal (*for a duel*)
[3] **kläglich** contemptible

[4] **Mir liegt daran (unseren Handel auszutragen)** I would like to settle this affair
[5] **zum Zeichen des Einverständnisses** as a sign of agreement
[6] **Ich . . . Papiere** *meaning:* I put my affairs in order
[7] **die Bezirkshauptmannschaft** district command
[8] **um sie . . . veranlassen** *meaning:* in order to convince them that this matter should be settled quickly

dem kleinen Wäldchen ganz nahe der Stelle, wo ich Redegonda zum 215
ersten Male hätte sprechen können, standen wir einander gegenüber,
die Pistole in der Hand, der Rittmeister und ich."

„Und Sie haben ihn getötet?"

„Nein. Meine Kugel fuhr hart an seiner Schläfe[9] vorbei. Er aber traf
mich mitten ins Herz. Ich war auf der Stelle tot, wie man zu sagen 220
pflegt."

„Oh!" rief ich stöhnend mit einem ratlosen Blick auf meinen
sonderbaren Nachbar. Aber dieser Blick fand ihn nicht mehr. Denn
Dr. Wehwald saß nicht mehr in der Ecke der Bank. Ja, ich habe Grund
zu vermuten, daß er überhaupt niemals dort gesessen hatte. Hingegen 225
erinnerte ich mich sofort, daß gestern abends im Caféhaus viel von
einem Duell die Rede gewesen, in dem unser Freund, Dr. Wehwald,
von einem Rittmeister namens Teuerheim erschossen worden war.
Der Umstand, daß Frau Redegonda noch am selben Tage mit einem
jungen Leutnant des Regiments spurlos verschwunden war, gab der 230
kleinen Gesellschaft trotz der ernsten Stimmung, in der sie sich befand,
zu einer Art von wehmütiger Heiterkeit[10] Anlaß, und jemand sprach
die Vermutung[11] aus, daß Dr. Wehwald, den wir immer als ein
Muster von Korrektheit, Diskretion und Vornehmheit gekannt hatten,
ganz in seinem Stil, halb mit seinem, halb gegen seinen Willen, für 235
einen anderen, Glücklicheren, den Tod hatte erleiden müssen.

Was jedoch die Erscheinung[12] des Dr. Wehwald auf der Stadtparkbank anbelangt,[13] so hätte sie gewiß an eindrucksvoller Seltsamkeit
erheblich gewonnen,[14] wenn sie sich mir vor dem ritterlichen[15] Ende
des Urbildes[16] gezeigt hätte. Und ich will nicht verhehlen,[17] daß der 240
Gedanke, durch diese ganz unbedeutende Verschiebung[18] die Wirkung
meines Berichtes zu steigern, mir anfangs nicht ganz ferne gelegen war.
Doch nach einiger Überlegung scheute ich vor der Möglichkeit des
Vorwurfs zurück,[19] daß ich durch eine solche, den Tatsachen nicht ganz
entsprechende Darstellung der Mystik, dem Spiritismus und anderen 245
gefährlichen Dingen neue Beweise in die Hand gespielt hätte,[20] sah
Anfragen voraus, ob meine Erzählung wahr oder erfunden wäre, ja, ob
ich Vorfälle solcher Art überhaupt für denkbar hielte — und hätte mich

---

[9] **hart an seiner Schläfe** close to his temple
[10] **wehmütige Heiterkeit** melancholy humor
[11] **die Vermutung** conjecture
[12] **die Erscheinung** *here:* apparition
[13] **Was (anbelangt)** as concerns
[14] **so hätte ... gewonnen** *meaning:* it certainly would have been far more impressive and strange
[15] **ritterlich** chivalrous
[16] **das Urbild** original

[17] **verhehlen** conceal
[18] **unbedeutende Verschiebung** insignificant change
[19] **(ich) scheute ... zurück** *meaning:* I did not want to expose myself to the reproach
[20] **daß ich (der Mystik) neue Beweise in die Hand gespielt hätte** *meaning:* that, by seeming to supply fresh evidence, I would have played into the hands of mysticism

vor der peinlichen Wahl gefunden,[21] je nach meiner Antwort als Okkultist oder als Schwindler erklärt zu werden. Darum habe ich es am Ende vorgezogen die Geschichte meiner nächtlichen Begegnung so aufzuzeichnen, wie sie sich zugetragen, freilich auf die Gefahr hin,[22] daß viele Leute trotzdem an ihrer Wahrheit zweifeln werden — in jenem weithin verbreiteten Mißtrauen, das Dichtern nun einmal entgegengebracht zu werden pflegt,[23] wenn auch mit weniger Grund als den meisten anderen Menschen.

[21] **(ich) hätte mich vor der (Wahl gefunden)** I would have been confronted with the choice
[22] **auf die Gefahr hin** at the risk

[23] **das Mißtrauen, ... zu pflegt** the suspicion with which poets are usually regarded

Paul Ernst
(1866–1933)

Ernst, a learned literary theorist and ambitious, if disappointing, author of plays, fiction and epic poetry, envisaged a total reform of German literature along the lines of classical traditions. In his novellas, his reaction against modern "isms" and sensibilities expressed itself in an exclusive emphasis on the artful construction of plot. The following episode, cleverly wrought and cleverly told in the manner of the Italian masters, is one of a series entitled Komödianten- und Spitzbubengeschichten (München: Langen-Müller, 1920).

Der Hecht

DER HERR Stadtrichter Matta hat über eine Anzahl Spitzbuben abzu-
urteilen.[1] Es war ein Auflauf[2] gewesen, bei dem mehrere Geldbeutel
abgeschnitten wurden. Die Polizei hat verschiedene Leute verhaftet,
von denen sie glaubt, daß sie bei dieser Gelegenheit tätig waren. Matta
sitzt auf seinem Richterstuhl vor seinem breiten Tisch, zur linken Seite   5
sitzt ihm sein Schreiber[3] und schreibt nach;[4] er läßt die einzelnen
Angeklagten vortreten, befragt[5] sie, hört ihre Antworten, befragt die
Zeugen, bildet sich sein Urteil[6] und teilt dem Spitzbuben mit, zu
wieviel Jahren er verurteilt[7] ist. Das Verfahren[8] erscheint uns vielleicht
etwas oberflächlich; aber ländlich, sittlich,[9] das Gericht ist überlastet,   10
die Polizei faßt überhaupt keine Spitzbuben, die nicht unbedingt zu
der denkbar höchsten Strafe[10] verurteilt werden müßten, wenn nicht
für diese, dann für andere Taten, so daß die Schnelligkeit Mattas den
armen Kerls eigentlich nur eine Möglichkeit gibt, glimpflicher davonzukommen.[11] Außerdem reißen die Spitzbuben natürlich sobald wie   15
möglich aus,[12] wenn sie im Gefängnis sitzen.
Pietrino steht mit im Gerichtssaal; aber nicht als Angeklagter, sondern

---

[1] **über (etwas) aburteilen** pass judgment on (something)
[2] **der Auflauf** big crowd, big gathering
[3] **der Schreiber** clerk
[4] **nachschreiben** take notes
[5] **befragen** interrogate
[6] **das Urteil** judgment
[7] **verurteilt** condemned, sentenced
[8] **das Verfahren** procedure

[9] **ländlich, sittlich** *lit.:* rural, moral; *meaning:* this is customary in the country
[10] **zu der denkbar . . . Strafe** to the highest possible punishment
[11] **glimpflicher davonzukommen** *meaning:* to get off with a more moderate sentence
[12] **ausreißen** bolt, abscond, break out of jail

82

als Zeuge. Er hat sich den Angeklagten zur Verfügung gestellt.[13] Er
war mit im Gedränge[14] und bezeugt bei jedem Spitzbuben, der
vorgeführt wird, daß er ihn keinen Geldbeutel hat abschneiden sehen.   20
Das Zeugnis[15] hat bei den ersten Angeklagten geholfen; später fiel es
dem Stadtrichter Matta ein, daß der Mann ja vielleicht den Beutel
abgeschnitten haben kann, während Pietrino gerade nicht hinsah, und
so nützt sein Zeugnis jetzt nichts mehr. Pietrino ist daher auch im
Begriff zu gehen; denn wozu soll er sich umsonst im Gericht herum-   25
treiben?[16]

Das Dienstmädchen des Richters Matta erscheint, bestellt[17] dem
Herrn einen Gruß von der gnädigen Frau,[18] und Onkel Vittorio wäre
gekommen und wollte zum Essen dableiben, und der Herr Richter
möchte doch sehen, daß er recht frühzeitig fertig würde. Matta flucht   30
auf die Gedankenlosigkeit der Weiber. Wie oft hat er nicht gesagt, daß
sein silberner Trinkbecher, den er von Onkel Vittorio geschenkt
bekommen hat, zum Silberschmied zum Ausbeulen[19] geschickt werden
soll! Was wird Onkel Vittorio nun von ihm denken, wie er seine
Geschenke in Ehren hält![20] Er entläßt das Dienstmädchen und trägt   35
der gnädigen Frau auf,[21] sie solle wenigstens für etwas Anständiges zu
Mittag sorgen.

Das Dienstmädchen geht; Pietrino hat schweigend das Gespräch mit
angehört und geht gleichfalls.

Er geht auf den Fischmarkt, wo er eine Fischhändlerin weiß, die   40
ausgezeichnete Fische hat. Er tritt vor ihren Stand,[22] knüpft ein Gespräch
mit ihr an[23] und fragt sie, ob sie nicht einen schönen Hecht[24] hat, einen
recht schönen Hecht, er muß reichlich sein für fünf Personen, er ist für
den Herrn Stadtrichter Matta, und der Herr Stadtrichter Matta hat es
nicht gern, wenn auf dem Tisch etwas knapp ist; der Onkel Vittorio ist   45
zu Besuch, und Onkel Vittorio ist der Erbonkel[25] und ist ein starker
Esser, und das weiß man ja, wenn Einer ordentlich[26] ißt, dann essen die
andern auch mehr wie sonst.[27] Die Fischhändlerin hat gerade einen
Hecht, der für die Gesellschaft des Herrn Stadtrichters paßt, einen
Achtpfünder,[28] einen Hecht, wie er selten vorkommt heutzutage, denn   50
der Hecht kann das auch nicht mehr leisten,[29] früher haben die Leute an

---

[13] **sich zur Verfügung stellen** to put
oneself at the disposal
[14] **das Gedränge** throng, crowd
[15] **Das Zeugnis** testimony
[16] **sich herumtreiben** hang around
[17] **einen Gruß bestellen** convey a
greeting
[18] **von . . . Frau** *lit.:* from the gracious
lady, from the mistress of the house,
from madam
[19] **zum Ausbeulen** to take out the
dents
[20] **in Ehren halten** honor

[21] **auftragen** commission, request
[22] **der Stand** market stall
[23] **ein Gespräch anknüpfen** start a
conversation
[24] **der Hecht** pike
[25] **der Erbonkel** rich uncle (*whose estate
one hopes to inherit*)
[26] **ordentlich** *here:* a lot
[27] **mehr wie sonst** mehr als sonst
[28] **der Achtpfünder** eight pounder
[29] **der Hecht . . . leisten** *meaning:* the
pikes cannot keep up any more (*with
demand*)

83

den Fasttagen eine Seespinne[30] gegessen oder ein halbes Pfund Stint,[31] jetzt soll es immer Hecht sein, und wo soll denn der Hecht herkommen? Sie faßt den Hecht mit zwei Fingern zwischen den Kiemen[32] und hält ihn hoch; ein Staatshecht! Ein Prachthecht![33] Ein süßes Tier von einem Hecht! Die Fischhändlerin ist ein junges, appetitliches[34] Weib, drall und rotbäckig,[35] mit gleichmäßigen, weißen Zähnen und frischen, blauen Augen. Ein Hecht zum Küssen![36]

Pietrino kauft den Hecht für fünf Bajocci[37] und bezahlt bar,[38] er läßt sich den Hecht in Papier schlagen[39] und geht zum Hause des Herrn Stadtrichters Matta. Er bestellt der Frau Stadtrichter einen Gruß vom Herrn Stadtrichter, und hier wäre der Hecht für den Mittag,[40] der Herr Stadtrichter habe ihn selber gekauft, die Frau Stadtrichter möchte doch so freundlich sein[41] und dem Boten[42] den Mundbecher[43] des Herrn Stadtrichters geben, er solle ihn gleich zum Silberschmied bringen zum Ausbeulen.

Die Frau Stadtrichter findet, daß ihr Mann gut gekauft hat, wenn der Hecht nur nicht zu teuer ist, denn den Männern wird immer mehr abgenommen[44] auf dem Markt als den Frauen; sie legt den Hecht auf eine große Schüssel, schließt den Schrank auf und nimmt den Mundbecher heraus. Dann schärft sie dem Boten ein,[45] daß der Silberschmied ihn aber ja gleich in Ordnung bringt[46] und ihn nicht vierzehn Tage lang sich in der Werkstätte herumtreiben läßt,[47] denn der Herr Stadtrichter gebraucht ihn täglich und wäre sehr ärgerlich, wenn er seinen Mundbecher einmal nicht hätte.

Pietrino nimmt den Becher, wickelt ihn in das Papier, das um den Hecht geschlagen war, und zieht ab.[48]

Er geht in die Kneipe,[49] wo Freunde beieinander sitzen, und erzählt seinen Streich.[50] Lange Rübe[51] ist der Oberste am Tisch,[52] er hat selbstverständlich den Ehrenplatz, und alle sehen auf ihn, was er zu der Geschichte sagen wird.

Lange Rübe zuckt die Achseln. Was ist das schließlich für eine

[30] **die Seespinne** crab
[31] **der Stint** smelt
[32] **die Kiemen** gills
[33] **ein Staatshecht! Ein Prachthecht!** A capital pike! A magnificent pike!
[34] **appetitlich** appetizing, attractive
[35] **drall und rotbäckig** buxom and red-cheeked
[36] **zum Küssen** worthy of being kissed
[37] **Bajocci** *small Italian copper coins (now obsolete)*
[38] **bar bezahlen** pay cash
[39] **in Papier schlagen** wrap in paper
[40] **für den Mittag für das Mittagmahl**
[41] **möchte doch so freundlich sein** should be kind enough
[42] **der Bote** messenger
[43] **der Mundbecher** favorite cup
[44] **den Männern wird immer mehr abgenommen** men are always fleeced more
[45] **schärft ein** impresses upon
[46] **daß ... bringt** make sure the silversmith fixes it right away
[47] **(sich) herumtreiben läßt** lets it knock about
[48] **abziehen** take off, go away
[49] **die Kneipe** bar
[50] **der Streich** prank, trick
[51] **Lange Rübe** *lit.:* Long Turnip; *nickname of the leader of a gang of thieves who appear also in other stories by* **Ernst**
[52] **ist der Oberste am Tisch** *meaning:* sits at the head of the table

Heldentat![53] Ein silberner Becher für einen Hecht! Solche Geschäfte[54]
macht jeder Kaufmann. Der Gauner[55] muß den Hecht auch wieder
mitnehmen, dann hat er etwas geleistet; aber so etwas, das ist gar 85
nichts.

Pietrino ist gekränkt[56] und macht eine ausfallende Bemerkung[57]
über Leute, die alles besser wissen, aber besser machen, das ist eine
andere Sache. Wortlos nimmt ihm Lange Rübe den Becher ab und
geht.   90

Er nimmt einen jungen Menschen mit, der da am Tische sitzt, und
geht geradeswegs zum Hause des Stadtrichters und klingelt.[58] Die Frau
Stadtrichter öffnet ihm in Küchenschürze[59] mit geröteten Wangen.
Lange Rübe tut so, als ob er sie für das Dienstmädchen hält, und fragt,
ob er die gnädige Frau nicht sprechen kann. Die Frau Stadtrichter gibt 95
einen erschrockenen Ton von sich,[60] reißt die Tür zur guten Stube[61]
auf und erklärt, daß die gnädige Frau im Augenblick kommen wird.
Lange Rübe tritt ein und wartet; der Bursche ist hinter ihm eingetreten
und wartet mit, indem er die Mütze in der Hand dreht; die Frau
Stadtrichter hat inzwischen ihre Schürze abgeworfen, sich in das 100
Korsett gepreßt, denn sie wallt gewöhnlich uferlos daher,[62] das gute
braunseidene Kleid angezogen, schnell die Haare in Ordnung gebracht,
und tritt nach einer Viertelstunde mit süßen Lächeln in die gute Stube,
indem sie sich über die Dummheit des Mädchens beklagt, die ihr erst
jetzt gesagt habe, daß ein Herr warte. Lange Rübe macht eine Ver- 105
beugung und stellt sich als geheimen Angestellten der Polizei vor. Die
gnädige Frau ist einem frechen Gaunerstreich zum Opfer gefallen.[63]
Hier — er zeigt ihr den Becher — diesen Becher hat ihr ein Spitzbube[64]
abgeschwindelt,[65] der angab,[66] von dem Herrn Gemahl geschickt zu
sein, und einen Hecht mitbrachte, den der Herr Stadtrichter angeblich[67] 110
gekauft haben sollte. Die Polizei hat den Mann bereits dingfest
gemacht;[68] sie bittet nur noch, daß die Frau Stadtrichter den Hecht
verabfolgt,[69] da man diesen nebst[70] dem Becher als Zeugen der
Gaunerei[71] braucht.

---

[53] **Was . . . Heldentat!** What sort of a
feat is this, after all!
[54] **die Geschäfte** *here:* business deals
[55] **der Gauner** *here:* a crook worth his
salt
[56] **Pietrino ist gekränkt** Pietrino's feelings are hurt
[57] **eine ausfallende Bemerkung** an insulting remark, a pointed remark
[58] **klingelt** (*he*) rings the doorbell
[59] **Die Frau . . . Küchenschürze** The
wife of the Municipal Judge opens
the door for him dressed in her kitchen
apron
[60] **gibt einen erschrockenen Ton von
sich** makes a frightened sound

[61] **gute Stube** parlor
[62] **sie . . . daher** *meaning:* she usually
wobbles around unconfined
[63] **einem frechen Gaunerstreich zum
Opfer fallen** fall victim to a rascally
trick
[64] **der Spitzbube** rogue
[65] **hat ihr . . . abgeschwindelt** got away
from her by a ruse
[66] **angeben** claim
[67] **angeblich** supposedly
[68] **dingfest machen** arrest
[69] **verabfolgen** hand over
[70] **nebst** besides
[71] **die Gaunerei** instance of roguery

Die Frau Stadtrichter fällt aus allen Wolken.[72] Nein, was doch Einem 115 geschehen kann! Und der Herr Stadtrichter hat von nichts gewußt, er hat gar nicht nach dem Becher geschickt, er hat auch den Hecht gar nicht gekauft! Lange Rübe macht eine vornehme Handbewegung.[73] Der Herr Stadtrichter weiß selbst jetzt noch von nichts; aber die Polizei wacht.[74] 120

Kopfschüttelnd geht die Frau Stadtrichter in die Küche und winkt dem Burschen, daß er ihr folgt; in der Küche gibt sie ihm den Hecht, der noch auf der Schüssel liegt. „Aber die Schüssel gehört mir, ich bekomme sie doch wieder?" fragt sie. „Gewiß, gnädige Frau", erwidert Lange Rübe, macht eine tadellose Verbeugung,[75] zieht die Hand der 125 gnädigen Frau zum Kuß an den Mund und geht mit dem Burschen ab, der den Hecht trägt.

Pietrino erklärt etwas verdrossen,[76] daß er besiegt ist, denn Lange Rübe hat nicht nur den Hecht, sondern auch noch eine Schüssel aus gutem Porzellan[77] dazu erbeutet.[78] Aber die Wirtin kann den Hecht 130 sehr gut zubereiten, und der Wirt hat einen trefflichen Wein; der Mundbecher des Herrn Stadtrichters geht[79] um und sein Hecht wird aufgetragen, und so wird denn die leichte Verletztheit[80] in allgemeiner Zufriedenheit vergessen.

---

[72] **aus allen Wolken fallen** *meaning:* be thunderstruck, be completely taken aback

[73] **eine vornehme Handbewegung machen** make a genteel gesture

[74] **die Polizei wacht** the police are alert

[75] **eine tadellose Verbeugung** a faultless bow

[76] **verdrossen** vexed, annoyed

[77] **das Porzellan** china

[78] **erbeutet** captured

[79] **der Mundbecher (geht um)** the cup is passed around

[80] **die leichte Verletztheit** the slight annoyance, vexation

Hugo von Hofmannsthal
(1874–1929)

Together with George and Rilke, Hofmannsthal ranks among the leading poets of the twentieth century. His early lyrical interludes, Der Tor und der Tod *(1893), his comedies,* Der Schwierige *(1918), the revival of medieval allegory in his version of* Jedermann *(1911) and the metaphysical tragedy* Der Turm *(1925–27) suggest his range in the drama. Working closely with the composer Richard Strauss, Hofmannsthal produced some of the best opera libretti in the German language, among them* Der Rosenkavalier *(1910). As an adolescent he celebrated with consummate sense of verbal texture and color the languid cult of beauty and evanescent sensation characteristic of the so-called Young Viennese and the fin de siècle. He became aware, at the same time, of the sterility inherent in a merely esthetic attitude toward life. The conflict between egocentric refinement and the need for self-dedication to vital and enduring values is a recurrent theme of his work. He dramatized it specifically in terms of the contrast between the pursuit of erotic adventure and the ideal of loyal love. Increasingly, he insisted upon the turn from the I to the Thou, to the affirmation of marriage, family, national and supranational community. Intimately familiar with the languages and literary traditions of Europe and ranging from classical antiquity to the moderns, he now sought to assert in his essays and to restore through his art the sense for the unity of the Western heritage.*

The following story, written at the turn of the century, exemplifies the traditional concept of the novella as an essentially realistic narration of a unique event. In its conjunction of love and death, of fleeting adventure and tragic passion, of beauty and fatal disease, it suggests the iridescent splendor of Hofmannsthal's "Neo-Romanticism."

Das Erlebnis des Marschalls von Bassompierre

[Assignment I]

ZU EINER gewissen Zeit meines Lebens brachten es meine Dienste mit sich, daß ich ziemlich regelmäßig mehrmals in der Woche um eine gewisse Stunde über die kleine Brücke ging (denn der Pont Neuf[1] war

---

[1] **Pont Neuf** *bridge in Paris. French:* new bridge

87

Hugo von Hofmannsthal (courtesy of Christiane Zimmer-von Hofmannsthal. Atelier Adèle).

damals noch nicht erbaut) und dabei meist von einigen Handwerkern
oder anderen Leuten aus dem Volk erkannt und gegrüßt wurde, am   5
auffälligsten[2] aber und regelmäßigsten von einer sehr hübschen
Krämerin,[3] deren Laden an einem Schild mit zwei Engeln kenntlich[4]
war, und die, so oft ich in den fünf oder sechs Monaten vorüber kam,
sich tief neigte und mir so weit nachsah, als sie konnte. Ihr Betragen[5]
fiel mir auf;[6] ich sah sie gleichfalls an und dankte ihr sorgfältig.[7]   10
Einmal, im Spätwinter, ritt ich von Fontainebleau[8] nach Paris, und als
ich wieder die kleine Brücke heraufkam, trat sie an ihre Ladentür und
sagte zu mir, indem ich vorbeiritt: „Mein Herr, Ihre Dienerin!" Ich
erwiderte ihren Gruß, und indem ich mich von Zeit zu Zeit umsah,
hatte sie sich weiter vorgelehnt, um mir so weit als möglich nach-   15
zusehen. Ich hatte einen Bedienten und einen Postillion hinter mir, die
ich noch diesen Abend mit Briefen an gewisse Damen nach Fontainebleau zurückschicken wollte. Auf meinen Befehl stieg der Bediente ab
und ging zu der jungen Frau, um ihr in meinem Nanem zu sagen, daß
ich ihre Neigung, mich zu sehen und zu grüßen, bemerkt hätte; ich   20
wollte, wenn sie wünschte, mich näher kennenzulernen, sie aufsuchen,
wo sie verlangte.

Sie antwortete dem Bedienten: Er hätte ihr keine erwünschtere
Botschaft bringen können, sie wollte kommen, wohin ich sie bestellte.[9]

Im Weiterreiten fragte ich den Bedienten, ob er nicht etwa einen Ort   25
wüßte, wo ich mit der Frau zusammenkommen könnte? Er antwortete,
daß er sie zu einer gewissen Kupplerin[10] führen wollte; da er aber
ein sehr besorgter[11] und gewissenhafter Mensch war, dieser Diener
Wilhelm aus Courtrai, so setzte er gleich hinzu: Da die Pest[12] sich hie
und da zeige und nicht nur Leute aus dem niedrigen und schmutzigen   30
Volk, sondern auch ein Doktor und ein Domherr[13] schon daran
gestorben seien, so rate er mir, Matratzen, Decken und Leintücher aus
meinem Hause mitbringen zu lassen. Ich nahm den Vorschlag an, und
er versprach mir ein gutes Bett zu bereiten. Vor dem Absteigen sagte
ich noch, er solle auch ein ordentliches Waschbecken dorthin tragen,   35
eine kleine Flasche mit wohlriechender Essenz[14] und etwas Backwerk
und Äpfel; auch solle er dafür sorgen, daß das Zimmer tüchtig[15]
geheizt werde, denn es war so kalt, daß mir die Füße im Bügel[16] steif
gefroren waren, und der Himmel hing voll Schneewolken.

Den Abend ging ich hin und fand eine sehr schöne Frau von ungefähr   40
zwanzig Jahren auf dem Bette sitzen, indes die Kupplerin, ihren Kopf

---

[2] **am auffälligsten** most conspicuously
[3] **die Krämerin** shopkeeper (*female*)
[4] **kenntlich** *here:* distinguished by
[5] **das Betragen** behavior
[6] **(es) fiel mir auf** (*it*) struck me
[7] **(ich) dankte ihr sorgfältig** *here:* I
took care to return her greeting
[8] **Fontainebleau** *suburb of Paris*
[9] **. . . wohin ich sie bestellte** *meaning:*

wherever I would arrange to meet her
[10] **die Kupplerin** procuress
[11] **besorgt** careful
[12] **die Pest** plague
[13] **der Domherr** canon
[14] **wohlriechende Essenz** perfume
[15] **tüchtig** properly
[16] **der Bügel** stirrup

und ihren runden Rücken in ein schwarzes Tuch eingemummt,[17] eifrig in sie hineinredete. Die Tür war angelehnt, im Kamin lohten große frische Scheiter[18] geräuschvoll auf,[19] man hörte mich nicht kommen, und ich blieb einen Augenblick in der Tür stehen. Die Junge 45 sah mit großen Augen ruhig in die Flamme; mit einer Bewegung ihres Kopfes hatte sie sich wie auf Meilen von der widerwärtigen Alten entfernt; dabei war unter einer kleinen Nachthaube,[20] die sie trug, ein Teil ihrer schweren dunklen Haare vorgequollen[21] und fiel, zu ein paar natürlichen Locken sich ringelnd,[22] zwischen Schulter und Brust über 50 das Hemd. Sie trug noch einen kurzen Unterrock[23] von grünwollenem Zeug und Pantoffeln[24] an den Füßen. In diesem Augenblick mußte ich mich durch ein Geräusch verraten haben: Sie warf ihren Kopf herum[25] und bog mir ein Gesicht entgegen, dem die übermäßige Anspannung der Züge[26] fast einen wilden Ausdruck gegeben hätte, ohne die 55 strahlende Hingebung,[27] die aus den weit aufgerissenen Augen strömte und aus dem sprachlosen Mund wie eine unsichtbare Flamme herausschlug.[28] Sie gefiel mir außerordentlich; schneller als es sich denken läßt, war die Alte aus dem Zimmer und ich bei meiner Freundin. Als ich mir in der ersten Trunkenheit des überraschenden Besitzes 60 einige Freiheiten herausnehmen wollte, entzog sie sich mir mit einer unbeschreiblich lebenden Eindringlichkeit[29] zugleich das Blickes und der dunkeltönenden Stimme. Im nächsten Augenblick aber fühlte ich mich von ihr umschlungen, die noch inniger mit dem fort und fort empordrängenden[30] Blick der unerschöpflichen[31] Augen als mit den 65 Lippen und den Armen an mir haftete;[32] dann wieder war es, als wollte sie sprechen, aber die von Küssen zuckenden Lippen bildeten keine Worte, die bebende[33] Kehle[34] ließ keinen deutlicheren Laut als ein gebrochenes Schluchzen[35] empor.[36]

Nun hatte ich einen großen Teil dieses Tages zu Pferde[37] auf 70 frostigen Landstraßen verbracht, nachher im Vorzimmer[38] des Königs einen sehr ärgerlichen und heftigen Auftritt[39] durchgemacht

[17] **eingemummt** wrapped
[18] **die Scheiter** logs
[19] **lohten auf** flared up
[20] **die Nachthaube** bonnet
[21] **war vorgequollen** had slipped out, escaped from
[22] **sich ringelnd** curling
[23] **der Unterrock** petticoat
[24] **der Pantoffel** slipper
[25] **Sie warf ihren Kopf herum** She quickly turned her head
[26] **die übermäßige Anspannung der Züge** the excessive tenseness of her features
[27] **die strahlende Hingebung** radiant devotion
[28] **herausschlug** burst forth

[29] **die Eindringlichkeit** urgency, intensity
[30] **empordrängend** *here:* upward
[31] **unerschöpflich** unfathomable
[32] **die noch inniger . . . haftete** *meaning:* who clung to me even more intensely with her eyes than with her lips and arms
[33] **beben** tremble
[34] **die Kehle** throat
[35] **gebrochenes Schluchzen** intermittent sobbing
[36] **(ließ) empor** permitted
[37] **zu Pferde** on horseback
[38] **das Vorzimmer** antechamber
[39] **der Auftritt** scene

und darauf, meine schlechte Laune zu betäuben, sowohl getrunken als
mit dem Zweihänder[40] stark gefochten, und so überfiel mich mitten
unter diesem reizenden und geheimnisvollen Abenteuer, als ich von   75
weichen Armen im Nacken[41] umschlungen und mit duftendem Haar
bestreut dalag, eine so plötzliche heftige Müdigkeit und beinahe
Betäubung,[42] daß ich mich nicht mehr zu erinnern wußte, wie ich
denn gerade in dieses Zimmer gekommen wäre, ja sogar für einen
Augenblick die Person, deren Herz so nahe dem meinigen klopfte, mit 80
einer ganz anderen aus früherer Zeit verwechselte und gleich darauf
fest einschlief.[43]

Als ich wieder erwachte, war es noch finstere Nacht, aber ich fühlte
sogleich, daß meine Freundin nicht mehr bei mir war. Ich hob den
Kopf und sah beim schwachen Schein der zusammensinkenden Glut,[44]   85
daß sie am Fenster stand: sie hatte den einen Laden[45] aufgeschoben und
sah durch den Spalt hinaus. Dann drehte sie sich um, merkte, daß ich
wach war, und rief (ich sehe noch, wie sie dabei mit dem Ballen der
linken Hand an ihrer Wange emporfuhr[46] und das vorgefallene Haar
über die Schulter zurückwarf): „Es ist noch lange nicht Tag,[47] noch   90
lange nicht!" Nun sah ich erst recht, wie groß und schön sie war, und
konnte den Augenblick kaum erwarten, daß sie mit wenigen der
ruhigen großen Schritte ihrer schönen Füße, an denen der rötliche
Schein emporglomm,[48] wieder bei mir wäre. Sie trat aber noch vorher
an den Kamin,[49] bog sich zur Erde, nahm das letzte schwere Scheit, das 95
draußen lag, in ihre strahlenden nackten Arme und warf es schnell in
die Glut. Dann wandte sie sich, ihr Gesicht funkelte von Flammen und
Freude, mit der Hand riß[50] sie im Vorbeilaufen einen Apfel vom Tisch
und war schon bei mir, ihre Glieder noch vom frischen Anhauch des
Feuers umweht[51] und dann gleich aufgelöst[52] und von innen her von 100
stärkeren Flammen durchschüttelt,[53] mit der Rechten mich umfassend, mit der Linken zugleich die angebissene kühle Frucht und
Wangen, Lippen und Augen meinem Mund darbietend. Das letzte
Scheit im Kamin brannte stärker als alle anderen. Aufsprühend[54] sog
es die Flamme in sich und ließ sie dann wieder gewaltig emporlohen,[55] 105
daß der Feuerschein über uns hinschlug,[56] wie eine Welle, die an der
Wand sich brach und unsere umschlungenen Schatten jäh emporhob

---

[40] **der Zweihänder** two-handed sword
[41] **der Nacken** neck, shoulders
[42] **die Betäubung** loss of consciousness
[43] **fest einschlafen** fall into a deep sleep
[44] **zusammensinkende Glut** dying
embers
[45] **der Laden** *here:* shutter
[46] **wie sie . . . emporfuhr** how, at the
same time, she stroked her cheek with
the palm of her left hand
[47] **Es . . . Tag.** The break of day is still
far off.

[48] **an . . . emporglomm** *meaning:*
which reflected the reddish glow
[49] **der Kamin** fireplace
[50] **reißen** seize
[51] **vom . . . umweht** *meaning:* still aglow
from the flames
[52] **aufgelöst** relaxed
[53] **durchschüttelt** shaken
[54] **aufsprühend** scattering sparks
[55] **emporlohen** flare up
[56] **über uns hinschlug** fell upon us

und wieder sinken ließ. Immer wieder knisterte[57] das starke Holz und nährte aus seinem Innern immer wieder neue Flammen, die emporzüngelten[58] und das schwere Dunkel mit Güssen und Garben[59] von rötlicher Helle verdrängten.[60] Auf einmal aber sank die Flamme hin, und ein kalter Lufthauch tat leise wie eine Hand den Fensterladen auf und entblößte die fahle widerwärtige Dämmerung.

[Assignment II]

Wir setzten uns auf und wußten, daß nun der Tag da war. Aber das da draußen glich[61] keinem Tag. Es glich nicht dem Aufwachen der Welt. Was da draußen lag, sah nicht aus wie eine Straße. Nichts einzelnes ließ sich erkennen: es war ein farbloser, wesenloser[62] Wust,[63] in dem sich zeitlose Larven hinbewegen mochten. Von irgendwoher, weither, wie aus der Erinnerung heraus, schlug eine Turmuhr, und eine feuchtkalte Luft, die keiner Stunde angehörte, zog sich immer stärker herein, daß wir uns schaudernd aneinanderdrückten. Sie bog sich zurück und heftete[64] ihre Augen mit aller Macht auf mein Gesicht; ihre Kehle zuckte, etwas drängte sich in ihr herauf[65] und quoll bis an den Rand der Lippen[66] vor: es wurde kein Wort daraus, kein Seufzer und kein Kuß, aber etwas, was ungeboren allen dreien glich. Von Augenblick zu Augenblick wurde es heller und der vielfältige[67] Ausdruck ihres zuckenden[68] Gesichts immer redender;[69] auf einmal kamen schlürfende[70] Schritte und Stimmen von draußen so nahe am Fenster vorbei, daß sie sich duckte[71] und ihr Gesicht gegen die Wand kehrte.[72] Es waren zwei Männer, die vorbeigingen: einen Augenblick fiel der Schein einer kleinen Laterne, die der eine trug, herein; der andere schob einen Karren,[73] dessen Rad knirschte und ächzte.[74] Als sie vorüber waren, stand ich auf, schloß den Laden und zündete ein Licht an. Da lag noch ein halber Apfel: wir aßen ihn zusammen, und dann fragte ich sie, ob ich sie nicht noch einmal sehen könnte, denn ich verreise erst Sonntag. Dies war aber die Nacht vom Donnerstag auf den Freitag gewesen.

Sie antwortete mir: daß sie es gewiß sehnlicher verlange als ich; wenn ich aber nicht den ganzen Sonntag bliebe, sei es ihr unmöglich; denn nur in der Nacht vom Sonntag auf den Montag könnte sie mich wiedersehen.

[57] **knistern** crackle
[58] **emporzüngeln** leap up
[59] **mit Güssen und Garben** *meaning:* with gushes and rays
[60] **verdrängen** displace
[61] **gleichen** to be like, to resemble
[62] **wesenlos** shadowy
[63] **der Wust** chaos
[64] **heften** pin
[65] **sich heraufdrängen** well up
[66] **(etwas) quoll ... Lippen** (some-

thing) rose to her lips
[67] **vielfältig** varied
[68] **zuckend** *here:* trembling
[69] **redend** *here:* expressive
[70] **schlürfend** shuffling, lurching
[71] **sich ducken** crouch
[72] **kehren** turn
[73] **der Karren** cart
[74] **knirschen und ächzen** creak and groan

Mir fielen zuerst verschiedene Abhaltungen[75] ein, so daß ich einige
Schwierigkeiten machte, die sie mit keinem Worte, aber mit einem
überaus schmerzlich fragenden Blick und einem gleichzeitigen, fast
unheimlichen Hart- und Dunkelwerden ihres Gesichts anhörte. 145
Gleich darauf versprach ich natürlich, den Sonntag zu bleiben, und
setzte hinzu, ich wollte also Sonntagabend mich wieder an dem
nämlichen[76] Ort einfinden. Auf dieses Wort sah sie mich fest an und
sagte mir mit einem ganz rauhen und gebrochenen Ton in der Stimme:
„Ich weiß recht gut, daß ich um deinetwillen in ein schändliches[77] 150
Haus gekommen bin; aber ich habe es freiwillig getan, weil ich mit dir
sein wollte, weil ich jede Bedingung eingegangen[78] wäre. Aber jetzt
käme ich mir vor wie die letzte niedrigste Straßendirne,[79] wenn ich
ein zweites Mal hierher zurückkommen könnte. Um deinetwillen
hab' ich's getan, weil du für mich der bist, der du bist, weil du der 155
Bassompierre bist, weil du der Mensch auf der Welt bist, der mir durch
seine Gegenwart dieses Haus da ehrenwert[80] macht!" Sie sagte:
„Haus"; einen Augenblick war es, als wäre ein verächtlicheres Wort
ihr auf der Zunge; indem sie das Wort aussprach, warf sie auf diese
vier Wände, auf dieses Bett, auf die Decke, die herabgeglitten auf dem 160
Boden lag, einen solchen Blick, daß unter der Garbe von Licht, die
aus ihren Augen hervorschoß, alle diese häßlichen und gemeinen Dinge
aufzuzucken[81] und geduckt vor ihr zurückzuweichen schienen, als
wäre der erbärmliche[82] Raum wirklich für einen Augenblick größer
geworden. 165
Dann setzte sie mit einem unbeschreiblich sanften und feierlichen
Tone hinzu: „Möge ich eines elenden Todes sterben, wenn ich außer
meinem Mann und dir je irgendeinem anderen gehört habe und nach
irgendeinem anderen auf der Welt verlange!" und schien, mit halb-
offenen, lebenhauchenden Lippen leicht vorgeneigt, irgendeine 170
Antwort, eine Beteuerung meines Glaubens[83] zu erwarten, von meinem
Gesicht aber nicht das zu lesen, was sie verlangte, denn ihr gespannter,
suchender Blick trübte sich, ihre Wimpern schlugen auf und zu,[84]
und auf einmal war sie am Fenster und kehrte mir den Rücken, die
Stirn mit aller Kraft an den Laden gedrückt, den ganzen Leib von 175
lautlosem, aber entsetzlich heftigem Weinen so durchschüttert, daß
mir das Wort im Munde erstarb[85] und ich nicht wagte, sie zu berühren.
Ich erfaßte endlich eine ihrer Hände, die wie leblos herabhingen, und
mit den eindringlichsten[86] Worten, die mir der Augenblick eingab,

---

[75] **die Abhaltungen** commitments
[76] **nämlichen** same
[77] **schändlich** disreputable
[78] **eine Bedingung eingehen** agree to
a condition
[79] **die Straßendirne** streetwalker
[80] **ehrenwert** honorable
[81] **aufzucken** *here:* wince

[82] **erbärmlich** miserable
[83] **eine . . . Glaubens** an affirmation of
my faith (in her)
[84] **ihre Wimpern . . . zu** her eyelashes
fluttered
[85] **daß . . . erstarb** so that I could not
utter a word
[86] **eindringlich** persuasive

gelang es mir nach langem, sie so weit zu besänftigen, daß sie mir ihr 180
von Tränen überströmtes Gesicht wieder zukehrte, bis plötzlich ein
Lächeln, wie ein Licht zugleich aus den Augen und rings um die Lippen
hervorbrechend, in einem Moment alle Spuren des Weinens wegzehrte[87] und das ganze Gesicht mit Glanz überschwemmte. Nun war
es das reizendste Spiel, wie sie wieder mit mir zu reden anfing, indem 185
sie sich mit dem Satz: „Du willst mich noch einmal sehen? So will ich
dich bei meiner Tante einlassen!"[88] endlos herumspielte, die erste
Hälfte zehnfach aussprach, bald mit kindischem gespieltem Mißtrauen,[89] dann die zweite mir als das größte Geheimnis zuerst ins Ohr
flüsterte, dann mit Achselzucken[90] und spitzem Mund, wie die selbst- 190
verständlichste Verabredung von der Welt,[91] über die Schulter
hinwarf[92] und endlich, an mir hängend, mir ins Gesicht lachend und
schmeichelnd wiederholte. Sie beschrieb mir das Haus aufs genaueste,
wie man einem Kind den Weg beschreibt, wenn es zum erstenmal
allein über die Straße zum Bäcker gehen soll. Dann richtete sie sich 195
auf, wurde ernst — und die ganze Gewalt ihrer strahlenden Augen
heftete sich auf mich[93] mit einer solchen Stärke, daß es war, als
müßten sie auch ein totes Geschöpf an sich zu reißen vermögend[94]
sein — und fuhr fort: „Ich will dich von zehn Uhr bis Mitternacht
erwarten und auch noch später und immerfort, und die Tür unten 200
wird offen sein. Erst findest du einen kleinen Gang, in dem halte dich
nicht auf, denn da geht die Tür meiner Tante heraus. Dann stößt dir
eine Treppe entgegen, die führt dich in den ersten Stock, und dort bin
ich!" Und indem sie die Augen schloß, als ob ihr schwindelte, warf sie
den Kopf zurück, breitete die Arme aus und umfing mich, und war 205
gleich wieder aus meinen Armen und in die Kleider eingehüllt, fremd
und ernst, und aus dem Zimmer; denn nun war völlig Tag.

Ich machte meine Einrichtung,[95] schickte einen Teil meiner Leute
mit meinen Sachen voraus und empfand schon am Abend des nächsten
Tages eine so heftige Ungeduld, daß ich bald nach dem Abendläuten[96] 210
mit meinem Diener Wilhelm, den ich aber kein Licht mitnehmen hieß,
über die kleine Brücke ging, um meine Freundin wenigstens in ihrem
Laden oder in der daranstoßenden[97] Wohnung zu sehen und ihr
allenfalls[98] ein Zeichen meiner Gegenwart zu geben, wenn ich mir
auch schon keine Hoffnung auf mehr machte, als etwa einige Worte 215
mit ihr wechseln zu können.

---

[87] **wegzehrte** consumed
[88] **bei meiner Tante einlassen** let you
in at my aunt's
[89] **mit . . . Mißtrauen** with a childish
show of distrust
[90] **mit Achselzucken** with a shrug of
her shoulders
[91] **die . . . Welt** *meaning:* the most
natural thing in the world

[92] **über die Schulter hinwerfen** toss
off
[93] **heftete sich auf mich** *here:* seized me
[94] **vermögend** *here:* capable
[95] **die Einrichtung** *here:* arrangements
[96] **das Abendläuten** vesper bells
[97] **daranstoßend** adjoining
[98] **allenfalls** in any event

Um nicht aufzufallen,[99] blieb ich an der Brücke stehen und schickte den Diener voraus, um die Gelegenheit auszukundschaften.[1] Er blieb längere Zeit aus und hatte beim Zurückkommen die niedergeschlagene und grübelnde Miene, die ich an diesem braven Menschen immer 220 kannte, wenn er einen meinigen Befehl[2] nicht hatte erfolgreich ausführen können. „Der Laden ist versperrt",[3] sagte er, „und scheint auch niemand darinnen. Überhaupt läßt sich in den Zimmern, die nach der Gasse zu liegen,[4] niemand sehen und hören. In den Hof könnte man nur über eine hohe Mauer, zudem knurrt 225 dort ein großer Hund. Von den vorderen Zimmern ist aber eines erleuchtet, und man kann durch einen Spalt im Laden hineinsehen, nur ist es leider leer."

[Assignment III]

Mißmutig wollte ich schon umkehren, strich aber doch noch einmal langsam an dem Haus vorbei, und mein Diener in seiner Beflissenheit[5] 230 legte nochmals sein Auge an den Spalt, durch den ein Lichtschimmer drang, und flüsterte mir zu, daß zwar nicht die Frau, wohl aber der Mann nun in dem Zimmer sei. Neugierig, diesen Krämer zu sehen, den ich mich nicht erinnern konnte, auch nur ein einziges Mal in seinem Laden erblickt zu haben, und den ich mir abwechselnd als 235 einen unförmlichen, dicken Menschen oder als einen dürren, gebrechlichen Alten vorstellte, trat ich ans Fenster und war überaus erstaunt, in dem guteingerichteten vertäfelten[6] Zimmer einen ungewöhnlich großen und sehr gut gebauten Mann umhergehen zu sehen, der mich gewiß um einen Kopf überragte und, als er sich umdrehte, mir ein 240 sehr schönes, tiefernstes Gesicht zuwandte, mit einem braunen Bart, darin einige wenige silberne Fäden waren, und mit einer Stirn von fast seltsamer Erhabenheit,[7] so daß die Schläfen eine größere Fläche bildeten, als ich noch je bei einem Menschen gesehen hatte. Obwohl er ganz allein in Zimmer war, so wechselte doch sein Blick, seine Lippen 245 bewegten sich, und indem er unter dem Auf- und Abgehen hier und da stehenblieb, schien er sich in der Einbildung mit einer anderen Person zu unterhalten: einmal bewegte er den Arm, wie um eine Gegenrede mit halb nachsichtiger[8] Überlegenheit wegzuweisen.[9] Jede seiner Gebärden war von großer Lässigkeit[10] und fast verachtungs- 250 vollem Stolz, und ich konnte nicht umhin, mich bei seinem einsamen Umhergehen lebhaft des Bildes eines sehr erhabenen Gefangenen zu

---

[99] **auffallen** cause attention
[1] **die Gelegenheit auskundschaften** explore the situation
[2] **einen meinigen Befehl einen meiner Befehle**
[3] **versperrt** barred
[4] **die nach der Gasse zu liegen** which face the alley
[5] **die Beflissenheit** eagerness

[6] **vertäfelt** panelled
[7] **mit . . . Erhabenheit** *meaning:* with a lofty forehead which was almost odd in its proportions
[8] **nachsichtig** forbearing
[9] **eine Gegenrede wegweisen** dismiss an objection
[10] **die Lässigkeit** nonchalance

erinnern, den ich im Dienst des Königs während seiner Haft in einem Turmgemach des Schlosses zu Blois zu bewachen hatte. Diese Ähnlichkeit schien mir noch vollkommener zu werden, als der Mann 255 seine rechte Hand emporhob und auf die emporgekrümmten[11] Finger mit Aufmerksamkeit, ja mit finsterer Strenge hinabsah.

Denn fast mit der gleichen Gebärde hatte ich jenen erhabenen Gefangenen öfter einen Ring betrachten sehen, den er am Zeigefinger der rechten Hand trug und von welchem er sich niemals trennte. Der 260 Mann im Zimmer trat dann an den Tisch, schob die Wasserkugel[12] vor das Wachslicht und brachte seine beiden Hände in den Lichtkreis, mit ausgestreckten Fingern: er schien seine Nägel zu betrachten. Dann blies er das Licht aus und ging aus dem Zimmer und ließ mich nicht ohne eine dumpfe, zornige Eifersucht zurück, da das Verlangen nach 265 seiner Frau in mir fortwährend wuchs und wie ein umsichgreifendes[13] Feuer sich von allem nährte, was mir begegnete und so durch diese unerwartete Erscheinung in verworrener Weise gesteigert wurde, wie durch jede Schneeflocke, die ein feuchtkalter Wind jetzt zertrieb[14] und die mir einzeln an Augenbrauen und Wangen hängenblieben und 270 schmolzen.

Den nächsten Tag verbrachte ich in der nutzlosesten Weise, hatte zu keinem Geschäft die richtige Aufmerksamkeit, kaufte ein Pferd, das mir eigentlich nicht gefiel, wartete nach Tisch dem Herzog von Nemours auf[15] und verbrachte dort einige Zeit mit Spiel und mit den 275 albernsten und widerwärtigsten Gesprächen. Es war nämlich von nichts anderem die Rede als von der in der Stadt immer heftiger umsichgreifenden Pest, und aus allen diesen Edelleuten brachte man kein anderes Wort heraus als dergleichen Erzählungen von dem schnellen Verscharren[16] der Leichen, von dem Strohfeuer, das man in den 280 Totenzimmern brennen müsse, um die giftigen Dünste[17] zu verzehren, und so fort; der Albernste aber erschien mir der Kanonikus[18] von Chandieu, der, obwohl dick und gesund wie immer, sich nicht enthalten konnte, unausgesetzt nach seinen Fingernägeln hinabzuschielen,[19] ob sich an ihm schon das verdächtige Blauwerden zeige, womit sich 285 die Krankheit anzukündigen pflegt.

Mich widerte das alles an, ich ging früh nach Hause und legte mich zu Bette, fand aber den Schlaf nicht, kleidete mich vor Ungeduld wieder an und wollte, koste es, was es wolle,[20] dorthin, meine Freundin zu sehen, und müßte ich mit meinen Leuten gewaltsam eindringen. Ich 290 ging ans Fenster, meine Leute zu wecken, die eisige Nachtluft brachte

[11] **emporgekrümmt** bent
[12] **die Wasserkugel** a glass bowl filled with water (*used to refract light*)
[13] **umsichgreifend** spreading
[14] **zertrieb** blew about, scattered
[15] **aufwarten** wait upon, call on
[16] **verscharren** bury without ceremony,

cover with earth
[17] **die Dünste** vapors
[18] **der Kanonikus** canon
[19] **hinabschielen** look out of the corner of one's eyes
[20] **koste ... wolle** no matter what the price

mich zur Vernunft,[21] und ich sah ein, daß dies der sichere Weg war, alles zu verderben. Angekleidet warf ich mich aufs Bett und schlief endlich ein.

Ähnlich verbrachte ich den Sonntag bis zum Abend, war viel zu 295 früh in der bezeichneten Straße, zwang mich aber, in einer Nebengasse auf und nieder zu gehen, bis es zehn Uhr schlug. Dann fand ich sogleich das Haus und die Tür, die sie mir beschrieben hatte, und die Tür auch offen, und dahinter den Gang und die Treppe. Oben aber die zweite Tür, zu der die Treppe führte, war verschlossen, doch ließ sie unten 300 einen feinen Lichtstreif durch. So war sie drinnen und wartete und stand vielleicht horchend drinnen an der Tür, wie ich draußen. Ich kratzte mit dem Nagel an der Tür, da hörte ich drinnen Schritte: es schienen mir zögernd unsichere Schritte eines nackten Fußes. Eine Zeit stand ich ohne Atem und dann fing ich an zu klopfen: aber ich 305 hörte eine Mannesstimme, die fragte, wer draußen sei. Ich drückte mich ins Dunkel des Türpfostens und gab keinen Laut von mir: die Tür blieb zu und ich klomm mit der äußersten Stille, Stufe für Stufe, die Stiege hinab, schlich den Gang hinaus ins Freie und ging, mit pochenden[22] Schläfen und zusammengebissenen[23] Zähnen, glühend 310 vor[24] Ungeduld, einige Straßen auf und ab. Endlich zog es mich wieder vor das Haus: ich wollte noch nicht hinein; ich fühlte, ich wußte, sie würde den Mann entfernen,[25] es müßte gelingen, gleich würde ich zu ihr können. Die Gasse war eng; auf der anderen Seite war kein Haus, sondern die Mauer eines Klostergartens: an die drückte 315 ich mich hin und suchte von gegenüber das Fenster zu erraten. Da loderte in einem, das offen stand, im oberen Stockwerk, ein Schein auf und sank wieder ab, wie von einer Flamme. Nun glaubte ich, alles vor mir zu sehen: sie hatte ein großes Scheit in den Kamin geworfen wie damals, wie damals stand sie jetzt mitten im Zimmer, die Glieder 320 funkelnd von der Flamme, oder saß auf dem Bette und horchte und wartete. Von der Tür würde ich sie sehen und den Schatten ihres Nackens, ihrer Schultern, den die durchsichtige Stelle an der Wand hob und senkte.[26] Schon war ich im Gang, schon auf der Treppe; nun war auch die Tür nicht mehr verschlossen: angelehnt, ließ sie auch 325 seitwärts den schwankenden Schein durch. Schon streckte ich die Hand nach der Klinke aus, da glaubte ich drinnen Schritte und Stimmen von mehreren zu hören. Ich wollte es aber nicht glauben: ich nahm es für das Arbeiten meines Blutes[27] in den Schläfen, am Halse, und für das Lodern des Feuers drinnen. Auch damals hatte es laut 330 gelodert. Nun hatte ich die Klinke gefaßt, da mußte ich begreifen, daß

---

[21] **jemanden zur Vernunft bringen** bring someone to his senses
[22] **pochend** throbbing
[23] **zusammengebissen** clenched
[24] **glühend vor** feverish with
[25] **entfernen** get rid of

[26] **den ... senkte** *meaning:* which could be seen to rise and fall through the crevice between door and wall
[27] **das ... Blutes** the pulsating of my blood

Menschen drinnen waren, mehrere Menschen. Aber nun war es mir gleich: denn ich fühlte, ich wußte, sie war auch drinnen, und sobald ich die Tür aufstieß, konnte ich sie sehen, sie ergreifen, und wäre es auch aus den Händen anderer, mit einem Arm sie an mich reißen, 335 müßte ich gleich den Raum für sie und mich mit meinem Degen, mit meinem Dolch aus einem Gewühl[28] schreiender Menschen heraus-schneiden! Das einzige, was mir ganz unerträglich schien, war, noch länger zu warten.

Ich stieß die Tür auf und sah: in der Mitte des leeren Zimmers ein 340 paar Leute, welche Bettstroh verbrannten, und bei der Flamme, die das ganze Zimmer erleuchtete, abgekratzte[29] Wände, deren Schutt auf dem Boden lag, und an einer Wand einen Tisch, auf dem zwei nackte Körper ausgestreckt lagen, der eine sehr groß, mit zugedecktem Kopf, der andere kleiner, gerade an der Wand hingestreckt, und daneben der 345 schwarze Schatten seiner Formen, der emporspielte und wieder sank.[30]

Ich taumelte die Stiege hinab und stieß vor dem Haus auf[31] zwei Totengräber;[32] der eine hielt mir seine kleine Laterne ins Gesicht und fragte mich, was ich suche? Der andere schob seinen ächzenden, knirschenden Karren gegen die Haustür. Ich zog den Degen, um sie mir 350 vom Leibe zu halten, und kam nach Hause. Ich trank sogleich drei oder vier große Gläser schweren Wein und trat, nachdem ich mich aus-geruht hatte, den anderen Tag die Reise nach Lothringen[33] an.

Alle Mühe, die ich mir nach meiner Rückkunft gegeben, irgend etwas von dieser Frau zu erfahren, war vergeblich. Ich ging sogar 355 nach dem Laden mit den zwei Engeln; allein die Leute, die ihn jetzt innehatten,[34] wußten nicht, wer vor ihnen darin gesessen[35] hatte.

---

[28] **das Gewühl** throng
[29] **abgekratzt** scraped
[30] **der ... sank** which, rising and fall-ing, played on the wall
[31] **stoßen auf** meet, encounter

[32] **der Totengräber** grave digger
[33] **Lothringen** Lorraine
[34] **innehaben** own
[35] **darin gesessen** here: occupied it

Kurt Tucholsky
(1890–1935)

In the aftermath of World War I, and under the impact of the disillusioning Twenties, a number of writers, including Erich Kästner, Tucholsky and Bertolt Brecht, wrote in a vein which was aggressively "matter-of-fact." The pointed and poignant understatement, a cutting sobriety, are characteristic of these contemporaries of the early Hemingway. Yet, much as with Hemingway, their anti-sentimentalism suggests an undercurrent of sentiment and, indeed, of sentimentality. Tucholsky's humorous sketch implies that "happiness" is a misfit in the twentieth-century world of efficiency and routine. But if this is so, the apparent argument against happiness is, in truth, an indictment of an age that is all too "matter-of-fact."

Der Mann, der zu spät kam

„Jetzt? Jetzt kommen Sie hier in Frankfurt an mit Ihren Ostereiern?[1] Sagen Sie mal..."[2]

„Ich bitte um Verzeihung. Sie meinen, es sei zu spät...?"

„Lieber Herr... wie war der werte Name?[3] Lieber Herr, was denken Sie sich eigentlich? Sollen wir vielleicht unseren Lesern kurz vor Pfingsten[4] etwas von Ostern erzählen? Was für eine Vorstellung haben Sie vom Betriebe[5] einer großen Zeitung? Nehmen Sie Ihre Eier wieder mit. Für uns sind Sie erledigt.[6] Aus und vorbei.[7] Ostereier vierzehn Tage nach Ostern! Machen Sie das immer so?"

„Ja." Der geflügelte Bote[8] legte die bunten Eier sorgfältig auf die Schreibtischplatte[9] des Redakteurs,[10] schüttelte die bestaubten[11] Flügel und schwieg. Dann sagte er:

„Ich bin der Mann, der zu spät kommt. Ich komme immer zu spät."

Der Redakteur streifte die Asche seiner Zigarette in den Aschenbecher, denn es war kurz nach den Feiertagen, und die Zimmer waren schön sauber, daher tat er es. „Sie kommen — Sie kommen immer zu spät?" sagte er.

---

[1] **das Osterei** Easter egg
[2] **Sagen Sie mal ...** Well, I declare ...; Really, now ...
[3] **wie war der werte Name?** *meaning:* what was your name, Sir?
[4] **Pfingsten** Pentecost
[5] **der Betrieb** operation
[6] **Für ... erledigt.** *meaning:* We are through with you.
[7] **Aus und vorbei** Over and done with
[8] **der geflügelte Bote** the winged messenger
[9] **die Schreibtischplatte** desk top
[10] **der Redakteur** editor
[11] **bestaubt** dust-covered

„Ich komme immer zu spät," sagte der Mann schlicht.

„Und wie wirkt sich das in Ihrem Leben aus?"[12] fragte der Redakteur mit mitleidigem[13] Blick. 20

„Das sieht so aus",[14] sagte der Mann. „Ich bin das Ding, das immer zu spät kommt. Ich komme als Kind ziemlich abgehetzt, atemlos[15] zur Schule, wenn sich die letzte Klassentür unerbittlich[16] geschlossen hat — ich komme ängstlich trippelnd an, klopfe schüchtern und werde mit einem Donnerwetter begrüßt; ich komme ins medizinische 25 Staatsexamen[17] manchmal ein ganzes Jahr zu spät und ich habe meine Zeit verloren: ich bringe dem Polizeibeamten die Erleuchtung[18] wegen des letzten großen Verbrechens, aber erst dann, wenn[19] der Täter[20] längst über den großen Teich[21] gefahren ist und in Kanada Birnen[22] pflanzt; ich weiß die allerbeste, die allertreffendste[23] Antwort, 30 die man dem frechen Patron von der Konkurrenz[24] zu geben hat — aber erst dann, wenn der schon weg ist; ich lasse den Lotteriezettel mit dem großen Los[25] in das Haus der armen Frau flattern, aber sie ist schon tot, und ihre grinsenden Erben[26] freuen sich ein Loch in den Kopf,[27] ich bereue, was ich dem armen Mädchen angetan[28] habe, die 35 mir ihr Leben gegeben hat und ihre Liebe — aber sie ist schon fort, mit einem anderen verheiratet, nicht sehr gut übrigens, — zu spät, zu spät; ich entwerfe[29] einen herrlichen Lebensplan, ich weiß genau, wie man es anfangen muß,[30] um Zeit, Geld und Kräfte zu sparen; aber das weiß ich erst, wenn ich ein alter Mann bin, und dann nützt es mir nichts 40 mehr[31] — zu spät; — alle Eisenbahnzüge fahren mir vor der Nase[32] weg; ich verpasse[33] Revolutionen und Ordenausteilungen;[34] ich hätte damals Terrains[35] kaufen sollen, aber ich bin zu spät gekommen; ich habe den psychologischen Augenblick nicht benützt, um Lisa zu küssen, es ist zu spät; ich habe die aktuelle[36] Zeitschrift nicht begründet, 45 und als noch niemand nach Mexiko fuhr, bin ich nicht hingefahren, und jetzt ist es zu spät. Überall komme ich an, wenn alles vorbei ist;

---

[12] **sich auswirken (auf)** *or* **(in)** have an effect (upon); affect

[13] **mitleidig** pitying

[14] **Das sieht so aus** It is like this

[15] **ziemlich abgehetzt, atemlos** *meaning:* in breathless haste

[16] **unerbittlich** without pity; inexorably

[17] **medizinisches Staatsexamen** civil service examination in medicine

[18] **Erleuchtung bringen** enlighten

[19] **aber . . . wenn** but not until

[20] **der Täter** culprit

[21] **über . . . Teich** across the big pond, i.e., the Atlantic Ocean

[22] **die Birne** pear

[23] **treffend** appropriate

[24] **dem frechen . . . Konkurrenz** the fresh guy employed by the competitor

[25] **den . . . Los** the prize-winning ticket from the lottery

[26] **der Erbe** heir

[27] **sich ein Loch in den Kopf freuen** go mad with joy

[28] **angetan** done to

[29] **entwerfen** design, make

[30] **wie . . . muß** how one must go about

[31] **es nützt nichts mehr** it is of no use anymore

[32] **vor der Nase** *meaning:* right in front of my eyes

[33] **verpassen** miss

[34] **die Ordenausteilung** distribution of medals

[35] **das Terrain** real estate

[36] **aktuell** timely, fashionable

ich bin der Mann, der zu spät kommt — und hier, Herr Redakteur, sind meine Ostereier."

Der Redakteur warf in jähem [37] Entschluß seine ausgerauchte 50 Zigarette [38] auf den Fußboden. Er sah seinen Besucher fest an und sprach, jedes Wort betonend: „Sie — sind — ein — Schlemihl." [39]

Der geflügelte Bote erhob sich langsam und wollte die Ostereier ergreifen, die hier offenbar [40] nicht benötigt wurden; er machte eine ungeschickte Bewegung, sie kollerten [41] langsam zu Boden und zer- 55 brachen. „Man sagt", sprach er leise, „daß der Schlemihl keinen Schatten habe. Ich habe viele Schatten — viele Menschen sind meine Schatten."

„Ostereier zu Pfingsten", grollte der Redakteur dumpf. „Wie ich Ihnen sage: Sie brauchen nicht mehr wiederzukommen — stellen Sie 60 die Lieferung [42] an uns ein. Ich brauche Sie nicht mehr. Guten Tag."

Der Bote stand schon an der Tür, wandte sich noch einmal halb um und wiederholte mechanisch: „Guten Tag."

„Wie war doch Ihr Name?" fragte der Redakteur. Der Bote hatte schon die Klinke in der Hand, er verharrte noch einen Augenblick und 65 ließ seine Augen über die zerbrochenen Ostereier gehen.

„Ich heiße Glück [43]. . . ." sagte er.

---

[37] **jäh** sudden
[38] **ausgerauchte Zigarette** cigarette butt
[39] **ein Schlemihl** an awkward and unlucky person. *In Chamisso's* Peter Schlemihl (1814), *the hero sells his shadow to the devil only to find that all the riches he receives in return will not compensate him for his loss.*
[40] **offenbar** obviously
[41] **kollern** roll
[42] **die Lieferung einstellen** stop delivery
[43] **das Glück** *here:* happiness

Das war das Ende: der Kurfürstendamm, 1945 (Foto-Gnilka).

Wolfgang Borchert
(1920–1947)

The success of Borchert's work was due, primarily, to its timeliness and to its sentimental appeal which was enhanced by the early death of the author. His radio play Draußen vor der Tür *(1947) dealt with the return of a crippled German soldier into an alien, hostile and chaotic fatherland which had no place for its defeated sons. Borchert is at his best in his carefully written short stories* (Die Hundeblume, An diesem Dienstag; *1947) which are distinguished by the author's human sympathy, economy of diction and sense for symbolic detail. The following episode tells of a child guarding the rubble heap that buried his brother and of an old man who weans the boy from his concern with death in order to bring him back to the world of the living. It conveys the mood and message of incipient recovery from the ravages of war.*

Nachts schlafen die Ratten doch

DAS HOHLE Fenster in der vereinsamten[1] Mauer gähnte blaurot voll früher Abendsonne. Staubgewölke flimmerte[2] zwischen den steilgereckten Schornsteinresten.[3] Die Schuttwüste döste.[4]

Er hatte die Augen zu. Mit einmal wurde es noch dunkler. Er merkte, daß jemand gekommen war und nun vor ihm stand, dunkel, leise. Jetzt haben sie mich! dachte er. Aber als er ein bißcher blinzelte,[5] sah er nur zwei etwas ärmlich behoste Beine.[6] Die standen ziemlich krumm[7] vor ihm, daß er zwischen ihnen hindurchsehen konnte. Er riskierte ein kleines Geblinzel an den Hosenbeinen hoch und erkannte einen älteren Mann. Der hatte ein Messer und einen Korb in der Hand. Und etwas Erde an den Fingerspitzen.

„Du schläfst hier wohl, was?" fragte der Mann und sah von oben auf das Haargestrüpp[8] herunter. Jürgen blinzelte zwischen den Beinen des Mannes hindurch in die Sonne und sagte: „Nein, ich schlafe nicht. Ich muss hier aufpassen."[9] Der Mann nickte: „So, dafür hast du wohl

[1] **vereinsamt** desolate
[2] **Staubgewölke flimmerte** clouds of dust flickered
[3] **steilgereckte Schornsteinreste** towering ruins of chimneys
[4] **Die Schuttwüste döste** The rubble desert slumbered
[5] **blinzeln** blink
[6] **zwei ... Beine** two legs in somewhat shabby trousers
[7] **krumm** crooked
[8] **das Haargestrüpp** tangle of hair
[9] **aufpassen** watch

den großen Stock da?" „Ja", antwortete Jürgen mutig und hielt den Stock fest.

„Worauf paßt du denn auf?"

„Das kann ich nicht sagen." Er hielt die Hände fest um den Stock.

„Wohl auf Geld, was?"[10] Der Mann setzte den Korb ab und wischte das Messer an seinem Hosenboden hin und her.   20

„Nein, auf Geld überhaupt nicht", sagte Jürgen verächtlich. „Auf ganz etwas anderes."

„Na, was denn?"

„Ich kann es nicht sagen. Was anderes eben."[11]   25

„Na, denn nicht.[12] Dann sage ich dir natürlich auch nicht, was ich hier im Korb habe." Der Mann stieß mit dem Fuß an den Korb und klappte das Messer zu.

„Pah, kann mir denken, was in dem Korb ist", meinte Jürgen geringschätzig,[13] „Kaninchenfutter."[14]   30

„Donnerwetter, ja!" sagte der Mann verwundert, „bist ja ein fixer Kerl.[15] Wie alt bist du denn?"

„Neun."

„Oha, denk mal an,[16] neun also. Dann weißt du ja auch, wieviel dreimal neun sind, wie?"   35

„Klar", sagte Jürgen und um Zeit zu gewinnen, sagte er noch; „das ist ja ganz leicht." Und er sah durch die Beine des Mannes hindurch. „Dreimal neun, nicht?" fragte er noch mal, „siebenundzwanzig. Das wußte ich gleich."

„Stimmt",[17] sagte der Mann, „und genau soviel Kaninchen habe ich."   40
Jürgen machte einen runden Mund: „Siebenundzwanzig?"

„Du kannst sie sehen. Viele sind noch ganz jung. Willst du?"

„Ich kann doch nicht. Ich muß doch aufpassen", sagte Jürgen unsicher.

„Immerzu?"[18] fragte der Mann, „nachts auch?"   45

„Nachts auch. Immerzu. Immer." Jürgen sah an den krummen Beinen hoch. „Seit Sonnabend schon," flüsterte er.

„Aber gehst du denn gar nicht nach Hause? Du mußt doch essen."

Jürgen hob einen Stein hoch. Da lag ein halbes Brot. Und eine Blechschachtel.[19]   50

„Du rauchst?" fragte der Mann, „hast du denn eine Pfeife?"

Jürgen faßte seinen Stock fest an und sagte zaghaft:[20] „Ich drehe.[21] Pfeife mag ich nicht."

„Schade", der Mann bückte sich zu seinem Korb, „die Kaninchen hättest du ruhig mal[22] ansehen können. Vor allem die Jungen. Vielleicht hättest du dir eines ausgesucht. Aber du kannst hier ja nicht weg." 55

„Nein", sagte Jürgen traurig, „nein, nein."

Der Mann nahm den Korb hoch und richtete sich auf. „Na ja, wenn du hierbleiben mußt — schade." Und er drehte sich um.

„Wenn du mich nicht verrätst",[23] sagte Jürgen da schnell, „es ist 60 wegen den Ratten."

Die krummen Beine kamen einen Schritt zurück: „Wegen den Ratten?"

„Ja, die essen doch von Toten. Von Menschen. Da leben sie doch von."[24] 65

„Wer sagt das?"

„Unser Lehrer."

„Und du paßt nun auf die Ratten auf?" fragte der Mann.

„Auf die doch nicht!" Und dann sagte er ganz leise: „Mein Bruder, der liegt nämlich da unten. Da." Jürgen zeigte mit dem Stock auf 70 die zusammengesackten[25] Mauern. Unser Haus kriegte eine Bombe. Mit einmal war das Licht weg im Keller. Und er auch. Wir haben noch gerufen. Er war viel kleiner als ich. Erst vier. Er muß hier ja noch sein. Er ist doch viel kleiner als ich."

Der Mann sah von oben auf das Haargestrüpp. Aber dann sagte er 75 plötzlich: „Ja, hat euer Lehrer euch denn nicht gesagt, daß die Ratten nachts schlafen?"

„Nein", flüsterte Jürgen und sah mit einmal ganz müde aus, das hat er nicht gesagt.

„Na", sagte der Mann, „das ist aber ein Lehrer,[26] wenn er das nicht 80 mal weiß. Nachts schlafen die Ratten doch. Nachts kannst du ruhig nach Hause gehen. Nachts schlafen sie immer. Wenn es dunkel wird, schon."

Jürgen machte mit seinem Stock kleine Kuhlen[27] in den Schutt. Lauter kleine Betten sind das, dachte er, alles kleine Betten. Da sagte 85 der Mann (und seine krummen Beine waren ganz unruhig dabei): „Weißt du was? Jetzt füttere ich schnell meine Kaninchen und wenn es dunkel wird, hole ich dich ab. Vielleicht kann ich eins mitbringen. Ein kleines oder, was meinst du?"

Jürgen machte kleine Kuhlen in den Schutt. Lauter kleine Kaninchen. 90 Weiße, graue, weißgraue. „Ich weiß nicht", sagte er leise und sah auf die krummen Beine, „wenn sie wirklich nachts schlafen."

Der Mann stieg über die Mauerreste weg auf die Straße.

---

[22] **ruhig mal** easily
[23] **verraten** *here:* give away
[24] **Da leben sie doch von** Davon leben sie doch
[25] **zusammengesackt** caved in
[26] **das ist aber ein Lehrer** some teacher that is!
[27] **die Kuhlen** holes

„Natürlich", sagte er von da, „euer Lehrer soll einpacken,[28] wenn er das nicht mal[29] weiß." 95

Da stand Jürgen auf und fragte: „Wenn ich eins kriegen kann? Ein weißes vielleicht?"

„Ich will mal versuchen", rief der Mann schon im Weggehen,[30] „aber du mußt hier solange warten. Ich gehe dann mit dir nach Hause, weißt du? Ich muß deinem Vater doch sagen, wie so ein Kaninchen- 100 stall gebaut wird. Denn das müßt ihr ja wissen."

„Ja", rief Jürgen, „ich warte. Ich muß ja noch aufpassen, bis es dunkel wird. Ich warte bestimmt." Und er rief: „Wir haben auch noch Bretter zu Hause. Kistenbretter",[31] rief er.

Aber das hörte der Mann schon nicht mehr. Er lief mit seinen krum- 105 men Beinen auf die Sonne zu. Die war schon rot vom Abend und Jürgen konnte sehen, wie sie durch die Beine hindurchschien, so krumm waren sie. Und der Korb schwenkte aufgeregt hin und her. Kaninchen- futter war da drin. Grünes Kaninchenfutter, das war etwas grau vom Schutt. 110

---

[28] **soll einpacken** should quit, give up
[29] **nicht mal = nicht einmal** not even
[30] **im Weggehen** as he was leaving
[31] **die Kistenbretter** boards from crates

Reinhard Lettau
(1929–   )

Lettau, presently a professor of German in America, belonged, in the sixties, to the "Gruppe 47," an association which included leading postwar authors such as Ingeborg Bachmann, Heinrich Böll, Günther Grass, Uwe Johnson, and others. The Group (named after the year of its inception) dominated the literary scene of West Germany in an era marked by the concern with economic recovery and material prosperity rather than with political ideologies or with spiritual values. Its members, generally critical of the German "Wirtschaftswunder," were widely divergent in manner and outlook. They shared a concern with literary craftsmanship, and their work was symptomatic of a reaction against the literature fostered by the Nazis. Unlike his later work, Reinhard Lettau's games and arabesques in the medium of prose (Schwierigkeiten beim Häuserbauen (1962), Auftritt Manigs (1963)) represent the formalist wing. They suggest a skeptical, humoristic, and satirical l'art pour l'art rather than the commitment to a political message.

Herr Strich schreitet zum Äußersten[1]

LEUTE, die ihn kurz kennenlernten, wußten von Herrn Strich zu berichten, daß er den Tee trank wie ein englischer Oberst[2] nach fünfzehnjährigem Dienst in den Kolonien: so nebensächlich[3] und als sei draußen Dschungel mit grünen Phosphoraugen. Aber dem kleinen, sorgfältig gekleideten Gelehrten widerfuhr mit dieser Beurteilung   5
Unrecht.[4] Der vorsichtig ausgewählte Kreis von Gleichgesinnten[5] — zumeist Studenten —, der sich zweimal wöchentlich um ihn versammelte, schätzte an Herrn Strich vorzüglich[6] die Scharfsinnigkeit[7] seiner glasklaren Formulierungen. Besonders, wenn er über moderne literarische Probleme sprach, zeichnete er sich durch geradezu gal-   10
lische[8] Eloquenz aus. Es war nicht verwunderlich, daß ein gelegentliches Gespräch über den Dichter C. Herrn Strich zu profunden

---

[1] **zum Äußersten schreiten** go to extremes
[2] **der Oberst** colonel
[3] **nebensächlich** negligently
[4] **(dem Gelehrten) widerfuhr . . . Unrecht** this judgment did not do justice (to the scholar)

[5] **(Der) Kreis von Gleichgesinnten** (The) circle of those who shared his convictions
[6] **vorzüglich** *here:* above all
[7] **die Scharfsinnigkeit** acuteness
[8] **gallisch** Gallic, French

107

Gedanken Anlaß gab. „C.s", ließ er sich vernehmen,[9] „C.s Reflektionen über die Notwendigkeit zu provozieren,[10] sind es im besonderen, die unsere Aufmerksamkeit verdienen. Wir bemerken mit 15
Verwunderung, daß sie philologisch bisher nicht verarbeitet[11] wurden.
Hier wäre eine Lücke[12] zu füllen."

Ermutigt durch die lebhafte Zustimmung seiner Freunde forschte
Strich während der nächsten Wochen nach dem Verbleib[13] der
Handschriften[14] des Dichters C.; es stellte sich heraus,[15] daß eine 20
Auktion sie nach Grönland verschlagen hatte.[16] Strich beschloß, an
Ort und Stelle[17] Einsicht in die Handschriften zu nehmen.[18] Dabei
entging ihm nicht,[19] daß der Abdruck[20] gewisser C.scher Studien
nicht vollständig mit der Handschrift übereinstimmte:[21] einmal war
ein „und" unterschlagen,[22] an anderer Stelle das Wort „mild", das in 25
dem betreffenden Zusammenhang[23] durchaus am Platze[24] war,
durch „wild" ersetzt[25] worden — eine Redaktion,[26] die Strich
böswillig[27] und verhängnisvoll[28] nannte.

Mit einem Stab von Mitarbeitern machte sich Strich daran,[29] in
einem umfangreichen[30] Aufsatz, den er an zahlreiche Zeitungen 30
versandte, von diesen Irrtümern in der C.-Forschung Zeugnis abzulegen.[31] „Es gilt", sagte er im Vorwort, „es gilt, einem Manne
Gerechtigkeit widerfahren zu lassen,[32] der es unternommen hat, uns
tiefes Gedankengut[33] zu übermitteln — eine Leistung, die nur allzuleicht verkannt wird,[34] da die getreue Drucklegung[35] seiner Werke 35
von gewisser Seite[36] sabotiert worden zu sein scheint."

Leider muß berichtet werden, daß Strichs Arbeit von allen Zeitungen
abgelehnt wurde. Ein Redakteur ließ wissen, sein Essay sei besser für
eine Nachtsendung[37] im Rundfunk[38] geeignet.[39] Aber auch dort

[9] **sich vernehmen lassen** announce
[10] **die Notwendigkeit zu provozieren**
the necessity of causing provocation
[11] **philologisch verarbeiten** receive
scholarly treatment
[12] **die Lücke** gap
[13] **nach dem Verbleib forschen** make
inquiries concerning the whereabouts
[14] **die Handschrift** here: manuscript
[15] **es stellte sich heraus** it turned out
[16] **daß ... hatte** that an auction had
landed them in Greenland
[17] **an Ort und Stelle** on the spot
[18] **Einsicht nehmen** look at
[19] **Dabei ... nicht** At that he did not
fail to notice
[20] **der Abdruck** printed version
[21] **übereinstimmen mit** agree with
[22] **unterschlagen** omitted
[23] **in ... Zusammenhang** in the given
context
[24] **durchaus am Platze** entirely appropriate

[25] **ersetzt** replaced
[26] **eine Redaktion** an editing job
[27] **böswillig** malevolent
[28] **verhängnisvoll** disastrous
[29] **sich daranmachen** set about to
[30] **umfangreich** comprehensive
[31] **Zeugnis ablegen** here: produce evidence
[32] **Gerechtigkeit widerfahren lassen**
do justice to
[33] **tiefes Gedankengut** body of profound ideas
[34] **die ... wird** which, all too easily,
goes unappreciated
[35] **getreue Drucklegung** here: faithful
editing
[36] **von gewisser Seite** from certain
quarters
[37] **die Nachtsendung** cultural program
(broadcast late at night)
[38] **der Rundfunk** radio
[39] **besser geeignet** more suitable

wurde Strich bitter enttäuscht. Uns Heutigen habe C. nichts mehr zu [40]
sagen,[40] schrieb ein Abteilungsleiter;[41] er könne wohl mit Fug und
Recht[42] als überholt[43] bezeichnet werden — zumal[44] für eine Nachtsendung, und das wolle schon etwas heißen.[45]

„Ich vermute", rief Strich anläßlich[46] der nächsten Zusammenkunft, „ich vermute hinter dieser Summe unwürdiger Verkennungen[47] [45]
eine Methode."

In dem sonst so ruhigen Kreis löste diese Eröffnung[48] große
Empörung aus;[49] es kam zu Tumultszenen. Angefeuert durch die Pfui-
Rufe[50] einiger Studenten ließ[51] sich Strich zu der Bemerkung hin-
reißen, er werde die Publizierung der Manuskripte notfalls[52] mit [50]
Waffengewalt erzwingen. „Es genügt", versetzte[53] er, „wenn wir das
Funkhaus[54] besetzen.[55] Dazu wollen allerdings sorgfältige Vor-
bereitungen getroffen sein." Man stimmte ihm allgemein zu, die
Rollen wurden noch am nächsten Tage verteilt, und es fand ein
sechswöchiger Schießunterricht statt, wobei Ausgaben ungeliebter [55]
Dichter, deren Strich sich schon lange hatte entledigen[56] wollen, als
Zielscheiben[57] benutzt wurden.

An einem nebligen Frühlingsmorgen hielten vor dem Hauptportal
des Funkhauses fünf vollbesetzte Taxis. Unter den bewaffneten Männern, die die Treppe emporschwärmten,[58] erblickte man, einen dicken [60]
Stoß[59] Bücher im Arm, auch Herrn Strich. Nachdem der Portier[60]
von einem baumlangen[61] Philosophiestudenten niedergeschlagen
worden war, besetzten zwei Männer den Eingang des Funkhauses. Mit
einer Eskorte begab sich Strich ohne Verzug[62] in den Senderaum.[63]
Eine Gymnastiklehrerin, die dort „Rumpf beugt — streckt"[64] sagte, [65]
wurde auf einen Sessel festgebunden; sie ließ es lächelnd geschehen.
Unterdessen wurden alle Personen, die man im Hause antraf, in einem
Raum zusammengetrieben, wo sie unter vorgehaltener Pistole[65] ein
Kolleg[66] über C. hörten. Im Senderaum nahm Herr Strich vor dem

---

[40] **Uns . . . sagen** C. had nothing to say to the contemporary mind
[41] **der Abteilungsleiter** department head
[42] **mit Fug und Recht** justifiably
[43] **überholt** passé
[44] **zumal** *here:* even
[45] **und . . . heißen** and that was saying a lot
[46] **anläßlich** on the occasion of
[47] **unwürdige Verkennungen** unworthy misjudgments
[48] **die Eröffnung** disclosure
[49] **Empörung auslösen** give rise to indignation
[50] **die Pfui-Rufe** boohs
[51] **ließ sich zu der Bemerkung hin-reißen** was carried away to the point

of remarking
[52] **notfalls** if necessary
[53] **versetzten** stated
[54] **das Funkhaus** radio station
[55] **besetzen** occupy
[56] **sich entledigen** get rid of
[57] **die Zielscheibe** target
[58] **emporschwärmen** swarm up
[59] **der Stoß** stack
[60] **der Portier** doorman
[61] **baumlang** tall as a pole
[62] **ohne Verzug** without delay
[63] **der Senderaum** broadcasting studio
[64] **Rumpf beugt — streckt** bend from the hips — stretch!
[65] **unter vorgehaltener Pistole** with a pistol pointing at them
[66] **das Kolleg** lecture

Mikrophon Platz. Mit voller, sicherer Stimme verlas er sein Vorwort[67] 70
und wollte eben in seine Erörterungen[68] über die Fehlinterpretation[69]
der C. schen Werke eintreten,[70] als draußen der erste Schuß fiel. Ohne
böse Absicht hatte sich ein Verkehrspolizist dem Haupteingang des
Funkhauses genähert; es kostete ihn das Leben. Der Vorfall[71] blieb auf
der Straße nicht unbemerkt, das Überfallkommando[72] war in wenigen 75
Minuten zur Stelle und forderte die Rebellen zur Übergabe auf.[73]
Diese Bitte wurde abschlägig beschieden,[74] die erstaunten Polizeibeamten wurden mit einer Flut griechischer und lateinischer Spott-
verse[75] überschüttet. Ein Polizeioffizier mit Gymnasialbildung[76] gab
den ersten Schuß, die Studenten ließen das Feuer nicht unerwidert[77] 80
und bald entspann sich[78] ein regelrechtes Gefecht.[79]

Herrn Strich konnte das draußen einsetzende Geplänkel[80] nicht aus
dem Konzept bringen;[81] man hatte damit gerechnet. Mit ruhiger
Stimme verlas er seinen Aufsatz, ohne eine einzige Fußnote zu über-
gehen.[82] Im Begriff, das Fazit[83] seiner Betrachtungen zu ziehen, wurde 85
er allerdings von einer Kugel getroffen. Seine Revolution müssen wir
tragisch nennen — dies besonders, weil keines seiner Worte je in den
Äther drang.[84] Ein geistesgegenwärtiger Operateur[85] hatte, als die
Verschwörer[86] das Funkhaus betraten, die Wellenverbindung[87] zum
Sendeturm[88] durch einen Hebelgriff[89] unterbrochen. Die Strichsche 90
Arbeit wurde der Mitwelt[90] somit nicht bekannt und die Erhellung[91]
der Dichterpersönlichkeit C.s muß späteren philologischen Nach-
forschungen vorbehalten bleiben.[92]

---

[67] **das Vorwort** preface
[68] **die Erörterung** explication, discussion
[69] **die Fehlinterpretation** misinterpretation
[70] **eintreten** enter upon, start with
[71] **Der Vorfall** incident
[72] **das Überfallkommando** riot squad
[73] **die Rebellen zur Übergabe auffordern** ask the rebels to surrender
[74] **abschlägig beschieden** refused
[75] **der Spottvers** satirical verse
[76] **mit Gymnasialbildung** *here:* with a
humanistic education
[77] **nicht unerwidert lassen** reply in
kind
[78] **entspann sich** developed
[79] **das Gefecht** battle

[80] **das Geplänkel** *here:* skirmish
[81] **aus dem Konzept bringen** distract
from his purpose
[82] **übergehen** omit
[83] **das Fazit** summary, conclusion
[84] **in den Äther dringen** get on the air
[85] **Ein geistesgegenwärtiger Operateur**
A radio operator with presence of mind
[86] **der Verschwörer** conspirator
[87] **die Wellenverbindung** *here:* connection
[88] **der Sendeturm** transmitter
[89] **durch einen Hebelgriff** by pulling a
lever
[90] **die Mitwelt** contemporaries
[91] **die Erhellung** elucidation
[92] **vorbehalten bleiben** be reserved,
remain a task for

Assignments

Hebel: *Unverhofftes Wiedersehen*

VOCABULARY BUILDING

das Grab, -(e)s, ⸚er	grave
der Ort -(e)s, ⸚er *or* -e	place
das Hindernis, -ses, -se	obstacle
der Jüngling, -s, -e	youth
klopfen	to knock, beat
weinen	to cry, weep
vergessen, (vergißt), vergaß, vergessen	to forget
unterdessen	meanwhile
zerstören	to destroy
teilen	to divide
die Macht, -, ⸚e	power, might
erobern	to conquer
die Werkstatt, -, ⸚en	workshop
der Boden, -s, - *or* ⸚	ground, floor, soil
der Leichnam, -s, -e	corpse
das Alter, -s	age
erkennen, erkannte, erkannt	to recognize
die Träne, -, -en	tear
die Beerdigung, -, -en	interment, funeral

QUESTIONS

1. Was geschah, bevor der junge Bergmann seine Braut heiraten konnte?
2. Was geschah in den Jahren, in denen die Braut um ihren Bräutigam trauerte?
3. Wie fanden die Bergleute den jungen Bergmann wieder?
4. Was empfand seine Braut, als sie ihn wiedersah? (empfinden = *to feel*)

Kleist: *Anekdote*

VOCABULARY BUILDING

die Reise, -, -n	trip, journey
die Schlacht, -, -en	battle
besetzen	to occupy
besitzen, besaß, besessen	to possess
einzeln	single
tapfer	brave
der Staub, -(e)s	dust
die Flasche, -, -n	bottle, "flask"
die Stirn(e), -, -(e)n	forehead, brow
der Schuß, -sses, ⸚sse	shot

III

der Bart, -(e)s, ∵e	beard
augenblicklich	immediately
der Stiefel, -s, -	boot
wenden, wendete *or* wandte, gewendet *or* gewandt	to turn
angreifen, (greift an), griff an angegriffen	to attack
die Gewohnheit, -, -en	custom, habit
der Platz, -es, ∵e	place, square

QUESTIONS

1. Was bestellt der preußische Reiter? (bestellen = *to order*)
2. Warum will der Wirt, daß der Reiter das Dorf verläßt?
3. Was geschieht in dem Augenblick, als drei Franzosen ins Dorf reiten?

Kleist: *Bettelweib*

VOCABULARY BUILDING

sich befinden, (befindet sich), befand sich, hat sich befunden	to be situated, to lie
zufällig	by accident, accidental(ly)
das Stroh, -s	straw
betteln	to beg
das Mitleid(en), -s	pity, compassion
die Mühe, -, -n	effort
befehlen, (befiehlt), befahl, befohlen	order, command
der Winkel, -s, -	corner
das Ehepaar, -(e)s, -e	married couple
bleich	pale
unsichtbar	invisible
das Geräusch, -es, -e	noise
der Ritter, -s, -	knight
der Vorfall, -(e)s, ∵e	incident, occurrence
die Heiterkeit, -	good humor, cheerfulness
die Gefälligkeit, -, -en	favor
entsetzlich	horrible
bellen	to bark
schicken	to send
umkommen, (kommt um), kam um, ist umgekommen	to perish

QUESTIONS

1. Was geschah der alten Frau in dem Schloß des Marchese?
2. Warum wollte der Marchese sein Schloß verkaufen?
3. Was teilte der Ritter dem Ehepaar mit? (mitteilen = *to relate, tell*)
4. Was tat der Marchese, um das Gerücht, daß es in dem Zimmer umgehe, niederzuschlagen?
5. Welche Bedeutung hat die Reaktion des Hundes?

6. Schildern Sie das Ende des Marchese und seines Schlosses! (schildern =
to *describe*)

Heine: *Saul Ascher*

VOCABULARY BUILDING

zubringen, (bringt zu), brachte zu, zugebracht	to spend (*time*)
ängstlich	timid
der Verstand, -(e)s	intellect, understanding
das Gemüt, -(e)s, -er	soul, heart, feeling
behaupten	to maintain, assert
die Kraft, -, ¨e	power, force
der Vorzug, -(e)s, ¨e	advantage
gerade	straight; just
der Glaube, -ns	faith, belief
das Christentum, -s	Christianity
verbieten, (verbietet), verbot, verboten	prohibit, forbid
die Erzählung, -, -en	narrative, tale
die Darstellung, -, -en	presentation
der Schatten, -s, -	shadow
unheimlich	uncanny
die Glocke, -, -n	bell
schweigen, schwieg, geschwiegen	to be silent
zittern	to tremble
kaum	hardly, scarcely
die Möglichkeit, -, -en	possibility
unterscheiden, (unterscheidet), unterschied, unterschieden	to distinguish, differentiate
die Unterscheidung, -	distinction
der Beweis, es, -e	proof

QUESTIONS

1. Wie sah Doktor Saul Ascher aus?
2. In welchem Satz pflegte er seine Überzeugungen zusammenzufassen?
3. Beschreiben Sie die Stimmung, in der sich der Autor befand, als ihm
der Geist Doktor Aschers erschien!
4. Zwischen den Überzeugungen Doktor Aschers und der Tatsache, daß
er als Geist erscheint, besteht ein Widerspruch. Erklären Sie das!

Schnitzler: *Das Tagebuch der Redegonda*
Assignment I, pp. 73–77

VOCABULARY BUILDING

die Gegenwart, -	presence
bemerken	to notice

angenehm	pleasant(ly)
vornehm	elegant
die Vornehmheit, -	elegance
die Befriedigung, -, -en	satisfaction
die Begegnung, -, -en	encounter
anscheinend	apparently
der Zufall, -(e)s, ⸚e	accident, coincidence
messen, (mißt), maß, gemessen	to measure
wählen	to choose
die Wahl, -, -en	choice
der Grund, -(e)s, ⸚e	reason
die Gelegenheit, -, -en	opportunity
die Gesellschaft, -, -en	society, company
das Laub, -(e)s	foliage
bereuen	to regret
lebhaft	lively, animated
die Einbildung, -	imagination
erleben	to experience
das Geheimnis, -ses, -se	secret
erfahren, (erfährt), erfuhr, erfahren	to find out

QUESTIONS

1. Beschreiben Sie Dr. Wehwald!
2. Warum wählte Dr. Wehwald den Autor, um ihm seine Geschichte zu erzählen?
3. Wie lernte Dr. Wehwald Redegonda kennen?
4. Was erlebte Dr. Wehwald mit Redegonda in seiner Phantasie bis zu jenem Tag, als das Regiment, dem ihr Gatte angehörte, versetzt werden sollte?

Schnitzler: *Das Tagebuch der Redegonda*

Assignment II, pp. 77–81

VOCABULARY BUILDING

die Verzweiflung, -	despair
der Entschluß, -sses, ⸚sse	resolution
erwarten	to expect
die Ungeduld, -	impatience
das Abenteuer, -s, -	adventure
die Wirklichkeit, -, -en	reality
bedeuten	to signify, mean
einladen, (ladet ein), lud ein, eingeladen	to invite
erraten, (errät), erriet, erraten	to guess
der Diwan, -s, -e	sofa
der Spaziergang, -(e)s, ⸚e	walk, stroll
das Tagebuch, -(e)s, ⸚er	diary

die Rache, -	revenge
die Absicht, -, -en	intention
die Verantwortung, -	responsibility
verantwortlich	responsible
der Erfolg, -(e)s, -e	success
die Kugel, -, -n	bullet
die Stimmung, -, -en	mood
voraussehen, (sieht voraus), sah voraus, vorausgesehen	to anticipate

QUESTIONS

1. Wie bereitete sich Dr. Wehwald auf den letzten Abend vor?
2. Was erwartete Dr. Wehwald, als die Klingel tönte?
3. Was berichtete der Rittmeister?
4. Was stand in dem Tagebuch der Redegonda?
5. Wie starb Dr. Wehwald?

Ernst: *Der Hecht*

VOCABULARY BUILDING

verhaften	to arrest
der Angeklagte, -n, -n	accused, defendant
der Zeuge, -n, -n	witness
der Richter, -s, -	judge
das Urteil, -s, -e	judgment, opinion
verurteilen	to condemn
oberflächlich	superficial
das Gefängnis, -ses, -se	jail
das Dienstmädchen, -s, -	maid
der Hecht, -(e)s, -e	pike
gleichmäßig	even
der Schrank, -(e)s, ⁻e	cupboard
der Kaufmann, -(e)s plural (usually): Kaufleute	merchant, businessman
der Becher, -s, -	cup, beaker
die Schürze, -, -n	apron
frech	impertinent
das Opfer, -s, -	victim
zubereiten, bereitete zu, zubereitet	to prepare
allgemein	general

QUESTIONS

1. Wie verhält sich Pietrino als Zeuge?
2. Wie bringt er sich in den Besitz des Bechers?
3. Wie gelingt es Lange Rübe, auch noch den Hecht und die Schüssel zu stehlen?

Hofmannsthal: *Bassompierre*

Assignment I, pp. 87–92

VOCABULARY BUILDING

das Erlebnis, -ses, -se	experience, adventure
regelmäßig	regular
der Handwerker, -s, -	craftsman
das Schild, -(e)s, -er	sign
die Botschaft, -, -en	message
gewissenhaft	conscientious
die Matratze, -, -n	mattress
die Decke, -, -n	blanket
das Leintuch, -(e)s, ·· er	sheet
heizen	to heat
der Ausdruck, -(e)s, ·· e	expression
die Laune, -,-n	mood
reizend	charming
verwechseln	to confuse
wach	awake
die Wange, -, -n	cheek
das Glied, -(e)s, -er	limb
die Frucht, -, ·· e	fruit
die Welle, -, -n	wave

QUESTIONS

1. Wie kam es, daß der Marschall von Bassompierre die Krämerin kennen-lernte?
2. Wohin wollte der Diener die Frau führen, und warum war er besorgt?
3. Beschreiben Sie die junge Frau!

Hofmannsthal: *Bassompierre*

Assignment II, pp. 92–95

VOCABULARY BUILDING

gleichen, glich, geglichen	to be like, resemble
feucht	moist
die Erinnerung, -, -en	memory, remembrance
die Kehle, -, -n	throat
zucken	to twitch
der Karren, -s, -	cart
das Rad, -(e)s, ·· er	wheel
die Schwierigkeit, -, -en	difficulty
freiwillig	voluntary

die Bedingung, -, -en	condition
verächtlich	contemptible, contemptuous
hinzusetzen, setzte hinzu, hin- zugesetzt	to add
verlangen	to demand, long for
berühren	to touch
das Geschöpf, -(e)s, -e	creature
der Gang, -(e)s, ⸚e	corridor, passageway
empfinden, (empfindet), emp- fand, empfunden	to feel
die Ungeduld, -	impatience
knurren	to growl
leer	empty

QUESTIONS

1. Wie empfanden die Beiden den Morgen?
2. Welche Pläne machten sie für ihr nächstes Zusammentreffen?
3. Was berichtete der Diener?

Hofmannsthal: *Bassompierre*

Assignment III, pp. 95–98

VOCABULARY BUILDING

der Spalt, -(e)s, -e	crevice
umkehren, kehrte um, ist umge- kehrt	to turn back
flüstern	to whisper
überaus	very, extremely
der Faden, -s, ⸚	thread
seltsam	strange, odd
die Ähnlichkeit, -	resemblance
ähnlich	similar
die Eifersucht, -	jealousy
heftig	violent
giftig	poisonous
das Gift, -(e)s, -e	poison
unausgesetzt	continually
der Atem, -s	breath
der Laut, -(e)s, -e	sound
erraten, (errät), erriet, erraten	to guess
das Stockwerk, -(e)s, -e	floor, storey
die Stelle, -, -n	place
horchen	to listen
die Klinke, -, -n	handle
ergreifen, ergriff, ergriffen	to grasp, seize

QUESTIONS

1. Wer war der Mann, den der Marschall durch den Spalt im Laden erblickte, und wie sah er aus?
2. Beschreiben Sie den folgenden Tag des Marschalls!
3. Schreiben Sie eine kurze Zusammenfassung des Endes der Geschichte!

Tucholsky: *Der Mann, der zu spät kam*

VOCABULARY BUILDING

um Verzeihung bitten	to apologize
der Bote, -n, -n	messenger
bunt	colorful
der Schreibtisch, -(e)s, -e	desk
der Flügel, -s, -	wing
der Aschenbecher, -s, -	ashtray
sauber	clean
das Verbrechen, -s, -	crime
der Teich, -(e)s, -e	pond
die Birne, -, -en	pear
die Konkurrenz, -	competition
der Erbe, -n, -n	heir
sparen	to save (*e.g., money*)
der Redakteur, -s, -e	editor
die Zeitschrift, -, -en	periodical
vorbei	past, over
der Fußboden, -s, -̈n	floor
der Besucher, -s, -	visitor
der Schatten, -s, -	shadow

QUESTIONS

1. Warum wollte der Redakteur die Eier nicht mehr annehmen?
2. Führen Sie einige Beispiel an, aus denen hervorgeht (*give some examples which indicate*), daß der geflügelte Bote immer zu spät kommt!
3. Wer ist der geflügelte Bote, und was ist die Moral von der Geschichte?

Borchert: *Nachts schlafen die Ratten doch*

VOCABULARY BUILDING

der Schornstein, -(e)s, -e	smoke stack, chimney
gähnen	to yawn
der Schutt, -(e)s	rubble
der Korb, -(e)s, -̈e	basket
aufpassen, paßte auf, aufgepaßt	to watch
nicken	to nod
der Stock, -(e)s, -̈e	stick, cane
unsicher	uncertain
die Schachtel, -, -n	box

das Kaninchen, -s, -	rabbit
die Pfeife, -, -n	pipe
der Keller, -s, -	cellar
füttern	to feed
lauter	nothing but
die Kiste, -, -n	crate
das Brett, -(e)s, -er	board
aufgeregt	excited

QUESTIONS

1. Warum wachte Jürgen auf dem Schutt?
2. Wie gelang es dem alten Mann, Jürgen auf andere Gedanken zu bringen?
3. Was halten Sie für die Grundstimmung (*basic mood*) dieser Geschichte? Ist der Autor pessimistisch? Ist er optimistisch?

Lettau: *Herr Strich schreitet zum Äußersten*

VOCABULARY BUILDING

berichten	to report
der Dienst, -es, -e	service
der Gelehrte, -n, -n	scholar
der Anlaß, -sses, ⸚sse	occasion
die Aufmerksamkeit, -	attention
die Lücke, -, -n	gap
die Handschrift, -, -en	manuscript, handwriting
die Leistung, -, -en	achievement
das Vorwort, -(e)s, -e	preface
unternehmen, (unternimmt), unternahm, unternommen	to undertake
verkennen, verkannte, verkannt	to misunderstand
der Rundfunk, -s	radio
enttäuschen	to disappoint
der Kreis, -es, -e	circle
besetzen	to occupy
die Bemerkung, -, -en	observation
der Eingang, -(e)s, ⸚e	entrance
der Aufsatz, -es, ⸚e	essay, article
der Hebel, -s, -	lever

QUESTIONS

1. Auf welche Weise wollte Strich dem Dichter C. Gerechtigkeit widerfahren lassen?
2. Wie besetzten Strich und seine Studenten das Funkhaus?
3. Warum bezeichnet der Autor Strichs Revolution als tragisch?

Part III

Essays und wissenschaftliche Prosa

Heinrich Heine
(1797–1856)

Heinrich Heine wurde zu Düsseldorf als Sohn einer jüdischen Familie geboren. Der einst weitberühmte Lyriker des Buches der Lieder *(1827), der, als deutscher Emigrant in Paris, zwischen Frankreich und Deutschland vermittelnde[1] liberale Journalist und brillante Kritiker, der unheilbar[2] kranke Dichter des* Romanzero *(1851), der nach langem Leiden in Paris starb, gehört noch immer zu den lebendigsten deutschen Autoren. Als Satiriker hat er in der deutschen Literatur kaum seinesgleichen,[3] und als eine satirische, einseitig pointierte Darstellung Kants soll auch die folgende Karikatur des Philosophen verstanden werden, obgleich es Heine bei der Besprechung des Kantschen Hauptwerks mit der These des Atheismus durchaus ernst ist,[4] der Tod Gottes in dem wesentlichsten Werk Kants, der* Kritik der reinen Vernunft, *implicite enthalten sei.*

[1]**vermitteln** mediate
[2]**unheilbar** incurably
[3]**seinesgleichen** his equal

[4]**(es Heine bei) ernst ist** *meaning*: Heine is serious in

Immanuel Kant

DIE LEBENSGESCHICHTE des Immanuel Kant ist schwer zu beschreiben. Denn er hatte weder Leben noch Geschichte. Er lebte ein mechanisch geordnetes, fast abstraktes Hagestolzenleben[1] in einem stillen abgelegenen[2] Gäßchen zu[3] Königsberg, einer alten Stadt an der nordöstlichen Grenze Deutschlands. Ich glaube nicht, daß die große Uhr der dortigen Kathedrale leidenschaftsloser und regelmäßiger ihr äußeres Tagewerk[4] vollbrachte, wie ihr Landsmann[5] Immanuel Kant. Aufstehn, Kaffeetrinken, Schreiben, Kollegienlesen,[6] Essen, Spazierengehn, alles hatte seine bestimmte Zeit, und die Nachbaren wußten ganz genau, daß die Glocke halb vier sei, wenn Immanuel Kant in seinem grauen Leibrock,[7] 5 ... 10

[1]**der Hagestolz** (confirmed) bachelor
[2]**abgelegen** remote
[3]**zu** in
[4]**äußeres Tagewerk** daily routine

[5]**der Landsmann** compatriot
[6]**das Kollegienlesen** giving lectures
[7]**der Leibrock** frock coat

das spanische Röhrchen[8] in seiner Hand, aus seiner Haustüre trat und nach der kleinen Lindenallee[9] wandelte, die man seinetwegen noch jetzt den Philosophengang nennt. Achtmal spazierte er dort auf und ab, in jeder Jahreszeit, und wenn das Wetter trübe war oder die grauen Wolken einen Regen verkündigten, sah man seinen Diener, den alten Lampe, 15 ängstlich besorgt hinter ihm drein[10] wandeln mit einem langen Regenschirm unter dem Arm, wie ein Bild der Vorsehung.[11]

Sonderbarer Kontrast zwischen dem äußeren Leben des Mannes und seinen zerstörenden, weltzermalmenden[12] Gedanken! Wahrlich, hätten die Bürger von Königsberg die ganze Bedeutung dieses Gedankens 20 geahnt, sie würden vor jenem Manne eine weit grauenhaftere Scheu[13] empfunden haben als vor einem Scharfrichter,[14] vor einem Scharfrichter, der nur Menschen hinrichtet[15]—aber die guten Leute sahen in ihm nichts anderes als einen Professor der Philosophie, und wenn er zur bestimmten Stunde vorbeiwandelte, grüßten sie freundlich und richteten 25 etwa nach ihm ihre Taschenuhr.[16]

Wenn aber Immanuel Kant, dieser große Zerstörer im Reiche der Gedanken, an Terrorismus den Maximilian Robespierre weit übertraf, so hat er doch mit diesem manche Ähnlichkeiten, die zu einer Vergleichung beider Männer auffordern. Zunächst finden wir in beiden dieselbe 30 unerbittliche, schneidende, poesielose, nüchterne Ehrlichkeit. Dann finden wir in beiden dasselbe Talent des Mißtrauens, nur daß es der eine gegen Gedanken ausübt und Kritik nennt, während der andere es gegen Menschen anwendet und republikanische Tugend betitelt. Im höchsten Grade jedoch zeigt sich in beiden der Typus des Spießbürgertums[17]— 35 die Natur hatte sie bestimmt,[18] Kaffee und Zucker zu wiegen, aber das Schicksal wollte, daß sie andere Dinge abwögen, und legte dem einen einen König und dem anderen einen Gott auf die Waagschale[19] . . .

Und sie gaben das richtige Gewicht!

Die „Kritik der reinen Vernunft"[20] ist das Hauptwerk von Kant, und 40 wir müssen uns vorzugsweise[21] damit beschäftigen. Keine von allen Schriften Kants hat größere Wichtigkeit. Dieses Buch erschien 1781 und wurde erst 1789 allgemein bekannt. Es wurde anfangs ganz übersehen . . . und erst spät wurde die Aufmerksamkeit des Publikums auf dieses große Buch geleitet. Die Ursache dieser verzögerten Anerkennt- 45 nis[22] liegt wohl in der ungewöhnlichen Form und schlechten Schreibart.[23]

---

[8]**das Röhrchen** cane, walking stick
[9]**die Allee** avenue
[10]**(hinter) drein** behind
[11]**ein Bild der Vorsehung** an image of (divine) providence
[12]**weltzermalmend** world-shattering
[13]**die Scheu** awe
[14]**der Scharfrichter** executioner
[15]**hinrichten** execute
[16]**(richteten) nach ihm ihre Taschenuhr** set their watches by him

[17]**der Typus des Spießbürgertums** the typical character of the petty bourgeois
[18]**hatte sie bestimmt** had intended them
[19]**die Waagschale** scale
[20]**„Kritik der reinen Vernunft"** *Critique of Pure Reason*
[21]**vorzugsweise** mainly
[22]**die Anerkenntnis** recognition
[23]**die Schreibart** literary style

In Betreff der letztern verdient Kant größeren Tadel[24] als irgend ein
anderer Philosoph; um so mehr, wenn wir seinen vorhergehenden
besseren Stil erwägen. Die kürzlich erschienene Sammlung seiner kleinen
Schriften enthält die ersten Versuche, und wir wundern uns da über die 50
gute, manchmal sehr witzige Schreibart. Während Kant im Kopfe schon
sein großes Werk ausarbeitete, hat er diese kleinen Aufsätze vor sich
hingeträllert.[25] Er lächelt wie ein Soldat, der sich ruhig waffnet, um in
eine Schlacht zu gehen, wo er gewiß zu siegen denkt. Unter jenen kleinen
Schriften[26] sind besonders merkwürdig:[27] „Allgemeine Naturgeschichte 55
und Theorie des Himmels", geschrieben schon 1755; „Beobachtungen
über das Gefühl des Schönen und Erhabenen", geschrieben zehn Jahre
später, so wie auch „Träume eines Geistersehers",[28] voll guter Laune[29]
in der Art der französischen Essays. Der Witz eines Kant, wie er sich in
diesen Schriftchen äußert, hat etwas höchst Eigentümliches. Der Witz 60
rankt da an[30] dem Gedanken, und trotz seiner Schwäche erreicht er
dadurch eine erquickliche[31] Höhe. Ohne solche Stütze freilich kann der
reichste Witz nicht gedeihen; gleich der Weinrebe, die eines Stabes entbehrt,[32] muß er alsdann kümmerlich am Boden hinkriechen und mit
seinen kostbarsten Früchten vermodern.[33] 65

Warum aber hat Kant seine „Kritik der reinen Vernunft" in einem so
grauen, trockenen Packpapierstil[34] geschrieben? Ich glaube, weil er die
mathematische Form der Descartes–Leibniz–Wolffianer verwarf,[35]
fürchtete er, die Wissenschaft möchte etwas von ihrer Würde einbüßen,[36]
wenn sie sich in einem leichten, zuvorkommend heitern[37] Tone aus- 70
spräche. Er verlieh ihr daher eine steife, abstrakte Form, die alle Vertraulichkeit der[38] niederen Geistesklassen kalt ablehnte.[39] Er wollte
sich von den damaligen Popularphilosophen, die nach bürgerlichster
Deutlichkeit strebten, vornehm absondern,[40] und er kleidete seine
Gedanken in eine hofmännisch abgekältete Kanzleisprache.[41] Hier zeigt 75
sich ganz der Philister. Aber vielleicht bedurfte Kant zu seinem sorgfältig gemessenen[42] Ideengang auch einer Sprache, die sorgfältig gemessen war, und er war nicht im Stande, eine bessere zu schaffen. Nur das
Genie hat für den neuen Gedanken auch das neue Wort. Immanuel Kant

[24]**der Tadel** censure
[25]**(hat er) vor sich hingeträllert** he was humming to himself
[26]**kleine Schriften** minor writings
[27]**merkwürdig** noteworthy, remarkable
[28]**der Geisterseher** *lit.*: ghost-seer
[29]**voll guter Laune** *transl.*: in a spirited style
[30]**rankt da an** twines itself around
[31]**erquicklich** pleasing
[32]**die eines Stabes entbehrt** without its prop
[33]**vermodern** rot, decay
[34]**der Packpapierstil** *meaning*: stiff, wooden, unattractive style

[35]**verwerfen** reject, repudiate
[36]**einbüßen** lose
[37]**zuvorkommend heiter** *transl.*: attractive and cheerful
[38]**(die) Vertraulichkeit der** . . . familiarity with
[39]**ablehnen** repel, reject
[40]**(wollte sich) vornehm absondern** wanted to set himself aristocratically apart
[41]**hofmännisch abgekältete Kanzleisprache** the cold style of court bureaucracy
[42]**sorgfältig gemessen** carefully measured

war aber kein Genie. Im Gefühl dieses Mangels[43] war Kant um so miß- 80
trauischer gegen das Genie, und in seiner „Kritik der Urteilskraft"[44]
behauptete er sogar, das Genie habe nichts in der Wissenschaft zu
schaffen,[45] seine Wirksamkeit[46] gehöre ins Gebiet der Kunst.

Kant hat durch den schwerfälligen, steifleinenen Stil[47] seines Hauptwerks sehr vielen Schaden gestiftet. Denn die geistlosen Nachahmer 85
äfften[48] ihn nach in dieser Äußerlichkeit,[49] und es entstand bei uns der
Aberglaube, daß man kein Philosoph sei, wenn man gut schriebe . . .

Die „Kritik der reinen Vernunft" ist, wie ich bereits gesagt habe,
das Hauptbuch von Kant. Welche soziale Bedeutung jenem Hauptbuche
innewohnt,[50] wird sich aus Folgendem ergeben. 90

Die Philosophen vor Kant haben zwar über den Ursprung unserer
Erkenntnisse nachgedacht und sind in zwei verschiedene Wege geraten,[51] je nachdem sie Ideen a priori oder Ideen a posteriori annahmen;[52]
über das Erkenntnisvermögen[53] selber, über den Umfang unseres
Erkenntnisvermögens, oder über die Grenzen unseres Erkenntnisver- 95
mögens ist weniger nachgedacht worden. Dieses ward[54] nun die Aufgabe
von Kant, er unterwarf unser Erkenntnisvermögen einer schonungs-
losen[55] Untersuchung, er sondierte[56] die ganze Tiefe dieses Vermögens
und konstatierte[57] alle seine Grenzen. Da fand er nun freilich, daß wir
gar nichts wissen können von sehr vielen Dingen, mit denen wir früher 100
in vertrautester Bekanntschaft zu stehen vermeinten.[58] Das war sehr
verdrießlich.[59] Aber es war doch immer nützlich zu wissen, von welchen
Dingen wir nichts wissen können. Wer uns vor nutzlosen Wegen warnt,
leistet uns einen eben so guten Dienst[60] wie derjenige, der uns den rechten
Weg anzeigt. Kant bewies uns, daß wir von den Dingen, wie sie an und 105
für sich selber[61] sind, nichts wissen, sondern daß wir nur insofern etwas
von ihnen wissen, als sie sich in unserem Geiste reflektieren. Da sind
wir nun ganz wie die Gefangenen, wovon Plato im siebenten Buche vom
Staate[62] so Betrübsames[63] erzählt. Diese Unglücklichen, gefesselt an Hals
und Schenkeln, so daß sie sich mit dem Kopfe nicht herumdrehen 110
können, sitzen in einem Kerker, der oben offen ist, und von obenher
erhalten sie einiges Licht. Dieses Licht kommt von einem Feuer, welches

[43]**im Gefühl dieses Mangels** conscious of
this defect
[44]**„Kritik der Urteilskraft"** *Critique of
Judgment*
[45]**(habe nichts) zu schaffen** had no place *or*
business
[46]**die Wirksamkeit** *transl.*: sphere of action
[47]**steifleinener Stil** stiff buckram style
[48]**nachäffen** ape, imitate
[49]**die Äußerlichkeit** superficial aspect
[50]**innewohnt** is to be found (in)
[51]**(sind in) geraten** took
[52]**(je nachdem sie) annahmen** depending

on whether they presupposed (*the existence of*)
[53]**das Erkenntnisvermögen** cognitive
faculty
[54]**ward** (*arch.*) **wurde**
[55]**schonungslos** pitiless
[56]**er sondierte** he sounded *or* plumbed
[57]**konstatieren** determine
[58]**vermeinten=glaubten**
[59]**verdrießlich** annoying
[60]**Dienst leisten** do a service *or* favor
[61]**an und für sich selber** in and of themselves
[62]**vom Staate** of *The Republic*
[63]**so Betrübsames** such sad things

hinter ihnen oben[64] brennt, und zwar noch getrennt von ihnen durch eine kleine Mauer. Längs dieser Mauer wandeln Menschen, welche allerlei Statuen, Holz- und Steinbilder vorübertragen und miteinander 115 sprechen. Die armen Gefangenen können nun von diesen Menschen, welche nicht so hoch wie die Mauer sind, gar nichts sehen, und von den vorbeigetragenen Statuen, die über die Mauer hervorragen,[65] sehen sie nur die Schatten, welche sich an der ihnen gegenüberstehenden Wand[66] dahinbewegen; und sie halten nun diese Schatten für die wirklichen 120 Dinge und, getäuscht durch das Echo ihres Kerkers, glauben sie, es seien diese Schatten, welche miteinander sprechen.

Die bisherige[67] Philosophie, die schnüffelnd an den Dingen herumlief[68] und sich Merkmale derselben[69] einsammelte und sie klassifizierte, hörte auf, als Kant erschien, und dieser lenkte die Forschung zurück 125 in[70] den menschlichen Geist und untersuchte, was sich da kundgab.[71] Nicht mit Unrecht vergleicht er daher seine Philosophie mit dem Verfahren des Kopernikus. Früher, als man die Welt stillstehen und die Sonne um dieselbe herumwandeln ließ, wollten die Himmelsberechnungen nicht sonderlich übereinstimmen;[72] da ließ Kopernikus die 130 Sonne stillstehen und die Erde um sie herumwandeln, und siehe!: alles ging vortrefflich. Früher lief die Vernunft gleich der Sonne um die Erscheinungswelt[73] herum und suchte sie zu beleuchten;[74] Kant aber läßt die Vernunft, die Sonne, stillstehen, und die Erscheinungswelt dreht sich um sie herum und wird beleuchtet, je nachdem sie in den Bereich 135 dieser Sonne kommt.[75]

Nach diesen wenigen Worten, womit ich die Aufgabe Kants angedeutet[76] habe, ist jedem begreiflich, daß ich denjenigen Abschnitt seines Buches, worin er die sogenannten Phänomena und Noumena abhandelt,[77] für den wichtigsten Teil, für den Mittelpunkt seiner Philosophie 140 halte. Kant macht nämlich einen Unterschied zwischen den Erscheinungen der Dinge und den Dingen an sich.[78] Da wir von den Dingen nur insoweit etwas wissen können, als sie sich uns durch Erscheinungen kundgeben,[79] und da also die Dinge nicht, wie sie an und für sich selbst sind, sich uns zeigen, so hat Kant die Dinge, insofern sie erscheinen, 145 Phänomena, und die Dinge an und für sich Noumena genannt. Nur von

---

[64]**hinter ihnen oben** in the back and above them
[65]**hervorragen** protrude
[66]**an . . . Wand** on the wall facing them
[67]**bisherig** preceding
[68]**die schnüffelnd . . . herumlief** *meaning:* which sniffed at and around things
[69]**Merkmale derselben** their characteristics
[70]**lenkte . . . in** led the *(philosophical)* investigation back to
[71]**was sich da kundgab** *meaning:* the manifestations of the human mind
[72]**wollten . . . übereinstimmen** *lit.:* the

astronomical calculations did not agree too well
[73]**die Erscheinungswelt** world of appearances
[74]**beleuchten** illuminate, throw light on
[75]**je . . . kommt** *meaning:* whenever it comes within the orbit of this light of reason
[76]**andeuten** suggest
[77]**abhandeln** treat
[78]**die Dinge an sich** things in themselves
[79]**(sich uns) kundgeben** manifest themselves to us

den Dingen als Phänomena können wir etwas wissen, nichts aber können wir von den Dingen wissen als Noumena. Letztere sind nur problematisch, wir können weder sagen: sie existieren, noch: sie existieren nicht . . Gott ist nach Kant ein Noumenon. Infolge seiner Argumentation 150 ist jenes transzendentale Idealwesen, welches wir bisher Gott genannt, nichts anders als eine Erdichtung.[80] Es ist durch eine natürliche Illusion entstanden. Ja, Kant zeigt, wie wir von jenem Noumenon, von Gott, gar nichts wissen können, und wie sogar jede künftige Beweisführung[81] seiner Existenz unmöglich sei. Die Danteschen Worte: ,,Laßt die Hoff- 155 nung zurück!" schreiben wir über diese Abteilung der ,,Kritik der reinen Vernunft".

Ihr meint, wir könnten jetzt nach Hause gehn? Bei Leibe![82] Es wird noch ein Stück aufgeführt. Nach der Tragödie kommt die Farce. Immanuel Kant hat bis hier den unerbittlichen Philosophen traciert,[83] 160 er hat den Himmel gestürmt, er hat die ganze Besatzung über die Klinge springen lassen,[84] der Oberherr der Welt schwimmt unbewiesen in seinem Blute, es gibt jetzt keine Allbarmherzigkeit[85] mehr, keine Vatergüte, keine jenseitige[86] Belohnung für diesseitige[87] Enthaltsamkeit,[88] die Unsterblichkeit der Seele liegt in den letzten Zügen[89]—das röchelt,[90] 165 das stöhnt—und der alte Lampe[91] steht dabei, mit seinem Regenschirm unterm Arm, als betrübter Zuschauer, und Angstschweiß[92] und Tränen rinnen ihm vom Gesichte. Da erbarmt sich Immanuel Kant und zeigt, daß er nicht bloß ein großer Philosoph, sondern auch ein guter Mensch ist, und er überlegt,[93] und halb gutmütig[94] und halb ironisch spricht er: 170 ,,Der alte Lampe muß einen Gott haben, sonst kann der arme Mensch nicht glücklich sein—der Mensch soll aber auf der Welt glücklich sein. —Das sagt die praktische[95] Vernunft—meinetwegen—so mag auch die praktische Vernunft die Existenz Gottes verbürgen."[96] Infolge dieses Arguments unterscheidet Kant zwischen der theoretischen Vernunft 175 und der praktischen Vernunft, und mit dieser, wie mit einem Zauberstäbchen,[97] belebte er wieder den Leichnam des Deismus, den die theoretische Vernunft getötet hatte.

[80]**die Erdichtung** fiction
[81]**künftige Beweisführung** future proof
[82]**Bei Leibe!** Not at all!
[83]**(hat) traciert** *(with acc.)* followed the path of
[84]**er . . . lassen** he has put the entire garrison to the sword
[85]**die Allbarmherzigkeit** divine mercy
[86]**jenseitig** otherworldly
[87]**diesseitig** earthly
[88]**die Enthaltsamkeit** abstinence, self-denial

[89]**liegt . . . Zügen** is in its last throes
[90]**röcheln** gasp
[91]**Lampe** *Kant's servant*
[92]**der Angstschweiß** cold sweat (of fear)
[93]**überlegen** *here:* reconsider
[94]**gutmütig** good-naturedly
[95]**praktisch** relating to ethics
[96]**meinetwegen . . . verbürgen** as far as I am concerned, let practical reason guarantee the existence of God
[97]**das Zauberstäbchen** magic wand

Theodor Heuss
(1884–1963)

Theodor Heuss, der erste Präsident der deutschen Bundesrepublik,[1] hatte sich schon in jungen Jahren als Journalist, Schriftsteller und Staatswissenschaftler[2] einen Namen gemacht.

Heuss wurde 1884 in Schwaben[3] geboren. Er studierte Staatswissenschaften und Kunstgeschichte. 1905 erhielt er den Doktorgrad in Nationalökonomie,[4] war in den folgenden Jahren Schriftleiter[5] einer angesehenen Zeitschrift[6] und von 1920 bis 1933, dem Jahr der Machtergreifung[7] Hitlers, Dozent[8] an der Hochschule[9] für Politik in Berlin. Einige Jahre vertrat[10] er die Deutsche Demokratische Partei als Reichstagsabgeordneter.[11] Während der Hitlerzeit widmete sich[12] Heuss seiner journalistischen und schriftstellerischen Arbeit. Nach dem Umsturz[13] 1945 wurde er Kultusminister[14] des Landes Württemberg[15] und 1947 Professor an der Technischen Hochschule Stuttgart. Zehn Jahre lang, von 1949 bis 1959, war er Bundespräsident; seine letzten Jahre verlebte er in Stuttgart.

Die folgenden biographischen Skizzen sind der 1947 erschienenen Sammlung Deutsche Gestalten[16] entnommen.

[1]**die Bundesrepublik** Federal Republic
[2]**der Staatswissenschaftler** political scientist
[3]**Schwaben** Swabia
[4]**die Nationalökonomie** economics
[5]**der Schriftleiter** editor
[6]**die Zeitschrift** periodical
[7]**die Machtergreifung** seizure of power
[8]**der Dozent** lecturer
[9]**die Hochschule** university, academic institute
[10]**vertreten** represent
[11]**der Abgeordnete** delegate
[12]**sich widmen** dedicate oneself
[13]**der Umsturz** *here:* end of Hitler's regime
[14]**der Kultusminister** minister for cultural affairs
[15]**das Land Württemberg** The State of Württemberg
[16]**die Gestalt** figure, character

Ignaz Philipp Semmelweis

„SOLLTEN SIE aber, Herr Hofrat,[1] ohne meine Lehre widerlegt zu haben, fortfahren, Ihre Schüler und Schülerinnen in der Lehre des epidemischen Kindbettfiebers[2] zu erziehen, so erkläre ich Sie vor Gott und der Welt für einen Mörder, und die Geschichte des Kindbettfiebers würde gegen Sie nicht ungerecht sein, wenn selbe[3] Sie für das Verdienst,[4] der Erste   5

[1]**der Hofrat** privy councilor
[2]**das Kindbettfieber** puerperal fever
[3]**selbe** "same," the latter
[4]**das Verdienst** *here:* distinction

129

gewesen zu sein, der sich meiner lebenrettenden Lehre widersetzt, als medizinischen Nero verewigen[5] würde." So schloß der „offene Brief", den der Professor Semmelweis im Jahre 1861 an seinen Kollegen, den Würzburger Gynäkologen Scanzoni gerichtet hat. Im Jahre darauf sandte Semmelweis einen „Offenen Brief an sämtliche Professoren der 10 Geburtshilfe".[6] Handelte es sich um einen händelsuchenden Querulanten,[7] um einen gekränkten Ehrgeiz, der sich in seinem wissenschaftlichen Ruhm bedroht fühlt?

Die menschlichen Nachrichten[8] über Semmelweis besagen, daß er zwar eine empfindsame und erregbare Natur, aber doch auch eine 15 liebenswürdige und bescheidene Seele gewesen ist. Daß es ihm nicht auf den rein forscherlichen Namen[9] ankam,[10] zeigt, daß er über ein Jahrzehnt wartete, bis er seine Beobachtungen 1860 selber in einer zusammenfassenden Darstellung niederlegte: „Die Ätiologie,[11] der Begriff und die Prophylaxis des Kindbettfiebers." Das Werk wurde von der Nach- 20 welt, aber nicht von den „zuständigen"[12] Fach- und Zeitgenossen[13] zu den „klassischen Werken" der Medizin gerechnet. Es ist merkwürdig genug, wie lange er schwieg. Denn die wesentlichen Feststellungen hatte er bereits 1846 bis 1847 getroffen,[14] und kein Geringerer als[15] sein ehemaliger Lehrer, Joseph Skoda, die bedeutendste Erscheinung[16] der 25 neuen Wiener medizinischen Schule, hatte 1848 vor der Akademie der Wissenschaften über die Entdeckungen Semmelweis'[17] in sehr fördernder Weise[18] Vortrag gehalten.

Die Tragik dieses Mannes aus dem ungarländischen Deutschtum,[19] dessen Leben und Wirken zwischen Wien und Budapest sich teilt, hat 30 etwas Gespenstisches.[20] Der Vater, ein Kaufmann in Ofen,[21] wollte gerne, daß dieser Sohn Jurist werde, aber der Besuch einiger medizinischer Vorlesungen an der Wiener Universität veranlaßte den Studenten, umzusatteln.[22] Sein Ziel war die Chirurgie; es ist mehr der Zufall, daß eine Assistentenstelle frei wird, der ihn an die Gebäranstalt[23] bringt. 35 Die hat zwei Abteilungen:[24] eine wird von den lernenden Medizinern[25] betreut, eine von Hebammen.[26] Und es ergibt sich, daß in der Hebam-

---

[5]**verewigen** immortalize
[6]**die Geburtshilfe** obstetrics
[7]**Handelte . . . Querulanten** Was this a case of a quarrelsome crank
[8]**die menschlichen Nachrichten** personal data
[9]**der forscherliche Name** reputation as a scientist
[10]**(Daß es ihm nicht auf) ankam** That he was not concerned with
[11]**die Ätiologie** etiology; cause and history (*of a disease*)
[12]**zuständig** competent
[13]**Fach- und Zeitgenossen = Fachgenossen und Zeitgenossen** colleagues and contemporaries

[14]**Feststellungen treffen** make observations
[15]**kein Geringerer als** no less a person than
[16]**die Erscheinung** figure
[17]**Semmelweis'** (*gen. of Semmelweis*)
[18]**in sehr fördernder Weise** *meaning:* in a manner very helpful (*to Semmelweis*)
[19]**aus dem ungarländischen Deutschtum** descending from German settlers in Hungary
[20]**etwas Gespenstisches** something uncanny
[21]**Ofen** *district of Budapest*
[22]**umsatteln** change one's course of study (*lit.:* "change saddle")
[23]**die Gebäranstalt** maternity clinic
[24]**die Abteilung** *here:* ward
[25]**lernende Mediziner** medical students
[26]**die Hebamme** midwife

men-Abteilung nur ein Viertel bis ein Drittel der Gebärenden[27] am
Kindbettfieber starben wie im Prozentverhältnis[28] an der männlichen
Abteilung.[29] Die Trennung war erst einige Jahre zuvor erfolgt, eine   35
örtliche Verwaltungsmaßnahme,[30] die von den ungeheuerlichsten Kon-
sequenzen sein sollte. Denn dieser statistische Befund des Mehr-Sterbens
bei den werdenden Ärzten, der bald auffiel,[31] aber unerklärlich war
und zu den albernsten Begründungen[32] führte, ließ dem Assistenten
Semmelweis keine Ruhe; er forschte, machte mit seinen Studenten   40
Sektionen[33] bei den eben Verstorbenen, untersuchte immer wieder,
tröstete, besann sich.[34] Die Sache schien aussichtslos. Der Chef der
Abteilung ärgerte sich über den Mann; man mußte sich eben damit
abfinden, daß[35] es sich um eine gewohnte[36] epidemische Erkrankung
handele, die es nicht bloß in Wien, sondern in den Gebäranstalten aller   45
Welt gab, „miasmisch-klimatisch-tellurische" Gründe[37] waren dafür
vorhanden. Aber galten die nicht auch für die andere, bessere Abteilung?
Es war Unsinn oder Ausrede,[38] die Begründung[39] zu glauben. Der Tod
eines befreundeten Arztes,[40] eines Anatomen, der sich bei einer Sektion
eine leichte Wunde zugezogen[41] und dann an Vergiftung gestorben war,   50
wühlte Semmelweis auf.[42] Gab es ein Leichengift,[43] das in das Blut
drang? Er begann darauf zu drängen,[44] daß man sich zwischen Sektion
und Untersuchung die Hände wusch, nicht nur so obenhin,[45] sondern
gründlich, in einer Chlorlösung,[46] bis auch der letzte Leichengeruch[47]
verschwunden war. Und in der Tat, die Sterblichkeitsziffer[48] sank. Also   55
war das Rätsel gelöst und auch die Erklärung vorhanden, warum die
andere Abteilung statistisch besser dastand:[49] die Hebammen beteiligten
sich nicht an Sektionen! Aber dann gab es wieder einen Rückschlag:[50]
trotz jener Sorgfalt nach den Sektionen ein Emporschnellen[51] der
Mortalität. Wie war das zu erklären? Semmelweis fand den Grund selber: 60

[27]**die Gebärenden** mothers
[28]**wie im Prozentverhältnis** *meaning:* as
  compared to the percentage of deaths
[29]**die männliche Abteilung** the ward staffed
  by *(male)* medical students
[30]**die örtliche Verwaltungsmaßnahme** a
  local administrative measure
[31]**dieser ... auffiel** *meaning:* the statistical
  fact that more women died under the care
  of the medical students, which soon became
  obvious
[32]**die albernsten Begründungen** the silliest
  explanations
[33]**die Sektionen** postmortems
[34]**besann sich** thought about the matter
[35]**sich damit abfinden, daß** resign oneself
  to the fact that
[36]**gewohnt** familiar
[37]**„miasmisch-klimatisch-tellurische"**

Gründe atmospheric, climatic, and geological causes
[38]**die Ausrede** rationalization
[39]**die Begründung** line of reasoning
[40]**eines befreundeten Arztes** of a doctor
  with whom he was on friendly terms
[41]**zugezogen** incurred
[42]**wühlte Semmelweis auf** deeply upset
  Semmelweis
[43]**das Leichengift** cadaverine, poison produced by corpses
[44]**drängen** insist
[45]**so obenhin** superficially
[46]**die Chlorlösung** chlorine solution
[47]**der Leichengeruch** cadaverous smell
[48]**die Sterblichkeitsziffer** mortality rate
[49]**besser dastand** made a better showing
[50]**der Rückschlag** setback
[51]**ein Emporschnellen** a rapid rise

unter den Kreißenden[52] war eine an Gebärmutterkrebs[53] erkrankt; man schritt bei den Untersuchungen fort, ohne die nach den Sektionen geübte Reinigung, und die Übertragung[54] war vorhanden. Also nicht „Leichen-gift", sondern überhaupt schleimig-zersetzliche Ausscheidungen,[55] Ansteckung[56] also auch zwischen Lebenden. 65

Das, was Semmelweis so vernichtend traf[57] und tief erregte, war die Erkenntnis, daß der Arzt, der Retter,[58] daß der Pfleger,[59] der Helfer sein sollte, der Bringer des Todes gewesen war. Die Frauen, die irgendwo draußen und sei es[60] auf der „Straße" ihre Kinder gebaren, waren, bei sonst normaler Lage,[61] weniger gefährdet als jene, die eine der zu 70 ihrer Betreuung und Schonung[62] errichteten[63] Anstalten aufsuchten. Wie vielen jungen Müttern hatte er selber, von den Sektionen kommend, die er den Studenten so sehr empfahl, den Tod gebracht? War er nicht selber, in ahnungsloser Hilfsbereitschaft,[64] Mörder gewesen? Und die Entbindungshäuser,[65] vor denen es ja vielen genug graute,[66] waren 75 zugleich für zahllose junge Leben als Sterbehäuser bestimmt, weil man das Kindbettfieber für eine Epidemie hielt!

Wer es auf eine drastische Vereinfachung bringen will, mag sagen:[67] Semmelweis hat die Reinlichkeit entdeckt, die Chlorwaschung vor dem geburtshilflichen Eingriff.[68] Solche Vereinfachung umschreibt[69] in der 80 Tat das Mittel, womit der Mann die Sterblichkeit am Kindbettfieber, solange er Einfluß an seiner Anstalt besaß, ganz außerordentlich herab-drückte,[70] ja sie fast zum Verschwinden brachte. Man sollte meinen, die Zahlen, die für ihn sprachen, die Skoda und andere vortrugen, hätten eine schnelle und durchgreifende Überzeugungskraft besessen. Das 85 Gegenteil war der Fall: er wurde als Schwierigkeiten-Macher[71] entlassen und kehrte nach Budapest zurück, wo es ihm an Schwierigkeiten auch nicht mangelte. Erst verhältnismäßig spät setzte er, Professor geworden, seine Ansichten in der Praxis durch.[72] Aber die Wendung zur vollen

[52]**die Kreißende** woman in labor
[53]**der Gebärmutterkrebs** cancer of the uterus
[54]**die Übertragung** contamination
[55]**schleimig-zersetzliche Ausscheidungen** mucous excretions in process of decomposition
[56]**die Ansteckung** contamination
[57]**Das ... traf** What had such a devastating effect upon Semmelweis
[58]**Daß der Arzt, der Retter = daß der Arzt, der Retter sein sollte**
[59]**der Pfleger** male nurse
[60]**und sei es** and even if
[61]**bei sonst normaler Lage** under otherwise normal circumstances
[62]**die Betreuung und Schonung** nursing and care
[63]**errichtet** built, instituted
[64]**in ahnungsloser Hilfsbereitschaft** in (his) unsuspecting readiness to help
[65]**das Entbindungshaus** lying-in hospital, maternity home (for the poor)
[66]**vor ... graute** of which many were afraid anyway
[67]**Wer ... sagen** meaning: In order to sum up the contribution of Semmelweis, one might say
[68]**vor dem geburtshilflichen Eingriff** meaning: prior to the doctor's participation in the delivery
[69]**umschreibt** here: characterizes
[70]**herabdrücken** reduce
[71]**der Schwierigkeiten-Macher** trouble-maker
[72]**(setzte er) seine Ansichten in der Praxis durch** meaning: did he prevail with his views and effected a change in medical practice

Tragik wartete noch auf ihn. Sei es, daß[73] die Mißachtung seiner Lehre[74]   90
ihn immer tiefer quälte, sei es, daß ein Nervenleiden[75] in seinem
erregbaren Naturell[76] angelegt[77] war—er mußte 1866, von seinen
Wiener Freunden abgeholt, in ein Irrenhaus gebracht werden, wo er bald
danach, erst siebenundvierzigjährig, an einer Blutvergiftung starb. Der
andere große Deutsch-Ungar, Lenau, war ihm mit verwandtem tra-   95
gischem Schicksalsende[78] fünfzehn Jahre zuvor in der gleichen Anstalt
vorangegangen.

Semmelweis gehörte zu den Medizinern, die weniger von dem forscherlichen Ehrgeiz des Wissenschaftlers als von[79] dem Helferwillen des
beratenden und rettenden Arztes innerlich angetrieben[80] waren.   100
Gewiß fällt seine Lernzeit[81] in jene Periode, da[82] sich das naturwissenschaftliche Denken von dem spekulativ-naturphilosophischen[83] zu
lösen[84] begann und in der exakten Empirie, dem Experiment, der
Messung, dem Vergleich, schließlich auch der Statistik eine neue Basis
schuf.[85] In ihren Bezirken[86] wirkten hier Justus Liebig, der Chemiker,   105
Johannes Müller, der Physiologe, in gewissem Sinne auch Gregor
Mendel, der Erbbiologe,[87] freilich von der Mitwelt[88] nicht beachtet, als
zeittypisch.[89] Für die Medizin mögen als die charakteristischen Vertreter
eben der Wiener Joseph Skoda und der Tübinger Dozent[90] Karl August
Wunderlich gelten. Semmelweis gehört in seiner Grundhaltung[91] zu   110
dieser Gruppe; er litt unter den unverbindlichen Redensarten,[92] die für
das Kindbettfieber den Charakter der unabwendbaren Epidemie annahmen.[93] Das Unheil sahen auch die anderen, amtliche Kommissionen
berieten darüber mit einer schier ausweglosen Resignation[94]—nun
hatte er aus therapeutischen Erfahrungen, wenn auch nicht eine letzte   115
Erkenntnis der Ursachen gefunden, so doch eine Wendung der katastro-
phalen Sterblichkeit in seiner Gebäranstalt erreicht.[95] Aber eben dies, daß

[73]**sei es, daß ... sei es, daß** whether it was
that ... or that
[74]**die Mißachtung seiner Lehre** lack of
recognition for his theory
[75]**das Nervenleiden** mental illness
[76]**das Naturell** character, disposition
[77]**angelegt** inherent
[78]**das Schicksalsende** final turn of fate
[79]**weniger von ... als von ...** less by ...
than by
[80]**innerlich angetrieben** motivated
[81]**die Lernzeit** apprenticeship
[82]**da** here: when
[83]**spekulativ-naturphilosophisches
(Denken)** a speculative philosophy of
nature (characteristic of the period of Romanticism)
[84]**sich lösen** dissociate itself
[85]**eine neue Basis schuf** subject is „das

naturwissenschaftliche Denken"
[86]**die Bezirke** domains, fields
[87]**der Erbbiologe** geneticist
[88]**die Mitwelt** contemporaries
[89]**(wirkten) als zeittypisch** were typical of
the age
[90]**der Dozent** here: professor
[91]**die Grundhaltung** basic attitude
[92]**unverbindliche Redensarten** superficial
phrases
[93]**annahmen** claimed
[94]**mit ... Resignation** in a spirit of almost
hopeless resignation
[95]**nun ... erreicht** while he, though he had
not gained ultimate insight into the causes,
had succeeded, on the basis of his therapeutic
experiences, in bringing about a turn to the
better in the catastrophic mortality rate in his
maternity ward

er die bisherige Therapie als schließlich schuldhaft anprangerte[96] („Mörder!") und damit zugleich ganz notwendig die überkommenen Deutungsversuche der Universitätsgynäkologie[97] verwarf, brachte ihn in die gefährliche Vereinsamung. 120

Es ist quälend und beschämend, das Leben von Semmelweis, seine hitzigen Kämpfe mit gelehrten Vorurteilen und mit sparsam-rückständigen[98] Verwaltungen zu verfolgen. Die Forderung nach neuer, immer sauberer Bettwäsche für die Kranken gilt als spleenige[99] Verschwendung! Schließlich geht er so weit, die schwangeren Frauen 125 öffentlich davor zu warnen, für ihre Entbindung überhaupt Krankenhäuser aufzusuchen,[1] weil sie damit ihr Leben gefährden. Das ist eine Heftigkeit, unter deren Maßlosigkeit seine Freunde selber leiden, von der sie aber das erregte[2] Temperament des Mannes nicht zurückhalten 130 können. Denn er weiß sich im Recht. Was gelten demgegenüber Standesrücksichten![3] Und er hat recht! Historisch bleibt die offizielle Wissenschaft der Jahrhundertmitte, bleibt die Naturforscher- und Ärzteversammlung, bleibt auch ein Mann wie Virchow ihm gegenüber blamiert.[4] Es hat noch Jahre gedauert, fast Jahrzehnte, bis das, was heftig 135 umkämpft gewesen,[5] eine ganz banale Selbstverständlichkeit wurde.

Man kann Semmelweis nicht unter den Vorläufern Pasteurs sehen, was das wissenschaftliche Erkenntnisbild[6] betrifft. Denn die Mikrobiotik im engeren Sinn, der ganze Bereich der späteren Bakteriologie können ihn noch nicht beschäftigen. Nur so viel darf man sagen, daß Folgerungen, 140 die aus Pasteurs Erkenntnissen gezogen wurden, von ihm, was die Wundinfektionen anlangt, in der praktischen Handhabung[7] vorweggenommen[8] wurden. Heute, und nicht erst seit heute, bezieht sich ja die Vorsichtsmaßnahme[9] des operierenden Arztes nicht mehr bloß auf die Handwaschung mit einer Chlorösung, die Semmelweis' verspottete[10] 145 Forderung gewesen war, sondern auf Instrumente, Verbandzeug,[11] Zimmerausstattung, die immer wieder „sterilisiert" werden. Die primitivste[12] Vernachlässigung gilt heute als ärztlicher Kunstfehler.[13] Dem Entdecker des Infektionsprozesses beim Kindbettfieber war seine, man möchte sagen bescheidene Forderung noch als unwissenschaftliche 150

---

[96]**daß er . . . anprangerte** that according to him the therapy hitherto in use was ultimately to blame
[97]**die überkommenen . . . Universitätsgynäkologie** meaning: the traditional hypotheses offered by university gynecologists
[98]**sparsam-rückständig** thrifty and reactionary
[99]**spleenig** eccentric
[1]**aufsuchen** go to
[2]**erregt** excitable
[3]**die Standesrücksichten** considerations of rank and class
[4]**(bleibt) ihm gegenüber blamiert** transl.:

disgraced themselves in relation to him
[5]**das . . . gewesen (war)** transl.: that which had been the object of heated controversy
[6]**das wissenschaftliche Erkenntnisbild** scientific outlook
[7]**in der praktischen Handhabung** in practice
[8]**vorwegnehmen** anticipate
[9]**die Vorsichtsmaßnahme** precautionary measure
[10]**verspottet** ridiculed
[11]**das Verbandzeug** bandages
[12]**primitivst** here: slightest
[13]**der Kunstfehler** blunder

Marotte, als fixe Idee angerechnet worden.[14] Das ist die tragische und warnende Paradoxie,[15] die mit dem Namen des Ignaz Philipp Semmelweis verbunden bleibt. Er wurde mit seiner Lehre zum Retter unzählbarer junger Mütter in der ganzen Kulturwelt, ein Lebenserhalter wie kaum ein anderer Vertreter der ärztlichen Kunst, durch gar keinen 155 Kunstgriff,[16] keine tiefsinnige Spekulation, durch eine einfache Beobachtung und eine schier noch einfachere Folgerung. Diese aber erschien als ein Hohn auf die Tradition—so wurde eine mitleidensstarke[17] Seele in das Dunkel des verzweifelnden, mißtrauenden Hasses, auch Selbsthasses, gedrängt. 160

[14]**Dem Entdecker ... worden.** *meaning:* The modest demand of the discoverer of the process of infection in the case of puerperal fever had been ridiculed as unscientific whim or *idée fixe.*

[15]**die tragische und warnende Paradoxie** the tragic and warning paradox

[16]**der Kunstgriff** artifice

[17]**mitleidensstark** strong in compassion, compassionate

Gregor Mendel

SZENE UND Szenerie sind wie aus dem Spätbiedermeier:[1] ein überblühter[2] Klostergarten, nicht eben[3] groß, ein geistlicher Herr,[4] etwas beleibt,[5] steht zwischen den Stauden;[6] mit vorsichtiger Hand ergreift er eine Blüte, öffnet sie, bestäubt[7] ihren Samen; über einige der Blüten sind Säckchen aus dünnem Gewebe[8] gestülpt,[9] sie sollen Sonne und 5 Wärme durchlassen, aber die Insekten abwehren. Auf dem Gesims[10] stehen Topfscherben.[11] Auch sie sind mit der gleichen Staude bepflanzt. Sie ist gewöhnlich genug: eine Erbsensorte[12] ...

Man schreibt die zweite Hälfte der fünfziger Jahre.[13] Es ist die Zeit, da ein Carl Spitzweg[14] in München seine liebenswürdigen Bilder des 10 Kakteenfreundes[15] malt—behaglicher Ausklang einer Epoche heiter genießender Besinnlichkeit im Winkel.[16] Daran denkt man, wenn man sich das Bild des würdigen und liebenswürdigen Paters im Augustiner-

[1]**Spätbiedermeier** *a period in the first half of the 19th century characterized by peaceful and idyllic middle-class settings and virtues*

[2]**überblüht** filled with flowers

[3]**nicht eben** not exactly

[4]**geistlicher Herr** priest

[5]**beleibt** stout

[6]**die Staude** plant

[7]**bestäuben** pollinate

[8]**das Gewebe** material

[9]**stülpen** turn upside down

[10]**das Gesims** windowsill

[11]**Topfscherben** flower pots

[12]**die Sorte** variety (of)

[13]**Man ... Jahre.** The time is the second half of the 1850's

[14]**Carl Spitzweg** *(1808–1885) Bavarian painter of humorous pictures in the "Biedermeier" style*

[15]**der Kaktus, die Kakteen** cactus

[16]**behaglicher ... Winkel** *meaning:* comfortable sunset of a sheltered and provincial period of serene enjoyment of life and contemplative calm

stift[17] St. Thomas zu Brünn,[18] des eifrigen Gärtners und Pflanzenfreundes, vorstellen will . . .   15

Als Darwin 1859 sein revolutionierendes Werk über die Entstehung der Arten herausgab, hatte Mendel schon drei Jahre lang seine sorgfältigen Studien mit Erbsenkreuzungen[19] im stillen Klostergarten getrieben. Er ließ sich durch den Eindruck des Werkes nicht stören, sondern fuhr in seinen Untersuchungen fort, die in ihren Ergebnissen, freilich von einer   20
späteren Zeit, als ein Gegenbeweis gegen Darwin gedeutet wurden.[20] Mendel hat sie vermutlich nie so empfunden,[21] und Darwin selber hat, wie Untersuchungen ergaben, von Mendels 1865 veröffentlichter Arbeit keine Kenntnis bekommen.[22] „Man darf sagen", meint der führende englische Verfechter[23] der Mendelschen Lehre, Bateson, „daß die   25
Entwicklung der Evolutionsphilosophie einen ganz anderen Verlauf[24] genommen hätte, als wir ihn beobachtet haben, wenn Mendels Werk Darwin in die Hände gekommen wäre." Denn der Tatsachensinn[25] des englischen Naturforschers und die größeren experimentellen Möglichkeiten, über die er verfügte,[26] hätten eine Überprüfung[27] und, so glaubt   30
wohl Bateson, eine willige Bestätigung der Mendelschen Erkenntnisse gebracht.

Aber das war nun das „Unglück", wenn man so will,[28] des Brünner Paters, daß er sich in einem zwar angeregten,[29] aber örtlich gebundenen[30] Kreise bewegte: seine Versuche über Pflanzenhybriden", vorge-   35
tragen[31] am 8. Februar und 8. März 1865 vor dem „Naturforschenden Verein"[32] in Brünn und in dessen Abhandlungen[33] abgedruckt, blieben ganz unbeachtet. Wer erwartete etwas aus dieser Ecke und gar von einem katholischen Priester! Man denkt daran, daß der Provinzarzt Robert Mayer seine Wärmemechanik auch nur durch einen unbekannten Verlag   40
seiner Heimatstadt zum Druck bringen konnte.

Wer—mit etwas Kurzsichtigkeit[34]—Mendel historisch als Gegenspieler[35] Darwins nahm, übersah, daß . . . die ersten Erkenntnisse seiner Forschungen schon vorlagen,[36] als Darwins Werk ans Licht trat. Doch

[17]**das Augustinerstift** Augustinian monastery
[18]**Brünn** *provincial city in Moravia*
[19]**die Erbsenkreuzungen** hybridization of peas
[20]**als . . . wurden** were interpreted as a proof against Darwin
[21]**(hat sie) nie so empfunden** never considered them in this light
[22]**Darwin . . . hat . . . keine Kenntnis bekommen** Darwin himself had no knowledge (of)
[23]**der Verfechter** proponent
[24]**der Verlauf** course
[25]**der Tatsachensinn** *meaning:* regard for facts

[26]**über die er verfügte** which were at his disposal
[27]**die Überprüfung** verification
[28]**wenn man so will** if one wants to call it that
[29]**angeregt** *meaning:* intellectually stimulated *or* stimulating
[30]**örtlich gebunden** *meaning:* provincial
[31]**vorgetragen** *meaning:* presented in a lecture
[32]**der Verein** club, association
[33]**die Abhandlungen** *meaning:* monographs and transactions
[34]**die Kurzsichtigkeit** shortsightedness
[35]**der Gegenspieler** opponent
[36]**schon vorlagen** were already available

ist es verständlich, weil bei Darwin Selektion, Anpassung,[37] Änderung[38] 45
der Arten die entscheidende These war, . . . Mendels Forschung aber die
Kontinuität, das Bleibende und Bewahrende[39] in dem Walten des natürlichen Geschehens[40] [betonte]. . . . Durch ihn wurde die Konstanz der
Erbmasse,[41] gerade auch durch zahllose künstliche Kreuzungen, fest-
gestellt—über zehntausend Einzeluntersuchungen an Erbsen bilden den 50
Grundstoff[42] seiner Intersuchung—und darüber hinaus die mathematische Relation, in der sich[43] Eigenschaften oder Merkmale durch
Generationen in wechselndem Ausschlag fortpflanzen.[44]

Als Forschungsobjekt hatte er die Erbse gewählt, dabei die Sorten nach
Merkmalen scharf trennend: runde und kantige[45] Samen, Erbsen mit 55
grünen und gelben Keimblättern;[46] weiße und farbige Samen; gelbe und
grüne Hülsen;[47] Unterschied in der Hülsenform, im Wuchs der Pflanze,
im Ansatz[48] der Blüten. Indem er kreuzt, entdeckt er, daß in der ersten
Generation nur eines der charakteristischen Merkmale weitergegeben
wird: dieses nennt er das dominante, die verschwindenden, die rezessi- 60
ven. Mit größter Behutsamkeit trennt und registriert er die Ergebnisse,
legt individuelle Stammbäume[49] an;[50] bei der zweiten Generation
tauchen nun, da die Pflanzen der Selbstbefruchtung[51] überlassen bleiben,
die „rezessiven" Eigenschaften im Verhältnis 1 : 3 wieder auf.[52] Und in
der nächsten Generation erschien bei einem Viertel die Dominante des 65
Ausgangs[53] wieder ungespalten[54] und rein. Diese Relation ergibt sich
aus Zählungen[55] und Vergleichen, die in die Hunderte, in die Tausende
gehen; aber sie findet sich für[56] alle Merkmale. Und indem er mit den
Kreuzungsversuchen der weiteren Generation fortfährt, kommt er zu
dem Satz:[57] „Die Nachkommen[58] der Hybriden, in welchen mehrere 70
wesentlich verschiedene Merkmale vereinigt sind, stellen die Glieder
einer Kombinationsreihe[59] vor, in welchen die Entwicklungsreihen[60]
für je zwei differierende Merkmale[61] verbunden sind. Damit ist zugleich
erwiesen, daß das Verhalten[62] je zweier differierender Merkmale in

[37]**die Anpassung** adaptation
[38]**die Änderung** variation
[39]**das Bewahrende** the preserving force
[40]**das Walten des natürlichen Geschehens**
the rule of nature
[41]**die Erbmasse** hereditary material
[42]**der Grundstoff** basic material
[43]**in der sich** in which
[44]**in wechselndem Ausschlag fortpflanzen**
referring to the persistent alternation of character-
istics through different generations (**[sich] fort-**
pflanzen are transmitted)
[45]**kantig** square, angular
[46]**das Keimblatt** cotyledon
[47]**die Hülse** hull, pod
[48]**der Ansatz** attachment
[49]**der Stammbaum** genealogical tree, genealogy

[50]**(legt) an** draws up
[51]**die Selbstbefruchtung** self-fertilization
[52]**auftauchen** emerge, appear
[53]**die Dominante des Ausgangs** *meaning:*
the originally dominant trait *or* characteristic
[54]**ungespalten** undivided
[55]**die Zählung** count
[56]**sie findet sich für** *transl.:* it applies to
[57]**der Satz** *here:* statement
[58]**die Nachkommen** offspring, generations
[59]**die Kombinationsreihe** series of combinations
[60]**die Entwicklungsreihe** developmental
series
[61]**für . . . Merkmale** *meaning:* for respective
pairs of differentiating characteristics
[62]**das Verhalten** *here:* capacity *or* potentiality

hybrider Verbindung unabhängig ist von den anderweitigen[63] Unter- 75
schieden an den beiden Stammpflanzen."[64] „Die Nachkommen der Hybriden je zweier differierender Merkmale sind zur Hälfte wieder
Hybriden, während die andere Hälfte zu gleichen Teilen mit dem
Charakter der Samen- und Pollenpflanze konstant wird."

Die achtungsvollen Zuhörer des verehrten Redners, denen die Zahlen- 80
reihen vorerzählt wurden,[65] haben gewiß nicht geahnt, daß sie Zeugen
eines wissenschaftsgeschichtlichen Ereignisses[66] waren. Aber es bleibt
bemerkenswert, daß die so selbständige Fragestellung und eigenwillige
Durchführung der Experimente auch dem führenden Botaniker der Zeit,
Nägeli in München, nicht aufging.[67] Dem hatte Mendel, da Nägeli über 85
verwandte Fragen arbeitete, einen Sonderdruck[68] gesandt, aber die
Darlegungen[69] Mendels erschienen Nägeli zu „empirisch", nicht
„rationell" genug—an die Kernfrage[70] trat er gar nicht heran,[71] und
die Förderung[72] blieb aus,[73] ja man kann sagen, daß Nägelis Sonderin-
teressen Mendels Willigkeit auf ein Geleise schoben,[74] das ihn dem Ziele 90
nicht näher brachte, sondern Zweifel an der Allgemeingültigkeit[75] der
früheren Arbeit wecken[76] konnte.

Daß Mendel der Naturwissenschaft nach dieser Leistung mehr oder
weniger verlorenging[77]—seine meteorologischen Arbeiten blieben im
ganzen in einem Rahmen des Registrierens und ohne systematischen 100
Anspruch[78]—, liegt nicht daran,[79] daß ihn Verkennung[80] enttäuscht
hätte. Seine gelassene[81] und gewissenhafte Art fand in sich selber
Genüge.[82]

[63]**anderweitigen=anderen**
[64]**die Stammpflanze** parent plant
[65]**denen . . . wurden** who were told about these series of numbers
[66]**wissenschaftsgeschichtliches Ereignis** important event in the history of science
[67]**daß die . . . aufging** meaning: that the leading botanist of that time, Nägeli in Munich, did not appreciate Mendel's independence and originality in posing his questions and carrying through his experiments
[68]**der Sonderdruck** offprint, special copy
[69]**die Darlegung** presentation
[70]**die Kernfrage** central question
[71]**herantreten** meaning: take up

[72]**die Förderung** support
[73]**blieb aus** was not forthcoming
[74]**Mendels . . . schoben** meaning: easily diverted Mendel's interest to an avenue of inquiry
[75]**die Allgemeingültigkeit** general validity
[76]**(Zweifel) wecken** raise doubts
[77]**verlorenging** (with dat.) was lost to
[78]**ohne systematischen Anspruch** without claim to a system
[79]**liegt nicht daran, daß** is not due to the fact that
[80]**die Verkennung** lack of understanding
[81]**gelassen** calm
[82]**(fand) Genüge** found satisfaction

Stefan Zweig
(1881–1942)

Stefan Zweig gehörte in vergangenen Jahrzehnten, zumal[1] als Autor von psychologischen Erzählungen, historischen Romanen und Biographien, zu den meistgelesenen deutschen Autoren. Von seinem umfangreichen[2] schrift-stellerischen Werk sind heute nur noch wenige virtuos verfertigte[3] Novellen (z. B. Schachnovelle,[4] 1942) von literarischem Interesse. Die Herrschaft Hitlers in Deutschland und Europa zwang den „Nichtarier"[5] Stefan Zweig nicht nur zur Emigration, sondern bedeutete für ihn als Herrschaft der Barbarei im Herzen Europas den Untergang[6] seiner Welt, die durchaus[7] die Welt des liberalen Zentraleuropäers war. Auf der Höhe der Hitlerschen Epoche, im Jahr 1942, nahm sich der über England nach Südamerika ausgewanderte[8] Schriftsteller das Leben. Sein letztes Buch, Die Welt von gestern, der Versuch, die „Biographie einer Epoche" zu schreiben, enthält „Erinnerungen eines Europäers" an die Zeit vor dem Ersten Weltkrieg, die für Zweig angesichts[9] des selbsterlebten europäischen Zusammenbruchs nun verklärt[10] erschien vom Glanz des Friedens und der Humanität.

[1]**zumal** especially
[2]**umfangreich** extensive
[3]**virtuos verfertigt** wrought with technical perfection
[4]**das Schach** chess
[5]**der „Nichtarier"** non-Aryan

[6]**der Untergang** downfall
[7]**durchaus** entirely
[8]**auswandern** emigrate
[9]**angesichts** *(with gen.)* in view of
[10]**verklärt** transfigured

Die Welt von gestern

WENN ICH versuche, für die Zeit vor dem ersten Weltkriege, in der ich aufgewachsen bin, eine handliche Formel zu finden, so hoffe ich am prägnantesten[1] zu sein, wenn ich sage: es war das goldene Zeitalter der Sicherheit. Alles in unserer fast tausendjährigen österreichischen Mo-narchie schien auf Dauer gegründet[2] und der Staat selbst der oberste Garant dieser Beständigkeit. Die Rechte, die er seinen Bürgern gewährte, waren verbrieft[3] vom Parlament, der frei gewählten Vertretung des Volkes, und jede Pflicht genau begrenzt. Unsere Währung,[4] die öster-

[1]**prägnant** concise
[2]**auf Dauer gegründet** *meaning:* established with the idea that it would last forever

[3]**verbrieft** guaranteed
[4]**die Währung** currency

reichische Krone, lief in blanken Goldstücken um[5] und verbürgte[6] damit ihre Unwandelbarkeit.[7] Jeder wußte, wieviel er besaß oder 10 wieviel ihm zukam,[8] was erlaubt und was verboten war. Alles hatte seine Norm, sein bestimmtes Maß und Gewicht. Wer ein Vermögen besaß,[9] konnte genau errechnen, wieviel an Zinsen[10] es alljährlich zubrachte, der Beamte, der Offizier wiederum fand im Kalender verläßlich das Jahr, in dem er avancieren und in dem er in Pension gehen würde. Jede Familie 15 hatte ihr bestimmtes Budget, sie wußte, wieviel sie zu verbrauchen hatte für Wohnen und Essen, für Sommerreise und Repräsentation,[11] außerdem war unweigerlich[12] ein kleiner Betrag sorgsam für Unvorhergesehenes, für Krankheit und Arzt bereitgestellt. Wer ein Haus besaß, betrachtete es als sichere Heimstatt für Kinder und Enkel, Hof und 20 Geschäft vererbte sich von Geschlecht zu Geschlecht; während ein Säugling noch in der Wiege lag, legte man in der Sparbüchse[13] oder der Sparkasse[14] bereits einen ersten Obolus[15] für den Lebensweg zurecht, eine kleine „Reserve" für die Zukunft. Alles stand in diesem weiten Reiche fest und unverrückbar an seiner Stelle und an der höchsten der 25 greise Kaiser; aber sollte er sterben, so, wußte man (oder meinte man), würde ein anderer kommen und nichts sich ändern in der wohlberechneten Ordnung. Niemand glaubte an Kriege, an Revolutionen und Umstürze. Alles Radikale, alles Gewaltsame schien bereits unmöglich in einem Zeitalter der Vernunft. 30

Dieses Gefühl der Sicherheit war der anstrebenswerteste[16] Besitz von Millionen, das gemeinsame Lebensideal. Nur mit dieser Sicherheit galt das Leben als lebenswert, und immer weitere Kreise begehrten ihren Teil an diesem kostbaren Gut. Erst waren es nur die Besitzenden,[17] die sich dieses Vorzugs erfreuten, allmählich aber drängten die breiten 35 Massen heran; das Jahrhundert der Sicherheit wurde das goldene Zeitalter des Versicherungswesens.[18] Man assekurierte[19] sein Haus gegen Feuer und Einbruch,[20] sein Feld gegen Hagel und Wetterschaden, seinen Körper gegen Unfall und Krankheit, man kaufte sich Leibrenten[21] für das Alter und legte den Mädchen eine Police[22] in die Wiege für die 40 Mitgift.[23] Schließlich organisierten sich sogar die Arbeiter, eroberten sich einen normalisierten Lohn und Krankenkassen,[24] Dienstboten[25]

[5](lief) um circulated
[6]verbürgte guaranteed, assured
[7]die Unwandelbarkeit stability
[8]wieviel ihm zukam what he had a right to expect (*lit.*: how much he had coming to him)
[9]Wer ein Vermögen besaß Whoever was a man of means
[10]die Zinsen interest
[11]die Repräsentation social functions
[12]unweigerlich inevitably
[13]die Sparbüchse piggy bank
[14]die Sparkasse savings account

[15]der Obolus obole, penny
[16]anstrebenswert desirable
[17]die Besitzenden men of property
[18]das Versicherungswesen insurance business
[19]assekurieren insure
[20]der Einbruch *here*: burglary
[21]die Leibrente retirement insurance
[22]die Police policy
[23]die Mitgift dowry
[24]die Krankenkasse medical insurance
[25]die Dienstboten servants

sparten sich eine Altersversicherung[26] und zahlten im voraus ein in die Sterbekasse[27] für ihr eigenes Begräbnis. Nur wer sorglos in die Zukunft blicken konnte, genoß mit gutem Gefühl die Gegenwart.

In diesem rührenden Vertrauen, sein Leben bis auf die letzte Lücke verpalisadieren[28] zu können gegen jeden Einbruch[29] des Schicksals, lag trotz aller Solidität und Bescheidenheit der Lebensauffassung eine große und gefährliche Hoffart.[30] Das neunzehnte Jahrhundert war in seinem liberalistischen Idealismus ehrlich überzeugt, auf dem geraden und unfehlbaren Weg zur „besten aller Welten" zu sein. Mit Verachtung blickte man auf die früheren Epochen mit ihren Kriegen, Hungersnöten[31] und Revolten herab als auf eine Zeit, da die Menschheit eben noch unmündig[32] und nicht genug aufgeklärt[33] gewesen. Jetzt aber war es doch nur eine Angelegenheit von[34] Jahrzehnten, bis das letzte Böse und Gewalttätige endgültig überwunden sein würde, und dieser Glaube an den ununterbrochenen, unaufhaltsamen „Fortschritt" hatte für jenes Zeitalter wahrhaftig die Kraft einer Religion; man glaubte an diesen „Fortschritt" schon mehr als an die Bibel, und sein Evangelium[35] schien unumstößlich[36] bewiesen durch die täglich neuen Wunder der Wissenschaft und der Technik.[37] In der Tat wurde ein allgemeiner Aufstieg zu Ende dieses friedlichen Jahrhunderts immer sichtbarer, immer geschwinder, immer vielfältiger.[38] Auf den Straßen flammten des Nachts statt der trüben Lichter elektrische Lampen, die Geschäfte trugen von den Hauptstraßen ihren verführerischen neuen Glanz[39] bis in die Vorstädte,[40] schon konnte dank des[41] Telephons der Mensch zum Menschen in die Ferne sprechen, schon flog er dahin im pferdelosen Wagen mit neuen Geschwindigkeiten, schon schwang er sich empor in die Lüfte im erfüllten Ikarustraum. Der Komfort drang[42] aus den vornehmen Häusern in die bürgerlichen, nicht mehr mußte das Wasser vom Brunnen oder Gang geholt, nicht mehr mühsam am Herd das Feuer entzündet werden, die Hygiene verbreitete sich, der Schmutz verschwand. Die Menschen wurden schöner, kräftiger, gesünder, seit der Sport ihnen die Körper stählte,[43] immer seltener sah man Verkrüppelte, Kropfige,[44] Verstümmelte[45] auf den Straßen, und all diese Wunder hatte die Wissenschaft vollbracht, dieser Erzengel des Fortschritts. Auch im Sozialen ging es voran; von Jahr zu Jahr wurden dem Individuum neue Rechte gegeben, die Justiz linder[46] und humaner gehandhabt, und selbst das

---

[26]**die Altersversicherung**   old-age pension
[27]**die Sterbekasse**   funeral fund
[28]**verpalisadieren**   *meaning:* build an impregnable wall
[29]**der Einbruch**   *here:* intrusion
[30]**die Hoffart**   arrogance, pride
[31]**die Hungersnot**   famine
[32]**unmündig**   immature
[33]**aufgeklärt**   enlightened
[34]**eine Angelegenheit von**   a matter of
[35]**das Evangelium**   gospel

[36]**unumstößlich**   incontrovertibly
[37]**die Technik**   technology
[38]**vielfältiger**   more varied
[39]**der Glanz**   splendor
[40]**die Vorstadt**   suburb
[41]**dank des**   due to
[42]**drang**   spread
[43]**stählen**   steel, strengthen
[44]**der Kropfige**   person with goiter
[45]**der Verstümmelte**   maimed person
[46]**lind**   mild

Problem der Probleme, die Armut der großen Massen, schien nicht mehr unüberwindlich. Immer weiteren Kreisen gewährte man das Wahlrecht[47] und damit die Möglichkeit, legal ihre Interessen zu verteidigen, Soziologen und Professoren wetteiferten,[48] die Lebenshaltung[49] des Proletariats gesünder und sogar glücklicher zu gestalten—was Wunder darum, wenn[50] dies Jahrhundert sich an seiner eigenen Leistung sonnte[51] und jedes beendete Jahrzehnt nur als Vorstufe[52] eines besseren empfand? An barbarische Rückfälle[53] wie Kriege zwischen den Völkern Europas glaubte man so wenig mehr wie an Hexen und Gespenster; beharrlich waren unsere Väter durchdrungen von[54] dem Vertrauen auf die unfehlbar bindende Kraft von Toleranz und Konzilianz.[55] Redlich meinten sie, die Grenzen von Divergenzen zwischen den Nationen und Konfessionen würden allmählich zerfließen[56] ins gemeinsam Humane und damit Friede und Sicherheit, diese höchsten Güter, der ganzen Menschheit zugeteilt[57] sein.

Es ist billig[58] für uns heute, die wir[59] das Wort „Sicherheit" längst als ein Phantom aus unserem Vokabular gestrichen haben, den optimistischen Wahn[60] jener idealistisch verblendeten[61] Generation zu belächeln, der technische Fortschritt der Menschheit müsse unbedingterweise einen gleich rapiden moralischen Aufstieg zur Folge haben. Wir, die wir im neuen Jahrhundert gelernt haben, von keinem Ausbruch kollektiver Bestialität uns mehr überraschen zu lassen, wir, die wir von jedem kommenden Tag noch Ruchloseres[62] erwarten als von dem vergangenen, sind bedeutend skeptischer hinsichtlich einer moralischen Erziehbarkeit[63] des Menschen. Wir mußten Freud recht geben, wenn er in unserer Kultur, unserer Zivilisation nur eine dünne Schicht sah, die jeden Augenblick von den destruktiven Triebkräften der Unterwelt durchstoßen werden kann, wir haben allmählich uns gewöhnen müssen, ohne Boden[64] unter unseren Füßen zu leben, ohne Recht, ohne Freiheit, ohne Sicherheit. Längst haben wir für unsere eigene Existenz der Religion unserer Väter, ihrem Glauben an einen raschen und andauernden Aufstieg der Humanität[65] abgesagt;[66] banal scheint uns grausam Belehrten[67] jener voreilige[68] Optimismus angesichts einer Katastrophe, die mit einem einzigen Stoß uns um tausend Jahre humaner Bemühungen

---

[47]**das Wahlrecht** right to vote, suffrage
[48]**wetteifern** vie
[49]**die Lebenshaltung** way of life
[50]**was Wunder darum, wenn** no wonder that
[51]**sich sonnen** bask
[52]**die Vorstufe** steppingstone
[53]**der Rückfall** regression
[54]**durchdrungen von** imbued with
[55]**die Konzilianz** conciliatory spirit
[56]**zerfließen** be resolved
[57]**zugeteilt** allotted
[58]**billig** *here*: easy

[59]**die wir** *transl.*: who
[60]**der Wahn** delusion
[61]**idealistisch verblendet** blinded by idealism
[62]**noch Ruchloseres** even greater atrocities
[63]**die Erziehbarkeit** *lit.*: educability
[64]**ohne Boden** without a firm ground
[65]**Humanität** *meaning*: humane civilization
[66]**absagen** *here*: renounce
[67]**uns grausam Belehrten** to us who have been taught so cruelly
[68]**voreilig** rash

zurückgeworfen hat. Aber wenn auch nur Wahn, so war es doch ein wundervoller und edler Wahn, dem unsere Väter dienten, menschlicher und fruchtbarer als die Parolen[69] von heute. Und etwas in mir kann sich 115 geheimnisvollerweise[70] trotz aller Erkenntnis und Enttäuschung nicht ganz von ihm loslösen.[71] Was ein Mensch in seiner Kindheit aus der Luft der Zeit[72] in sein Blut genommen, bleibt unausscheidbar.[73] Und trotz allem und allem, was jeder Tag mir in die Ohren schmettert,[74] was ich selbst und unzählige Schicksalsgenossen[75] an Erniedrigung und 120 Prüfungen[76] erfahren haben, ich vermag den Glauben meiner Jugend nicht ganz zu verleugnen, daß es wieder einmal aufwärts gehen wird[77] trotz allem und allem. Selbst aus dem Abgrund des Grauens,[78] in dem wir heute halbblind herumtasten[79] mit verstörter[80] und zerbrochener Seele,[81] blicke ich immer wieder auf zu jenen alten Sternbildern,[82] die 125 über meiner Kindheit glänzten, und tröste mich mit dem ererbten Vertrauen, daß dieser Rückfall[83] dereinst[84] nur als ein Intervall erscheinen wird in dem ewigen Rhythmus des Voran[85] und Voran.

---

[69]**die Parole** slogan
[70]**geheimnisvollerweise** strangely enough
[71]**(etwas in mir kann sich) nicht ganz von ihm (dem Wahn) loslösen** part of me cannot detach itself from this delusion
[72]**die Luft der Zeit** atmosphere of the age
[73]**bleibt unausscheidbar** *meaning:* remains part of him
[74]**schmettern** blare
[75]**Schicksalsgenossen** fellow sufferers
[76]**an Erniedrigung und Prüfungen** in the way of humiliations and trials
[77]**(daß es) aufwärts gehen wird** that things will look up
[78]**das Grauen** horror
[79]**herumtasten** grope around
[80]**verstört** troubled
[81]**die Seele** *meaning:* heart and mind
[82]**das Sternbild** constellation
[83]**der Rückfall** relapse
[84]**dereinst** someday
[85]**voran** forward

Thomas Mann
(1875–1955)

*Thomas Mann, der Verfasser[1] großer Romane (Buddenbrooks, 1901;
Der Zauberberg, 1924; Joseph und seine Brüder, 1933–1942; Doktor
Faustus, 1947) und vollendeter Novellen[2] (Tonio Kröger, 1903; Der Tod
in Venedig, 1912; Unordnung und frühes Leid,[3] 1926), brillanter Essayist
auf dem Gebiet der Literatur- und Kulturkritik, der meist gefeierte[4] deutsche
Schriftsteller des Jahrhunderts, betrachtete zeitlebens das Wesen[5] des Künstlers
mit Ironie und Mißtrauen. Zugleich aber widmete[6] er ebendiesem Problem des
Künstlers sein leidenschaftliches Interesse und seine ganze Liebe. In der
folgenden autobiographischen Skizze[7] behandelt der junge, erfolgreiche Autor
seine problematische Existenz durchaus[8] im Sinne der ihm eigenen[9] Ambivalenz, ironisch und kokett zugleich, wobei die tiefere Ironie dieser kleinen
Karikatur darin besteht, daß die Selbstkritik des Künstlers ernster gemeint ist als
es für den flüchtigen[10] Leser den Anschein haben[11] mag.*

Im Spiegel

WAS ICH, geehrte Redaktion,[1] in Ihrem Spiegel[2] erblicke, ist überraschend und anstößig,[3]—ich gebe zu, daß es mir subjektiv nicht wenig
behagt, bemerke aber ausdrücklich, daß ich es in einem höheren Sinne
nicht zu billigen[4] vermöchte.

Ich habe eine dunkle und schimpfliche[5] Vergangenheit, so daß es mir 5
außerordentlich peinlich ist, vor Ihrem Publikum davon zu sprechen.
Erstens bin ich ein verkommener Gymnasiast.[6] Nicht, daß ich durchs

Abiturientenexamen gefallen[7] wäre,—es wäre Aufschneiderei,[8] wollte
ich das behaupten. Sondern ich bin überhaupt nicht bis Prima[9] gelangt;
ich war schon in Sekunda[10] so alt wie der Westerwald.[11] Faul, verstockt[12]   10
und voll liederlichen[13] Hohns über das Ganze, verhaßt bei den Lehrern
der altehrwürdigen Anstalt,[14] ausgezeichneten Männern, die mir,—
mit vollem Recht, in voller Übereinstimmung mit aller Erfahrung, aller
Wahrscheinlichkeit—den sicheren Untergang prophezeiten, und höchstens bei einigen Mitschülern auf Grund irgendeiner schwer bestimm-   15
baren Überlegenheit in gewissem Ansehen:[15] so saß ich die Jahre ab,[16]
bis man mir den Berechtigungsschein zum einjährigen Militärdienst
ausstellte.[17]

Ich entwich damit nach München, wohin nach dem Tode meines
Vaters, der Inhaber einer Getreidefirma und Senator in Lübeck gewesen   20
war, meine Mutter ihren Wohnsitz verlegt[18] hatte; und da ich immerhin
in Anstand nahm,[19] mich sofort und offenkundig dem Müßiggang[20] zu
überlassen[21] so trat ich, das Wort „vorläufig" im Herzen, als Volontär[22]
in die Bureaus einer Feuerversicherungsgesellschaft ein. Statt aber
bestrebt zu sein, mich in die Geschäfte einzuarbeiten, hielt ich es für gut,   25
auf meinem Drehsessel[23] verstohlenerweise[24] an einer erdichteten
Erzählung zu schreiben, einer mit Versen untermischten Liebesgeschichte, die ich dann in einer umstürzlerisch gesinnten[25] Monatsschrift
zum Abdruck gelangen ließ, und auf die ich mir wohl gar noch etwas
zugute tat.[26]   30

Ich verließ das Bureau, bevor man mich hinauswarf, gab an, Journalist
werden zu wollen, und hörte ein paar Semester lang an den Münchener
Hochschulen[27] in buntem und unerspießlichem Durcheinander[28] histo-
rische, volkswirtschaftliche[29] und schönwissenschaftliche[30] Vorlesungen.[31] Plötzlich jedoch, wie ein rechter Vagabund, ließ ich alles   35

---

[7]**durchs Abiturientenexamen fallen**
meaning: to fail the comprehensive examina-
tions in the last year of high school
[8]**die Aufschneiderei** bragging
[9]**die Prima** senior year
[10]**die Sekunda** junior year
[11]**der Westerwald** *a forest near Bonn*
[12]**verstockt** obstinate
[13]**liederlich** dissolute
[14]**die alterhrwürdige Anstalt** the ancient
and venerable institution
[15]**in gewissem Ansehen** enjoying a certain
respect
[16]**absitzen** wait out, serve *(usually with reference to a term in prison)*
[17]**bis . . . ausstellte** until they gave me the
certificate entitling me to one year of military
service *(Note: graduates from the "Gymnasium"
were entitled to serve a shorter period than those
from the lower schools)*
[18]**den Wohnsitz verlegen** move

[19]**in Anstand nehmen** have misgivings,
hesitate
[20]**der Müßiggang** idleness
[21]**sich überlassen** *(with dat.)* abandon oneself (to)
[22]**der Volontär** unsalaried clerk
[23]**der Drehsessel** swivel chair
[24]**verstohlenerweise** secretly, surreptitiously
[25]**umstürzlerisch gesinnt** radical
[26]**sich etwas zugute tun (auf)** be proud of
[27]**Hochschulen** institutions of higher learning
[28]**in . . . Durcheinander** in a motley and
useless hodgepodge
[29]**die Volkswirtschaft** economics
[30]**die schönen Wissenschaften** fine arts and
literature
[31]**Vorlesungen hören** attend courses at a
university

liegen und ging ins Ausland, nach Rom, wo ich mich ein Jahr lang plan- und beschäftigungslos umhertrieb.[32] Ich verbrachte meine Tage mit Schreiben und der Vertilgung[33] jenes Lesestoffes, den man den belletristischen nennt und dem ein anständiger Mensch höchstens zur Zerstreuung[34] in seinen Mußestunden[35] sich zuwendet,—und meine Abende bei 40
Punsch und Dominospiel. Ich besaß genau die Mittel, zu leben und unmäßig viele jener süßen Soldo-Zigaretten zu rauchen, die der italienische Staat verschleißt,[36] und denen ich damals bis zur Völlerei[37] ergeben war.

Gebräunt, mager und in ziemlich abgerissenem[38] Zustande nach Mün- 45
chen zurückgekehrt, sah ich mich endlich genötigt, von meinem Berechtigungsschein zum freiwilligen Dienst Gebrauch zu machen. Wenn man aber zu vernehmen hofft, daß ich mich auf militärischem Gebiete irgend tauglicher[39] erwiesen hätte als auf anderen, so wird man enttäuscht werden. Schon nach einem Vierteljahr, noch vor Weihnachten, wurde 50
ich mit schlichtem Abschied[40] entlassen, da meine Füße sich nicht an jene ideale und männliche Gangart[41] gewöhnen wollten, die Parademarsch[42] heißt, und ich beständig mit Sehnenscheidenentzündung[43] daniederlag.[44] Aber der Körper ist dem Geiste bis zu einem gewissen Grade unterworfen, und wenn die geringste Liebe zur Sache[45] in mir 55
gelebt hätte, so wäre das Leiden wohl zu bezwingen gewesen.

Genug, ich quittierte den Dienst und setzte in Zivilkleidern mein fahrlässiges[46] Leben fort. Eine Zeitlang war ich Mitredakteur[47] des Simplicissimus,[48]—man sieht, ich sank von Stufe zu Stufe. Ich ging in das vierte Jahrzehnt meines Lebens. 60

Und nun? Und heute? Ich hocke verglasten Blicks und einen wollenen Schal um den Hals mit anderen verlorenen Gesellen in einer Anarchistenkneipe?[49] Ich liege in der Gosse,[50] wie sich's gebührte?[51]

Nein. Glanz umgibt mich. Nichts gleicht meinem Glücke. Ich bin vermählt, ich habe eine außerordentlich schöne junge Frau—eine Prin- 65
zessin von einer Frau, wenn man mir glauben will, deren Vater königlicher Universitätsprofessor ist und die ihrerseits das Abiturientenexamen gemacht hat, ohne deshalb auf mich herabzusehen, sowie zwei blühende, zu den höchsten Hoffnungen berechtigende Kinder. Ich bin Herr einer großen Wohnung in feinster Lage[52] mit elektrischem Licht 70

---

[32]**sich umhertreiben** roam about
[33]**die Vertilgung** consumption
[34]**zur Zerstreuung** as a diversion
[35]**die Muße** leisure
[36]**verschleißen** sell
[37]**bis zur Völlerei** to the point of debauchery
[38]**abgerissen** shabby
[39]**tauglich** fit
[40]**der Abschied** *here:* discharge
[41]**die Gangart** gait
[42]**der Parademarsch** goose step
[43]**die Sehnenscheidenentzündung** *lit.:* in-

flammation of the tendon sheaths
[44]**daniederliegen** be confined to bed
[45]**zur Sache** for the cause
[46]**fahrlässig** careless
[47]**der Mitredakteur** coeditor
[48]**Simplicissimus** *a satirical periodical*
[49]**die Anarchistenkneipe** a dive for anarchists
[50]**die Gosse** gutter
[51]**wie sich's gebührte** *meaning:* as it should be
[52]**die Lage** *here:* location, neighborhood

und allem Komfort der Neuzeit,[53]—ausgestattet mit den herrlichsten Möbeln, Teppichen und Kunstgemälden. Mein Hausstand[54] ist reich bestellt,[55] ich befehle drei stattlichen Dienstmädchen und einem schottischen Schäferhund, ich speise schon zum Morgentee Zuckerbrötchen[56] und trage fast ausschließlich Lackstiefel.[57] Was noch? Ich mache Triumphreisen. Ich besuche die Städte, eingeladen von schöngeistigen[58] Gesellschaften, ich erscheine im Frack,[59] und die Leute klatschen in die Hände, wenn ich nur auftrete. Ich war auch in meiner Vaterstadt. Der große Kasino-Saal war ausverkauft, man überreichte mir einen Lorbeerkranz, und meine Mitbürger applaudierten. Überall nennt man meinen Namen nur mit hochgezogenen[60] Brauen, Leutnants und junge Damen bitten mich in den ehrerbietigsten Worten um mein Autogramm, und wenn ich morgen einen Orden[61] bekomme, so werde ich keine Miene verziehen.[62]

Und wieso das alles? Wodurch? Wofür? Ich habe mich nicht geändert, nicht gebessert. Ich habe nur immer fortgefahren, zu treiben, was ich schon als Ultimus[63] trieb, nämlich zu träumen, Dichterbücher zu lesen und selbst dergleichen herzustellen. Dafür sitze ich nun in der Herrlichkeit. Aber ist das der folgerichtige[64] Lohn meines Wandels?[65] Sähen die Wächter meiner Jugend mich in meiner Pracht, sie müßten irre werden an[66] allem, woran sie geglaubt.[67]

Diejenigen, die meine Schriften durchblättert[68] haben, werden sich erinnern, daß ich der Lebensform des Künstlers, des Dichters stets mit dem äußersten Mißtrauen gegenüberstand. In der Tat wird mein Erstaunen über die Ehren, welche die Gesellschaft dieser Spezies erweist, niemals enden. Ich weiß, was ein Dichter ist, denn bestätigtermaßen[69] bin ich selber einer. Ein Dichter ist, kurz gesagt, ein auf allen Gebieten ernsthafter Tätigkeit unbedingt unbrauchbarer, einzig auf Allotria bedachter,[70] dem Staate nicht nur nicht nützlicher, sondern sogar aufsässig gesinnter[71] Kumpan,[72] der nicht einmal sonderliche Verstandesgaben zu besitzen braucht, sondern so langsamen und unscharfen Geistes sein mag, wie ich es immer gewesen bin,—übrigens ein innerlich kindischer, zur Ausschweifung[73] geneigter und in jedem Betrachte anrüchiger[74] Scharlatan, der von der Gesellschaft nichts anderes sollte

---

[53]**die Neuzeit**   modern age
[54]**der Hausstand**   household
[55]**bestellt**   furnished, equipped
[56]**das Zuckerbrötchen**   pastry
[57]**der Lackstiefel**   patent-leather boot
[58]**schöngeistig**   literary
[59]**der Frack**   tail coat
[60]**hochgezogen**   raised
[61]**der Orden**   decoration
[62]**keine Miene verziehen**   remain unmoved
[63]**als Ultimus**   as the worst student in my class
[64]**folgerichtig**   logical, just
[65]**der Wandel**   way of life

[66]**irre werden an**   lose faith in
[67]**woran sie geglaubt (haben)**
[68]**durchblättern**   glance at, leaf through
[69]**bestätigtermaßen**   *meaning:* by common consent
[70]**auf Allotria bedacht**   set on playing the fool
[71]**aufsässig gesinnt**   of rebellious disposition
[72]*Note construction:* **Ein Dichter ist . . . ein . . . Kumpan** (fellow)
[73]**die Ausschweifung**   debauchery
[74]**in jedem Betrachte anrüchig**   suspect in every way

zu gewärtigen[75] haben—und im Grunde auch nichts anderes gewärtigt 105
—als stille Verachtung. Tatsache aber ist, daß die Gesellschaft diesem
Menschenschlage[76] die Möglichkeit gewährt, es in ihrer Mitte zu
Ansehn[77] und höchstem Wohlleben zu bringen.

Mir kann es recht sein; ich habe den Nutzen davon. Aber es ist nicht
in der Ordnung. Es muß das Laster ermutigen[78] und der Tugend ein 110
Ärger[79] sein.

[75]**gewärtigen** expect
[76]**der Menschenschlag** type of person
[77]**das Anseh(e)n** respect

[78]**ermutigen** encourage
[79]**ein Ärger** *here:* a scandal

Sigmund Freud (1856–1939)

Hat Sigmund Freud, der Begründer der Psychoanalyse, eine „koperni-
kanische Wendung" im Selbstverständnis des Menschen eingeleitet—durch
seine Entdeckungen im Bereich[1] des Unbewußten sowie durch eine Therapie,
die im „Bewußtmachen", im bewußten kritischen Wiedererleben[2] der dem
Patienten zunächst unbewußten, vom Patienten verdrängten,[3] sexuellen
und mit Aggression geladenen[4] Kindheitserlebnisse und Tendenzen bestehen
sollte?[5] Hat er den Stolz des Menschen auf die Stellung des Ich als Zentral-
gestirn[6] im Bereich des psychischen Universums nicht ebensosehr beeinträch-
tigt[7] wie Kopernikus einst den Glauben des Menschen an ihre Erde als
Zentrum des physischen Universums erschüttert hatte? Und hat er, gerade
indem er die Illusionen der Menschen zerstörte, für die Erkenntnis des Men-
schen und die Befreiung des Menschen von Hemmung[8] und Angst nicht
ebensoviel geleistet[9] wie einst die Befreiung von kosmischen Illusionen für
die Erkenntnis und Entdeckung des physischen Universums geleistet hat?

Der Vergleich mit Kopernikus und der in dem Vergleich enthaltene
Anspruch[10] auf eine umstürzende[11] Entdeckung stammen von Freud selbst.
Die weitreichende Wirkung Freuds in der westlichen Welt des zwanzigsten
Jahrhunderts, besonders in Amerika, scheint diesem Anspruch recht zu geben.[12]
Andererseits hatte Freud zeitlebens gegen heftigen[13] Widerstand[14] zu kämpfen,
und der Widerstand gegen die psychoanalytischen Funde und Thesen, die in
entscheidender Weise schon in der Traumdeutung (1900) enthalten waren,
besteht auch heute noch, besonders in den Ländern von Freuds Muttersprache.
Obschon seine Anhänger wie seine Gegner seit Jahrzehnten behaupten, daß der
Kampf um Freud längst entschieden sei, bleibt sein Beitrag zur Menschenkunde
nach wie vor[15] umstritten.[16]

---

[1]**der Bereich** realm
[2]**das Wiedererleben** re-experience
[3]**verdrängt** repressed
[4]**geladen** charged
[5]*Note construction:* **die im „Bewußtmachen"**
. . . bestehen sollte
[6]**das Zentralgestirn** *lit.:* central star
[7]**beeinträchtigen** diminish, hurt
[8]**die Hemmung** inhibition
[9]*Note construction:* **Und hat er . . .nicht**

ebensoviel geleistet And did he not
achieve as much.
[10]**der Anspruch** claim
[11]**umstürzend** revolutionary
[12]**recht geben** confirm
[13]**heftig** intense
[14]**der Widerstand** resistance, opposition
[15]**nach wie vor** *lit.:* now as before
[16]**umstritten** disputed

Die Zerlegung der psychischen Persönlichkeit

... Wir wollen das Ich zum Gegenstand dieser Untersuchung machen, unser eigenstes Ich. Aber kann man das? Das Ich ist ja doch das eigentlichste[1] Subjekt, wie soll es zum Objekt werden? Nun, es ist kein Zweifel, daß man dies kann. Das Ich kann sich selbst zum Objekt nehmen, sich behandeln wie andere Objekte, sich beobachten, kritisieren, Gott 5 weiß was noch alles mit sich selbst anstellen.[2] Dabei stellt sich ein Teil des Ichs dem übrigen gegenüber.[3] Das Ich ist also spaltbar,[4] es spaltet sich während mancher seiner Funktionen, wenigstens vorübergehend.[5] Die Teilstücke können sich nachher wieder vereinigen. Das ist gerade keine Neuigkeit, vielleicht eine ungewohnte Betonung allgemein bekannter 10 Dinge. Andererseits sind wir mit der Auffassung vertraut, daß die Pathologie uns durch ihre Vergröberungen[6] auf normale Verhältnisse aufmerksam machen kann, die uns sonst entgangen wären.[7] Wo sie uns einen Bruch oder Riß zeigt, kann normalerweise eine Gliederung[8] vorhanden sein. Wenn wir einen Kristall zu Boden werfen, zerbricht er, 15 aber nicht willkürlich,[9] er zerfällt dabei nach seinen Spaltrichtungen[10] in Stücke, deren Abgrenzung, obwohl unsichtbar, doch durch die Struktur des Kristalls vorher bestimmt war. Solche rissige und gesprungene Strukturen sind auch die Geisteskranken. Etwas von der ehrfürchtigen Scheu,[11] die alte Völker den Wahnsinnigen bezeugten,[12] können auch 20 wir ihnen nicht versagen. Sie haben sich von der äußeren Realität abgewendet, aber eben darum wissen sie mehr von der inneren, psychischen Realität und können uns manches verraten,[13] was uns sonst unzugänglich[14] wäre. Von einer Gruppe dieser Kranken sagen wir, sie leiden an Beobachtungswahn.[15] Sie klagen uns, daß sie unausgesetzt[16] 25 und bis in ihr intimstes Tun von der Beobachtung unbekannter Mächte, wahrscheinlich doch Personen, belästigt werden, und hören halluzinatorisch, wie diese Personen die Ergebnisse ihrer Beobachtung verkünden. Jetzt will er das sagen, jetzt kleidet er sich an um auszugehen usw. Diese Beobachtung ist noch nicht dasselbe wie eine Verfolgung, aber 30

---

[1]**das eigentlichste** *meaning:* in its essence
[2]**Gott ... anstellen** do God knows what else with itself
[3]**sich gegenüberstellen** confront, be juxtaposed
[4]**(ist) spaltbar** can be split
[5]**vorübergehend** temporarily
[6]**durch ihre Vergröberungen** *meaning:* by making things coarser
[7]**(uns) entgangen wären** would have escaped us

[8]**eine Gliederung** a structural connection
[9]**willkürlich** haphazardly
[10]**die Spaltrichtungen** lines of cleavage
[11]**die ehrfürchtige Scheu** reverential awe
[12]**bezeugten** *(with dat.) here:* felt for
[13]**verraten** *here:* reveal
[14]**unzugänglich** inaccessible
[15]**der Beobachtungswahn** delusions of being observed, delusions of reference
[16]**unausgesetzt** perpetually

sie ist nicht weit davon, sie setzt voraus, daß man ihnen mißtraut, daß man erwartet, sie bei verbotenen Handlungen zu ertappen,[17] für die sie gestraft werden sollen. Wie wäre es, wenn diese Wahnsinnigen recht hätten, wenn bei uns allen eine solche beobachtende und strafandrohende[18] Instanz[19] im Ich vorhanden wäre, die sich bei ihnen nur scharf 35 vom Ich gesondert hätte und irrtümlicherweise in die äußere Realität verschoben[20] worden wäre?

Ich weiß nicht, ob es Ihnen ebenso ergehen wird wie mir. Seitdem ich unter dem starken Eindruck dieses Krankheitsbildes[21] die Idee gefaßt hatte, daß die Sonderung einer beobachtenden Instanz vom übrigen Ich 40 ein regelmäßiger Zug in der Struktur des Ichs sein könnte, hat sie mich nicht mehr verlassen, und ich war getrieben, nach den weiteren Charakteren[22] und Beziehungen dieser so abgesonderten Instanz zu forschen. Der nächste Schritt ist bald getan. Schon der Inhalt des Beobachtungswahns legt es nahe,[23] daß das Beobachten nur eine Vorbereitung ist für 45 das Richten und Strafen, und somit erraten wir, daß eine andere Funktion dieser Instanz sein muß, was wir unser Gewissen nennen. Es gibt kaum etwas anderes in uns, was wir so regelmäßig von unserem Ich sondern und so leicht ihm entgegenstellen wie gerade das Gewissen. Ich verspüre die Neigung, etwas zu tun, wovon ich mir Lust[24] verspreche, aber ich 50 unterlasse[25] es mit der Begründung: mein Gewissen erlaubt es nicht. Oder ich habe mich von der übergroßen Lusterwartung bewegen lassen, etwas zu tun, wogegen die Stimme des Gewissens Einspruch erhob,[26] und nach der Tat straft mich mein Gewissen mit peinlichen Vorwürfen, läßt mich die Reue ob[27] der Tat empfinden. Ich könnte einfach sagen, 55 die besondere Instanz, die ich im Ich zu unterscheiden beginne, ist das Gewissen, aber es ist vorsichtiger,[28] diese Instanz selbständig zu halten[29] und anzunehmen, das Gewissen sei eine ihrer Funktionen, und die Selbstbeobachtung, die als Voraussetzung für die richterliche Tätigkeit des Gewissens unentbehrlich ist,[30] sei eine andere.[31] Und da es zur 60 Anerkennung einer gesonderten Existenz gehört,[32] daß man dem Ding einen eigenen Namen gibt, will ich diese Instanz im Ich von nun an als das „Über-Ich" bezeichnen ...

Kaum daß wir uns mit der Idee eines solchen Über-Ichs befreundet haben,[33] das eine gewisse Selbständigkeit genießt, seine eignen Absichten 65 verfolgt und in seinem Energiebesitz[34] vom Ich unabhängig ist, drängt

[17](sie) zu ertappen   catch them
[18]strafandrohend   threatening to punish
[19]die Instanz   agency
[20]verschoben   displaced
[21]das Krankheitsbild   clinical picture
[22]die Charaktere   *here:* characteristics
[23]nahelegen   suggest
[24]die Lust   pleasure
[25]unterlassen   *lit.:* leave undone
[26]Einspruch erheben   object
[27]die Reue ob   remorse for

[28]es ist vorsichtiger   it is safer (*or more* prudent)
[29]selbständig zu halten   keep as independent
[30](die als Voraussetzung) unentbehrlich ist   which is an essential preliminary
[31]sei eine andere = sei eine andere Funktion
[32](es) gehört (zu)   *meaning:* it goes (with)
[33](Kaum daß wir uns mit) befreundet haben   Hardly have we familiarized ourselves with
[34]der Energiebesitz   supply of energy

sich uns ein Krankheitsbild auf,[35] das die Strenge, ja die Grausamkeit dieser Instanz und die Wandlungen in ihrer Beziehung zum Ich auffällig verdeutlicht. Ich meine den Zustand der Melancholie, genauer des melancholischen Anfalls,[36] von dem ja auch Sie genug gehört haben, auch wenn Sie nicht Psychiater sind. An diesem Leiden, von dessen Verursachung und Mechanismus wir viel zu wenig wissen, ist der auffälligste Zug die Art, wie das Über-Ich—sagen Sie im stillen:[37] das Gewissen—das Ich behandelt. Während der Melancholiker in gesunden Zeiten mehr oder weniger streng gegen sich sein kann wie ein anderer, wird im melancholischen Anfall das Über-Ich überstreng, beschimpft, erniedrigt, mißhandelt das arme Ich, läßt es die schwersten Strafen erwarten, macht ihm Vorwürfe wegen längst vergangener Handlungen, die zu ihrer Zeit leicht genommen wurden, als hätte es das ganze Intervall über Anklagen gesammelt[38] und nur seine gegenwärtige Erstarkung[39] abgewartet, um mit ihnen hervorzutreten und auf Grund dieser Anklagen zu verurteilen. Das Über-Ich legt den strengsten moralischen Maßstab an das ihm hilflos preisgegebene[40] Ich an,[41] es vertritt[42] ja überhaupt den Anspruch der Moralität, und wir erfassen mit einem Blick, daß unser moralisches Schuldgefühl der Ausdruck der Spannung zwischen Ich und Über-Ich ist. Es ist eine merkwürdige Erfahrung, die Moralität,[43] die uns angeblich von Gott verliehen und so tief eingepflanzt wurde, als periodisches Phänomen zu sehen. Denn nach einer gewissen Anzahl von Monaten ist der ganze moralische Spuk vorüber, die Kritik des Über-Ichs schweigt, das Ich ist rehabilitiert und genießt wieder alle Menschenrechte bis zum nächsten Anfall. Ja bei manchen Formen der Erkrankung findet in den Zwischenzeiten etwas Gegenteiliges statt; das Ich befindet sich in einem seligen Rauschzustand, es triumphiert, als hätte das Über-Ich alle Kraft verloren oder wäre mit dem Ich zusammengeflossen, und dieses freigewordene, manische Ich gestattet sich[44] wirklich hemmungslos[45] die Befriedigung aller seiner Gelüste. Vorgänge, reich an ungelösten Rätseln!

Sie werden gewiß mehr als eine bloße Illustration erwarten, wenn ich Ihnen ankündige, daß wir über die Bildung des Über-Ichs, also über die Entstehung des Gewissens, mancherlei gelernt haben. In Anlehnung an[46] einen bekannten Ausspruch Kants, der das Gewissen in uns mit dem gestirnten Himmel zusammenbringt, könnte ein Frommer wohl versucht[47] sein, diese beiden als die Meisterstücke der Schöpfung zu vereh-

---

[35]**(drängt sich uns) auf** forces itself upon our attention
[36]**der Anfall** attack
[37]**im stillen** quietly
[38]**als . . . gesammelt** as though it had spent the whole interval in collecting accusations
[39]**die Erstarkung** access of strength
[40]**jemandem preisgegeben sein** be at the mercy of someone

[41]**anlegen** apply
[42]**es vertritt** it represents
[43]**die Moralität . . .** *Note construction:* **die Moralität . . . als periodisches Phänomen zu sehen**
[44]**sich gestatten** permit itself
[45]**hemmungslos** uninhibited
[46]**in Anlehnung an** following
[47]**versucht** tempted

ren. Die Gestirne sind gewiß großartig, aber was das Gewissen betrifft, so hat Gott hierin ungleichmäßige und nachlässige Arbeit geleistet, denn 105 eine große Überzahl[48] von Menschen hat davon nur ein bescheidenes Maß oder kaum so viel, als noch der Rede wert[49] ist, mitbekommen. Wir verkennen das Stück[50] psychologischer Wahrheit keineswegs, das in der Behauptung, das Gewissen sei göttlicher Herkunft, enthalten ist, aber der Satz bedarf der Deutung. Wenn das Gewissen auch etwas „in 110 uns" ist, so ist es doch nicht von Anfang an. Es ist so recht ein Gegensatz[51] zum Sexualleben, das wirklich vom Anfang des Lebens an da ist und nicht erst später hinzukommt. Aber das kleine Kind ist bekanntlich amoralisch, es besitzt keine inneren Hemmungen gegen seine nach Lust strebenden Impulse. Die Rolle, die späterhin das Über-Ich übernimmt, 115 wird zuerst von einer äußern Macht, von der elterlichen Autorität, gespielt. Der Elterneinfluß regiert das Kind durch Gewährung[52] von Liebesbeweisen und durch Androhung von Strafen, die dem Kinde den Liebesverlust beweisen und an sich gefürchtet werden müssen. Diese Realangst[53] ist der Vorläufer der späteren Gewissensangst;[54] solange sie 120 herrscht, braucht man von Über-Ich und von Gewissen nicht zu reden. Erst in weiterer Folge[55] bildet sich die sekundäre Situation aus, die wir allzu bereitwillig für die normale halten, daß die äußere Abhaltung verinnerlicht wird,[56] daß an die Stelle der Elterninstanz das Über-Ich tritt, welches nun das Ich genau so beobachtet, lenkt und bedroht wie 125 früher die Eltern das Kind . . .

Von der Umwandlung der Elternbeziehung in das Über-Ich kann ich Ihnen nicht soviel sagen, wie ich gerne möchte . . . Die Grundlage dieses Vorganges ist eine sogenannte Identifizierung, d. h. eine Angleichung[57] eines Ichs an ein fremdes, in deren Folge[58] dies erste Ich sich in bestimm- 130 ten Hinsichten[59] so benimmt wie das andere, es nachahmt, gewisser- maßen in sich aufnimmt. Man hat die Identifizierung nicht unpassend[60] mit der oralen, kannibalistischen Einverleibung[61] der fremden Person verglichen. Die Identifizierung ist eine sehr wichtige Form der Bindung[62] an die andere Person, wahrscheinlich die ursprünglichste, nicht dasselbe 135 wie eine Objektwahl.[63] Man kann den Unterschied etwa so ausdrücken: Wenn der Knabe sich mit dem Vater identifiziert, so will er so sein wie der Vater; wenn er ihn zum Objekt seiner Wahl macht, so will er ihn haben, besitzen; im ersten Falle wird sein Ich nach dem Vorbild des

---

Vaters verändert, im zweiten Falle ist dies nicht notwendig. Identifizie- 140
rung und Objektwahl sind in weitem Ausmaß unabhängig voneinander;
man kann sich aber auch mit der nämlichen Person identifizieren, sein
Ich nach ihr verändern, die man z. B. zum Sexualobjekt genommen hat.
Man sagt, daß die Beeinflussung des Ichs durch das Sexualobjekt besonders häufig bei Frauen vorkommt und für die Weiblichkeit charakte- 145
ristisch ist.

Ich bin von diesen Ausführungen über die Identifizierung selbst durchaus nicht befriedigt, aber genug, wenn Sie mir zugeben können, daß
die Einsetzung[64] des Über-Ichs als ein gelungener Fall von Identifizierung mit der Elterninstanz beschrieben werden kann. Die für diese 150
Auffassung entscheidende Tatsache ist nun, daß diese Neuschöpfung
einer überlegenen Instanz im Ich aufs innigste mit dem Schicksal des
Ödipuskomplexes verknüpft ist, so daß das Über-Ich als der Erbe dieser
für die Kindheit so bedeutungsvollen Gefühlsbindung[65] erscheint. Wir
verstehen, mit dem Auflassen[66] des Ödipuskomplexes mußte das Kind 155
auf die intensiven Objektbesetzungen[67] verzichten, die es bei den Eltern
untergebracht[68] hatte, und zur Entschädigung[69] für diesen Objektverlust werden die wahrscheinlich längst vorhandenen Identifizierungen
mit den Eltern in seinem Ich so sehr verstärkt. Solche Identifizierungen
als Niederschläge aufgegebener Objektbesetzungen[70] werden sich 160
später im Leben des Kindes oft genug wiederholen, aber es entspricht
durchaus dem Gefühlswert[71] dieses ersten Falles einer solchen Umsetzung[72] daß deren Ergebnis eine Sonderstellung im Ich eingeräumt wird.[73]
Eingehende Untersuchung belehrt uns auch, daß das Über-Ich in seiner
Stärke und Ausbildung verkümmert,[74] wenn die Überwindung des 165
Ödipuskomplexes nur unvollkommen gelingt. Im Laufe der Entwick-
lung nimmt das Über-Ich auch die Einflüsse jener Personen an, die an die
Stelle der Eltern getreten sind, also von Erziehern, Lehrern, idealen
Vorbildern. Es entfernt sich normalerweise immer mehr von den
ursprünglichen Elternindividuen, es wird sozusagen unpersönlicher. 170
Wir wollen auch nicht daran vergessen, daß das Kind seine Eltern in
verschiedenen Lebenszeiten verschieden einschätzt.[75] Zur Zeit, da der
Ödispuskomplex dem Über-Ich den Platz räumt,[76] sind sie etwas ganz
Großartiges, später büßen sie sehr viel ein.[77] Es kommen dann auch
Identifizierungen mit diesen späteren Eltern zustande, sie liefern sogar 175
regelmäßig wichtige Beiträge[78] zur Charakterbildung, aber sie betreffen

---

[64]**die Einsetzung** installation
[65]**die Gefühlsbindung** emotional attachment
[66]**das Auflassen** abandonment
[67]**Objektbesetzungen** object cathexes
[68]**untergebracht** deposited
[69]**die Entschädigung** compensation
[70]**als ... Objektbesetzungen** as precipit-
ates of object cathexes that have been given up

[71]**der Gefühlswert** *here:* emotional importance
[72]**die Umsetzung** transformation
[73]**eingeräumt wird** is assigned
[74]**verkümmern** be stunted
[75]**einschätzen** estimate
[76]**den Platz räumen** give way
[77]**einbüßen** suffer a loss
[78]**der Beitrag** contribution

dann nur das Ich, beeinflussen nicht mehr das Über-Ich, das durch die frühesten Elternimagines[79] bestimmt worden ist.

Ich hoffe, Sie haben bereits den Eindruck empfangen, daß die Aufstellung[80] des Über-Ichs wirklich ein Strukturverhältnis beschreibt und 180 nicht einfach eine Abstraktion wie die des Gewissens personifiziert. Wir haben noch eine wichtige Funktion zu erwähnen, die wir diesem Über-Ich zuteilen.[81] Es ist auch der Träger des Ichideals, an dem das Ich sich mißt, dem es nachstrebt, dessen Anspruch auf immer weitergehende Vervollkommnung[82] es zu erfüllen bemüht ist. Kein Zweifel, 185 dieses Ichideal ist der Niederschlag der alten Elternvorstellung, der Ausdruck der Bewunderung jener Vollkommenheit, die das Kind ihnen damals zuschrieb . . .

Wir haben [dem Über-Ich] die Selbstbeobachtung, das Gewissen und die Idealfunktion[83] zugeteilt. Aus unseren Ausführungen über seine 190 Entstehung geht hervor, daß es eine unsäglich wichtige biologische wie eine schicksalsvolle psychologische Tatsache zu Voraussetzungen hat,[84] nämlich die lange Abhängigkeit des Menschenkindes von seinen Eltern und den Ödipuskomplex, die beide wieder innig miteinander verknüpft sind. Das Über-Ich ist für uns die Vertretung[85] aller moralischen Be- 195 schränkungen, der Anwalt[86] des Strebens nach Vervollkommnung, kurz das, was uns von dem sogenannt Höheren im Menschenleben psychologisch greifbar geworden ist. Da es selbst auf den Einfluß der Eltern, Erzieher und dergleichen zurückgeht, erfahren wir noch mehr von seiner Bedeutung, wenn wir uns zu diesen seinen Quellen wenden. In der Regel 200 folgen die Eltern und die ihnen analogen Autoritäten[87] in der Erziehung des Kindes den Vorschriften des eigenen Über-Ichs. Wie immer sich ihr Ich mit ihrem Über-Ich auseinandergesetzt[88] haben mag, in der Erziehung des Kindes sind sie streng und anspruchsvoll. Sie haben die Schwierigkeiten ihrer eigenen Kindheit vergessen, sind zufrieden, sich nun voll 205 mit den eigenen Eltern identifizieren zu können, die ihnen seinerzeit[89] die schweren Einschränkungen auferlegt[90] haben. So wird das Über-Ich des Kindes eigentlich nicht nach dem Vorbild der Eltern, sondern des elterlichen Über-Ichs aufgebaut; es erfüllt sich mit dem gleichen Inhalt, es wird zum Träger der Tradition, all der zeitbeständigen[91] Wertungen, 210 die sich auf diesem Wege über Generationen fortgepflanzt haben.[92] Sie erraten leicht, welch wichtige Hilfen für das Verständnis des sozialen

---

[79]**Elternimagines** parental images
[80]**die Aufstellung** hypothesis
[81]**zuteilen** assign
[82]**immer weitergehende Vervollkomm-nung** ever greater perfection
[83]**die Idealfunktion** *meaning:* the function of maintaining the ideal
[84]**(es) zu Voraussetzungen hat** it presupposes
[85]**die Vertretung** *transl.:* the representative

[86]**der Anwalt** advocate
[87]**die ihnen analogen Autoritäten** authorities analogous to them
[88]**sich auseinandersetzen (mit)** come to terms (with)
[89]**seinerzeit** in the past
[90]**auferlegen** impose
[91]**zeitbeständig** enduring
[92]**(sich) fortgepflanzt haben** have propagated themselves

Verhaltens der Menschen, z. B. für das der Verwahrlosung,[93] vielleicht
auch welch praktische Winke[94] für die Erziehung sich aus der Berücksichtigung[95] des Über-Ichs ergeben. Wahrscheinlich sündigen die so- 215
genannten materialistischen Geschichtsauffassungen darin, daß sie diesen
Faktor unterschätzen. Sie tun ihn mit der Bemerkung ab,[96] daß die
„Ideologien" der Menschen nichts anderes sind als Ergebnis und Überbau[97] ihrer aktuellen ökonomischen Verhältnisse. Das ist die Wahrheit,
aber sehr wahrscheinlich nicht die ganze Wahrheit. Die Menschheit lebt 220
nie ganz in der Gegenwart, in den Ideologien des Über-Ichs lebt die Vergangenheit, die Tradition der Rasse und des Volkes fort, die den Einflüssen der Gegenwart, neuen Veränderungen, nur langsam weicht,[98]
und, solange sie durch das Über-Ich wirkt, eine mächtige, von ökonomischen Verhältnissen unabhängige Rolle im Menschenleben spielt . . . 225
Aber nun wartet unser[99] eine andere Aufgabe, am sozusagen entge-
gengesetzten Ende des Ichs . . . Wie Sie wissen, ist eigentlich die ganze
psychoanalytische Theorie über der Wahrnehmung des Widerstands[1]
aufgebaut, den uns der Patient bei dem Versuch, ihm sein Unbewußtes
bewußt zu machen, leistet.[2] Das objektive Zeichen des Widerstands ist, 230
daß seine Einfälle versagen[3] oder sich weit von dem behandelten Thema
entfernen. Er kann den Widerstand auch subjektiv daran erkennen, daß
er peinliche Empfindungen verspürt, wenn er sich dem Thema annähert.
Aber dies letzte Zeichen kann auch wegbleiben. Dann sagen wir dem
Patienten, daß wir aus seinem Verhalten schließen, er befinde sich jetzt 235
im Widerstande, und er antwortet, er wisse nichts davon, er merke nur
die Erschwerung der Einfälle.[4] Es zeigt sich, daß wir recht hatten, aber
dann war sein Widerstand auch unbewußt, ebenso unbewußt wie das
Verdrängte, an dessen Hebung wir arbeiteten.[5] Man hätte längst die
Frage aufwerfen sollen: von welchem Teil seines Seelenlebens geht ein 240
solcher unbewußter Widerstand aus? Der Anfänger in der Psychoanalyse wird rasch mit der Antwort zur Hand sein: Es ist eben der
Widerstand des Unbewußten. Eine zweideutige, unbrauchbare Antwort! Wenn damit gemeint ist, er gehe vom Verdrängten aus, so müssen
wir sagen: Gewiß nicht! Dem Verdrängten müssen wir eher einen 245
starken Auftrieb[6] zuschreiben, einen Drang, zum Bewußtsein durch-
zudringen. Der Widerstand kann nur eine Äußerung des Ichs sein, das
seinerzeit die Verdrängung durchgeführt hat und sie jetzt aufrecht halten

---

[93]**die Verwahrlosung** delinquency
[94]**der Wink** hint
[95]**die Berücksichtigung** taking into account
[96]**abtun** brush aside
[97]**der Überbau** superstructure
[98]**weichen** (with dat.) give way to
[99]**wartet unser = erwartet uns**
[1]**die Wahrnehmung des Widerstands** perception of the resistance
[2]**Widerstand leisten** offer resistance

[3]**seine Einfälle versagen** his associations fail
[4]**die Erschwerung der Einfälle** *meaning:* that his associations have become more difficult
[5]**wie . . . arbeiteten** as the repressed, at the lifting of which we were working
[6]**einen starken Auftrieb** a strong upward drive

will. So haben wir's auch früher immer aufgefaßt. Seitdem wir eine besondere Instanz im Ich annehmen, die die einschränkenden und 250 abweisenden[7] Forderungen vertritt, das Über-Ich, können wir sagen, die Verdrängung sei das Werk dieses Über-Ichs, es führe sie entweder selbst durch oder in seinem Auftrag[8] das ihm gehorsame Ich. Wenn nun der Fall vorliegt,[9] daß der Widerstand in der Analyse dem Patienten nicht bewußt wird, so heißt das entweder, daß das Über-Ich und das 255 Ich in ganz wichtigen Situationen unbewußt arbeiten können oder, was noch bedeutsamer wäre, daß Anteile von beiden, Ich und Über-Ich selbst, unbewußt sind. In beiden Fällen haben wir von der unerfreulichen Einsicht Kenntnis zu nehmen,[10] daß (Über-) Ich und bewußt einerseits, Verdrängtes und unbewußt anderseits keineswegs zusammenfallen. 260

In dem Zweifel, ob Ich und Über-Ich selbst unbewußt sein oder nur unbewußte Wirkungen entfalten können, haben wir uns mit guten Gründen für die erstere Möglichkeit entschieden. Ja, große Anteile des Ichs und Über-Ichs können unbewußt bleiben, sind normalerweise unbewußt. Das heißt, die Person weiß nichts von deren Inhalten und es 265 bedarf eines Aufwands an Mühe,[11] sie ihr bewußt zu machen.[12] Es trifft zu, daß Ich und bewußt, verdrängt und unbewußt nicht zusammenfallen. Wir empfinden das Bedürfnis, unsere Einstellung zum Problem bewußt-unbewußt gründlich zu revidieren. Zunächst sind wir geneigt, den Wert des Kriteriums der Bewußtheit, da es sich als so unzuverlässig 270 erwiesen hat, recht herabzusetzen.[13] Aber wir täten Unrecht daran. Es ist damit wie mit unserem Leben; es ist nicht viel wert, aber es ist alles, was wir haben. Ohne die Leuchte der Bewußtseinsqualität[14] wären wir im Dunkel der Tiefenpsychologie verloren; aber wir dürfen versuchen, uns neu zu orientieren. 275

Was man bewußt heißen soll, brauchen wir nicht zu erörtern, es ist jedem Zweifel entzogen. Die älteste und beste Bedeutung des Wortes „unbewußt" ist die deskriptive; wir nennen unbewußt einen psychischen Vorgang, dessen Existenz wir annehmen müssen, etwa weil wir ihn aus seinen Wirkungen erschließen,[15] von dem wir aber nichts wissen. Wir 280 haben dann zu ihm dieselbe Beziehung wie zu einem psychischen Vorgang bei einem anderen Menschen, nur daß eben einer unserer eigenen ist. Wenn wir noch korrekter sein wollen, werden wir den Satz dahin modifizieren, daß[16] wir einen Vorgang unbewußt heißen, wenn wir annehmen müssen, er sei derzeit[17] aktiviert, obwohl wir derzeit nichts 285

[7]**abweisend** rejecting
[8]**in seinem Auftrag** *meaning*: at the bidding of the superego
[9]**vorliegen** occur
[10]**Kenntnis nehmen** recognize
[11]**der Aufwand an Mühe** expenditure of effort
[12]**sie (die Inhalte) ihr (der Person) bewußt**

zu machen
[13]**herabsetzen** reduce
[14]**die Leuchte der Bewußtseinsqualität** *meaning*: the illumination afforded by the quality of consciousness
[15]**erschließen** infer
[16]**daß** *transl.*: by saying that
[17]**derzeit** at the moment

von ihm wissen. Diese Einschränkung läßt uns daran denken,[18] daß die meisten bewußten Vorgänge nur kurze Zeit bewußt sind; sehr bald werden sie latent, können aber leicht wiederum bewußt werden ... Dann kommt aber die neue Erfahrung, die wir schon an den Fehlleistungen[19] machen können. Wir sehen uns z. B. zur Erklärung eines Versprechens[20] genötigt anzunehmen, daß sich bei dem Betreffenden eine bestimmte Redeabsicht gebildet hatte.[21] Wir erraten[22] sie mit Sicherheit aus der vorgefallenen[23] Störung der Rede, aber sie hatte sich nicht durchgesetzt,[24] sie war also unbewußt. Wenn wir sie nachträglich dem Redner vorführen,[25] kann er sie als eine ihm vertraute anerkennen, dann war sie nur zeitweilig unbewußt. Aus dieser Erfahrung schöpfen wir rückgreifend das Recht,[26] auch das als latent Bezeichnete für ein Unbewußtes zu erklären. Die Berücksichtigung[27] dieser dynamischen Verhältnisse gestattet uns jetzt, zweierlei Unbewußtes zu unterscheiden, eines, das leicht, unter häufig hergestellten Bedingungen, sich in Bewußtes umwandelt, ein anderes, bei dem diese Umsetzung schwer, nur unter erheblichem Müheaufwand,[28] möglicherweise niemals erfolgt. Um der Zweideutigkeit zu entgehen, ob wir das eine oder das andere Unbewußte meinen, das Wort im deskriptiven oder im dynamischen Sinn gebrauchen, wenden wir ein erlaubtes, einfaches Auskunftsmittel[29] an. Wir heißen jenes Unbewußte, das nur latent ist und so leicht bewußt wird, das Vorbewußte,[30] behalten die Bezeichnung „unbewußt" dem anderen vor.[31] Wir haben nun drei Termini: bewußt, vorbewußt, unbewußt, mit denen wir in der Beschreibung der seelischen Phänomene unser Auskommen finden.[32] Nochmals, rein deskriptiv,[33] ist auch das Vorbewußte unbewußt, aber wir bezeichnen es nicht so, außer in lockerer Darstellung[34] oder wenn wir die Existenz unbewußter Vorgänge überhaupt im Seelenleben zu verteidigen haben.

Sie werden mir hoffentlich zugeben, das sei so weit nicht gar arg[35] und erlaube eine bequeme Handhabung. Ja, aber leider hat die psychoanalytische Arbeit sich gedrängt gefunden, das Wort „unbewußt" noch in einem anderen, dritten Sinn zu verwenden, und das mag allerdings Verwirrung gestiftet[36] haben. Unter dem neuen und starken Eindruck, daß ein weites und wichtiges Gebiet des Seelenlebens der Kenntnis des

---

[18]**läßt ... denken** makes us reflect
[19]**die Fehlleistungen** parapraxes ("Freudian slips")
[20]**das Versprechen** slip of the tongue
[21]**daß sich ... hatte** that the intention of making a particular remark was present in the subject
[22]**erraten** *here:* infer
[23]**vorfallen** occur
[24]**sich durchsetzen** prevail
[25]**(sie) dem Redner vorführen** point it out to the speaker
[26]**schöpfen ... Recht** we retrospectively

derive the right
[27]**die Berücksichtigung** consideration
[28]**der Müheaufwand** expenditure of effort
[29]**das Auskunftsmittel** *here:* a way out
[30]**das Vorbewußte** preconscious
[31]**vorbehalten** reserve
[32]**auskommen finden** get along
[33]**rein deskriptiv** in a purely descriptive sense
[34]**in lockerer Darstellung** in a loose presentation
[35]**nicht gar arg** not too bad
[36]**Verwirrungen stiften** cause confusion

Ichs normalerweise entzogen[37] ist, so daß die Vorgänge darin als un- 320
bewußte im richtigen dynamischen Sinn anerkannt werden müssen,
haben wir den Terminus „unbewußt" auch in einem topischen[38] oder
systematischen Sinn verstanden, von einem System des Vorbewußten
und des Unbewußten gesprochen, von einem Konflikt des Ichs mit dem
System Ubw,[39] das Wort[40] immer mehr eher eine seelische Provinz 325
bedeuten lassen als eine Qualität des Seelischen. Die eigentlich unbe-
queme Entdeckung, daß auch Anteile des Ichs und Über-Ichs im dynamischen Sinne unbewußt sind, wirkt hier eher wie eine Erleichterung,[41]
gestattet uns, eine Komplikation wegzuräumen. Wir sehen, wir haben
kein Recht, das ichfremde Seelengebiet das System Ubw zu nennen, da 330
die Unbewußtheit nicht sein ausschließender Charakter ist.[42] Gut, so
wollen wir „unbewußt" nicht mehr im systematischen Sinne gebraucht
und dem bisher so Bezeichneten einen besseren, nicht mehr mißver-
ständlichen Namen geben. In Anlehnung an den Sprachgebrauch bei
Nietzsche und infolge einer Anregung von G. Groddeck heißen wir es 330
fortan das Es. Dies unpersönliche Fürwort scheint besonders geeignet,
den Hauptcharakter dieser Seelenprovinz, ihre Ichfremdheit,[43] auszu-
drücken. Über-Ich, Ich und Es sind nun die drei Reiche, Gebiete,
Provinzen, in die wir den Seelenapparat der Person zerlegen, mit deren
gegenseitigen Beziehungen wir uns im weitern beschäftigen wollen . . . 335
    Sie erwarten nicht, daß ich Ihnen vom Es außer dem neuen Namen
viel Neues mitzuteilen habe. Es ist der dunkle, unzugängliche Teil
unserer Persönlichkeit; das wenige, was wir von ihm wissen, haben wir
durch das Studium der Traumarbeit und der neurotischen Symptombildung erfahren und das meiste davon hat negativen Charakter, läßt 340
sich nur als Gegensatz zum Ich beschreiben. Wir nähern uns dem Es mit
Vergleichen, nennen es ein Chaos, einen Kessel[44] voll brodelnder[45]
Erregungen. Wir stellen uns vor, es sei am Ende gegen das Somatische[46]
offen, nehme da die Triebbedürfnisse[47] in sich auf, die in ihm ihren
psychischen Ausdruck finden, wir können aber nicht sagen, in welchem 345
Substrat. Von den Trieben her erfüllt es sich mit Energie, aber es hat
keine Organisation, bringt keinen Gesamtwillen[48] auf, nur das Bestreben, den Triebbedürfnissen unter Einhaltung des Lustprinzips[49] Befriedigung zu schaffen. Für die Vorgänge im Es gelten die logischen Denk-
gesetze nicht, vor allem nicht der Satz des Widerspruchs.[50] Gegensätz- 350

[37]**entzogen** removed, withdrawn
to the ego
[38]**topisch** topographical
[39]**das System Ubw (=das Unbewußte)**
the system *Ucs.*
[40]**das Wort . . . = wir haben das Wort . . .**
bedeuten lassen
[41]**wirkt . . . Erleichterung** operates at this
point rather as a relief
[42]**nicht . . . ist** is not its exclusive characteristic
[43]**ihre Ichfremdheit** the fact that it is alien

[44]**der Kessel** cauldron
[45]**brodelnd** seething
[46]**das Somatische** *meaning:* somatic influ-
ences
[47]**das Triebbedürfnis** instinctual need
[48]**der Gesamtwille** collective will
[49]**unter Einhaltung des Lustprinzips** subject to the observance of the pleasure principle
[50]**der Satz des Widerspruchs** law of contradiction

159

liche Regungen bestehen nebeneinander, ohne einander aufzuheben oder sich voneinander abzuziehen,[51] höchstens daß sie unter dem herrschenden ökonomischen Zwang[52] zur Abfuhr[53] der Energie zu Kompromißbildungen zusammentreten. Es gibt im Es nichts, was man der Negation gleichstellen könnte, auch nimmt man mit Überraschung 355 die Ausnahme von dem Satz der Philosophen wahr, daß Raum und Zeit notwendige Formen unserer seelischen Akte seien. Im Es findet sich nichts, was der Zeitvorstellung entspricht, keine Anerkennung eines zeitlichen Ablaufs[54] und, was höchst merkwürdig ist und seiner Würdi- gung[55] im philosophischen Denken wartet, keine Veränderung des seeli- 360 schen Vorgangs durch den Zeitablauf. Wunschregungen, die das Es nie überschritten haben, aber auch Eindrücke, die durch Verdrängung ins Es versenkt[56] worden sind, sind virtuell unsterblich, verhalten sich nach Dezennien,[57] als ob sie neu vorgefallen wären. Als Vergangenheit erkannt, entwertet und ihrer Energiebesetzung[58] beraubt können sie 365 erst werden, wenn sie durch die analytische Arbeit bewußt geworden sind, und darauf beruht nicht zum kleinsten Teil die therapeutische Wirkung der analytischen Behandlung . . .

Selbstverständlich kennt das Es keine Wertungen, kein Gut und Böse, keine Moral. Das ökonomische oder, wenn Sie wollen, quantitative 370 Moment,[59] mit dem Lustprinzip innig verknüpft, beherrscht alle Vor- gänge. Triebbesetzungen, die nach Abfuhr verlangen, das, meinen wir, sei alles im Es. Es scheint sogar, daß sich die Energie dieser Triebregungen in einem andern Zustand befindet als in den andern seelischen Bezirken, weit leichter beweglich und abfuhrfähig[60] ist . . . Sie sehen übrigens, daß 375 wir in der Lage sind, vom Es noch andere Eigenschaften anzugeben, als daß es unbewußt ist, und Sie erkennen die Möglichkeit, daß Teile vom Ich und Über-Ich unbewußt seien, ohne die nämlichen[61] primitiven und irrationalen Charaktere zu besitzen. Zu einer Charakteristik des eigent- lichen Ichs, insofern es sich vom Es und vom Über-Ich sondern läßt, ge- 380 langen wir am ehesten,[62] wenn wir seine Beziehung zum äußersten oberflächlichen Stück des seelischen Apparats ins Auge fassen, das wir als das System W-Bw[63] bezeichnen. Dieses System ist der Außenwelt zugewendet, es vermittelt die Wahrnehmungen von ihr, in ihm entsteht während seiner Funktion das Phänomen des Bewußtseins. Es ist das 385 Sinnesorgan des ganzen Apparats, empfänglich übrigens nicht nur für

---

[51]**sich voneinander abziehen** diminish one another
[52]**der ökonomische Zwang** economic pres- sure
[53]**zur Abfuhr** for the purpose of discharge
[54]**eines zeitlichen Ablaufs** of a temporal sequence
[55]**die Würdigung** *here:* consideration
[56]**versenkt** immersed
[57]**das Dezennium** decade

[58]**die Energiebesetzung** cathexis of energy
[59]**das Moment** factor
[60]**abfuhrfähig** capable of discharge
[61]**die nämlichen** the same
[62]**gelangen wir am ehesten (zu)** we can best arrive (at)
[63]**das System W-Bw** (= **Wahrnehmung-Bewußtsein**) the system *Pcpt.-Cs* (= per- ceptual-conscious)

Erregungen,[64] die von außen, sondern auch für solche, die aus dem Inneren des Seelenlebens herankommen. Die Auffassung bedarf kaum einer Rechtfertigung, daß das Ich jener Teil des Es ist, der durch die Nähe[65] und den Einfluß der Außenwelt modifiziert wurde, zur Reizauf- 390 nahme und zum Reizschutz eingerichtet,[66] vergleichbar der Rindenschicht,[67] mit der sich ein Klümpchen[68] lebender Substanz umgibt. Die Beziehung zur Außenwelt ist für das Ich entscheidend geworden, es hat die Aufgabe übernommen, sie bei dem Es zu vertreten, zum Heil des Es,[69] das ohne Rücksicht auf diese übergewaltige Außenmacht im 395 blinden Streben nach Triebbefriedigung der Vernichtung nicht entgehen würde. In der Erfüllung dieser Funktion muß das Ich die Außenwelt beobachten, eine getreue Abbildung[70] von ihr in den Erinnerungsspuren[71] seiner Wahrnehmungen niederlegen, durch die Tätigkeit der Realitätsprüfung fernhalten,[72] was an diesem Bild der Außenwelt 400 Zutat[73] aus inneren Erregungsquellen[74] ist. Im Auftrag des Es beherrscht das Ich die Zugänge zur Motilität, aber es hat zwischen Bedürfnis und Handlung den Aufschub der Denkarbeit eingeschaltet,[75] während dessen es die Erinnerungsreste[76] der Erfahrung verwertet.[77] Auf solche Weise hat es das Lustprinzip entthront, das uneingeschränkt den Ablauf 405 der Vorgänge im Es beherrscht und es durch das Realitätsprinzip ersetzt, das mehr Sicherheit und größeren Erfolg verspricht.

Auch die so schwer zu beschreibende Beziehung zur Zeit wird dem Ich durch das Wahrnehmungssystem vermittelt; es ist kaum zweifelhaft, daß die Arbeitsweise dieses Systems der Zeitvorstellung den Ursprung 410 gibt. Was das Ich zum Unterschied vom Es aber ganz besonders auszeichnet, ist ein Zug zur[78] Synthese seiner Inhalte, zur Zusammenfassung und Vereinheitlichung seiner seelischen Vorgänge, der dem Es völlig abgeht[79] ... [Dieser wesentliche Charakter des Ichs] allein stellt jenen hohen Grad von Organisation her, dessen das Ich bei seinen besten Leistungen 415 bedarf. Es entwickelt sich von der Triebwahrnehmung zur Triebbeherrschung[80] ... Wenn wir uns populären Redeweisen anpassen, dürfen wir sagen, daß das Ich im Seelenleben Vernunft und Besonnenheit[81] vertritt, das Es aber die ungezähmten Leidenschaften.

Wir habens uns bisher durch die Aufzählung der Vorzüge und Fähig- 420

[64]**die Erregung** stimulus
[65]**die Nähe** proximity
[66]**(der) zur ... eingerichtet (ist)** which is adapted for the reception of stimuli and as a protective shield against stimuli
[67]**die Rindenschicht** cortical layer
[68]**das Klümpchen** small piece
[69]**zum Heil des Es** *meaning:* fortunately for the Id
[70]**die getreue Abbildung** accurate picture
[71]**die Erinnerungsspur** memory trace
[72]**durch ... fernhalten** put aside by its exercise of the function of "reality-testing"

[73]**die Zutat** addition
[74]**die Erregungsquelle** source of excitation
[75]**(es hat) den ... eingeschaltet** it has interposed a postponement in the form of the activity of thought
[76]**der Erinnerungsrest** mnemic residue
[77]**verwerten** make use of
[78]**ein Zug zur** a tendency toward
[79]**abgehen** *(with dat.)* be lacking
[80]**von ... Triebbeherrschung** from perceiving the instincts to controlling them
[81]**die Besonnenheit** good sense

keiten des Ichs imponieren[82] lassen; es ist jetzt Zeit, auch der Kehrseite[83] zu gedenken. Das Ich ist doch nur ein Stück des Es, ein durch die Nähe der gefahrdrohenden Außenwelt zweckmäßig verändertes Stück. In dynamischer Hinsicht ist es schwach, seine Energien hat es dem Es entlehnt,[84] und wir sind nicht ganz ohne Einsicht in die Methoden, man könnte sagen: in die Schliche,[85] durch die es dem Es weitere Energiebeträge entzieht.[86] Ein solcher Weg ist zum Beispiel auch die Identifizierung mit beibehaltenen oder aufgegebenen Objekten.[87] Die Objektbesetzungen gehen von den Triebansprüchen[88] des Es aus. Das Ich hat sie zunächst zu registrieren. Aber indem es sich mit dem Objekt identifiziert, empfiehlt es sich dem Es an Stelle des Objekts, will es die Libido des Es auf sich lenken.[89] Wir haben schon gehört, daß das Ich im Lauf des Lebens eine große Anzahl von solchen Niederschlägen ehemaliger Objektbesetzungen in sich aufnimmt. Im ganzen muß das Ich die Absichten des Es durchführen, es erfüllt seine Aufgabe, wenn es die Umstände ausfindig macht,[90] unter denen diese Absichten am besten erreicht werden können. Man könnte das Verhältnis des Ichs zum Es mit dem des Reiters zu seinem Pferd vergleichen. Das Pferd gibt die Energie für die Lokomotion her, der Reiter hat das Vorrecht,[91] das Ziel zu bestimmen, die Bewegung des starken Tieres zu leiten. Aber zwischen Ich und Es ereignet sich allzu häufig der nicht ideale Fall, daß der Reiter das Roß dahin führen muß, wohin es selbst gehen will.

Von einem Teil des Es hat sich das Ich durch Verdrängungswiderstände[92] geschieden. Aber die Verdrängung setzt sich nicht in das Es fort.[93] Das Verdrängte fließt mit dem übrigen Es zusammen.

Ein Sprichwort warnt davor, gleichzeitig zwei Herren zu dienen. Das arme Ich hat es noch schwerer,[94] es dient drei gestrengen Herren, ist bemüht, deren Ansprüche und Forderungen in Einklang miteinander zu bringen. Diese Ansprüche gehen immer auseinander, scheinen oft unvereinbar zu sein; kein Wunder, wenn das Ich so oft an seiner Aufgabe scheitert. Die drei Zwingherren[95] sind die Außenwelt, das Über-Ich und das Es. Wenn man die Anstrengungen des Ichs verfolgt, ihnen gleichzeitig gerecht zu werden, besser gesagt: ihnen gleichzeitig zu gehorchen, kann man nicht bereuen, dieses Ich personifiziert, es als ein besonderes Wesen hingestellt zu haben. Es fühlt sich von drei Seiten her eingeengt,[96] von dreierlei Gefahren bedroht, auf die es im Falle der Bedrängnis[97] mit

---

[82]**imponieren** impress
[83]**die Kehrseite** other side
[84]**entlehnen** borrow
[85]**die Schliche** dodges
[86]**entziehen** extract
[87]**beibehaltene . . . Objekte** actual or abandoned objects
[88]**der Triebanspruch** instinctual demand
[89]**lenken (auf) divert**
[90]**ausfindig machen** find out

[91]**das Vorrecht** privilege
[92]**durch Verdrängungswiderstände** by resistances due to repression
[93]**(setzt sich nicht) fort** is not carried over
[94]**es schwer haben** have a hard time
[95]**der Zwingherr** tyrannical master
[96]**eingeengt** hemmed in
[97]**im Falle der Bedrängnis** if too hard pressed

Angstentwicklung reagiert. Durch seine Herkunft aus den Erfahrungen des Wahrnehmungssystems ist es dazu bestimmt,[98] die Anforderungen der Außenwelt zu vertreten, aber es will auch der getreue Diener des Es sein, im Einvernehmen[99] mit ihm bleiben, sich ihm als Objekt empfehlen, 460 seine Libido auf sich ziehen. In seinem Vermittlungsbestreben[1] zwischen Es und Realität ist es oft genötigt, die unbewußten Gebote des Es mit seinen vorbewußten Rationalisierungen zu bekleiden, die Konflikte des Es mit der Realität zu vertuschen,[2] mit diplomatischer Unaufrichtigkeit eine Rücksichtsmaßnahme auf die Realität vorzuspiegeln,[3] auch wenn 465 das Es starr und unnachgiebig geblieben ist. Anderseits wird es auf Schritt und Tritt[4] von dem gestrengen Über-Ich beobachtet, das ihm bestimmte Normen seines Verhaltens vorhält,[5] ohne Rücksicht auf die Schwierig-keiten von Seiten des Es und der Außenwelt zu nehmen, und es im Falle der Nichteinhaltung[6] mit den Spannungsgefühlen[7] der Minderwertig- 470 keit und des Schuldbewußtseins bestraft. So vom Es getrieben, vom Über-Ich eingeengt, von der Realität zurückgestoßen, ringt das Ich um die Bewältigung[8] seiner ökonomischen Aufgabe, die Harmonie unter den Kräften und Einflüssen herzustellen, die in ihm und auf es wirken, und wir verstehen, warum wir so oft den Ausruf nicht unterdrücken 475 können: Das Leben ist nicht leicht! Wenn das Ich seine Schwäche ein-bekennen[9] muß, bricht es in Angst aus, Realangst vor der Außenwelt, Gewissensangst vor dem Über-Ich, neurotische Angst vor der Stärke der Leidenschaften im Es.

Die Strukturverhältnisse der seelischen Persönlichkeit, die ich vor 480 Ihnen entwickelt habe, möchte ich in einer anspruchslosen Zeichnung[10] darstellen, die ich Ihnen hier vorlege.

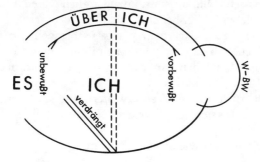

Sie sehen hier, das Über-Ich taucht in das Es ein;[11] als Erbe des Ödipus-komplexes hat es ja intime Zusammenhänge mit ihm; es liegt weiter ab

[98]**bestimmt** destined
[99]**das Einvernehmen** agreement
[1]**das Vermittlungsbestreben** attempt to mediate
[2]**vertuschen** conceal
[3]**vorspiegeln** pretend
[4]**auf Schritt und Tritt** at every step
[5]**vorhält** *transl.:* lays down

[6]**im Falle der Nichteinhaltung** *meaning:* if those standards are not obeyed
[7]**das Spannungsgefühl** tense feeling
[8]**die Bewältigung** mastery
[9]**einbekennen** confess
[10]**die anspruchslose Zeichnung** unassum-ing drawing
[11]**eintauchen** merge

vom Wahrnehmungssystem als das Ich. Das Es verkehrt[12] mit der 485
Außenwelt nur über das Ich, wenigstens in diesem Schema. Es ist gewiß
heute schwer zu sagen, inwieweit die Zeichnung richtig ist; in einem
Punkt ist sie es gewiß nicht. Der Raum, den das unbewußte Es einnimmt,
müßte unvergleichlich größer sein als der des Ichs oder des Vorbewußten.
Ich bitte, verbessern Sie das in Ihren Gedanken. 490

Und nun zum Abschluß dieser gewiß anstrengenden und vielleicht
nicht einleuchtenden[13] Ausführungen noch eine Mahnung![14] Sie denken
bei dieser Sonderung der Persönlichkeit in Ich, Über-Ich und Es gewiß
nicht an scharfe Grenzen, wie sie künstlich in der politischen Geographie
gezogen worden sind. Der Eigenart des Psychischen können wir nicht 495
durch lineare Konturen gerecht werden wie in der Zeichnung oder in der
primitiven Malerei, eher durch verschwimmende Farbenfelder[15] wie
bei den modernen Malern. Nachdem wir gesondert haben, müssen wir
das Gesonderte wieder zusammenfließen lassen. Urteilen Sie nicht zu
hart über einen ersten Versuch, das so schwer erfaßbare Psychische 500
anschaulich zu machen.[16] Es ist sehr wahrscheinlich, daß die Ausbildung
dieser Sonderungen bei verschiedenen Personen großen Variationen
unterliegt,[17] möglich, daß sie bei der Funktion selbst verändert und
zeitweilig rückgebildet werden.[18] Besonders für die phylogenetisch
letzte und heikelste,[19] die Differenzierung von Ich und Über-Ich, 505
scheint dergleichen zuzutreffen. Es ist unzweifelhaft, daß das gleiche
durch psychische Erkrankung hervorgerufen wird. Man kann sich auch
gut vorstellen, daß es gewissen mystischen Praktiken gelingen mag,
die normalen Beziehungen zwischen den einzelnen seelischen Bezirken
umzuwerfen,[20] so daß z. B. die Wahrnehmung Verhältnisse im tiefen 510
Ich und im Es erfassen kann, die sonst unzugänglich waren. Ob man auf
diesem Weg der letzten Weisheiten habhaft werden wird, von denen
man alles Heil erwartet, darf man getrost[21] bezweifeln. Immerhin
wollen wir zugeben, daß die therapeutischen Bemühungen der Psychoanalyse sich einen ähnlichen Angriffspunkt[22] gewählt haben. Ihre 515
Absicht ist ja, das Ich zu stärken, es vom Über-Ich unabhängiger zu
machen, sein Wahrnehmungsfeld zu erweitern und seine Organisation
auszubauen,[23] so daß es sich neue Stücke des Es aneignen[24] kann. Wo Es
war, soll Ich werden.

Es ist Kulturarbeit etwa wie die Trockenlegung der Zuydersee.[25] 520

---

[12]**verkehren** have social intercourse
[13]**einleuchtend** evident
[14]**die Mahnung** warning
[15]**verschwimmende Farbenfelder** areas of color melting into one another
[16]**anschaulich machen** make evident
[17]**unterliegen** be subject
[18]**zeitweilig rückgebildet werden** go through a temporary phase of involution

[19]**heikel** delicate, precarious
[20]**umwerfen** upset
[21]**getrost** safely, certainly
[22]**der Angriffspunkt** *here:* line of approach
[23]**ausbauen** enlarge
[24]**sich aneignen** appropriate
[25]**die Trockenlegung der Zuydersee** the draining of the Zuider Zee (*a Dutch project to gain land from the sea*)

164

Max Planck
(1858–1947)

In der Geschichte der Physik nimmt Max Planck eine bedeutende Stellung ein. Seine „Quantentheorie", die etwa gleichzeitig mit Einsteins Relativitätstheorie entstand (1900) und die Energieverhältnisse im Atom erklärt, wird von vielen als der Beginn der modernen Physik bezeichnet. Plancks Entdeckungen und Berechnungen waren bahnbrechend[1] für die Entwicklung der Atomphysik und für die Einsicht in das Verhältnis von[2] chemischen Wirkungen und elektromagnetischen Kräften. Die Strahlungsenergie[3] bei der Lichtstrahlung ist nicht beliebig teilbar,[4] sondern ein Vielfaches[5] von bestimmten Grundeinheiten,[6] eben[7] der Energie „quanten". Planck widerlegte[8] mit seiner Theorie eine Grundauffassung der klassischen Physik, daß „die Natur keine Sprünge mache".[9] Die Energie wird „sprunghaft" aufgenommen[10] oder ausgestoßen.[11]

Es ging Planck jedoch nicht nur um[12] exakte Naturerkenntnis; Er war ein religiöser Mensch und wußte um die Grenzen der Erkenntnis und um die Unergründlichkeit[13] vieler Geheimnisse. Darüber hat er sich oft geäußert[14] und die Gefahren gesehen, die entstehen, wenn man die Natur maßlos[15] begreifen[16] und ergreifen[17] will.

[1]**waren bahnbrechend** paved the way
[2]**das Verhältnis von** the relation between
[3]**die Strahlung** radiation
[4]**beliebig teilbar** *lit.*: arbitrarily divisible
[5]**das Vielfache** multiple
[6]**die Grundeinheit** basic unit
[7]**eben** namely
[8]**widerlegen** refute
[9]**die Natur macht keine Sprünge** *lit.*: nature does not proceed by leaps; *meaning*:

nature proceeds by gradual transition only
[10]**aufnehmen** absorb, receive
[11]**ausstoßen** emit
[12]**(Es ging Planck) nicht nur um** Planck was not only concerned with
[13]**unergründlich** unfathomable
[14]**sich äußern** express oneself
[15]**maßlos** without moderation
[16]**begreifen** comprehend
[17]**ergreifen** seize upon

Sinn und Grenzen der exakten Wissenschaft

MAN BEZEICHNET die Welt der Gegenstände im Gegensatz zur Sinnenwelt auch als die reale Welt. Doch muß man mit dem Wort „real" vorsichtig sein. Man darf es hier nur in einem vorläufigen[1] Sinn verstehen. Denn mit diesem Wort verbindet sich die Vorstellung von etwas absolut

[1]**vorläufig** tentative

Beständigem,[2] Unveränderlichem, Konstantem, und es wäre zuviel   5
behauptet,[3] wenn man die Gegenstände des kindlichen Weltbildes als
unveränderlich hinstellen würde. Das Spielzeug ist nicht unveränderlich,
es kann zerbrechen oder auch verbrennen, die Lampenglocke[4] kann in
Scherben gehen,[5] und dann ist es mit ihrer Realität in dem genannten[6]
Sinne vorbei.[7]   10

Das klingt selbstverständlich und trivial. Aber es ist wohl zu beachten,
daß beim wissenschaftlichen Weltbild, wo die Verhältnisse ganz ähnlich
liegen,[8] dieser Tatbestand[9] keineswegs als selbstverständlich empfunden
wurde. Wie nämlich für das Kind in seinen ersten Lebensjahren das
Spielzeug, so waren für die Wissenschaft durch Jahrzehnte und Jahrhun-   15
derte hindurch die Atome das eigentlich Reale in den Vorgängen[10] der
Natur. Sie waren es, die beim Zerbrechen oder Verbrennen eines
Gegenstandes unverändert die nämlichen blieben und daher das Bleibende in allem Wechsel der Erscheinung darstellten. Bis sich zur allgemeinen Überraschung eines Tages herausstellte,[11] daß auch die Atome   20
sich verändern können. Wir wollen daher, wenn wir im folgenden von
der realen Welt reden, dieses Wort zunächst immer in einem bedingten,[12]
naiven Sinn verstehen, welcher der Eigenart des jeweiligen[13] Weltbildes
angepaßt ist, und wir wollen uns dabei stets gegenwärtig halten,[14] daß
mit einer Veränderung des Weltbildes zugleich auch eine Veränderung   25
dessen, was man das Reale nennt, verbunden sein kann.

Jedes Weltbild ist charakterisiert durch die realen Elemente, aus denen
es sich zusammensetzt. Aus der realen Welt des praktischen Lebens hat
sich die reale Welt der exakten Wissenschaft, das wissenschaftliche
Weltbild, entwickelt. Aber auch dieses ist nicht endgültig, sondern es   30
verändert sich immerwährend durch fortgesetzte Forschungsarbeit, von
Stufe zu Stufe.

Eine solche Stufe bildet dasjenige wissenschaftliche Weltbild, welches
wir heute das klassische zu nennen pflegen. Seine realen Elemente und
daher charakteristischen Merkmale waren die chemischen Atome.   35
Gegenwärtig ist die wissenschaftliche Forschung, befruchtet[15] durch die
Relativitätstheorie und die Quantentheorie, im Begriff, eine höhere
Stufe der Entwicklung zu erklimmen und sich ein neues Weltbild zu
schaffen. Die realen Elemente dieses Weltbildes sind nicht mehr die
chemischen Atome, sondern es sind die Wellen der Elektronen und   40
Protonen, deren gegenseitige Wirkungen durch die Lichtgeschwindig-

---

[2]**beständig** enduring
[3]**es wäre zuviel behauptet** it would be
saying too much
[4]**die Lampenglocke** lampshade (made of
glass)
[5]**in Scherben gehen** break
[6]**genannt** above mentioned
[7]**(ist es mit ihrer Realität) vorbei** that
is the end of their reality

[8]**wo ... liegen** where conditions are quite
similar
[9]**der Tatbestand** fact
[10]**der Vorgang** process
[11]**sich herausstellen** turn out
[12]**bedingt** limited
[13]**jeweilig** respective
[14]**sich gegenwärtig halten** keep in mind
[15]**befruchtet** fertilized, stimulated

keit und durch das elementare Wirkungsquantum[16] bedingt werden. Vom heutigen Standpunkt aus müssen wir also den Realismus des klassischen Weltbildes als einen naiven bezeichnen. Aber niemand kann wissen, ob man nicht einmal in Zukunft von unserem gegenwärtigen modernen Weltbild das nämliche sagen wird. 45

* ★ ★

Was bedeutet nun aber dieser ständige Wechsel in dem, was wir als real bezeichnen? Ist er nicht für jeden, der nach endgültiger wissenschaftlicher Erkenntnis sucht, im höchsten Grade unbefriedigend?—Darauf ist vor allem zu erwidern, daß es zunächst nicht darauf ankommt,[17] ob der 50 Tatbestand befriedigt, sondern darauf, was an ihm das eigentlich Wesentliche ist. Wenn wir aber dieser Frage nachgehen,[18] dann machen wir die folgende Entdeckung ... Vorerst[19] ist festzustellen, daß die beständig fortgesetzte Ablösung[20] eines Weltbildes durch das andere nicht etwa einem Ausfluß[21] menschlicher Laune oder Mode entspringt, sondern 55 daß sie einem unausweichlichen Zwang folgt. Sie wird jedesmal dann zur bitteren Notwendigkeit, wenn die Forschung auf eine neue Tatsache in der Natur stößt, welcher das jeweilige Weltbild nicht gerecht zu werden[22] vermag.—Eine solche Tatsache ist, um ein bestimmtes Beispiel anzuführen, die Konstanz der Lichtgeschwindigkeit im leeren 60 Raum. Eine andere Tatsache ist das Eingreifen[23] des elementaren Wirkungsquantums in den gesetzlichen Ablauf[24] aller atomaren Vorgänge. Diesen beiden Tatsachen und noch vielen anderen konnte das klassische Weltbild nicht gerecht werden. Infolgedessen wurde sein Rahmen[25] gesprengt, und es trat ein neues Weltbild an dessen Stelle. 65
Das ist an sich schon recht verwunderlich. Aber was in noch höherem Grade zur Verwunderung herausfordert, weil es sich durchaus nicht von selbst versteht, das ist der Umstand, daß das neue Weltbild das alte nicht etwa aufhebt,[26] sondern daß es vielmehr dieses in seiner ganzen Vollständigkeit bestehen läßt, mit dem einzigen Unterschied, daß es ihm 70 noch eine besondere Bedingung hinzufügt—eine Bedingung, die einerseits auf eine gewisse Einschränkung hinausläuft,[27] anderseits aber eben dadurch zu einer erheblichen Vereinfachung des Weltbildes führt. In der Tat bleibt die klassische Mechanik vollkommen zutreffend[28] für alle Vorgänge, bei denen die Lichtgeschwindigkeit als unendlich groß und 75 das Wirkungsquantum als unendlich klein betrachtet werden darf.

[16]**das Wirkungsquantum** effective quantum (*Planck's quantum*)
[17]**(daß es) nicht darauf ankommt** that it is not a question of
[18]**einer Frage nachgehen** pursue a question
[19]**vorerst** first of all
[20]**die beständig fortgesetzte Ablösung** the continuous replacement
[21]**der Ausfluß** *here:* expression
[22]**gerecht werden** (*with dat.*) do justice (to)
[23]**das Eingreifen** interference
[24]**der gesetzliche Ablauf** regular course
[25]**der Rahmen** frame of reference
[26]**aufheben** *here:* suspend
[27]**hinauslaufen (auf)** result in
[28]**zutreffend** applicable

167

Eben dadurch wird es möglich, die Mechanik ganz allgemein der Elektrodynamik anzugliedern,[29] ferner alle Masse durch Energie zu ersetzen und außerdem die 92 verschiedenen Atomarten des klassischen Weltbildes auf zwei Arten, nämlich Elektronen und Protonen, zurück- 80 zuführen.[30] Die Vereinigung eines Elektrons mit einem Proton bildet ein Neutron. Jeder materielle Körper besteht danach aus Elektronen und Protonen. Die Verbindung des Protons mit einem Elektron ist ein Neutron oder ein Wasserstoffatom je nachdem[31] das Elektron an dem Proton festsitzt oder sich darum herum bewegt. Alle physikalischen und 85 chemischen Eigenschaften eines Körpers lassen sich aus der Art seiner Zusammensetzung ableiten.[32]

Das frühere Weltbild bleibt also erhalten, nur erscheint es jetzt als ein spezieller Ausschnitt[33] aus einem noch größeren, noch umfassenderen und zugleich noch einheitlicheren Bilde. Ähnlich ist es in allen Fällen, 90 soweit unsere Erfahrungen reichen. Während auf der einen Seite die Fülle[34] der beobachteten Naturerscheinungen auf allen Gebieten sich immer reicher und bunter entfaltet, nimmt andererseits das aus ihnen abgeleitete wissenschaftliche Weltbild eine immer deutlichere und festere Form an. Der ständige Wechsel des Weltbildes bedeutet daher 95 nicht ein regelloses Hin- und Herschwanken im Zickzack, sondern es bedeutet ein Fortschreiten, ein Verbessern, ein Vervollkommnen. Mit der Feststellung dieser Tatsache ist, wie ich meine, die grundsätzlich wichtigste Errungenschaft[35] bezeichnet, welche die naturwissenschaftliche Forschung überhaupt aufzuweisen hat. 100

Welches ist nun die Richtung dieses Fortschrittes und welchem Ziel strebt er zu? Die Richtung ist offenbar eine beständige Verfeinerung des Weltbildes durch Zurückführung[36] der in ihm enthaltenen realen Elemente auf ein höheres Reales von weniger naiver Beschaffenheit.[37] Das Ziel aber ist die Schaffung eines Weltbildes, dessen Realitäten keinerlei 105 Verbesserungen mehr bedürftig[38] sind und die daher das endgültig Reale darstellen. Eine nachweisliche Erreichung dieses Zieles wird und kann niemals gelingen.[39] Um aber zunächst einen Namen dafür zu haben, bezeichnen wir das endgültig Reale als die reale Welt im absoluten, metaphysichen Sinn. Damit soll ausgedrückt sein,[40] daß diese Welt, also[41] 110 die objektive Natur, hinter allem Erforschlichen[42] steht. Ihr gegenüber bleibt das aus der Erfahrung gewonnene wissenschaftliche Weltbild, die

---

[29]**angliedern** (with dat.) integrate (with)
[30]**zurückführen (auf)** reduce to
[31]**je nachdem** meaning: depending on whether
[32]**(lassen sich) ableiten** can be derived
[33]**der Ausschnitt** sector, section
[34]**die Fülle** plenitude
[35]**die grundsätzlich wichtigste Errungenschaft** the achievement which is basically most important

[36]**durch Zurückführung** by tracing back
[37]**die Beschaffenheit** character
[38]**bedürftig sein** be in need of
[39]**Eine ... gelingen.** meaning: Attainment of this goal will never and can never be proved.
[40]**Damit ... sein** This is to express
[41]**also** here: that is
[42]**erforschlich** discoverable

phänomenologische Welt, immer nur eine Annäherung, ein mehr oder
weniger gut geratenes[43] Modell. Wie hinter jedem Sinneseindruck ein
Gegenstand, so steht hinter jedem erfahrungsmäßig Realen ein meta- 120
physisch Reales. Manche Philosophen stoßen sich an[44] dem Wörtchen
„hinter". Sie sagen: „Da in der exakten Wissenschaft alle Begriffe und
alle Messungen auf Sinneseindrücke zurückgehen, so bezieht sich auch
der Inhalt aller wissenschaftlichen Ergebnisse in letzter Linie[45] nur auf die
Sinnenwelt, und es ist unzulässig,[46] zum mindesten aber überflüssig, 125
hinter dieser Welt noch eine metaphysische Welt anzunehmen, die sich
jeder direkten wissenschaftlichen Prüfung[47] entzieht."[48] Darauf ist zu
erwidern, daß in den obigen[49] Sätzen das Vorwort „hinter" nicht in
äußerlichem, räumlichem Sinn verstanden werden darf. Man könnte
statt „hinter" ebensogut sagen „in". Das metaphysisch Reale steht nicht 130
räumlich hinter dem erfahrungsmäßig Gegebenen, sondern es steckt
ebensogut auch in ihm mitten drin[50] ... Das Wesentliche ist, daß die
Welt der Sinnesempfindungen nicht die einzige Welt ist, die begrifflich[51]
existiert, sondern daß es noch eine andere Welt gibt, die uns allerdings
nicht unmittelbar zugänglich ist, auf die wir aber nicht nur durch das 135
praktische Leben, sondern auch durch die Arbeit der Wissenschaft immer
wieder mit zwingender Deutlichkeit hingewiesen werden. Denn das
große Wunder der unablässig fortschreitenden Vervollkommnung des
wissenschaftlichen Weltbildes treibt den Forscher notgedrungen dazu,[52]
nach dessen endgültiger Gestaltung[53] zu suchen. Und da man das, was 140
man sucht, auch als vorhanden annehmen muß, so befestigt sich bei ihm
die Überzeugung[54] von der tatsächlichen Existenz einer realen Welt im
absoluten Sinn. Dieser feste, durch keine Hemmnisse zu erschütternde
Glaube an das absolut Reale in der Natur ist es, der für ihn die gegebene
und selbstverständliche Voraussetzung seiner Arbeit bildet und der ihn 145
immer wieder in der Hoffnung bestärkt,[55] daß es ihm gelingen möge,
sich an das Wesen der objektiven Natur noch etwas näher heranzutasten
und dadurch ihren Geheimnissen immer mehr auf die Spur zu kommen.[56]
    Da die reale Welt im absoluten Sinn unabhängig ist von der einzelnen
Persönlichkeit, ja unabhängig von aller menschlichen Intelligenz, so 150
kommt jeder Entdeckung, die ein einzelner macht, eine ganz allgemeine
Bedeutung zu.[57] Das gibt dem Forscher, der in stiller Abgeschiedenheit
mit seinem Problem ringt, die Gewißheit, daß jedes Resultat, das er

---

[43]**mehr ... geratenes** more or less successful
[44]**stoßen sich an** object to
[45]**in letzter Linie** in the final analysis
[46]**unzulässig** inadmissible
[47]**die Prüfung** *here:* verification
[48]**sich entziehen** be inaccessible
[49]**obig** above
[50]**in ihm mitten drin** within it
[51]**begrifflich** conceptually
[52]**treibt ... dazu** compels the scientist

[53]**die endgültige Gestaltung** final shape or
    structure
[54]**so ... Überzeugung** he is increasingly
    convinced of
[55]**bestärken** *here:* confirm
[56]**auf die Spur kommen** get on the trail of,
    track down
[57]**kommt (jeder Entdeckung) zu** each dis-
    covery assumes

dabei[58] findet, unmittelbar auch bei allen Sachverständigen der ganzen Welt Anerkennung erzwingt, und dieses Gefühl der Bedeutung seiner Arbeit bildet sein Glück, es gibt ihm vollwertigen Ersatz für mancherlei in seinem Alltagsleben gebrachte Opfer.

[58]**dabei**   *here :* in his work

Adolf Portmann
(1897–   )

Adolf Portmann, Professor der Zoologie an der Universität Basel, beschäftigte sich mit der Entwicklungsgeschichte[1] der Tiere, dehnte dann seine Forschungen auch auf den Menschen aus und wies die biologische Sonderstellung[2] des Menschen vor allem an der eigenartigen Entwicklung des Neugeborenen im ersten Lebensjahr nach.[3] Beim Menschen findet eine „Retardation" statt, d. h.[4] eine Entwicklungsverzögerung[5] im Vergleich zu den nächstverwandten Tieren. Das erste Lebensjahr weist noch wichtige embryonale Merkmale[6] auf, der menschliche Geburtszustand ist nach Portmann der einer „normalisierten Frühgeburt".[7] Dieser Retardation verdankt[8] der Mensch die außerordentliche Verlängerung seines Lernalters. Sie ist ein wesentliches Artmerkmal[9] und vor allem die Ursache der großen Formbarkeit[10] des Menschen in körperlicher wie in geistiger und seelischer Beziehung,[11] zumal[12] soziale Einflüsse schon im ersten Jahr auf die Reifungsprozesse einwirken.[13] Vgl.[14] A. Portmann: Biologische Fragmente zu einer Lehre vom Menschen (1944, 1951). Als Hauptwerke Portmanns gelten ferner: Einführung in die vergleichende Morphologie der Wirbeltiere (1948), Die Tiergestalt (1948), Das Tier als soziales Wesen (1953), Biologie und Geist (1956), Neue Wege der Biologie (1960).

[1]**die Entwicklung** development, evolution
[2]**die Sonderstellung** *meaning:* special position
[3]**nachweisen** demonstrate
[4]**d. h. = das heißt**
[5]**die Verzögerung** delay
[6]**das Merkmal** characteristic
[7]**die Frühgeburt** premature birth

[8]**verdanken** *(with dat.)* owe
[9]**das Artmerkmal** characteristic of the species
[10]**formbar** capable of being shaped, plastic
[11]**die Beziehung** respect
[12]**zumal** particularly since
[13]**einwirken auf** have an effect upon
[14]**vgl. = vergleiche** compare

Vom Ursprung des Menschen

WAS WISSEN wir vom Leben jener frühen Menschen, jener Menschen, von denen nur wenige Bruchstücke des Schädels oder ein paar andere Knochenreste zeugen?[1]

Es gibt heute eine Meinung über die Lebensart des Frühmenschen, die alle anderen Auffassungen überschattet: sie beruht auf dem Fund von Steinwerkzeugen und sie glaubt, daß diese Steinwerkzeuge uns die Folge[2] 5

[1]**(von denen) zeugen** (of whose existence) testify
[2]**die Folge** sequence

171

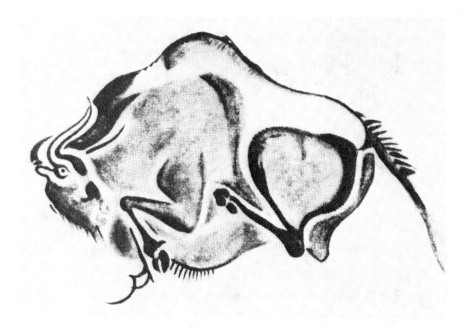

Höhlenmalerei in Altamira, Spanien (The Bettman Archive)

der Kulturstufen verraten. Grobe[3] Fauststeine[4] sollen die ältesten Dokumente sein, darauf folgt eine Zeit, in der die Steine schon besser bearbeitet[5] wurden, und schließlich finden sich neben kunstvollen Steingebilden auch mancherlei Knochengeräte. Dann folgt die Periode   10 der ersten Metalle, Bronze zunächst, Eisen hierauf als Zeugnis[6] einer sehr viel höheren Stufe der Kultur. Altsteinzeit, Jungsteinzeit,[7] Bronze- und Eisenzeit—das sind Namen, die bereits fest im Gedächtnis der Menschen eingeprägt sind und die denn auch mit der Macht aller Tradition den Anspruch erheben,[8] die Folge der Kulturen, den Weg des   15 allmählichen Aufstiegs der Menschheit zu bezeichnen.

Es wird wohl ein Teil der Wahrheit in dieser Auffassung[9] sich darstellen[10]—aber wir müssen uns doch hüten,[11] eine Auffassung der Dinge mit der vollen Wahrheit zu verwechseln und nun zu glauben, der Ursprung der menschlichen Kultur sei ein für allemal[12] geklärt. Wir   20 müssen lernen, auch der Versuchung[13] eines sehr einfachen, klaren Bildes zu widerstehen.

Vielleicht hilft uns ein Beispiel aus dem Leben der Gegenwart, wenn wir diese Zurückhaltung lernen wollen.[14] In Zentralafrika, in den Urwäldern lebt das Zwergvolk der Ituri, das sich vor dem mächtigen   25 Andrang[15] anderer Stämme[16] in das Waldgebiet hat zurückziehen müssen, wo auch so manche altertümliche[17] Tiergestalt, wie das scheue Okapi, die Waldgiraffe eine letzte Zuflucht[18] gefunden hat. Urwälder sind die großen Refugien der Schwächeren. Diese Iturizwerge haben eine reiche Kultur, sie machen allerhand Flechtwerk,[19] Tragkörbe,   30 Matten und Gürtel, Speere, Pfeile und Bogen stellen sie her aus vergänglichem[20] Material, aus Holz und Bambus. Und im Gemüt dieser Waldmenschen wuchert[21] ein Schatz von Sagen und Mären,[22] von religiösen Vorstellungen, so schwer durchschaubar[23] wie der Urwald selber.

Liebe Leser, denken Sie einen Augenblick, wir wüßten gar nichts   35 von diesem kleinen Völklein; die Iturizwerge verschwänden aus dem Bild des irdischen Lebens. Was könnten unsere Nachfahren[24] von ihnen auffinden? Ein paar Knochenreste im Urwald? Vielleicht einige Schädel? Und daraus soll nun der späte Forscher ein Lebensbild aufbauen. Darf er dann den Schluß ziehen, daß diese Menschen noch vor der Steinzeit   40

---

[3]**grob** *here:* primitive
[4]**der Fauststein** mallet
[5]**Stein bearbeiten** hew (*or* cut) stones
[6]**das Zeugnis** witness, evidence
[7]**die Altsteinzeit, Jungsteinzeit** Paleolithic Age, Neolithic Age
[8]**den Anspruch erheben** claim
[9]**die Auffassung** interpretation
[10]**(es wird wohl) sich darstellen** there probably is
[11]**sich hüten** *here:* guard against
[12]**ein für allemal** once and for all
[13]**die Versuchung** temptation

[14]**wenn ... wollen** *meaning:* if we want to learn to be cautious
[15]**der Andrang** pressure
[16]**der Stamm** tribe
[17]**altertümlich** archaic, primitive
[18]**die Zuflucht** refuge
[19]**das Flechtwerk** wickerwork
[20]**vergänglich** perishable
[21]**wuchern** thrive
[22]**die Märe** tale
[23]**so schwer durchschaubar** so difficult to penetrate
[24]**die Nachfahren** descendants

einzuordnen[25] wären, in eine Stufe tiernahen Lebens, ein Leben ohne *Werkzeuge, ohne materielle Kultur?* *Das Fehlen jeglicher Fundstücke*[26] würde doch dazu auffordern.[27] Aber wie falsch wäre dieses Bild. Wie anders, wie menschlich ist die Wirklichkeit, um die wir wissen.

Auch wo wir nur die dürftigsten[28] Spuren von Menschen vorfinden, 45 da ist es richtiger, auf ein volles, wenn auch einfaches menschliches Kulturleben zu schließen[29] als auf eine bloße tierhafte Lebensform. Diese Einsicht setzt sich heute auch in der Urgeschichtsforschung[30] immer stärker durch;[31] immer machtvoller dringt der Gedanke vor,[32] daß außer den in der Erde überlieferten[33] Stein- und Knochengeräten 50 in der Frühzeit auch manches vergänglichere Material verarbeitet[34] worden ist, Holz vor allem oder Pflanzenfasern[35] zu Geflechten[36]—und daß auch dort, wo keine Kulturerzeugnisse vorliegen, doch hohe Wahrscheinlichkeit für allerhand Werkzeuge spricht.[37] Kein Wunder, daß bereits die allerfrühesten Spuren von Menschen auch Zeugnisse der 55 Kultur bringen ... So weisen zum Beispiel an der Fundstelle des Chinamenschen, des Sinanthropus, allerhand Indizien[38] auf den Gebrauch des Feuers und auf Knochengeräte hin.

An vielen Forschungsstätten vollzieht sich heute ein wenig beachteter und doch so bedeutsamer Vorgang: die Zeugnisse des Frühmenschen und 60 seiner Kultur, die früher vor allem Gegenstand der Naturforschung waren—sie werden jetzt immer öfters Objekte der historischen Untersuchung. Dieser Wechsel mag harmlos erscheinen—und doch ist er ein stilles Zeichen einer weitreichenden geistigen Veränderung. Der Horizont des geschichtlichen Daseins ist heute erweitert[39] in eine Ver- 65 gangenheit hinein, die früher einer Art Naturzustand des Menschen anzugehören schien. Und mit dieser Ausweitung erfahren auch immer mehr Funde der Frühzeit eine Deutung im Sinne der Geschichtsforschung,[40] während sie früher in der Denkweise der Zoologen gedeutet worden sind wie die Spuren ausgestorbener Lebewesen.[41] Der Gegen- 70 satz ist groß genug. Denn der Naturforscher denkt beim Vergleich zweier Funde zunächst an eine Veränderung der Art;[42] er vermutet, daß aus einer älteren Form durch Mutation eine neue Gestalt entstanden sei. Der Historiker dagegen wird dieselben Funde durch geschichtliche Ereignisse zu erklären versuchen—er wird immer annehmen, daß ein 75

[25]**einordnen (vor)** *(with dat.)* assign a period prior to
[26]**die Fundstücke** *lit.:* objects found; finds
[27]**(würde) dazu auffordern** would encourage this view
[28]**dürftig** scanty
[29]**(auf) schließen** *here:* assume
[30]**die Urgeschichte** prehistory
[31]**sich durchsetzen** gain ground
[32]**(dringt) vor** gains ground
[33]**überliefert** *meaning:* preserved
[34]**verarbeitet** used

[35]**die Faser** fiber
[36]**das Geflecht** wickerwork
[37]**hohe . . . spricht** *meaning:* the existence of various tools is highly probable
[38]**allerhand Indizien** all kinds of evidence
[39]**erweitert** extended
[40]**(erfahren) eine Deutung . . . Geschichts-forschung** are interpreted in the light of historical research
[41]**das ausgestorbene Lebewesen** *here:* extinct animal
[42]**die Art** *here:* species

fremdes Volk eine alteingesessene[43] Bevölkerung verdrängt[44] oder sich mit ihr zu einer neuen Erscheinung vermischt habe.

Der Kern[45] der Wandlung, die wir heute erleben, ist die Einschätzung[46] des menschlichen Geistes. Die frühe Zeit der Abstammungslehre,[47] die man meist als die Periode des Darwinismus bezeichnet, beachtete ganz einseitig nur die technische Intelligenz als eine Art Ursprungsgebiet[48] des Geistigen: die Entstehung des Menschen erschien als die Bildung eines Werkzeuge machenden Tieres. Alles weitere Leben des Geistes mochte sich dann entfaltet haben, als dieses Wesen durch den Gebrauch seiner Werkzeuge größere Freiheit des Daseins sich errungen hatte; damit—so folgerte[49] man einst—wurde das Wirken der schweifenden[50] Phantasie möglich, der Ursprung der Kunst und des freier spielenden Denkens.

Heute sind wir nicht mehr so sicher, daß die menschliche Entwicklung sich so abgespielt habe. Mächtiger als früher steht vor uns das große Rätsel des phantastischen Geisteslebens:[51] der Einbildungskraft.[52] So machtvoll erscheint sie uns, daß wir in ihr auch die Wurzel der Werkzeugerfindung sehen und daß für uns das Problem des Ursprungs der Kultur in erster Linie[53] die Frage nach der Herkunft[54] der Einbildungskraft stellt! Freilich, die Hoffnung ist gering, das Werden[55] dieser geheimnisvollen[56] Macht in versteinerten[57] Spuren zu entdecken —das Auffinden der Steinwerkzeuge hat ja einst gerade verleitet,[58] auf solchen Spuren allein eine allzu sichere Lehre vom Werden der Kultur aufzurichten.[59]

Wir sind daran, gehörig umzulernen[60]—aber dieses Umlernen wird, wie immer, sehr mühevoll sein. Heute erscheint es uns bereits nicht mehr so befremdlich,[61] wie es noch vor fünfzehn Jahren war, daß die ältesten Steinzeitfunde unseres Vaterlandes auf Opfergebräuche[62] hindeuten, auf Opfer, die jene frühen, fernen Menschen der Alpenregion höheren Mächten darbrachten.[63] Im Drachenloch ob[64] Vättis, im Wildenmannlisloch an den Churfirsten und am Wildkirchli hoch oben am Säntis[65] hat Dr. Emil Bächler von St. Gallen Schädel des großen Höhlenbären gefunden, die so sonderbar aufgestellt erschienen, daß man

80

85

90

95

100

105

---

[43]**alteingesessen** indigenous
[44]**verdrängen** displace
[45]**der Kern** essence
[46]**die Einschätzung** evaluation
[47]**die Abstammungslehre** theory of evolution
[48]**das Ursprungsgebiet** *meaning:* source
[49]**folgern** conclude
[50]**schweifend** roaming
[51]**des phantastischen Geisteslebens** *meaning:* of the life of intellectual fantasy
[52]**die Einbildungskraft** imagination
[53]**in erster Linie** in the first place, primarily
[54]**die Herkunft** derivation, origin

[55]**das Werden** *here:* development; evolution
[56]**geheimnisvoll** mysterious
[57]**versteinert** petrified
[58]**(hat) verleitet** has misled *(the scholars)*
[59]**aufrichten** construct
[60]**Wir ... umzulernen** We are about to undergo a thorough process of reorientation
[61]**befremdlich** strange
[62]**Opfergebräuche** sacrificial rituals
[63]**darbringen** offer
[64]**ob=über**
[65]**Drachenloch ob Vättis ... Säntis** *locations in the Swiss Alps*

eine tiefere Absicht jener Bärenjäger der Steinzeit annehmen muß. Auch von anderen Orten sind ähnliche Funde der Frühzeit bezeugt,[66] aus 110 Deutschland wie aus Südfrankreich—dazu kommen die vielen Zeugnisse über den Bärenkult der heutigen Jägervölker des nördlichen Polarkreises. Noch in diesen Tagen wird zwar um die Deutung[67] dieser Funde heftig gestritten;[68] auch unter den Forschern unserer Heimat[69] sind die Meinungen geteilt—aber ich glaube, daß der Ausgang[70] dieses Meinungs- 115 kampfes bereits sicher ist: der Sieg wird der Auffassung gehören, die jenen Menschen der Frühzeit eine volle und reiche geistige Tätigkeit zuerkennt.[71]

In diesem neuen Lichte begreifen wir auch leichter die erstaunlichen Schöpfungen der frühen Kunst in den Höhlen Frankreichs und Spaniens 120 oder die ausdrucksstarken[72] Darstellungen auf den Knochen des Mammuts und auf Hirschgeweihen,[73] die auch in unserem Lande gefunden worden sind. Die gewaltigen Konturen von Wisenten[74] und Wildpferden, die Bilder vom Mammut und von Rentieren, kleine Statuen von Frauengestalten—sie alle sind ja für uns Spätere ein immer 125 neuer Anlaß[75] der Bewunderung. Wir staunen ob der[76] inneren Kraft, die aus diesen Werken spricht, ob dem lebendigen Gefühl der Wirklichkeit, das diese Kunstwerke verraten,[77] ob der mächtigen Verwandlung[78] dieser Wirklichkeit in ein Geisteswerk des Menschen.[79]

Die meisten aber staunten bisher viel mehr noch darob,[80] daß so 130 früh schon die Menschen so gestaltungsmächtig[81] sich zeigen. Ja—was soll das heißen: so früh schon? Das gilt[82] doch nur, wenn man willkürlich eine Art Nullpunkt des Geistes setzt,[83] wenn man zum Beispiel annimmt, daß unmittelbar vor der großen Vereisung[84] der Mensch entstanden sei. Von einem solchen Nullpunkt des Tiermenschen aus mag 135 man die Kunst der Höhlen als früh taxieren[85]—immerhin, selbst dann wären schon viele Jahrtausende menschlichen Geisteslebens vergangen bis zur Epoche der eiszeitlichen[86] Bären- und Rentierjäger. Wieviel aber erst,[87] wenn man den Vorgang der Menschwerdung über 15 bis 30 Millionen Jahre hin ausgedehnt annimmt, wie es heute viele Biologen 140 tun?

Wir wissen heute noch nicht, wie weit zurück in der Geschichte der

[66]**bezeugt**   attested (to)
[67]**die Deutung**   interpretation
[68]**streiten**   dispute, argue
[69]**unserer Heimat**   of our country
[70]**der Ausgang**   outcome
[71]**zuerkennen**   *(with dat.)* attribute to
[72]**ausdrucksstark**   expressive
[73]**das Hirschgeweih**   antlers
[74]**der Wisent**   European bison
[75]**der Anlaß**   occasion
[76]**Wir staunen ob der**   We marvel at the
[77]**verraten**   manifest, reveal
[78]**die Verwandlung**   transformation

[79]**ein Geisteswerk des Menschen**   a product of the human spirit
[80]**darob = darüber**
[81]**gestaltungsmächtig**   capable of artistic creation
[82]**gilt**   applies
[83]**setzt**   posits
[84]**die Vereisung**   glacial period
[85]**taxieren**   consider
[86]**eiszeitlich**   glacial
[87]**Wieviel aber erst**   *meaning:* But how much longer would this period be

Erde wir die Anfänge des menschlichen Geisteslebens uns denken müssen. Aber eines drängt sich dem Forscher immer stärker auf:[88] alle die Spuren, die vom Frühmenschen zeugen, weisen auf ein vollentwickeltes menschliches Wesen hin. Gestalt und Entwicklungsart, Sozialbindungen und psychisches Leben, alles was im heutigen Menschen naturhaft[89] vor uns ist, das müssen wir auch schon dem Frühmenschen zubilligen.[90]

Was wir aber in unserer Zeit als Gegensatz zu jener einfachen Daseinsart feststellen, was wir „Entwicklung" oder Fortschritt nennen, das bezieht sich keineswegs auf diese Grundlagen des menschlichen Seins, die in jener Frühzeit bereits gegeben waren, nein, das betrifft die Erzeugnisse der geistigen Tätigkeit, das gilt von den Erfindungen der Phantasie, des technischen Denkens, also von den Gütern,[91] die wir durch Tradition von einer Generation zur andern weitergeben; es bezieht sich auf das Leben des Glaubens,[92] des Dichtens und Erfindens, auf die Formen des Zusammenseins,[93] auf die durch Gruppenkämpfe erzwungenen[94] Veränderungen, kurz auf all das, was wir die „Geschichte" des Menschen nennen.

Dieses geschichtliche Leben gehört zur Eigenart[95] des Menschen. Es beruht auf dem eigenartigen Instrument, das unter allen Organismen der Erde nur der Mensch besitzt: auf der Möglichkeit der Tradition, des Überliferns[96] einer Daseinsform auf die folgenden Generationen, während doch jede neue Generation einer Tierart immer wieder am selben Ausgangspunkte anfängt, an dem bereits die Eltern angesetzt[97] haben.

In dieser Welt von geschichtlicher Tradition entstehen und vergehen[98] die Formen unseres sozialen Zusammenlebens,[99] in ihr entwickeln sich die Erzeugnisse der geistigen Arbeit.

Jenseits aber von all diesem Geschehen, das wir Geschichte nennen, liegt das andere, uns noch immer verborgene Ereignis der Entstehung jener Lebensform, die allein von allen Organismen „geschichtlichen" Daseins fähig ist, das Werden des Menschen. Wir haben es in diesen kurzen Berichten schon mehrmals hervorgehoben—es sei aber auch hier nochmal gesagt—, dieses große Geschehen, welches das Geheimnis der Menschwerdung umschließt,[1] es liegt vor all den Zeiten, aus denen wir Funde des Frühmenschen kennen. Wie lange vorher? Wir haben vom Streit der Meinungen schon mehrmals gesprochen; welcher der verschiedenen Auffassungen wir zuneigen,[2] das hängt vor allem davon ab, wie hoch wir die Eigenart[3] des Menschen einschätzen. Je näher wir

---

[88]**(drängt sich) auf** becomes apparent (to)
[89]**naturhaft** as part of man's nature
[90]**zubilligen** concede
[91]**die Güter** *transl.:* achievements
[92]**der Glaube** faith
[93]**das Zusammensein** social life
[94]**erzwungen** achieved through force
[95]**die Eigenart** uniqueness

[96]**das Überliefern** transmission
[97]**ansetzen** set out
[98]**entstehen und vergehen** arise and pass out of existence
[99]**das Zusammenleben** coexistence
[1]**umschließen** contain
[2]**zuneigen** *(with dat.)* favor
[3]**die Eigenart** *here:* the distinctive character

unsere eigene Natur der tierischen zuordnen,[4] desto kleiner wird die Spanne[5] sein, die der Prozeß der Menschwerdung zu überbrücken hatte —je bedeutender uns das menschliche Eigenleben erscheint, um so größer und vielfältiger muß uns auch das Werden einer solchen Daseinsart vorkommen. Darum soll das letzte Kapitel der Darstellung der mensch- 185 lichen Sonderart[6] gelten.[7]

★ ★ ★

Für viele Menschen, die sich an den Ereignissen der Naturforschung orientieren, ist die Frage nach unserem Ursprung recht einfach: wie kann man aus affenartigen Wesen die Menschengestalt entstanden denken.[8] Die Erklärung sucht man durch die Annahme von allerhand 190 Wachstumsänderungen, von Proportionsverschiebungen, die schließlich zur menschlichen Leibesform hinführen. Denn das ist ja den meisten die Hauptsorge:[9] das Werden eines menschartigen Leibes zu erklären![10] Den Geist, den denkt man sich als etwas Zusätzliches,[11] als etwas, was in diesem Menschenleib aus unscheinbaren Anlagen[12] sich allmählich 195 entfaltet hat und schließlich wie eine wunderbare fremde Blume in diesem aufgerichteten,[13] tierischen Körper erblüht ist. Es fehlt auch nicht an Stimmen, die in der Geistesentwicklung eine Entartung[14] sehen wollen und die uns den Untergang an diesem Geiste[15] prophezeien. Niemand wird bestreiten, daß die Gegenwart für solche Gedanken einen 200 recht passenden Hintergrund abgibt.[16]

In diesem Denken ist eine völlig unbewiesene, meist gar nicht diskutierte Voraussetzung:[17] die Annahme,[18] daß der Geist ein spätes Phänomen in einem menschlichen Leibe sei. Die Ursprungslehren der Zukunft, die Anspruch auf wissenschaftliche Grundlagen machen,[19] 205 werden einen neuen Ansatz[20] ohne diese Voraussetzung suchen müssen; sie werden zunächst einmal die menschliche Eigenart so voll als möglich zu sehen trachten,[21] dadurch wird erst der Abstand vom Tier in seiner ganzen Größe sichtbar, und jetzt wird erst deutlich, wie viel eigentlich eine wissenschaftliche Lehre über den Ursprung des Menschen zu leisten[22] 210 hat. Wer den Versuch unternimmt, die ganze Größe unserer Eigenart

[4]**zuordnen** associate
[5]**die Spanne** gap
[6]**die Sonderart** *See footnote 3 above*
[7]**gelten** *here:* be devoted to
[8]**(wie kann man) die Menschengestalt enstanden denken (aus)** how can one conceive of the human shape as having arisen (from)
[9]**die Hauptsorge** main concern
[10]**das Werden ... erklären** *meaning:* to explain how the human body developed
[11]**als etwas Zusätzliches** as an addition
[12]**aus unscheinbaren Anlagen** from seem-

ingly insignificant hereditary factors
[13]**aufgerichtet** erect
[14]**die Entartung** degeneration
[15]**uns ... Geiste** *meaning:* our decline *or* ruin through the intellect
[16]**abgeben** provide
[17]**die Voraussetzung** premise
[18]**die Annahme** assumption
[6,9]**Anspruch machen (auf)** *here:* claim *or* assert to possess
[20]**der Ansatz** approach
[21]**trachten** endeavor
[22]**leisten** accomplish

zu erfassen, der wird vielleicht erschrecken[23] ob der Dürftigkeit[24]
so vieler Theorien über die Entstehung des Menschen.

Unser Wissen um die Unterschiede von Affen und Menschen, die
gerade für Ursprungsformen so wichtig sind, hat in jüngster Zeit manche 215
Erweiterung erfahren,[25] von der ich einiges berichten muß. Schon
früher erwähnten wir, wie auffällig[26] groß das menschliche Gehirn ist,
daß es wenigstens um zweieinhalbmal die Maße des Hirns gleich großer
Menschenaffen[27] übertrifft.[28] Dieser Unterschied besteht schon bei der
Geburt: beim Neugeborenen ist das Hirn etwa 370 g schwer, das eines 220
eben geborenen Orang- oder Schimpansenkindes wiegt nur etwa 150 g.

Nun kann sich aber das Hirn nicht allein so stark entwickeln: der
übrige Körper muß mittun![29] In der Tat wächst der Menschenkeim[30]
im Mutterkörper erstaunlich heran und erreicht in gleicher Zeit das
Doppelte des Gewichtes eines Affenkindes: dieses wiegt bei annähernd 225
gleicher Entwicklungszeit am Geburstag[31] etwa 1 500 g—der Mensch
aber im Mittel[32] auch bei zart gebauten Rassen 3 000 g, bei uns etwa
3 200 g. Diesen Gegensatz zwischen Menschen und Affen kennen wir
erst seit den letzten Jahrzehnten. Mitten im Ersten Weltkrieg wurde
1915 zum ersten Mal ein Schimpansenkind in einem Tierpark[33] geboren, 230
in einem privaten Garten auf Kuba—erst seit jenem wenig beachteten
Ereignis wissen wir mehr über diese seltsamen Unterschiede gegenüber
dem Menschen.

In auffälligem Widerspruch zu diesem großen Geburtsgewicht ist der
Entwicklungszustand des neugeborenen Menschen. Alle höheren Säuge- 235
tiere[34] sind bei der Geburt weit entwickelt, sie bewegen sich alle nach der
Art ihrer Eltern, und ihre Körperhaltung[35] muß höchstens noch aus-
reifen.[36] So ist es bei einem Füllen[37] und beim Kälbchen, beim jungen
Elefanten, bei der neugeborenen Robbe,[38] beim Wal und bei den Men-
schenaffen.   240

Einzig[39] der Mensch verfügt im Geburtsmomente noch nicht über[40]
die seiner Art gemäße Körperhaltung; obschon[41] er mit wachen Sinnen
zur Welt kommt. Er allein muß erst in mühevollem Verkehr[42] mit
den Artgenossen[43] erlernen, seine aufrechte Haltung zu finden und zu
bewahren.[44] Ebenso erwirbt[45] er auch die Sprache, die ihm nicht ange- 245

[23]**erschrecken** *here:* be startled, taken aback
[24]**ob der Dürftigkeit** about the insufficiency
[25]**(hat) erfahren** *transl.:* has undergone
[26]**auffällig** remarkably
[27]**der Menschenaffe** ape
[28]**übertreffen** surpass
[29]**der übrige ... mittun** *meaning:* the rest
of the body must keep up with this development
[30]**der Menschenkeim** embryo
[31]**der Geburtstag** day of birth
[32]**im Mittel** on the average
[33]**der Tierpark** zoo, wildlife preserve

[34]**das Säugetier** mammal
[35]**die Körperhaltung** posture
[36]**ausreifen** mature
[37]**das Füllen** foal, filly
[38]**die Robbe** seal
[39]**einzig = nur**
[40]**(verfügen) über** command
[41]**obschon = obgleich**
[42]**der Verkehr** association
[43]**mit den Artgenossen** *meaning:* with other
members of his species
[44]**bewahren** maintain
[45]**erwerben** acquire

boren ist, wie die instinktiven Laute dem Tiere. So wie wir Menschen das
einsichtige[46] Handeln im Verkehr mit unserer sozialen Umgebung erwerben, so eignen wir uns auch die Sprache und aufrechte Haltung auf
soziale Weise an, in einem eigenartigen Zusammenspielen[47] von aus-
reifenden Erbanlagen[48] und von Anregungen[49] aus unserer reichen Um- 250
gebung. Wie anders ist das beim Tier—bei ihm reifen alle Organe wie
auch die Art des Verhaltens[50] im Dunkel des Mutterleibes ohne Kontakt
mit der Umwelt selbständig heran.[51] Im Gegensatz zu allen höheren
Tieren erwirbt der Mensch seine ihm eigene Daseinsform im „Freien"
gleichsam,[52] in offener, reicher Beziehung zu Farben und Formen, zu 255
lebenden Wesen, vor allem zu den Menschen selber. Man kann die
Bedeutung dieser einzigartigen Bildungsweise[53] unserer Gestalt und
Lebensform nicht hoch genug einschätzen—ihr Sinn beginnt sich aber
erst in den letzten Jahren voller zu erschließen.[54] Vielleicht bringt die
Betrachtung einer Einzelheit die Bedeutung unserer Sonderart noch 260
drastischer zur Geltung.[55]

Wir halten uns an[56] das Merkmal, das als eine rein zoologisch-anato-
mische Angelegenheit erscheint:

Die Ausbildung[57] unserer Wirbelsäule[58]—auf den ersten Blick
gewiß eine Einzelheit,[59] die man so untersuchen kann wie bei einem 265
Tiere auch, losgelöst von[60] den Problemen des geistigens Lebens! Wie
anders ist aber die Wirklichkeit beim Menschen! Die Wirbelsäule des
Neugeborenen ist fast gerade gestreckt. In den drei ersten Lebensjahren
erlangt sie unter dem Einfluß der aufrechten Haltung allmählich die
charakteristische Form einer tragenden Feder[61] mit S-förmigem 270
Schwung[62] und ihre eigenartige Knickung[63] im Beckengebiet.[64] Im
Vorgang dieser Ausformung aber ist untrennbar mitenthalten als einer
unter vielen wirkenden Faktoren der Drang des kleinen Menschenkindes
zum Stehen.[65] Es ist mit darin enthalten die Tatsache, daß dieses Kind um
sich lauter aufrechtgehende Menschen sieht und daß in ihm ein mächtiges 275
Bedürfnis der spielenden Nachahmung[66] lebendig ist. Aber dazu gesellt
sich[67] auch die Anregung und Aufforderung[68] zum Stehen, die vielsei-
tige Hilfe, die von der Umgebung ausgeht. Die ganze geistige Entwick-

[46]**einsichtig** reasonable
[47]**das Zusammenspielen** interaction
[48]**die Erbanlagen** hereditary characteristics
[49]**die Anregung** stimulus
[50]**das Verhalten** behavior
[51]**heranreifen=ausreifen**
[52]**im „Freien" gleichsam** in the "open," so to speak
[53]**die Bildungsweise** process of development
[54]**sich erschließen** reveal itself
[55]**zur Geltung bringen** bear out
[56]**Wir halten uns an** transl.: let us consider
[57]**die Ausbildung** formation
[58]**die Wirbelsäule** spinal column

[59]**die Einzelheit** detail
[60]**losgelöst von** apart from
[61]**die tragende Feder** lit.: supporting spring
[62]**der Schwung** curve
[63]**die Knickung** bend
[64]**das Becken** pelvis
[65]**Im Vorgang ... zum Stehen.** Note the construction: **Der Drang ... zum Stehen ist untrennbar mitenthalten im Vorgang** (is inseparably bound up with the process)
[66]**die spielende Nachahmung** playful imitation
[67]**dazu gesellt sich** to this is added
[68]**die Aufforderung** admonition, challenge

lung der Frühzeit wirkt mit in dem reichen Zusammenspiel, aus dem
schließlich am Ende der ersten Kindheit die im Körper fixierte aufrechte 280
Haltung hervorgeht. Nicht umsonst sind[69] die Störungen der psychischen Entwicklung auch mit so mancherlei Abweichungen der Haltung[70] verbunden, weil eben Körper und Geist nicht gesondert[71] sind.
Wer[72] den Vorgang der Formung unserer Wirbelsäule isoliert glaubt
erfassen zu können, als sei es jener Prozeß, der ja auch beim Tiere gleich 285
abläuft, der erfaßt ihn gerade nicht, dem entgeht[73] das wahre Geschehen[74]
vollständig. Wirklich erfassen läßt sich die menschliche Entwicklung
nur, wenn man die ganze Eigenart unseres Wesens voll anerkennt und
ihre Wirkung auf alle Gestaltungsprozesse berücksichtigt.

Was hat das alles mit dem Problem unseres Ursprungs zu tun?—Sehr 290
viel!

Unsere Beispiele weisen darauf hin, daß man den Menschen nicht
auseinanderlegen[75] kann in zwei Teile, in einen tierhaften Leib und einen
darin wohnenden Geist. Auf dieser Zerlegung beruhte aber die bisherige
Ursprungslehre, wenn auch meistens diese Grundlage kaum bewußt war. 295
Man meinte doch, die Entstehung der menschlichen Gestalt als ein
zoologisches Problem aussondern[76] zu können, als die Formung eines
tierhaft gedachten menschenförmigen Leibes,[77] in dem sich dann als
späte Neurung[78] das geistige Leben entfaltete.

Vielleicht haben Ihnen die wenigen Andeutungen[79] über die kompli- 300
zierte Entstehung der Wirbelsäule wenigstens den Weg zu einer anderen
Auffassung andeuten[80] können? Wir finden im Menschen eine Lebensform, die durch und durch etwas Besonderes ist. So vieles auch dem
tierischen Leib und tierischen Verhalten entspricht[81]—niemand weiß
besser um das Ausmaß dieser Entsprechungen als der Zoologe—so sehr 305
ist doch der ganze Mensch[82] durchgeformt als[83] etwas anderes; jedes
Glied unseres Körpers, jede unserer Regungen ist Ausdruck dieses
Besonderen, das wir nicht als Stoff in der Retorte[84] fassen können, dem
wir auch keinen Namen geben, dessen eigenartiges Dasein wir aber in
allen Erscheinungen des menschlichen Lebens sorgsam aufzuzeigen 310
versuchen.

Die Größe unserer Eigenart feststellen, das heißt den Abstand be-

[69]**Nicht unsonst sind** it is no accident that
[70]**der Haltung** *meaning:* from proper posture
[71]**gesondert** separate
[72]**Wer ...** *Note construction:* **Wer ... glaubt
erfassen zu können ... der erfaßt ...**
[73]**dem entgeht** *transl.:* and he misses
[74]**das wahre Geschehen** *transl.:* what really
takes place
[75]**auseinanderlegen** separate, divide
[76]**aussondern** isolate
[77]**als die Formung ... Leibes** as the formation of a body human in shape but conceived

as an animal
[78]**die Neuerung** innovation
[79]**Andeutungen** intimations (of), allusions
(to)
[80]**andeuten** suggest
[81]**(So vieles auch) entspricht** *transl.:* However much corresponds to
[82]**so ... Mensch** *transl.:* the entire man is
nonetheless
[83]**(ist) durchgeformt als** *meaning:* is created
as, represents, is put together as
[84]**als Stoff in der Retorte** as substance in a
test tube

stimmen, der den Menschen vom Tier sondert. Damit aber wird auch die volle Schwere des Ursprungsproblems fühlbar.[85]

Denn nun genügt es nicht mehr, zu zeigen, daß die Profillinie der Affenstirn[86] sich in die des Menschen transformieren läßt, und daß manche Frühmenschenfunde solchen Übergängen[87] entsprechen. Es genügt nicht mehr der Nachweis, daß wir von der Umrißlinie[88] des Affenkiefers über[89] die Kieferprofile des Frühmenschen und des Neandertalers schließlich zum vorspringenden[90] Kinn der jetzigen Menschenform gelangen. Viel schwerer als diese Möglichkeiten wiegt heute die Notwendigkeit, die Entstehung seiner ganz besonderen Wesensart[91] zu erklären, den Ursprung seiner Daseinsform zu verstehen, die in Gestalt und Verhalten ausgeprägte Sonderart hat.[92]

Eine lange erste Phase der Abstammungslehre ist überwunden. Wohl gibt es noch immer viele Naturforscher, welche diese Lehre so erhalten möchten, wie sie seinerzeit in den siebziger Jahren geformt worden ist. Trotzdem ist ihre Zeit vorüber.

Das Neue keimt aber erst[93] in Einzelnen, die heute an diesen Problemen arbeiten. Es wird noch eine Weile dauern, bis in den verbreiteten[94] Lehrbüchern erste Spuren der neuen Gedanken sichtbar werden. Die Größe, die Einsamkeit[95] der menschlichen Erscheinung in der Fülle des irdischen Lebens wird von der Forschung deutlicher gesehen als früher—in ersten Umrissen[96] kündet sich ein neues Bild vom Menschen an.[97]

315

320

325

330

335

---

[85]**die Schwere (wird) fühlbar** the gravity . . . becomes apparent
[86]**die Stirn** forehead
[87]**der Übergang** gradation, transition
[88]**die Umrißlinie** outline
[89]**über** *here:* via
[90]**vorspringend** protruding
[91]**die Wesensart** nature
[92]**die in . . . hat** *meaning:* which finds distinctive expression in human shape and behavior
[93]**keimt aber erst** is only beginning to emerge
[94]**verbreitet** *here:* widely used
[95]**die Einsamkeit** *meaning:* the solitary uniqueness
[96]**der Umriß** outline
[97]**(kündet sich) an** *meaning:* becomes visible, emerges

Karl Jaspers
(1883–1969)

Jaspers war einer der Begründer der modernen Existenzphilosophie. Er begann seine Laufbahn als Psychiater und veröffentlichte zunächst Arbeiten auf diesem Gebiet (Allgemeine Psychopathologie, 1913). *Auch beschäftigte er sich eingehend[1] mit den psychopathologischen Zügen genialer Menschen[2] (etwa[3] Hölderlins, Strindbergs und van Goghs). Dann wandte er sich philosophischen Arbeiten zu und trat in den langen Jahren seiner Tätigkeit als Philosophieprofessor in Heidelberg und zuletzt in Basel in der Schweiz auf fast allen Gebieten der Philosophie hervor.[4] Seine zwei schöpferischen, großangelegten[5] philosophischen Hauptwerke*—Philosophie (1932) *und* Von der Wahrheit (1947)—*reichen in ihrer Tragweite[6] über den Bereich der Existenzphilosophie hinaus, für die sie jedoch von grundlegender Bedeutung sind. Das zweite dieser Werke schrieb Jaspers in den Jahren, in denen er von dem nationalsozialistischen Regime wegen „politischer Unzuverlässigkeit"[7] in den Ruhestand versetzt[8] war. Als Philosoph war er nicht nur passiv darstellender[9] Betrachter, sondern griff auch als scharfer Diagnostiker und Urteilender[10] in die geistigen und sozialen Vorgänge der Gegenwart ein,[11] so in den Schriften* Die geistige Situation der Zeit (1931), Die Schuldfrage[12] (1946), Vom Ursprung und Ziel der Geschichte (1949), Die Atombombe und die Zukunft des Menschen (1958), *und* Wohin treibt die Bundesrepublik?[13] (1966). *Auch seine Interpretationen der Werke großer anderer zeigen in origineller Weise seinen eigenen philosophischen Standpunkt, inbesondere* Max Weber (1932), Nietzsche (1936), Descartes (1937), Schelling (1955), Die großen Philosophen (1957) *und* Nikolaus Cusanus (1964). *Die folgende Auswahl stammt aus der Vortragsreihe „Einführung in die Philosophie", die Jaspers 1949/50 am Radio Basel hielt.*

---

[1]**eingehend** thoroughly
[2]**geniale Menschen** men of genius
[3]**etwa** such as
[4]**hervortreten** *here:* deal with, publish
[5]**großangelegt** · grandly conceived
[6]**die Tragweite** import
[7]**die Unzuverlässigkeit** unreliability
[8]**in den Ruhestand versetzt** retired

[9]**darstellend** *here:* descriptive
[10]**der Urteilende** judge
[11]**eingreifen** intervene
[12]**Die Schuldfrage** *lit.:* "The Question of Guilt," *referring to the question of German guilt during the National Socialist regime*
[13]**Wohin treibt die Bundesrepublik?** *meaning:* "Whither the Federal Republic?"

Ursprünge der Philosophie

Die Geschichte der Philosophie als methodisches Denken hat ihre Anfänge vor zweieinhalb Jahrtausenden, als mythisches Denken aber viel früher.

Doch Anfang ist etwas anderes als Ursprung. Der Anfang ist historisch und bringt[1] für die Nachfolgenden eine wachsende Menge von Voraussetzungen durch die nun schon geleistete[2] Denkarbeit. Ursprung aber ist jederzeit die Quelle, aus der der Antrieb zum Philosophieren kommt. Durch ihn erst wird die je gegenwärtige Philosophie[3] wesentlich, die frühere Philosophie verstanden.[4]

Dieses Ursprüngliche ist vielfach.[5] Aus dem *Staunen* folgt die Frage und die Erkenntnis, aus dem *Zweifel* am Erkannten die kritische Prüfung und die klare Gewißheit, aus der *Erschütterung*[6] *des Menschen* und dem Bewußtsein seiner Verlorenheit[7] die Frage nach sich selbst. Vergegenwärtigen[8] wir uns zunächst diese drei Motive.

Erstens: Plato sagte, der Ursprung der Philosophie sei das *Erstaunen.* Unser Auge hat uns ,,des Anblicks der Sterne, der Sonne und des Himmelsgewölbes[9] teilhaftig werden lassen".[10] Dieser Anblick hat uns ,,den Trieb zur Untersuchung des Alls[11] gegeben. Daraus ist uns die Philosophie erwachsen, das größte Gut, das dem sterblichen Geschlecht[12] von den Göttern verliehen ward." Und Aristoteles: ,,Denn die Verwunderung ist es, was die Menschen zum Philosophieren trieb: sie wunderten sich zuerst über das ihnen aufstoßende Befremdliche,[13] gingen dann allmählich weiter und fragten nach den Wandlungen[14] des Monds, der Sonne, der Gestirne und der Entstehung des Alls."

Sich wundern drängt zur Erkenntnis.[15] Im Wundern werde ich mir des Nichtwissens bewußt. Ich suche das Wissen, aber um des Wissens selber willen, nicht ,,zu irgendeinem gemeinen Bedarf".[16]

Das Philosophieren ist wie ein Erwachen aus der Gebundenheit an die Lebensnotdurft.[17] Das Erwachen vollzieht sich im zweckfreien Blick[18]

---

[1]**bringt** *here:* entails
[2]**nun schon geleistet** achieved previously
[3]**die je gegenwärtige Philosophie** the philosophy contemporary to a given age
[4]**die frühere Philosophie verstanden =** wird die frühere Philosophie verstanden
[5]**Dieses . . . vielfach.** That which constitutes this source is manifold.
[6]**die Erschütterung** profound experience, awe
[7]**das Bewußtsein seiner Verlorenheit** sense of forsakenness (*lit.:* his awareness of being lost)
[8]**sich etwas vergegenwärtigen** realize, look into something
[9]**das Himmelsgewölbe** firmament

[10]**(hat uns) teilhaftig werden lassen** *(with gen.) here:* has opened up for us
[11]**das All** universe
[12]**das sterbliche Geschlecht** the mortals
[13]**das ihnen aufstoßende Befremdliche** the strangeness *(of things)* confronting them
[14]**die Wandlungen** changes, phases
[15]**Sich . . . Erkenntnis** Wonder impels man to seek knowledge.
[16]**zu . . . Bedarf** *meaning:* to satisfy some banal need
[17]**die Lebensnotdurft** mere necessities of life, practical needs
[18]**der zweckfreie Blick** disinterested perspective

auf die Dinge, den Himmel und die Welt, in den Fragen: was das alles 30
und woher das alles sei[19]—Fragen, deren Antwort keinem Nutzen
dienen soll, sondern an sich[20] Befriedigung gewährt.

Zweitens: Habe ich Befriedigung meines Staunens und Bewunderns in
der Erkenntnis des Seienden gefunden, so meldet sich[21] bald der *Zweifel.*
Zwar häufen sich die Erkenntnisse, aber bei kritischer Prüfung ist nichts 35
gewiß. Die Sinneswahrnehmungen[22] sind durch unsere Sinnesorgane
bedingt[23] und täuschend,[24] jedenfalls nicht übereinstimmend mit dem,
was außer mir unabhängig vom Wahrgenommenwerden[25] an sich ist.
Unsere Denkformen sind die unseres menschlichen Verstandes. Sie
verwickeln sich[26] in unlösbare Widersprüche. Überall stehen Behaup- 40
tungen gegen Behauptungen. Philosophierend ergreife ich den Zweifel,
versuche ihn radikal durchzuführen,[27] . . . entweder mit der Lust an der
Verneinung durch den Zweifel, der nichts mehr gelten läßt,[28] aber auch
seinerseits[29] keinen Schritt voran tun kann,—oder mit der Frage: wo
denn Gewißheit sei, die allem Zweifel sich entziehe[30] und bei Redlich- 45
keit[31] jeder Kritik standhalte.[32]

Der berühmte Satz des Descartes: „Ich denke, also bin ich", war ihm
unbezweifelbar gewiß, wenn er[33] an allem anderen zweifelte. Denn
selbst die vollkommene Täuschung in meinem Erkennen, die ich vielleicht nicht durchschaue, kann mich nicht auch darüber täuschen, daß ich 50
doch bin, wenn ich in meinem Denken getäuscht werde.

Der Zweifel wird als methodischer Zweifel die Quelle kritischer
Prüfung jeder Erkenntnis. Daher: ohne radikalen Zweifel kein wahr-
haftiges Philosophieren. Aber entscheidend ist, wie und wo durch den
Zweifel selbst der Boden[34] der Gewißheit gewonnen wird. 55

Und nun *drittens:* Hingegeben an[35] die Erkenntnis der Gegenstände in
der Welt, im Vollzug des Zweifels[36] als des Weges zur Gewißheit bin ich
bei[37] den Sachen, denke ich nicht an mich, nicht an meine Zwecke, mein
Glück, mein Heil.[38] Vielmehr bin ich selbstvergessen[39] befriedigt im
Vollzug jener Erkenntnisse.[40] 60

[19]**was das alles und woher das alles sei = was
das alles sei und woher das alles komme**
[20]**an sich** in itself, intrinsic
[21]**sich melden** *here:* arise
[22]**die Sinneswahrnehmung** sensory perception
[23]**bedingt (durch)** conditioned (by)
[24]**täuschend** deceptive
[25]**vom Wahrgenommenwerden** from the
process of perception (*lit.:* from its being
perceived)
[26]**sich verwickeln** get entangled
[27]**versuche . . . durchzuführen** attempt to
apply it radically
[28]**der nichts . . . läßt** *meaning:* which ac-
knowledges nothing
[29]**seinerseits** in turn

[30]**sich entziehen** *here:* escape
[31]**bei Redlichkeit** *meaning:* under the conditions of honest examination
[32]**standhalten** withstand
[33]**wenn er = auch wenn er**
[34]**der Boden** *here:* basis
[35]**Hingegeben an . . .** *Note the structure of
this sentence:* **Hingegeben an . . . bin ich . . .
denke ich**
[36]**im Vollzug des Zweifels** while engaged
in doubt
[37]**bin ich bei** I am concerned with
[38]**das Heil** salvation
[39]**selbstvergessen** oblivious of self
[40]**im Vollzug jener Erkenntnisse** in the
realization of these insights

Das wird anders, wenn ich meiner selbst in meiner Situation mir bewußt werde.

Der Stoiker Epiktet[41] sagte: „Der Ursprung der Philosophie ist das *Gewahrwerden*[42] *der eigenen Schwäche und Ohnmacht.*" Wie helfe ich mir in der Ohnmacht? Seine Antwort lautete: indem ich alles, was nicht in 65
meiner Macht steht, als für mich gleichgültig[43] betrachte[44] in seiner Notwendigkeit, dagegen, was an mir liegt,[45] nämlich die Weise und den Inhalt meiner Vorstellungen,[46] durch Denken zur Klarheit und Freiheit bringe.

Vergewissern wir uns[47] unserer menschlichen Lage. Wir sind immer 70
in Situationen. Die Situationen wandeln sich, Gelegenheiten treten auf. Wenn sie versäumt werden, kehren sie nicht wieder. Ich kann selber an der Veränderung der Situation arbeiten. Aber es gibt Situationen, die in ihrem Wesen bleiben,[48] auch wenn ihre augenblickliche Erscheinung anders wird und ihre überwältigende Macht sich in Schleier hüllt: ich 75
muß sterben, ich muß leiden, ich muß kämpfen, ich bin dem Zufall unterworfen, ich verstricke mich unausweichlich in Schuld.[49] Diese Grundsituationen unseres Daseins nennen wir *Grenzsituationen.*[50] Das heißt, es sind Situationen, über die wir nicht hinaus können,[51] die wir nicht ändern können. Das Bewußtwerden[52] dieser Grenzsituationen ist 80
nach dem Staunen und dem Zweifel der tiefere Ursprung der Philosophie. Im bloßen Dasein weichen wir oft vor ihnen aus, indem wir die Augen schließen und leben, als ob sie nicht wären. Wir vergessen, daß wir sterben müssen, vergessen unser Schuldigsein und unser Preisgegebensein[53] an den Zufall. Wir haben es dann nur mit den konkreten Situa- 85
tionen zu tun,[54] die wir meistern zu unseren Gunsten, und auf die wir reagieren durch Plan und Handeln in der Welt, getrieben von unseren Daseinsinteressen. Auf Grenzsituationen aber reagieren wir entweder durch Verschleierung,[55] oder wenn wir sie wirklich erfassen, durch Verzweiflung und durch Wiederherstellung:[56] wir werden wir selbst[57] in 90
einer Verwandlung unseres Seinsbewußtseins.

---

[41]**Epiktet** Epictetus
[42]**das Gewahrwerden** realization
[43]**als für mich gleichgültig** as being a matter of indifference for me
[44]**(indem ich alles) betrachte** by looking upon everything
[45]**was an mir liegt** that is up to me, that is within my power
[46]**die Vorstellung** idea, conception
[47]**Vergewissern wir uns** *(with gen.)* here: Let us consider
[48]**die . . . bleiben** which remain the same in essence
[49]**sich in Schuld verstricken** become guilty
[50]**die Grenzsituation** ultimate situation,

limit situation *(this concept is of central importance in Jaspers' thought)*
[51]**über . . . können** which we cannot transcend
[52]**das Bewußtwerden** realization (*lit.:* the process of becoming aware)
[53]**unser Preisgegebensein** our being at the mercy of
[54]**(Wir haben es) zu tun (mit)** We deal (with)
[55]**die Verschleierung** evasion (*lit.:* veiling)
[56]**die Wiederherstellung** recovery, reintegration
[57]**wir . . . selbst** we become ourselves, we achieve selfhood

Machen wir uns unsere menschliche Lage auf andere Weise deutlich als die *Unzuverlässigkeit allen Weltseins*.[58]

Die Fraglosigkeit[59] in uns nimmt[60] die Welt als das Sein schlechthin.[61] In glücklicher Lage jubeln wir aus unserer Kraft, haben gedankenloses Zutrauen, kennen nichts anderes als unsere Gegenwärtigkeit. Im Schmerz, in der Kraftlosigkeit, in der Ohnmacht[62] verzweifeln wir. Und wenn es überstanden ist und wir noch leben, so lassen wir uns wieder selbstvergessen hineingleiten[63] in das Leben des Glücks.

Aber der Mensch ist durch solche Erfahrungen klug geworden. Die Bedrohung drängt ihn, sich zu sichern.[64] Naturbeherrschung[65] und menschliche Gemeinschaft sollen das Dasein[66] garantieren.

Der Mensch bemächtigt sich[67] der Natur, um ihren Dienst sich verfügbar[68] zu machen; Natur soll durch Erkenntnis und Technik verläßlich[69] werden.

Doch in der Beherrschung der Natur bleibt die Unberechenbarkeit[70] und damit die ständige Bedrohung, und dann das Scheitern[71] im ganzen: die schwere mühsame Arbeit, Alter, Krankheit und Tod sind nicht abzuschaffen. Alles Verläßlichwerden beherrschter Natur ist nur ein Besonderes[72] im Rahmen der totalen Unverläßlichkeit.

Und der Mensch vereinigt sich zur Gemeinschaft, um den endlosen Kampf aller gegen alle einzuschränken und am Ende auszuschalten;[73] in gegenseitiger Hilfe will er Sicherheit gewinnen.

Aber auch hier bleibt die Grenze. Nur wo Staaten in einem Zustand wären, daß jeder Bürger so zum anderen steht, wie es die absolute Solidarität fordert,[74] da könnten Gerechtigkeit und Freiheit im Ganzen sicher sein. Denn nur dann stehen, wenn einem Unrecht geschieht, die anderen wie ein Mann dagegen. Das war niemals so. Immer ist es ein begrenzter Kreis von Menschen, oder es sind nur einzelne, die für einander im Äußersten, auch in der Ohnmacht, wirklich da bleiben.[75] Kein Staat, keine Kirche, keine Gesellschaft schützt absolut. Solcher Schutz war die schöne Täuschung ruhiger Zeiten, in denen die Grenze verschleiert blieb.

Gegen die gesamte Unverläßichkeit der Welt aber steht doch das

---

[58]**die Unzuverlässigkeit allen Weltseins** *meaning:* the unreliability of all that constitutes our world
[59]**die Fraglosigkeit** unquestioning attitude
[60]**nimmt** *here:* accepts
[61]**als das Sein schlechthin** as being as such (*i.e., all of reality*)
[62]**die Ohnmacht** helplessness
[63]**sich hineingleiten lassen** sink back
[64]**sich sichern** seek security
[65]**die Naturbeherrschung** control over nature
[66]**das Dasein** life, existence

[67]**sich bemächtigen** (*with gen.*) take possession, gain power (over)
[68]**verfügbar** available
[69]**verläßlich** dependable
[70]**die Unberechenbarkeit** incalculability
[71]**das Scheitern** failure (*lit.:* shipwreck)
[72]**ein Besonderes** *meaning:* a special element
[73]**ausschalten** eliminate
[74]**daß jeder . . . fordert** that every citizen stands to every other in a relation of absolute solidarity
[75]**(die für einander) da bleiben** who stand up for each other

andere:[76] In der Welt gibt es das Glaubwürdige, das Vertrauener- 125
weckende, gibt es den tragenden Grund:[77] Heimat und Landschaft—
Eltern und Vorfahren—Geschwister und Freunde—die Gattin. Es gibt
den geschichtlichen Grund der Überlieferung in der eigenen Sprache,
im Glauben, im Werk der Denker, der Dichter und Künstler.

Aber auch diese gesamte Überlieferung gibt keine Geborgenheit,[78] 130
auch sie keine absolute Verläßlichkeit. Denn als was sie an uns herantritt,[79]
ist alles Menschenwerk, nirgends ist Gott in der Welt. Die Überlieferung
bleibt immer zugleich Frage. Jederzeit muß der Mensch im Blick auf sie
aus eigenem Ursprung finden, was[80] ihm Gewißheit, Sein, Verläßlichkeit ist. Aber in der Unverläßlichkeit allen Weltseins ist der Zeiger auf- 135
gerichtet.[81] Er verbietet, in der Welt Genüge zu finden; er weist auf ein
anderes.

Die Grenzsituationen—Tod, Zufall, Schuld und die Unzuverlässigkeit
der Welt—zeigen mir das Scheitern. Was tue ich angesichts dieses
absoluten Scheiterns, dessen Einsicht ich mich bei redlicher Vergegen- 140
wärtigung[82] nicht entziehen kann?

Der Rat des Stoikers, sich auf die eigene Freiheit in der Unabhängigkeit des Denkens zurückzuziehen,[83] tut uns nicht genug. Der Stoiker
irrte, indem er die Ohnmacht des Menschen nicht radikal genug sah. Er
verkannte[84] die Abhängigkeit auch des Denkens, das an sich leer ist, 145
angewiesen auf[85] das, was ihm gegeben wird, und die Möglichkeit des
Wahnsinns.[86] Der Stoiker läßt uns trostlos[87] in der bloßen Unabhängigkeit des Denkens, weil diesem Denken aller Gehalt fehlt. Er läßt uns
hoffnungslos, weil jeder Versuch einer Spontaneität innerer Überwindungen,[88] weil jede Erfüllung durch ein Sichgeschenktwerden[89] in der 150
Liebe und weil die hoffende Erwartung[90] des Möglichen ausbleibt.

Aber was der Stoiker will, ist echte Philosophie. Der Ursprung in den
Grenzsituationen bringt[91] den Grundantrieb, im Scheitern den Weg
zum Sein zu gewinnen.

Es ist entscheidend für den Menschen, wie er das Scheitern erfährt: 155
ob es ihm verborgen bleibt und ihn nur faktisch am Ende überwältigt,

---

[76]**(Gegen) steht doch das andere** And yet there is another aspect which contradicts
[77]**der tragende Grund** secure foundations
[78]**gibt keine Geborgenheit** does not provide shelter
[79]**Denn . . . herantritt** For in whatever guise it *(tradition)* confronts us
[80]**Jederzeit . . . was . . .** in the light of tradition man must, at all times, find within himself that which . . .
[81]**ist der Zeiger aufgerichtet** a sign has been posted
[82]**bei redlicher Vergegenwärtigung** in an honest confrontation
[83]**sich zurückziehen (auf)** retreat (to)

[84]**verkannte** failed to recognize
[85]**angewiesen auf** dependent upon
[86]**und die Möglichkeit des Wahnsinns** =und verkannte auch die Möglichkeit des Wahnsinns
[87]**trostlos** disconsolate
[88]**weil jeder . . . Überwindungen (ausbleibt)** because every attempt to overcome difficulties spontaneously from within (is lacking)
[89]**das Sichgeschenktwerden** *lit.:* receiving one's self as a gift
[90]**die hoffende Erwartung** hopeful expectation
[91]**bringt** *meaning:* causes and supplies

oder ob er es unverschleiert zu sehen vermag und als ständige Grenze
seines Daseins gegenwärtig hat;[92] ob er phantastische Lösungen und
Beruhigungen[93] ergreift, oder ob er redlich hinnimmt[94] im Schweigen
vor dem Undeutbaren.[95] Wie er sein Scheitern erfährt, das begründet,[96] 160
wozu der Mensch wird.

In den Grenzsituationen zeigt sich entweder das Nichts, oder es wird
fühlbar, was trotz und über allem verschwindenden[97] Weltsein eigentlich ist.[98] Selbst die Verzweiflung wird durch ihre Tatsächlichkeit, daß[99]
sie in der Welt möglich ist, ein Zeiger über die Welt hinaus.[1] 165

Anders gesagt: der Mensch sucht Erlösung.[2] Erlösung wird geboten
durch die großen, universalen Erlösungsreligionen. Ihr Kennzeichen ist
eine objektive Garantie für die Wahrheit und Wirklichkeit der Erlösung.
Ihr Weg führt zum Akt der Bekehrung[3] des einzelnen. Dies vermag
Philosophie nicht zu geben. Und doch ist alles Philosophieren ein 170
Weltüberwinden,[4] ein Analogon der Erlösung.

Fassen wir zusammen: Der Ursprung des Philosophierens liegt im
Verwundern, im Zweifel, im Bewußtsein von Verlorenheit. In jedem
Falle beginnt es[5] mit einer den Menschen ergreifenden Erschütterung,
und immer sucht es aus der Betroffenheit[6] heraus ein Ziel. 175

Plato und Aristoteles suchten aus der Verwunderung das Wesen des
Seins.

Descartes suchte in der Endlosigkeit des Ungewissen das zwingend
Gewisse.[7]

Die Stoiker suchten in den Leiden des Daseins die Ruhe der Seele. 180

Jede der Betroffenheiten hat ihre Wahrheit, je in[8] dem geschichtlichen
Kleid[9] ihrer Vorstellungen und ihrer Sprache. Wir dringen in geschichtlicher Aneignung[10] durch sie zu den Ursprüngen, die noch in uns
gegenwärtig sind.

Der Drang geht[11] zum verläßlichen Boden, zur Tiefe des Seins, zur 185
Verewigung.[2]

Aber vielleicht ist keiner dieser Ursprünge der auch für uns ursprünglichste, bedingungslose. Die Offenbarkeit[13] des Seins für die Verwun-

---

[92]**gegenwärtig haben** be aware of
[93]**Beruhigungen** means of consolation
[94]**ob er redlich hinnimmt=ob er das
Scheitern redlich hinnimmt**
[95]**das Undeutbare** the unfathomable
[96]**begründet** determines
[97]**verschwindend** fleeting, ephemeral
[98]**(oder es wird fühlbar, was) eigentlich ist**
or what truly is becomes apparent
[99]**durch . . . daß** by the very fact that
[1]**ein Zeiger . . . hinaus** a sign pointing
beyond the world
[2]**die Erlösung** redemption
[3]**die Bekehrung** conversion
[4]**ein Weltüberwinden** an act of over-

coming the world
[5]**beginnt es=beginnt das Philosophieren**
[6]**die Betroffenheit** way of being affected
or moved or concerned
[7]**das zwingend Gewisse** compelling
certainty
[8]**je in** *meaning:* which varies in accordance
with
[9]**das Kleid** *here:* garb, appearance
[10]**in geschichtlicher Aneignung** by way of
historic appropriation
[11]**Der Drang geht** *transl.:* We strive for
[12]**die Verewigung** *lit.:* immortalization
[13]**die Offenbarkeit** openness

189

derung läßt uns Atem holen,[14] aber verführt uns, uns den Menschen zu entziehen[15] und einer reinen, zauberhaften Metaphysik zu verfallen.[16] Die zwingende Gewißheit hat ihren Bereich nur in der Weltorientierung durch wissenschaftliches Wissen. Die unerschütterliche Haltung der Seele im Stoizismus gilt uns nur als[17] Übergang in der Not, als Rettung vor dem völligen Verfall,[18] aber sie selbst bleibt ohne Gehalt und Leben. 190

Die drei wirksamen Motive—der Verwunderung und des Erkennens, des Zweifels und der Gewißheit, der Verlorenheit und des Selbstwerdens[19]—erschöpfen[20] nicht, was uns im gegenwärtigen Philosophieren bewegt. 195

In diesem Zeitalter des radikalsten Einschnitts[21] der Geschichte, von unerhörtem Zerfall und nur dunkel geahnten Chancen, sind die bisher vergegenwärtigten drei Motive zwar gültig, aber nicht ausreichend. Sie werden unter eine Bedingung gestellt, die der *Kommunikation* zwischen Menschen. 200

In der Geschichte bis heute war[22] eine selbstverständliche Verbundenheit von Mensch zu Mensch in verläßlichen Gemeinschaften, in Institutionen und im allgemeinen Geist.[23] Noch der Einsame war in seiner Einsamkeit gleichsam getragen.[24] Heute ist der Zerfall am fühlbarsten darin, daß immer mehr Menschen sich nicht verstehen, sich begegnen und auseinanderlaufen, gleichgültig gegeneinander, daß keine Treue und Gemeinschaft mehr fraglos und verläßlich[25] ist. 205 210

Jetzt wird uns die allgemeine Situation, die faktisch immer war,[26] entscheidend wichtig: Daß ich mit dem anderen in der Wahrheit einig werden kann und es nicht kann; daß mein Glaube, gerade wenn ich mir gewiß bin, auf anderen Glauben stößt;[27] daß irgendwo an der Grenze immer nur der Kampf ohne Hoffnung auf Einheit zu bleiben scheint, mit dem Ausgang von[28] Unterwerfung oder Vernichtung; daß Weichheit und Widerstandslosigkeit die Glaubenslosen sich entweder blind anschließen[29] oder eigensinnig trotzen[30] läßt—alles das ist nicht beiläufig[31] und unwesentlich. 215

Das könnte es sein, wenn es für mich in der Isolierung eine Wahrheit gäbe, an der ich genug hätte. Jenes Leiden an mangelnder Kommunikation und jene einzigartige Befriedigung in echter Kommunikation 220

---

[14]**läßt . . . holen** *meaning:* gives us a sense of freedom
[15]**sich entziehen** *(with dat.)* forsake, withdraw from
[16]**verfallen** *(with dat.)* become enamored of
[17]**gilt uns nur als** *transl.:* is for us only
[18]**der Verfall** ruin
[19]**der Verlorenheit und des Selbstwerdens** *meaning:* of losing and finding oneself
[20]**erschöpfen** exhaust
[21]**der Einschnitt** turning point
[22]**war** *here:* there was, there existed

[23]**im allgemeinen Geist** in universal ideas
[24]**(war) gleichsam getragen** was, in a sense, sustained
[25]**verläßlich** stable; reliable
[26]**die faktisch immer war** which actually always existed
[27]**auf (etwas) stoßen** confront, clash with (something)
[28]**mit dem Ausgang von** *transl.:* ending in
[29]**sich anschließen** join, band together
[30]**eigensinnig trotzen** be stubbornly defiant
[31]**beiläufig** accidental

machte uns philosophisch nicht so betroffen,[32] wenn ich für mich selbst in absoluter Einsamkeit der Wahrheit gewiß wäre. Aber ich bin nur mit dem anderen,[33] allein bin ich nichts. 225

Kommunikation nicht bloß von Verstand zu Verstand, von Geist zu Geist, sondern von Existenz zu Existenz hat alle unpersönlichen Gehalte und Geltungen[34] nur als ein Medium.[35] Rechtfertigen und Angreifen[36] sind dann Mittel, nicht um Macht zu gewinnen, sondern um sich nahe zu kommen.[37] Der Kampf ist ein liebender Kampf, in dem jeder dem 230 anderen alle Waffen ausliefert.[38] Gewißheit eigentlichen Seins ist allein in jener Kommunikation, in der Freiheit mit Freiheit in rückhaltlosem Gegeneinander durch Miteinander steht, alles Umgehen[39] mit dem anderen nur Vorstufe ist, im Entscheidenden aber gegenseitig alles zugemutet,[40] an den Wurzeln gefragt wird.[41] Erst in der Kommunikation 235 verwirklicht sich alle andere Wahrheit, in ihr allein bin ich ich selbst, lebe ich nicht bloß, sondern erfülle das Leben. Gott zeigt sich nur indirekt und nicht ohne Liebe von Mensch zu Mensch; die zwingende Gewißheit ist partikular und relativ, dem Ganzen untergeordnet; der Stoizismus wird zur leeren und starren Haltung. 240

Die philosophische Grundhaltung, deren gedanklichen Ausdruck ich Ihnen vortrage, wurzelt in der Betroffenheit vom Ausbleiben[42] der Kommunikation, in dem Drang zu echter Kommunikation und in der Möglichkeit liebenden Kampfes, der Selbstsein mit Selbstsein in der Tiefe verbindet.[43] 245

Und dieses Philosophieren wurzelt zugleich in jenen drei philosophischen Betroffenheiten,[44] die alle unter die Bedingung gestellt werden, was sie bedeuten, sei es als Helfer oder sei es als Feinde, für die Kommunikation von Mensch zu Mensch.[45]

So gilt: der Ursprung der Philosophie liegt zwar im Sichverwundern, 250 im Zweifel, in der Erfahrung der Grenzsituationen, aber zuletzt, dieses alles in sich schließend, in dem Willen zur eigentlichen Kommunikation. Das zeigt sich von Anfang an schon darin, daß alle Philosophie zur Mit-

---

[32]**(machte uns) nicht so betroffen** would not affect us so deeply

[33]**ich . . . anderen** I exist only in community with others

[34]**Geltungen** *here:* values

[35]**(hat) nur als ein Medium** uses only as a medium

[36]**Rechtfertigen und Angreifen** justification and attack

[37]**um sich . . . kommen** to approach one another

[38]**ausliefern** surrender

[39]**das Umgehen** social contact

[40]**gegenseitig alles zugemutet (wird)** radical demands are made mutually

[41]**Gewißheit . . . wird.** Certainty of authentic being exists only in that kind of commun-

ication in which free man meets free man in a contest grounded in community and to which all association is merely a prelude; where the other can be trusted to do the utmost in matters that count and can be challenged on such matters.

[42]**das Ausbleiben** lack

[43]**(der Selbstsein mit Selbstsein) verbindet** *meaning:* which profoundly unites self with self

[44]**Betroffenheiten** *here:* profound experiences

[45]**die alle . . . Mensch** *meaning:* which all must be considered as to their favorable or unfavorable significance for communication between man and man

teilung drängt, sich ausspricht,[46] gehört werden möchte, daß ihr Wesen 255 die Mitteilbarkeit[47] selbst und diese unablösbar[48] vom Wahrsein ist.

Erst in der Kommunikation wird der Zweck der Philosophie erreicht, in dem der Sinn aller Zwecke zuletzt gegründet ist: das Innewerden des Seins,[49] die Erhellung der Liebe,[50] die Vollendung der Ruhe.[51]

---

[46]**sich ausspricht** expresses itself
[47]**die Mitteilbarkeit** *lit.:* communicability
[48]**unablösbar** inseparable
[49]**das Innewerden des Seins** awareness of being

[50]**die Erhellung der Liebe** illumination through love
[51]**die Vollendung der Ruhe** attainment of peace

Part IV

Gedichte

In range and effortless perfection, Goethe's poetry is unique in the German language. Gracefully, and with deceptive simplicity, Heidenröslein (1771) tells of violent, faithless, and destructive passion. Its later counterpart, Gefunden (1813), symbolizes a tender emotion leading to enduring happiness. In the exuberant Mailied (1771) the lovers are united with the power that rejuvenates the natural universe, and in the swift rhythms of Willkommen und Abschied (1771) this experience triumphs even over the sorrow of parting. An den Mond (1776–1778, 1789) evokes a mood of resignation and the remembrance of lost joys. Wandrers Nachtlied (1780) is inspired by the serene acquiescence in the calm before death. The highly dramatic Erlkönig (1782), set to music by Schubert, suggests the style of the folk ballad (see also Heidenröslein), whereas Der Zauberlehrling (1797), a true virtuoso piece, illustrates the "Kunst-Ballade" (see also Schiller's Der Taucher and Heine's Belsatzar). The "sorcerer's apprentice" experiments with powers beyond his control in much the same spirit, and with similar results, as some of our contemporary technicians. The poems following are more explicitly philosophical. Characteristic of the youthful mood of Storm and Stress, the hymn of self-reliant and self-creative man entitled Prometheus (1774) exalts the rebellion against the worship of divine power. With equal beauty Grenzen der Menschheit (ca. 1781) expresses the opposite and essentially classical mood of self-containment and humility. Gesang der Geister über den Wassern (1779) represents the ceaseless cycles and phases of man's spiritual existence in the image of water. Selige Sehnsucht (1814) conveys, in the symbol of physical love and the image of the moth consumed by light, Goethe's philosophy of self-realization by way of self-surrender and self-transcendence in the pursuit of ever higher forms of being. Lied des Türmers (from the second part of Faust) expresses the poet's perennial joy in beholding the animated spectacles of this world with which he managed to remain in love for some eighty years.

Schiller, the most celebrated German dramatist—his major plays include Kabale und Liebe (1784), Don Carlos (1787), and Wallenstein (1799)— is rarely attuned to lyrical poetry. He is most impressive in the dramatic genre of the ballad in which he displays his rhetorical skill, his command of verbal artifice, and his sense for theatrical effect in order to convey an idealistic message or a moral lesson. Die Kraniche des Ibykus, Die Bürgschaft, and Der Taucher (all 1797) are characteristic samples of his art.

In Hölderlin's Hyperions Schicksalslied, a Romantic despair and yearning for divine perfection combine with classical form. Novalis' denial of calculating reason and the projected return to the wisdom of lovers, children, fairytales, and poetry state the program of the Romantics at the turn of the nineteenth century (Wenn nicht mehr Zahlen und Figuren . . .). It is a program realized in the entrancing and "irrational" magic and merging of sound and imagery characteristic of Brentano (Wiegenlied). It is expressed likewise in Eichendorff's Sehnsucht, in "Wanderlust" enamored of the undomesticated beauty of secretive forests, in the longing for the faraway, the exotic and adventurous South. Limited objects revealed in sober daylight frustrate the wingbeat of

Romantic yearning. But in the infinity of all-encompassing night, when heaven and earth unite, the soul is set free from its terrestrial prison. Now it may spread its wings in flight and hope to regain its homeland in a sphere beyond this world (Mondnacht). *In* Mörike's Das verlassene Mägdlein, *the dream must yield to harsh reality.* Um Mitternacht *treats the Romantic theme once more but in a manner that maintains, so to speak, an even balance between the claims of day and night, of consciousness and mystical oblivion.*

In the facile and easily accessible verse of Heine, *Romantic motifs are turned into the transparent disguise of an artist who plays with self-conscious skill upon his and the reader's sentiments. Heine is at his best when he expresses his own disillusionment, for example, in the bitter-sweet mood of* Es war ein alter König . . . *or in the self-mockery of the unhappy youth who is the victim of an "old story" told with utmost economy and simplicity* (Ein Jüngling liebt ein Mädchen . . .). *The legendary motifs of the* Lorelei *serve to dramatize the pathetic shipwreck suffered in the course of unrequited love* (Ich weiß nicht, was soll es bedeuten . . .). *And yet this subjective and essentially modern re-interpretation of a poetic superstition has survived in much the same manner as the genuine folk songs. The ballad of* Belsatzar *exhibits Heine's virtuosity in the dramatic vein and his rejection of tyranny.* Wir saßen am Fischerhause . . . , *a quiet and unassuming poem, conjures up a mood of evening haze and paints a seascape.*

The elaborate monotony of Platen's *ghazel* (Es liegt an eines Menschen Schmerz . . .) *and the weary question and answer of* Lenau's Frage *convey a mood characteristic of some nineteenth-century poets who nursed their lyrical disgust of life.* Storm, Keller, *and* Meyer *represent, particularly in the prose novella, the art of Poetic Realism prevalent in the second half of the century. The sobriety of North Germany does not exclude the reverie and sensuous melancholy of* Storm's Hyazinthen. Keller's Abendlied *contains a credo of reverent delight in the precise, if poetically heightened, observation of the concrete and visible world. To Keller this world revealed all its wealth and splendor in the guise of Swiss life and scenery. In the poetry of his countryman* C. F. Meyer, *the power of realistic perception is refined to the point where its object turns into a symbol. His "Roman fountain" is an image of the give-and-take, the rhythm, the flux of life* (Der römische Brunnen).

Nietzsche's *thought and style initiate the modern era of German literature. The two poems in which he celebrates his all- and self-consuming spirit* (Ecce Homo) *and the craving for an eternally self-sufficient affirmation of life* (Das trunkne Lied) *represent two aspects of this destructive and creative genius. The fleeting sensory image of wandering clouds, the passage of birds, and the equally fleeting moment of love captured in* Liliencron's Märztag *suggest the immediacy of experience and the tragic sense of impermanence that are inherent in his Impressionism.* Dehmel's Arbeitsmann *proclaims the hopes and revolutionary aspirations of the proletariat.* Morgenstern's *humor plays upon the absurd and pokes fun at the contemporary aesthetes* (Das aesthetische Wiesel).

The self-sufficiency of aesthetic perfection—of beauty for beauty's sake—is suggested by Hofmannsthal's *flawless poem* Die Beiden, *a symbol of grace and strength, vital harmony, and pent-up passion.* Rilke's Herbsttag, *with its characteristic run-on lines, conveys, together with the sense of loneliness, another kind of "autumnal" perfection. It is in keeping with a consciousness of decline and end of an era frequently expressed at the turn of the century.* Der Panther, *perhaps an allegory on the blind, pent-up, ever imprisoned vital force within man, is one of Rilke's best-known attempts to render the quintessence of a phenomenon by identifying with it and by expressing it from within. In these "Ding-Gedichte" the poetic ego should be absorbed and transformed into the object of perception.* Das Karussell, *though likewise intended as an "objective" poem, paints an image of the merry-go-round of life as seen under the perspective of childhood and adolescence.* George's poem (Du schlank und rein wie eine flamme) *communicates through the symbol of light and flame the cult and exclusive ideal of purity and passion that inspired George's art.*

The condition of loneliness and alienation in a foreign and incomprehensible world is one of the major themes of twentieth-century literature. It is stated explicitly and simply in a poem by Hesse (Im Nebel), *an author known for his prose rather than for his verse.* Heym's Der Krieg *is a violent, prophetic vision of doom, an orgy of destruction characteristic of German Expressionism. For in this movement, which flourished from about 1910 to 1920, the "Big No" of nihilistic despair predominated over the utopian dream of a humanity restored after the overthrow of corrupt established orders. In* Trakl's Verklärter Herbst *the end of all things is envisaged as quiet disintegration and peaceful death.* Benn, *another representative of the Expressionist generation, eventually came to conceive of the confrontation between cosmic emptiness and lonely ego as a challenge to artistic creativity* (Nur zwei Dinge). Brecht, *who succeeded* Gerhart Hauptmann *as the major German dramatist of this century, soon suppressed the "scream" of Expressionism to become an exponent of the "matter of fact." Sustained by his Marxist faith, he envisaged the progress of mankind to be realized if and when true enlightenment would free the oppressed from their oppressors or, to put this in terms of his* Legende, *when the simple man would desire, and turn to good use, the instructions of the true sage.*

Johann Wolfgang von Goethe
(1749–1832)

Heidenröslein*

Sah ein Knab' ein Röslein stehn,
Röslein auf der Heiden,
War so jung und morgenschön,
Lief er schnell, es nah zu sehn,
Sah's mit vielen Freuden.   5
Röslein, Röslein, Röslein rot,
Röslein auf der Heiden.

Knabe sprach: Ich breche Dich,
Röslein auf der Heiden!
Röslein sprach: Ich steche dich,   10
Daß du ewig denkst an mich,
Und ich will's nicht leiden.
Röslein, Röslein, Röslein rot,
Röslein auf der Heiden.

Und der wilde Knabe brach   15
's Röslein auf der Heiden;
Röslein wehrte sich und stach
Half ihm doch kein Weh und Ach,
Mußt' es eben leiden.
Röslein, Röslein, Röslein rot,   20
Röslein auf der Heiden.

* The encounter with the "little rose of the heath" is symbolic of a tragic love affair between a boy and a young girl.

3 **morgenschön** beautiful as the morning
18 **Half ihm doch kein Weh und Ach** **ihm** refers to **Röslein**

Gefunden*

Ich ging im Walde
So für mich hin,
Und nichts zu suchen,
Das war mein Sinn.

* Again the event is symbolic, but of a happy encounter leading to permanent union.

2 **So für mich hin** here: Without purpose
4 **der Sinn** intent

Johann Wolfgang von Goethe: Gemälde von Joseph Stieler (courtesy of German Information Center).

Im Schatten sah ich 5
Ein Blümchen stehn,
Wie Sterne leuchtend,
Wie Äuglein schön.

Ich wollt' es brechen,
Da sagt' es fein: 10
Soll ich zum Welken
Gebrochen sein?

Ich grub's mit allen
Den Würzlein aus,
Zum Garten trug ich's 15
Am hübschen Haus.

Und pflanzt' es wieder
Am stillen Ort;
Nun zweigt es immer
Und blüht so fort. 20

¹⁷ pflanzt' = pflanzte

Mailied

Wie herrlich leuchtet
Mir die Natur!
Wie glänzt die Sonne!
Wie lacht die Flur!

Es dringen Blüten 5
Aus jedem Zweig,
Und tausend Stimmen
Aus dem Gesträuch

Und Freud' und Wonne
Aus jeder Brust 10
O Erd', o Sonne!
O Glück, o Lust!

O Lieb' o Liebe!
So golden schön
Wie Morgenwolken 15
Auf jenen Höhn;

Du segnest herrlich
Das frische Feld,
Im Blütendampfe
Die volle Welt.   20

O Mädchen, Mädchen,
Wie lieb' ich dich!
Wie blinkt dein Auge!
Wie liebst du mich!

So liebt die Lerche   25
Gesang und Luft,
Und Morgenblumen
Den Himmelsduft,

Wie ich dich liebe
Mit warmem Blut,   30
Die du mir Jugend
Und Freud und Mut

Zu neuen Liedern
Und Tänzen gibst!
Sei ewig glücklich   35
Wie du mich liebst!

19–20 **Im Blütendampfe die volle Welt**
The entire world in the fragrance of
blossoms
23 **blinken** shine
27–28 **Und Morgenblumen den Him-**
melsduft *meaning:* **und so lieben**
Morgenblumen den Himmelsduft.

36 **Wie du mich liebst** *While this may*
be translated as "Be everlastingly happy in
loving me!," *the meaning of the conclusion*
(together with line 29) is: may you be
as happy in loving me as I am in loving
you.

Willkommen und Abschied

Es schlug mein Herz, geschwind zu Pferde!
Es war getan, fast eh gedacht;
Der Abend wiegte schon die Erde,
Und an den Bergen hing die Nacht;
Schon stand im Nebelkleid die Eiche,   5
Ein aufgetürmter Riese, da,
Wo Finsternis aus dem Gesträuche
Mit hundert schwarzen Augen sah.

3 **wiegen** rock, cradle
5 **das Nebelkleid** shroud of fog

6 **aufgetürmt** towering

Der Mond von einem Wolkenhügel
Sah kläglich aus dem Duft hervor;   10
Die Winde schwangen leise Flügel,
Umsausten schauerlich mein Ohr;
Die Nacht schuf tausend Ungeheuer,
Doch frisch und fröhlich war mein Mut:
In meinen Adern, welches Feuer!   15
In meinem Herzen, welche Glut!

Dich sah ich, und die milde Freude
Floß von dem süßen Blick auf mich;
Ganz war mein Herz an deiner Seite
Und jeder Atemzug für dich.   20
Ein rosenfarbnes Frühlingswetter
Umgab das liebliche Gesicht
Und Zärtlichkeit für mich — ihr Götter!
Ich hofft' es, ich verdient' es nicht!

Doch ach, schon mit der Morgensonne   25
Verengt der Abschied mir das Herz;
In deinen Küssen, welche Wonne!
In deinem Auge, welcher Schmerz!

Ich ging, du standst und sahst zur Erden
Und sahst mir nach mit nassem Blick;   30
Und doch, welch Glück, geliebt zu werden!
Und lieben, Götter, welch ein Glück!

10 **der Duft** vapor, mist
12 **umsausten schauerlich** *lit.:* howled gruesomely around
14 **der Mut** *here:* mood, temper

21 **das Frühlingswetter** *lit.:* atmosphere of spring
26 **verengen** contract, constrict

An den Mond

Füllest wieder Busch und Tal
Still mit Nebelglanz,
Lösest endlich auch einmal
Meine Seele ganz;

Breitest über mein Gefild   5
Lindernd deinen Blick,

2 **der Nebelglanz** misty splendor
3 **lösen** loosen, free, relax

5 **das Gefild** realm, domain

Wie des Freundes Auge mild
Über mein Geschick.

Jeden Nachklang fühlt mein Herz
Froh- und trüber Zeit,   10
Wandle zwischen Freud' und Schmerz
In der Einsamkeit.

Fließe, fließe, lieber Fluß!
Nimmer werd' ich froh,
So verrauschte Scherz und Kuß   15
Und die Treue so.

Ich besaß es doch einmal,
Was so köstlich ist!
Daß man doch zu seiner Qual
Nimmer es vergißt!   20

Rausche, Fluß, das Tal entlang,
Ohne Rast und Ruh,
Rausche, flüstre meinem Sang
Melodieen zu!

Wenn du in der Winternacht   25
Wütend überschwillst,
Oder um die Frühlingspracht
Junger Knospen quillst.

Selig, wer sich vor der Welt
Ohne Haß verschließt,   30
Einen Freund am Busen hält
Und mit dem genießt,

Was, von Menschen nicht gewußt
Oder nicht bedacht,
Durch das Labyrinth der Brust   35
Wandelt in der Nacht.

9 **der Nachklang** echo
11 **wandle = ich wandle**
15 **verrauschen** rush by, die away
23–24 **flüstre . . . zu** *meaning:* accompany my song with soft melodies
26 **überschwellen** overflow
27–28 **Oder um die Frühlingspracht junger Knospen quillst** Or when you rise amidst the vernal splendor of young buds
29 **Selig, wer** happy is he who
29–30 **(sich) verschließen** *meaning:* keep aloof
35–36 **Durch . . . Nacht** Through the mazes of the breast / Softly steals by night (*J. S. Dwight*)

Wandrers Nachtlied II

Über allen Gipfeln
Ist Ruh,
In allen Wipfeln
Spürest du
Kaum einen Hauch;   5
Die Vögelein schweigen im Walde.
Warte nur, balde
Ruhest du auch.

¹ **der Gipfel** hilltop   ³ **der Wipfel** treetop

Erlkönig*

Wer reitet so spät durch Nacht und Wind?
Es ist der Vater mit seinem Kind;
Er hat den Knaben wohl in dem Arm,
Er faßt ihn sicher, er hält ihn warm.

„Mein Sohn, was birgst du so bang dein Gesicht?" —   5
„Siehst, Vater, du den Erlkönig nicht?
Den Erlenkönig mit Kron' und Schweif?" —
„Mein Sohn, es ist ein Nebelstreif."

„Du liebes Kind, komm, geh mit mir!
Gar schöne Spiele spiel' ich mit dir;   10
Manch bunte Blumen sind an dem Strand,
Meine Mutter hat manch gülden Gewand." —

„Mein Vater, mein Vater, und hörest du nicht,
Was Erlenkönig mir leise verspricht?" —
„Sei ruhig, bleibe ruhig, mein Kind;   15
In dürren Blättern säuselt der Wind." —

„Willst, feiner Knabe, du mit mir gehn?
Meine Töchter sollen dich warten schön;

der Erlkönig Erl-King, *king of the elves*
* *In this ballad three characters speak, the sick child who has a vision of the evil king of the elves, the father who tries to calm him, and the king of the elves himself.*

⁵ **bergen** hide
⁷ **der Schweif** *here:* train
⁸ **der Nebelstreif** streak of fog
¹¹ **an dem Strand** on my shores
¹² **gülden** golden
¹⁸ **dich warten** wait on you

Meine Töchter führen den nächtlichen Reihn
Und wiegen und tanzen und singen dich ein." —   20

„Mein Vater, mein Vater, und siehst du nicht dort
Erlkönigs Töchter am düstern Ort?" —
„Mein Sohn, mein Sohn, ich seh' es genau:
Es scheinen die alten Weiden so grau." —

„Ich liebe dich, mich reizt deine schöne Gestalt;   25
Und bist du nicht willig, so brauch' ich Gewalt." —
„Mein Vater, mein Vater, jetzt faßt er mich an!
Erlkönig hat mir ein Leids getan!" —

Dem Vater grauset's, er reitet geschwind,
Er hält in Armen das ächzende Kind,   30
Erreicht den Hof mit Müh und Not;
In seinen Armen das Kind war tot.

19 **der Reihn**   round (*dance*)
24 **die Weide**   willow   hurt me
25 **reizen**   charm, attract   29 **Dem Vater grauset's**   The father
28 **Erlkönig . . . getan**   Erl-King has   shudders

Der Zauberlehrling

Hat der alte Hexenmeister
Sich doch einmal wegbegeben!
Und nun sollen seine Geister
Auch nach meinem Willen leben.
Seine Wort' und Werke   5
Merkt' ich und den Brauch,
Und mit Geistesstärke
Tu' ich Wunder auch.

Walle! walle
Manche Strecke,   10
Daß, zum Zwecke,
Wasser fließe
Und mit reichem, vollem Schwalle
Zu dem Bade sich ergieße.

1-2 **Hat . . . wegbegeben!**   *meaning:*   casting a spell
Endlich hat der alte Hexenmeister   7 **mit Geistesstärke**   *ambiguous:* by
(wizard) **sich wegbegeben**   the strength of (*my*) own spirit *or* with
2 **sich wegbegeben**   go away   the help of a spirit
4 **nach**   according to   11 **zum Zwecke**   for a (good) purpose
6 **der Brauch**   *lit.:* custom, rite; *re-* 13 **der Schwall**   *here:* flow
ferring to the sorcerer's customary way of

Und nun komm, du alter Besen! 15
Nimm die schlechten Lumpenhüllen;
Bist schon lange Knecht gewesen;
Nun erfülle meinen Willen!
Auf zwei Beinen stehe,
Oben sei ein Kopf! 20
Eile nun und gehe
Mit dem Wassertopf!

Walle! walle
Manche Strecke,
Daß, zum Zwecke, 25
Wasser fließe
Und mit reichem, vollem Schwalle
Zu dem Bade sich ergieße.

Seht, er läuft zum Ufer nieder;
Wahrlich! ist schon an dem Flusse, 30
Und mit Blitzesschnelle wieder
Ist er hier mit raschem Gusse.
Schon zum zweiten Male!
Wie das Becken schwillt!
Wie sich jede Schale 35
Voll mit Wasser füllt!

Stehe! stehe!
Denn wir haben
Deiner Gaben
Vollgemessen! — 40
Ach, ich merk' es! Wehe!
Hab' ich doch das Wort vergessen!

Ach, das Wort, worauf am Ende
Er das wird, was er gewesen.
Ach, er läuft und bringt behende! 45
Wärst du doch der alte Besen!
Immer neue Güsse
Bringt er schnell herein,

---

[16] **Nimm . . . Lumpenhüllen** cover yourself with these poor rags
[32] **mit raschem Gusse** *meaning:* and quickly empties the full bucket
[34] **Wie . . . schwillt** how the basin (or tub) is filling
[35] **die Schale** *here:* pail

[38-40] **Denn ... Vollgemessen!** we have had the full measure of your gifts!
[45] **behende** nimbly
[47] **der Guß** *lit.:* gush
[47-48] **Immer . . . herein** *meaning:* He keeps pouring out fresh buckets full of water

Ach! und hundert Flüsse
Stürzen auf mich ein. 50

Nein, nicht länger
Kann ich's lassen;
Will ihn fassen.
Das ist Tücke!
Ach, nun wird mir immer bänger! 55
Welche Miene! welche Blicke!

O, du Ausgeburt der Hölle!
Soll das ganze Haus ersaufen?
Seh' ich über jede Schwelle
Doch schon Wasserströme laufen. 60
Ein verruchter Besen,
Der nicht hören will!
Stock, der du gewesen,
Steh doch wieder still!

Willst's am Ende 65
Gar nicht lassen?
Will dich fassen,
Will dich halten
Und das alte Holz behende
Mit dem scharfen Beile spalten. 70

Seht, da kommt er schleppend wieder!
Wie ich mich nur auf dich werfe,
Gleich, o Kobold, liegst du nieder;
Krachend trifft die glatte Schärfe.
Wahrlich, brav getroffen! 75
Seht, er ist entzwei!
Und nun kann ich hoffen,
Und ich atme frei!

Wehe! wehe!
Beide Teile 80
Stehn in Eile
Schon als Knechte
Völlig fertig in die Höhe!
Helft mir, ach! ihr hohen Mächte!

---

⁵⁴ **die Tücke** spite
⁵⁷ **Ausgeburt der Hölle** progeny of hell
⁵⁸ **ersaufen** drown

⁷³ **der Kobold** goblin
⁷⁴ **Krachend . . . Schärfe** The smooth sharp edge hits home with a crash
⁷⁶ **entzwei** in pieces

Und sie laufen! Naß und nässer   85
Wird's im Saal und auf den Stufen.
Welch' entsetzliches Gewässer!
Herr und Meister! hör' mich rufen! —
Ach, da kommt der Meister!
Herr, die Not ist groß!   90
Die ich rief, die Geister,
Werd' ich nun nicht los.

„In die Ecke,
Besen! Besen!
Seid's gewesen,   95
Denn als Geister
Ruft euch nur, zu seinem Zwecke,
Erst hervor der alte Meister."

[92] **loswerden** get rid of   [95] **Seid's gewesen** Be what you were

Prometheus*

Bedecke deinen Himmel, Zeus,
Mit Wolkendunst
Und übe, dem Knaben gleich,
Der Disteln köpft,
An Eichen dich und Bergeshöhn —   5
Mußt mir meine Erde
Doch lassen stehn
Und meine Hütte, die du nicht gebaut,
Und meinen Herd,
Um dessen Glut   10
Du mich beneidest.

Ich kenne nichts Ärmeres
Unter der Sonn' als euch, Götter!
Ihr nähret kümmerlich
Von Opfersteuern   15
Und Gebetshauch
Eure Majestät

* **Prometheus** the titan who stole the fire from the gods and gave it to man. In Goethe's poem this figure symbolizes rebellion against the divine power and the self-reliance of a titanic and creative human being.
[3-5] **Und . . . Bergeshöhn** meaning: **und übe dich** (practice) **an Eichen und Bergeshöhn, wie ein Knabe, der Disteln köpft.** (**köpfen** behead)
[10-11] **Um . . . beneidest** Whose glow you envy me
[14-17] **Ihr . . . Majestät** meaning: **Ihr nähret kümmerlich Eure Majestät von Opfersteuern** (sacrificial tolls) **und Gebetshauch** (breath of prayers).

Und darbtet, wären
Nicht Kinder und Bettler
Hoffnungsvolle Toren.   20

Da ich ein Kind war,
Nicht wußte, wo aus noch ein,
Kehrt' ich mein verirrtes Auge
Zur Sonne, als wenn drüber wär'
Ein Ohr, zu hören meins Klage,   25
Ein Herz wie meine,
Sich des Bedrängten zu erbarmen.

Wer half mir
Wider der Titanen Übermut?
Wer rettete vom Tode mich,   30
Von Sklaverei?
Hast du nicht alles selbst vollendet,
Heilig glühend Herz?
Und glühtest jung und gut,
Betrogen, Rettungsdank   35
Dem Schlafenden da droben?

Ich dich ehren? Wofür?
Hast du die Schmerzen gelindert
Je des Beladenen?
Hast du die Tränen gestillet   40
Je des Geängsteten?
Hat nicht mich zum Manne geschmiedet
Die allmächtige Zeit
Und das ewige Schicksal,
Meine Herrn und deine?   45

Wähntest du etwa,
Ich sollte das Leben hassen,
In Wüsten fliehen,
Weil nicht alle
Blütenträume reiften?   50

---

¹⁸⁻²⁰ **Und . . . Toren** *meaning:* **Und
ihr würdet darben** (*starve*), **wenn
Kinder und Bettler nicht
hoffnungsvolle Toren wären.**
²² **wo . . . ein** where to turn
²³ **mein verirrtes Auge** my wandering
gaze
²⁷ **der Bedrängte** the distressed
²⁹ **der Übermut** wanton insolence
³⁴⁻³⁶ **Und glühtest . . . droben** *mean-*

ing: When you (*my heart*) were young
and good and glowed with thanks for
your deliverance, you were deceived
in paying homage to a god asleep in
heaven.
³⁹ **des Beladenen** of the heavy-laden
⁴¹ **des Geängsteten** of the anguished
⁴² **schmieden** *lit.:* forge; *here:* make
into
⁴⁶ **wähnen** imagine, fancy

Hier sitz' ich, forme Menschen
Nach meinem Bilde,
Ein Geschlecht, das mir gleich sei:
Zu leiden, zu weinen,
Zu genießen und zu freuen sich — 55
Und dein nicht zu achten,
Wie ich!

53 **Ein Geschlecht** A race   56 **nicht zu achten** to scorn

Grenzen der Menschheit

Wenn der uralte,
Heilige Vater
Mit gelassener Hand
Aus rollenden Wolken
Segnende Blitze 5
Über die Erde sät,
Küss' ich den letzten
Saum seines Kleides,
Kindliche Schauer
Treu in der Brust. 10

Denn mit Göttern
Soll sich nicht messen
Irgendein Mensch.
Hebt er sich aufwärts
Und berührt 15
Mit dem Scheitel die Sterne,
Nirgends haften dann
Die unsichern Sohlen,
Und mit ihm spielen
Wolken und Winde. 20

Steht er mit festen,
Markigen Knochen,
Auf der wohlgegründeten
Dauernden Erde,
Reicht er nicht auf, 25

7–8 **der letzte Saum** nethermost hem
9–10 **Kindliche . . . Brust** *meaning:*
With childlike awe in my faithful
heart
12 **sich messen mit** *meaning:* compete
with
16 **der Scheitel** crown of the head

17 **haften** cling
18 **die Sohlen** soles (*of foot*)
21–22 **mit . . . Knochen** *meaning:* with
strong and sturdy limbs
23 **wohlgegründet** firm (*in its founda-*
tions)

Nur mit der Eiche
Oder der Rebe
Sich zu vergleichen.

Was unterscheidet
Götter von Menschen? 30
Daß viele Wellen
Vor jenen wandeln,
Ein ewiger Strom:
Uns hebt die Welle,
Verschlingt die Welle, 35
Und wir versinken.

Ein kleiner Ring
Begrenzt unser Leben,
Und viele Geschlechter
Reihen sie dauernd 40
An ihres Daseins
Unendliche Kette.

²⁶ **Nur** *here:* Even
²⁷ **die Rebe** vine
^{31–32} **Daß . . . wandeln** *lit.:* That many
waves roll before the former (*i.e., the
Gods*) *meaning:* The waves of time
stretch eternally before the Gods

^{37–42} **Ein kleiner . . . Kette**
*meaning: Our individual life is narrowly
circumscribed; a multitude of human
generations is linked by the enduring gods
to the infinite chain of their existence.*

Gesang der Geister über den Wassern

Des Menschen Seele
Gleicht dem Wasser:
Vom Himmel kommt es,
Zum Himmel steigt es,
Und wieder nieder 5
Zur Erde muß es,
Ewig wechselnd.

Strömt von der hohen,
Steilen Felswand
Der reine Strahl, 10
Dann stäubt er lieblich
In Wolkenwellen
Zum glatten Fels,

¹⁰ **Der Strahl** jet
¹¹ **stäuben** spray

¹² **die Wolkenwellen** waves of mist

212

Und leicht empfangen,
Wallt er verschleiernd,   15
Leisrauschend
Zur Tiefe nieder.

Ragen Klippen
Dem Sturz entgegen,
Schäumt er unmutig   20
Stufenweise
Zum Abgrund.

Im flachen Bette
Schleicht er das Wiesental hin,
Und in dem glatten See   25
Weiden ihr Antlitz
Alle Gestirne.

Wind ist der Welle
Lieblicher Buhler;
Wind mischt vom Grund aus   30
Schäumende Wogen.

Seele des Menschen,
Wie gleichst du dem Wasser!
Schicksal des Menschen,
Wie gleichst du dem Wind!   35

14–15 **leicht . . . er** *lit.:* gently received it (the jet of water) flows
15 **verschleiernd** (*presumably*) veiling the rock
16 **Leisrauschend** softly murmuring
18–19 **Ragen . . . entgegen** When rocks stand out against its descent
20 **schäumen** foam
20 **unmutig** angrily
24 **hinschleichen** steal through
26 **Weiden** *here:* refresh
29 **der Buhler** lover

Selige Sehnsucht*

Sagt es niemand, nur den Weisen,
Weil die Menge gleich verhöhnet:
Das Lebend'ge will ich preisen,
Das nach Flammentod sich sehnet.

In der Liebesnächte Kühlung,   5
Die dich zeugte, wo du zeugtest,

* *Selige Sehnsucht* Blissful Yearning
4 **der Flammentod** death in the flames
5 **die Kühlung** assuagement
6 **zeugen** beget

213

Überfällt dich fremde Fühlung,
Wenn die stille Kerze leuchtet.

Nicht mehr bleibest du umfangen
In der Finsternis Beschattung,   10
Und dich reißet neu Verlangen
Auf zu höherer Begattung.

Keine Ferne macht dich schwierig,
Kommst geflogen und gebannt,
Und zuletzt, des Lichts begierig,   15
Bist du, Schmetterling, verbrannt.

Und so lang du das nicht hast,
Dieses: Stirb und werde!
Bist du nur ein trüber Gast
Auf der dunklen Erde.   20

7 **Überfällt . . . Fühlung** strange presentiments come upon you
9–10 **Nicht . . . Beschattung** *meaning:* no longer are you held in the embrace of darkness
11 **das Verlangen** desire
12 **die Begattung** mating, union
13 **Keine . . . schwierig** no distance makes you hesitate

14 **gebannt** spellbound, enchanted
15 **des Lichts begierig** eager for the light
16 **der Schmetterling** *here:* moth
17 **Und . . . hast** *meaning:* As long as this is not part of you
18 **Stirb und werde!** *Lit.:* Die and become! Die and be transformed!
19 **trüb** gloomy, sorry

Lied des Türmers*

Zum Sehen geboren,
Zum Schauen bestellt,
Dem Turme geschworen,
Gefällt mir die Welt.
Ich blick' in die Ferne,   5
Ich seh' in der Näh',
Den Mond und die Sterne,
Den Wald und das Reh.
So seh' ich in allen
Die ewige Zier,   10
Und wie mir's gefallen,
Gefall' ich auch mir.
Ihr glücklichen Augen,

* **der Türmer** watchman (*on a tower*), look-out
2 **bestellt** appointed

3 **geschworen** pledged
10 **Die ewige Zier** *meaning:* Perennial beauty and charm

214

Was je ihr gesehn,
Es sei, wie es wolle,   15
Es war doch so schön!

15 **Es . . . wolle**   Be it as it may

Friedrich von Schiller
(1759–1805)

Der Taucher

„Wer wagt es, Rittersmann oder Knapp,
Zu tauchen in diesen Schlund?
Einen goldnen Becher werf' ich hinab,
Verschlungen schon hat ihn der schwarze Mund.
Wer mir den Becher kann wieder zeigen,   5
Er mag ihn behalten, er ist sein eigen.“

Der König spricht es und wirft von der Höh'
Der Klippe, die schroff und steil
Hinaushängt in die unendliche See,
Den Becher in der Charybde Geheul.   10
„Wer ist der Beherzte, ich frage wieder,
Zu tauchen in diese Tiefe nieder?“

Und die Ritter, die Knappen um ihn her,
Vernehmen's und schweigen still,
Sehen hinab in das wilde Meer,   15
Und keiner den Becher gewinnen will.
Und der König zum drittenmal wieder fraget:
„Ist keiner, der sich hinunter waget?“

Doch alles noch stumm bleibt wie zuvor,
Und ein Edelknecht, sanft und keck,   20
Tritt aus der Knappen zagendem Chor,
Und den Gürtel wirft er, den Mantel weg,
Und alle die Männer umher und Frauen
Auf den herrlichen Jüngling verwundert schauen.

1 **der Knapp**(e)   page
2 **der Schlund**   gorge, gulf, abyss
10 **die Charybde**   a whirlpool reputed to
be formidable (see Homer's Odyssey)

11 **der Beherzte**   courageous man
20 **der Edelknecht**   squire
20 **keck**   bold
21 **der Chor**   here: group

215

Friedrich von Schiller: Gemälde von Anton Graff (courtesy of Deutsche Fotothek Dresden).

Und wie er tritt an des Felsen Hang 25
Und blickt in den Schlund hinab,
Die Wasser, die sie hinunterschlang,
Die Charybde jetzt brüllend wiedergab,
Und wie mit des fernen Donners Getose
Entstürzen sie schäumend dem finstern Schoße. 30

Und es wallet und siedet und brauset und zischt,
Wie wenn Wasser mit Feuer sich mengt,
Bis zum Himmel spritzet der dampfende Gischt,
Und Flut auf Flut sich ohn' Ende drängt,
Und will sich nimmer erschöpfen und leeren, 35
Als wollte das Meer noch ein Meer gebären.

Doch endlich, da legt sich die wilde Gewalt,
Und schwarz aus dem weißen Schaum
Klafft hinunter ein gähnender Spalt,
Grundlos, als ging's in den Höllenraum, 40
Und reißend sieht man die brandenden Wogen
Hinab in den strudelnden Trichter gezogen.

Jetzt schnell, eh die Brandung wiederkehrt,
Der Jüngling sich Gott befiehlt,
Und — ein Schrei des Entsetzens wird rings gehört, 45
Und schon hat ihn der Wirbel hinweggespült,
Und geheimnisvoll über dem kühnen Schwimmer
Schließt sich der Rachen, er zeigt sich nimmer.

Und stille wird's über dem Wasserschlund,
In der Tiefe nur brauset es hohl, 50
Und bebend hört man von Mund zu Mund:
„Hochherziger Jüngling, fahre wohl!"
Und hohler und hohler hört man's heulen,
Und es harrt noch mit bangem, mit schrecklichem Weilen.

25 **der Hang** incline, edge
27 **hinunterschlingen** devour
29 **das Getose** roar
30 **entstürzen** gush forth
30 **der Schoß** womb
31 **Und es wallet . . . zischt** It boils and seethes and roars and hisses
33 **der Gischt** foam, froth, spray
37 **sich legen** subside
39 **ein gähnender Spalt** a yawning crevasse
41 **reißend** rapidly
41 **brandend** surging
42 **in . . . Trichter** into the turning maelstrom
44 **sich Gott befehlen** commend one's soul to God
46 **der Wirbel** whirlpool
46 **hinweggespült** swept away
48 **der Rachen** maw, yawning abyss
51 **Und . . . Mund** *meaning:* And with quavering voice they all say
52 **hochherzig** high-spirited, courageous
54 **Und . . . Weilen** *meaning:* And the frightening and terrible howling does not cease

Und wärfst du die Krone selber hinein,   55
Und sprächst: Wer mir bringet die Kron,
Er soll sie tragen und König sein —
Mich gelüstete nicht nach dem teuren Lohn.
Was die heulende Tiefe da unten verhehle,
Das erzählt keine lebende glückliche Seele.   60

Wohl manches Fahrzeug, vom Strudel gefaßt,
Schoß gäh in die Tiefe hinab;
Doch zerschmettert nur rangen sich Kiel und Mast
Hervor aus dem alles verschlingenden Grab. —
Und heller und heller, wie Sturmes Sausen,   65
Hört man's näher und immer näher brausen.

Und es wallet und siedet und brauset und zischt,
Wie wenn Wasser mit Feuer sich mengt,
Bis zum Himmel spritzet der dampfende Gischt,
Und Well' auf Well' sich ohn' Ende drängt,   70
Und wie mit des fernen Donners Getose
Entstürzt es brüllend dem finstern Schoße.

Und sieh! aus dem finster flutenden Schoß,
Da hebet sich's schwanenweiß,
Und ein Arm und ein glänzender Nacken wird bloß,   75
Und es rudert mit Kraft und mit emsigem Fleiß,
Und er ist's, und hoch in seiner Linken
Schwingt er den Becher mit freudigem Winken.

Und atmete lang und atmete tief
Und begrüßte das himmlische Licht.   80
Mit Frohlocken es einer dem andern rief:
„Er lebt! er ist da! es behielt ihn nicht!
Aus dem Grab, aus der strudelnden Wasserhöhle
Hat der Brave gerettet die lebende Seele."

Und er kommt, es umringt ihn die jubelnde Schar;   85
Zu des Königs Füßen er sinkt,
Den Becher reicht er ihm kniend dar,
Und der König der lieblichen Tochter winkt,
Die füllt ihn mit funkelndem Wein bis zum Rande,
Und der Jüngling sich also zum König wandte: 90

---

[58] **gelüsten** covet
[59] **verhehlen** conceal
[62] **gäh** suddenly, abruptly
[63–64] **sich hervorringen** struggle upward

[76] **mit emsigem Fleiß** with assiduous zeal
[81] **Mit Frohlocken** With joy
[87] **darreichen** offer

„Lang lebe der König! Es freue sich,
Wer da atmet im rosigten Licht!
Da unten aber ist's fürchterlich,
Und der Mensch versuche die Götter nicht
Und begehre nimmer und nimmer zu schauen,   95
Was sie gnädig bedeckten mit Nacht und Grauen.

Es riß mich hinunter blitzesschnell —
Da stürzt' mir aus felsigtem Schacht
Wildflutend entgegen ein reißender Quell:
Mich packte des Doppelstroms wütende Macht,   100
Und wie einen Kreisel, mit schwindelndem Drehen,
Trieb mich's um, ich konnte nicht widerstehen.

Da zeigte mir Gott, zu dem ich rief,
In der höchsten schrecklichen Not,
Aus der Tiefe ragend ein Felsenriff,   105
Das erfaßt' ich behend und entrann dem Tod —
Und da hing auch der Becher an spitzen Korallen,
Sonst wär' er ins Bodenlose gefallen.

Denn unter mir lag's noch, bergetief,
In purpurner Finsternis da,   110
Und ob's hier dem Ohre gleich ewig schlief,
Das Auge mit Schaudern hinunter sah,
Wie's von Salamandern und Molchen und Drachen
Sich regt' in dem furchtbaren Höllenrachen.

Schwarz wimmelten da, in grausem Gemisch,   115
Zu scheußlichen Klumpen geballt,
Der stachligte Roche, der Klippenfisch,
Des Hammers greuliche Ungestalt,
Und dräuend wies mir die grimmigen Zähne
Der entsetzliche Hai, des Meeres Hyäne.   120

Und da hing ich und war's mir mit Grausen bewußt
Von der menschlichen Hilfe so weit,
Unter Larven die einzige fühlende Brust,
Allein in der gräßlichen Einsamkeit,

94 **versuchen** *here:* tempt
99 **der Quell** *here:* current
101 **schwindelnd** dizzy(ing)
111 **Und . . . schlief** *meaning:* Although
all was silence here
113 **der Molch** newt
116 **Zu scheußlichen Klumpen geballt**
clumped in hideous clusters

117 **stachligt = stachelig** stinging
117 **Der Roche** ray
117 **der Klippenfisch** cod
118 **der Hammer** hammerheaded shark
119 **dräuend** threatening(ly)
120 **Der Hai** shark
123 **Larve** specter

Tief unter dem Schall der menschlichen Rede 125
Bei den Ungeheuern der traurigen Öde.

Und schaudernd dacht' ich's; da kroch's heran,
Regte hundert Gelenke zugleich,
Will schnappen nach mir — in des Schreckens Wahn
Lass' ich los der Koralle umklammerten Zweig; 130
Gleich faßt mich der Strudel mit rasendem Toben,
Doch es war mir zum Heil, er riß mich nach oben."

Der König darob sich verwundert schier
Und spricht: „Der Becher ist dein,
Und diesen Ring noch bestimm' ich dir, 135
Geschmückt mit dem köstlichen Edelgestein,
Versuchst du's noch einmal und bringst mir Kunde,
Was du sahst auf des Meeres tiefunterstem Grunde."

Das hörte die Tochter mit weichem Gefühl,
Und mit schmeichelndem Munde sie fleht: 140
„Laßt, Vater, genug sein das grausame Spiel!
Er hat Euch bestanden, was keiner besteht,
Und könnt Ihr des Herzens Gelüsten nicht zähmen,
So mögen die Ritter den Knappen beschämen."

Drauf der König greift nach dem Becher schnell, 145
In den Strudel ihn schleudert hinein:
„Und schaffst du den Becher mir wieder zur Stell',
So sollst du der trefflichste Ritter mir sein
Und sollst sie als Ehgemahl heut noch umarmen,
Die jetzt für dich bittet mit zartem Erbarmen." 150

Da ergreift s ihm die Seele mit Himmelsgewalt,
Und es blitzt aus den Augen ihm kühn,
Und er siehet erröten die schöne Gestalt
Und sieht sie erbleichen und sinken hin —
Da treibt's ihn, den köstlichen Preis zu erwerben, 155
Und stürzt hinunter auf Leben und Sterben.

126 **Öde** wasteland
128 **Gelenk** joint
130 **umklammern** hold on to, seize
131 **Toben** fury
132 **er . . . oben** it pulled me upward
133 **darob = darüber**
133 **sich verwundert schier** was quite surprised
135 **bestimm' ich dir** I promise you

137 **Kunde bringen** relate
142 **bestehen** pass a test
144 **beschämen** put to shame
147 **zur Stell' schaffen** bring back
148 **der trefflichste Ritter** *meaning:* the foremost of knights
156 **auf Leben und Sterben** at the risk of his life

Wohl hört man die Brandung, wohl kehrt sie zurück,
Sie verkündigt der donnernde Schall —
Da bückt sich's hinunter mit liebendem Blick:
Es kommen, es kommen die Wasser all', 160
Sie rauschen herauf, sie rauschen nieder,
Den Jüngling bringt keines wieder.

Friedrich Hölderlin
(1770–1843)

Hyperions Schicksalslied*

Ihr wandelt droben im Licht
Auf weichem Boden, selige Genien!
Glänzende Götterlüfte
Rühren euch leicht,
Wie die Finger der Künstlerin 5
Heilige Saiten.

Schicksallos, wie der schlafende
Säugling, atmen die Himmlischen;
Keusch bewahrt
In bescheidener Knospe, 10
Blühet ewig
Ihnen der Geist,
Und die seligen Augen
Blicken in stiller,
Ewiger Klarheit. 15

Doch uns ist gegeben,
Auf keiner Stätte zu ruhn,
Es schwinden, es fallen
Die leidenden Menschen
Blindlings von einer 20
Stunde zur andern,
Wie Wasser von Klippe
Zu Klippe geworfen,
Jahrlang ins Ungewisse hinab.

* **Hyperion** is the hero of a novel by
  Hölderlin
2 **die Genien** *here:* divine spirits
3 **Glänzende Götterlüfte** Breezes,
radiant and divine
7 **Schicksallos** *lit.:* Fateless; *meaning:*
Not subject to fate
17 **die Stätte** place

221

Johann Christian Friedrich Hölderlin (courtesy of Historisches Bildarchiv, Bad Berneck).

Novalis
(1772–1801)

Wenn nicht mehr Zahlen und Figuren . . .

Wenn nicht mehr Zahlen und Figuren
Sind Schlüssel aller Kreaturen,
Wenn die, so singen oder küssen
Mehr als die Tiefgelehrten wissen,
Wenn sich die Welt ins freie Leben   5
Und in die Welt wird zurückbegeben,
Wenn dann sich wieder Licht und Schatten
Zu echter Klarheit wieder gatten
Und man in Märchen und Gedichten
Erkennt die wahren Weltgeschichten,   10
Dann fliegt vor einem geheimen Wort
Das ganze verkehrte Wesen fort.

Clemens Brentano
(1778–1842)

Wiegenlied*

Singet leise, leise, leise,
Singt ein flüsternd Wiegenlied,
Von dem Monde lernt die Weise,
Der so still am Himmel zieht.

Singt ein Lied so süß gelinde,   5
Wie die Quellen auf den Kieseln,
Wie die Blumen um die Linde
Summen, murmeln, flüstern, rieseln.

⁵ **gelinde** gentle   ⁸ **rieseln** ripple
⁶ **der Kiesel** pebble

Joseph von Eichendorff
(1788–1857)

Sehnsucht

Es schienen so golden die Sterne,
Am Fenster ich einsam stand
Und hörte aus weiter Ferne
Ein Posthorn im stillen Land.
Das Herz mir im Leib entbrennte,   5
Da hab' ich mir heimlich gedacht:
Ach, wer da mitreisen könnte
In der prächtigen Sommernacht!

Zwei junge Gesellen gingen
Vorüber am Bergeshang,   10
Ich hörte im Wandern sie singen
Die stille Gegend entlang:
Von schwindelnden Felsenschlüften,
Wo die Wälder rauschen so sacht,
Von Quellen, die von den Klüften   15
Sich stürzen in die Waldesnacht.

Sie sangen von Marmorbildern,
Von Gärten, die überm Gestein
In dämmernden Lauben verwildern,
Palästen im Mondenschein,   20
Wo die Mädchen am Fenster lauschen,
Wann der Lauten Klang erwacht
Und die Brunnen verschlafen rauschen
In der prächtigen Sommernacht.

⁵ **Das . . . entbrennte** my heart was   ¹⁷ **die Marmorbilder** marble images
set on fire   ^{18–19} **die . . . verwildern** which grow
¹³ **die Felsenschlüfte** rocky gorges   wildly over the stones in dark bowers

Mondnacht

Es war, als hätt' der Himmel
Die Erde still geküßt,
Daß sie im Blütenschimmer
Von ihm nun träumen müßt'.

Die Luft ging durch die Felder, 5
Die Ähren wogten sacht,
Es rauschten leis die Wälder,
So sternklar war die Nacht.

Und meine Seele spannte
Weit ihre Flügel aus, 10
Flog durch die stillen Lande,
Als flöge sie nach Haus.

³ **der Blütenschimmer** splendor of
blossoms

Eduard Mörike
(1804–1875)

Das verlassene Mägdlein

Früh, wann die Hähne krähn,
Eh' die Sternlein verschwinden,
Muß ich am Herde stehn,
Muß Feuer zünden.

Schön ist der Flammen Schein, 5
Es springen die Funken;
Ich schaue so drein,
In Leid versunken.

Plötzlich, da kommt es mir,
Treuloser Knabe, 10
Daß ich die Nacht von dir
Geträumet habe.

Eduard Mörike: Lithographie nach einer Zeichnung von Bonaventura Weiß (courtesy of Deutsche Schillergesellschaft).

Träne auf Träne dann
Stürzet hernieder;
So kommt der Tag heran —   15
O ging' er wieder!

Um Mitternacht

Gelassen stieg die Nacht ans Land,
Lehnt träumend an der Berge Wand;
Ihr Auge sieht die goldne Waage nun
Der Zeit in gleichen Schalen stille ruhn.
  Und kecker rauschen die Quellen hervor,   5
  Sie singen der Mutter, der Nacht, ins Ohr
    Vom Tage,
  Vom heute gewesenen Tage.

Das uralt alte Schlummerlied,
Sie achtet's nicht, sie ist es müd';   10
Ihr klingt des Himmels Bläue süßer noch,
Der flücht'gen Stunden gleichgeschwungnes Joch.
  Doch immer behalten die Quellen das Wort,
  Es singen die Wasser im Schlafe noch fort
    Vom Tage,   15
  Vom heute gewesenen Tage.

Heinrich Heine
(1797–1856)

Es war ein alter König ...

Es war ein alter König,
Sein Herz war schwer, sein Haupt war grau;
Der arme alte König,
Er nahm eine junge Frau.

Es war ein schöner Page,   5
Blond war sein Haupt, leicht war sein Sinn;
Er trug die seidne Schleppe
Der jungen Königin.

---

[6] **leicht ... Sinn** he was light-hearted   [7] **die Schleppe** train

Kennst du das alte Liedchen?
Es klingt so süß, es klingt so trüb'!   10
Sie mußten beide sterben,
Sie hatten sich viel zu lieb.

¹⁰ **trüb** sad

Ein Jüngling liebt ein Mädchen . . .

Ein Jüngling liebt ein Mädchen,
Die hat einen andern erwählt;
Der andre liebt eine andre,
Und hat sich mit dieser vermählt.

Das Mädchen heiratet aus Ärger   5
Den ersten besten Mann,
Der ihr in den Weg gelaufen;
Der Jüngling ist übel dran.

Es ist eine alte Geschichte,
Doch bleibt sie immer neu;   10
Und wem sie just passieret,
Dem bricht das Herz entzwei.

⁴ **sich vermählen** marry
⁵ **aus Ärger** *lit.:* out of anger; on the
rebound

⁶ **der erste beste Mann** *meaning:* the
first man
⁸ **übel dran sein** be in a bad way

Ich weiß nicht, was soll es bedeuten . . .

Ich weiß nicht, was soll es bedeuten,
Daß ich so traurig bin;
Ein Märchen aus alten Zeiten,
Das kommt mir nicht aus dem Sinn.

Die Luft ist kühl und es dunkelt,   5
Und ruhig fließt der Rhein;
Der Gipfel des Berges funkelt
Im Abendsonnenschein.

Die schönste Jungfrau sitzet
Dort oben wunderbar,   10
Ihr goldnes Geschmeide blitzet,
Sie kämmt ihr goldenes Haar.

⁴ **Das . . . Sinn** I cannot put it out of
my mind

⁹ **(Die) Jungfrau** maiden

Sie kämmt es mit goldenem Kamme,
Und singt ein Lied dabei;
Das hat eine wundersame,   15
Gewaltige Melodei.

Den Schiffer im kleinen Schiffe
Ergreift es mit wildem Weh;
Er schaut nicht die Felsenriffe,
Er schaut nur hinauf in die Höh'.   20

Ich glaube, die Wellen verschlingen
Am Ende Schiffer und Kahn;
Und das hat mit ihrem Singen
Die Lore-Ley getan.

Belsatzar

Die Mitternacht zog näher schon;
In stummer Ruh' lag Babylon.

Nur oben in des Königs Schloß,
Da flackert's, da lärmt des Königs Troß.

Dort oben in dem Königssaal,   5
Belsatzar hielt sein Königsmahl.

Die Knechte saßen in schimmernden Reihn,
Und leerten die Becher mit funkelndem Wein.

Es klirrten die Becher, es jauchzten die Knecht';
So klang es dem störrigen Könige recht.   10

Des Königs Wangen leuchten Glut;
Im Wein erwuchs ihm kecker Mut.

Und blindlings reißt der Mut ihn fort,
Und er lästert die Gottheit mit sündigem Wort.

Und er brüstet sich frech, und lästert wild;   15
Die Knechtenschar ihm Beifall brüllt.

---

³ **des Königs Troß** the king's following
¹⁰ **So . . . recht.** That was just what the stubborn king liked to hear.

¹² **der Mut** *here:* boldness
¹⁴ **lästern** blaspheme
¹⁵ **sich brüsten** brag

Der König rief mit stolzem Blick;
Der Diener eilt und kehrt zurück.

Er trug viel gülden Gerät auf dem Haupt;
Das war aus dem Tempel Jehovahs geraubt.   20

Und der König ergriff mit frevler Hand
Einen heiligen Becher, gefüllt bis am Rand.

Und er leert ihn hastig bis auf den Grund,
Und rufet laut mit schäumendem Mund:

„Jehovah! dir künd' ich auf ewig Hohn, —   25
Ich bin der König von Babylon!"

Doch kaum das grause Wort verklang,
Dem König ward's heimlich im Busen bang.

Das gellende Lachen verstummte zumal;
Es wurde leichenstill im Saal.   30

Und sieh! und sieh! an weißer Wand
Da kam's hervor, wie Menschenhand;

Und schrieb, und schrieb an weißer Wand
Buchstaben von Feuer, und schrieb und schwand.

Der König stieren Blicks da saß,   35
Mit schlotternden Knien und totenblaß.

Die Knechtenschar saß kalt durchgraut,
Und saß gar still, gab keinen Laut.

Die Magier kamen, doch keiner verstand
Zu deuten die Flammenschrift an der Wand.   40

Belsatzar ward aber in selbiger Nacht
Von seinen Knechten umgebracht.

---

[19] **das Gerät** vessels
[21] **frevel** sacrilegious
[25] **dir . . . Hohn** I offer you eternal scorn
[27] **verklingen** die away
[35] **stieren Blicks** with a fixed stare
[37] **kalt durchgraut** cold with fear

Wir saßen am Fischerhause . . .

Wir saßen am Fischerhause
Und schauten nach der See;
Die Abendnebel kamen
Und stiegen in die Höh'.

Im Leuchtturm wurden die Lichter   5
Allmählich angesteckt,
Und in der weiten Ferne
Ward noch ein Schiff entdeckt.

Wir sprachen von Sturm und Schiffbruch,
Vom Seemann, und wie er lebt,   10
Und zwischen Himmel und Wasser
Und Angst und Freude schwebt.

Wir sprachen von fernen Küsten,
Vom Süden und vom Nord,
Und von den seltsamen Völkern   15
Und seltsamen Sitten dort.

Am Ganges duftet's und leuchtet's,
Und Riesenbäume blühn,
Und schöne stille Menschen
Vor Lotusblumen knien.   20

In Lappland sind schmutzige Leute,
Plattköpfig, breitmäulig und klein;
Sie kauern ums Feuer, und backen
Sich Fische, und quäken und schrein.

Die Mädchen horchten ernsthaft,   25
Und endlich sprach niemand mehr;
Das Schiff war nicht mehr sichtbar,
Es dunkelte gar zu sehr.

August von Platen
(1796–1835)

Es liegt an eines Menschen Schmerz ...

Es liegt an eines Menschen Schmerz, an eines Menschen Wunde nichts.
Es kehrt an das, was Kranke quält, sich ewig der Gesunde nichts!
Und wäre nicht das Leben kurz, das stets der Mensch vom Menschen
    erbt,

[1] (**Es liegt an**) **nichts** does not matter   [2] (**Es kehrt an**) **nichts** *meaning:* (the
    healthy man) does not care etc.

So gäb's Beklagenswerteres auf diesem weiten Runde nichts.
Einförmig stellt Natur sich her, doch tausendförmig ist ihr Tod,   5
Es fragt die Welt nach meinem Ziel, nach deiner letzten Stunde nichts.
Und wer sich willig nicht ergibt dem ehrnen Lose, das ihm dräut,
Der zürnt ins Grab sich rettungslos und fühlt in dessen Schlunde nichts.
Dies wissen alle, doch vergißt es jeder gerne jeden Tag.
So komme denn, in diesem Sinn, hinfort aus meinem Munde nichts.   10
Vergeßt, daß euch die Welt betrügt, und daß ihr Wunsch nur Wünsche
      zeugt,
Laßt eurer Liebe nichts entgehn, entschlüpfen eurer Kunde nichts!
Es hoffe jeder, daß die Zeit ihm gebe, was sie keinem gab,
Denn jeder sucht, ein All zu sein, und jeder ist im Grunde nichts.

4 (nichts) **Beklagenswerteres** nothing more lamentable
5 **Einförmig . . . her** monotonously nature recreates itself
7 **dem ehrnen Lose** *meaning:* to the iron fate
8 **Der . . . rettunglos** *lit.:* hopelessly angers himself to death
12 **die Kunde** *meaning:* desire for knowledge

Nikolaus Lenau
(1802–1850)

Frage

O Menschenherz, was ist dein Glück?
Ein rätselhaft geborner
Und, kaum gegrüßt, verlorner,
Unwiederholter Augenblick!

Theodor Storm
(1817–1888)

Hyazinthen

Fern hallt Musik; doch hier ist stille Nacht,
Mit Schlummerduft anhauchen mich die Pflanzen;
Ich habe immer, immer dein gedacht;
Ich möchte schlafen, aber du mußt tanzen.

2 **der Schlummerduft** *lit.:* slumbrous fragrance

232

Es hört nicht auf, es rast ohn Unterlaß;   5
Die Kerzen brennen und die Geigen schreien,
Es teilen und es schließen sich die Reihen,
Und alle glühen; aber du bist blaß.

Und du mußt tanzen; fremde Arme schmiegen
Sich an dein Herz; o leide nicht Gewalt!   10
Ich seh dein weißes Kleid vorüberfliegen
Und deine leichte, zärtliche Gestalt. —

Und süßer strömend quillt der Duft der Nacht
Und träumerischer aus dem Kelch der Pflanzen.
Ich habe immer, immer dein gedacht;   15
Ich möchte schlafen, aber du mußt tanzen.

[10] **o . . . Gewalt!** do not yield to force

Gottfried Keller
(1819–1890)

Abendlied

Augen, meine lieben Fensterlein,
Gebt mir schon so lange holden Schein,
Lasset freundlich Bild um Bild herein:
Einmal werdet ihr verdunkelt sein!

Fallen einst die müden Lider zu,   5
Löscht ihr aus, dann hat die Seele Ruh';
Tastend streift sie ab die Wanderschuh',
Legt sich auch in ihre finstre Truh'.

Noch zwei Fünklein sieht sie glimmend stehn
Wie zwei Sternlein, innerlich zu sehn,   10
Bis sie schwanken und dann auch vergehn,
Wie von eines Falters Flügelwehn.

Doch noch wandl' ich auf dem Abendfeld,
Nur dem sinkenden Gestirn gesellt;
Trinkt, o Augen, was die Wimper hält,   15
Von dem goldnen Überfluß der Welt!

[12] **Wie . . . Flügelwehn** As if wafted away by the wingbeat of a moth   [14] **Nur . . . gesellt** With the setting star as my only companion

Friedrich Nietzsche: Büste von M. Klinger (courtesy of Kröner-verlagsarchiv, Stuttgart).

Conrad Ferdinand Meyer
(1825–1898)

Der römische Brunnen

Aufsteigt der Strahl und fallend gießt
Er voll der Marmorschale Rund,
Die, sich verschleiernd, überfließt
In einer zweiten Schale Grund;
Die zweite gibt, sie wird zu reich,   5
Der dritten wallend ihre Flut,
Und jede nimmt und gibt zugleich

    Und strömt und ruht.

4 **die Schale** basin
5–6 **Die . . . Flut** The second basin grows too affluent, welling up it gives its waters to the third

Friedrich Nietzsche
(1844–1900)

Ecce Homo

Ja! Ich weiß, woher ich stamme!
Ungesättigt gleich der Flamme
Glühe und verzehr' ich mich.
Licht wird alles, was ich fasse,
Kohle alles, was ich lasse: 5
Flamme bin ich sicherlich!

Das trunkne Lied

Oh Mensch! Gib acht!
Was spricht die tiefe Mitternacht?
„Ich schlief, ich schlief —,
Aus tiefem Traum bin ich erwacht: —
Die Welt ist tief,   5
Und tiefer als der Tag gedacht.
Tief ist ihr Weh —,

235

Lust — tiefer noch als Herzeleid:
Weh spricht: Vergeh!
Doch alle Lust will Ewigkeit —,   10
Will tiefe, tiefe Ewigkeit!"

Detlev von Liliencron
(1844–1909)

Märztag

Wolkenschatten fliehen über Felder,
Blau umdunstet stehen ferne Wälder.

Kraniche, die hoch die Luft durchpflügen,
Kommen schreiend an in Wanderzügen.

Lerchen steigen schon in lauten Schwärmen,   5
Überall ein erstes Frühlingslärmen.

Lustig flattern, Mädchen, deine Bänder,
Kurzes Glück träumt durch die weiten Länder.

Kurzes Glück schwamm mit den Wolkenmassen,
Wollt' es halten, mußt' es schwimmen lassen.   10

---

² **Blau umdunstet** In a blue haze   ⁴ **der Wanderzug** migratory flight

Richard Dehmel
(1863–1920)

Der Arbeitsmann

Wir haben ein Bett, wir haben ein Kind,
Mein Weib!
Wir haben auch Arbeit, und gar zu zweit,
Und haben die Sonne und Regen und Wind.
Und uns fehlt nur eine Kleinigkeit,   5
Um so frei zu sein, wie die Vögel sind:
Nur Zeit.

Wenn wir sonntags durch die Felder gehn,
Mein Kind,
Und über den Ähren weit und breit   10
Das blaue Schwalbenvolk blitzen sehn,
O, dann fehlt uns nur das bißchen Kleid,
Um so schön zu sein, wie die Vögel sind:
Nur Zeit.

Nur Zeit! wir wittern Gewitterwind,   15
Wir Volk.
Nur eine kleine Ewigkeit;
Uns fehlt ja nichts, mein Weib, mein Kind,
Als all das, was durch uns gedeiht,
Um so kühn zu sein, wie die Vögel sind.   20
Nur Zeit!

¹² **das Kleid** garb   ¹⁵ **wittern** sense

Christian Morgenstern
(1871–1914)

Das aesthetische Wiesel

Ein Wiesel
saß auf einem Kiesel
inmitten Bachgeriesel.

Wißt ihr
weshalb?   5

Das Mondkalb
verriet es mir
im Stillen:

Das raffinier-
te Tier   10
tat's um des Reimes willen.

³ **das Bachgeriesel** flowing brook   *host of imaginary creatures invented by*
⁶ **Das Mondkalb** Mooncalf *one of a*   *Morgenstern*

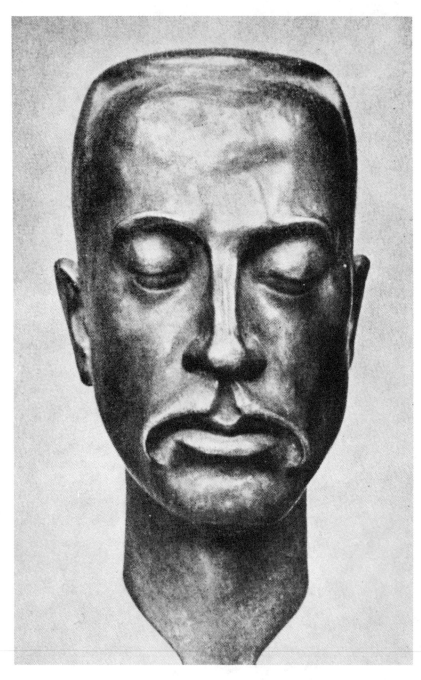

Rainer Maria Rilke: Büste von Friedrich Huf (courtesy of Kunstverein Winterthur).

Hugo von Hofmannsthal
(1874–1929)

Die Beiden

Sie trug den Becher in der Hand,
— Ihr Kinn und Mund glich seinem Rand —,
So leicht und sicher war ihr Gang,
Kein Tropfen aus dem Becher sprang.

So leicht und fest war seine Hand: 5
Er ritt auf einem jungen Pferde,
Und mit nachlässiger Gebärde
Erzwang er, daß es zitternd stand.

Jedoch, wenn er aus ihrer Hand
Den leichten Becher nehmen sollte,   10
So war es beiden allzuschwer:
Denn beide bebten sie so sehr,
Daß keine Hand die andre fand
Und dunkler Wein am Boden rollte.

7 **nachlässig** nonchalant   8 **erzwang er** he compelled (*the horse*)

Rainer Maria Rilke
(1875–1926)

Herbsttag

HERR: es ist Zeit. Der Sommer war sehr groß.
Leg deinen Schatten auf die Sonnenuhren,
Und auf den Fluren laß die Winde los.

Befiehl den letzten Früchten voll zu sein;
Gib ihnen noch zwei südlichere Tage,   5
Dränge sie zur Vollendung hin und jage
Die letzte Süße in den schweren Wein.

6–7 **jage . . . Wein** drive the last
sweetness into the heavy wine

Wer jetzt kein Haus hat, baut sich keines mehr.
Wer jetzt allein ist, wird es lange bleiben,
Wird wachen, lesen, lange Briefe schreiben   10
Und wird in den Alleen hin und her
Unruhig wandern, wenn die Blätter treiben.

¹¹ **die Alleen**   avenues

Der Panther
Im Jardin des Plantes, Paris

Sein Blick ist vom Vorübergehn der Stäbe
So müd geworden, daß er nichts mehr hält.
Ihm ist, als ob es tausend Stäbe gäbe
Und hinter tausend Stäben keine Welt.

Der weiche Gang geschmeidig starker Schritte,   5
Der sich im allerkleinsten Kreise dreht,
Ist wie ein Tanz von Kraft um eine Mitte,
In der betäubt ein großer Wille steht.

Nur manchmal schiebt der Vorhang der Pupille
Sich lautlos auf —. Dann geht ein Bild hinein,   10
Geht durch der Glieder angespannte Stille —
Und hört im Herzen auf zu sein.

¹ **der Stab**   bar   tension of the limbs (*W. Kaufmann*)
¹¹ **durch . . . Stille**   through the silent

Das Karussell
Jardin du Luxembourg

Mit einem Dach und seinem Schatten dreht
Sich eine kleine Weile der Bestand
Von bunten Pferden, alle aus dem Land,
Das lange zögert, eh es untergeht.
Zwar manche sind an Wagen angespannt,   5
Doch alle haben Mut in ihren Mienen;
Ein böser roter Löwe geht mit ihnen
Und dann und wann ein weißer Elefant.

Sogar ein Hirsch ist da ganz wie im Wald,
Nur daß er einen Sattel trägt und drüber   10
Ein kleines blaues Mädchen aufgeschnallt.

² **der Bestand**   stock   *of childhood fairy-tales and phantasies*
³ **aus dem Land**   *presumably: the land*   ¹¹ **aufgeschnallt**   strapped on

Und auf dem Löwen reitet weiß ein Junge
Und hält sich mit der kleinen heißen Hand,
Dieweil der Löwe Zähne zeigt und Zunge.

Und dann und wann ein weißer Elefant.   15

Und auf den Pferden kommen sie vorüber,
Auch Mädchen, helle, diesem Pferdesprunge
Fast schon entwachsen; mitten in dem Schwunge
Schauen sie auf, irgendwohin, herüber —

Und dann und wann ein weißer Elefant.   20

Und das geht hin und eilt sich, daß es endet,
Und kreist und dreht sich nur und hat kein Ziel.
Ein Rot, ein Grün, ein Grau vorbeigesendet,
Ein kleines kaum begonnenes Profil.
Und manchesmal ein Lächeln, hergewendet,   25
Ein seliges, das blendet und verschwendet
An dieses atemlose blinde Spiel.

[18] **fast schon entwachsen** *meaning:*
almost too grown-up
[18] **in dem Schwunge** in their swinging

motion
[26] **verschwenden** squander

Stefan George
(1868–1933)

*Du schlank und rein wie eine flamme**

Du schlank und rein wie eine flamme
Du wie der morgen zart und licht
Du blühend reis vom edlen stamme
Du wie ein quell geheim und schlicht

Begleitest mich auf sonnigen matten   5
Umschauerst mich im abendrauch
Erleuchtest meinen weg im schatten
Du kühler wind du heisser hauch

* *Note: George deliberately avoided the*
customary capitalization of nouns
[3] **das reis** sprig

[5] **die matten** meadows
[6] **umschauerst . . . abendrauch** en-
compass me in evening haze (*Morwitz*)

Du bist mein wunsch und mein gedanke
Ich atme dich mit jeder luft   10
Ich schlürfe dich mit jedem tranke
Ich küsse dich mit jedem duft

Du blühend reis vom edlen stamme
Du wie ein quell geheim und schlicht
Du schlank und rein wie eine flamme   15
Du wie der morgen zart und licht.

11 **schlürfen** *here:* drink

Hermann Hesse
(1877–1962)

Im Nebel

Seltsam, im Nebel zu wandern!
Einsam ist jeder Busch und Stein,
Kein Baum sieht den andern,
Jeder ist allein.

Voll von Freunden war mir die Welt,   5
Als noch mein Leben licht war;
Nun, da der Nebel fällt,
Ist keiner mehr sichtbar.

Wahrlich, keiner ist weise,
Der nicht das Dunkel kennt,   10
Das unentrinnbar und leise
Von allen ihn trennt.

Seltsam, im Nebel zu wandern!
Leben ist Einsamsein.
Kein Mensch kennt den andern,   15
Jeder ist allein.

11 **unentrinnbar** inescapably

Georg Heym
(1887–1912)

Der Krieg

Aufgestanden ist er, welcher lange schlief,
Aufgestanden unten aus Gewölben tief.
In der Dämmrung steht er, groß und unbekannt,
Und den Mond zerdrückt er in der schwarzen Hand.

In den Abendlärm der Städte fällt es weit,   5
Frost und Schatten einer fremden Dunkelheit.
Und der Märkte runder Wirbel stockt zu Eis.
Es wird still. Sie sehn sich um. Und keiner weiß.

In den Gassen faßt es ihre Schulter leicht.
Eine Frage. Keine Antwort. Ein Gesicht erbleicht.   10
In der Ferne zittert ein Geläute dünn,
Und die Bärte zittern um ihr spitzes Kinn.

Auf den Bergen hebt er schon zu tanzen an,
Und er schreit: „Ihr Krieger alle, auf und an!"
Und es schallet, wenn das schwarze Haupt er schwenkt,   15
Drum von tausend Schädeln laute Kette hängt.

Einem Turm gleich tritt er aus die letzte Glut,
Wo der Tag flieht, sind die Ströme schon voll Blut.
Zahllos sind die Leichen schon im Schilf gestreckt,
Von des Todes starken Vögeln weiß bedeckt.   20

In die Nacht er jagt das Feuer querfeldein,
Einen roten Hund mit wilder Mäuler Schrein.
Aus dem Dunkel springt der Nächte schwarze Welt,
Von Vulkanen furchtbar ist ihr Rand erhellt.

---

2 **das Gewölbe** vault
5 **In . . . weit** Something descends
from afar into the evening noise of the
cities
7 **der Wirbel** turmoil
7 **stocken** freeze

11 **das Geläute** ringing of bells
17 **austreten** squelch
22 **Einen . . . Schrein** *The fire is a*
"red dog with the scream of wild
mouths"

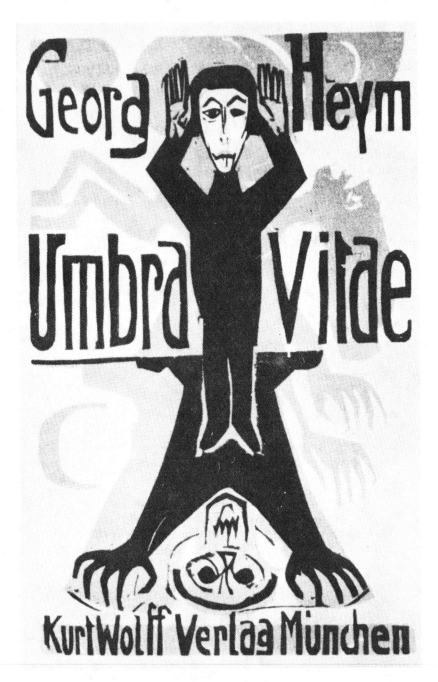

*Georg Heym, "Umbra vitae": Holzschnitt von E. L. Kirchner, 1924
(courtesy of Universitätsbibliothek, Heidelberg).*

244

Und mit tausend hohen Zipfelmützen weit 25
Sind die finstren Ebnen flackend überstreut,
Und was unten auf den Straßen wimmelnd flieht,
Stößt er in die Feuerwälder, wo die Flamme brausend zieht.

Und die Flammen fressen brennend Wald um Wald,
Gelbe Fledermäuse, zackig in das Laub gekrallt, 30
Seine Stange haut er wie ein Köhlerknecht
In die Bäume, daß das Feuer brause recht.

Eine große Stadt versank in gelbem Rauch,
Warf sich lautlos in des Abgrunds Bauch.
Aber riesig über glühnden Trümmern steht, 35
Der in wilde Himmel dreimal seine Fackel dreht

Über sturmzerfetzter Wolken Widerschein,
In des toten Dunkels kalten Wüstenein,
Daß er mit dem Brande weit die Nacht verdorr,
Pech und Feuer träufet unten auf Gomorrh. 40

²⁵ **die Zipfelmütze**   peaked cap
²⁶ **flackend = flackernd**
²⁷ **wimmelnd**   teeming
³¹ **der Köhler**   charcoal burner

³⁶ **Der**   He who
³⁸ **die Wüstenein**   deserts
³⁹ **(Daß er) verdorr**   in order to scorch

Georg Trakl
(1887–1914)

*Verklärter Herbst**

Gewaltig endet so das Jahr
Mit goldnem Wein und Frucht der Gärten.
Rund schweigen Wälder wunderbar
Und sind des Einsamen Gefährten.

Da sagt der Landmann: Es ist gut. 5
Ihr Abendglocken lang und leise
Gebt noch zum Ende frohen Mut.
Ein Vogelzug grüßt auf der Reise.

Es ist der Liebe milde Zeit.
Im Kahn den blauen Fluß hinunter 10
Wie schön sich Bild an Bildchen reiht —
Das geht in Ruh und Schweigen unter.

* **verklärt**   transfigured

Bertolt Brecht, woodcut by Leonard Baskin, 1952 (courtesy of the artist).

Gottfried Benn
(1886–1956)

Nur zwei Dinge

Durch soviel Formen geschritten,
durch Ich und Wir und Du,
doch alles blieb erlitten
durch die ewige Frage: wozu?

Das ist eine Kinderfrage.   5
Dir wurde erst spät bewußt,
es gibt nur eines: ertrage
— ob Sinn, ob Sucht, ob Sage —
dein fernbestimmtes: Du mußt.

Ob Rosen, ob Schnee, ob Meere,   10
was alles erblühte, verblich,
es gibt nur zwei Dinge: die Leere
und das gezeichnete Ich.

---

[3] **alles blieb erlitten** *meaning:* everything was turned into suffering
[6] **(Dir wurde) bewußt** *meaning:* You realized
[7–9] **(ertrage) dein . . . mußt** *meaning:* take upon yourself your destiny determined from afar
[8] **die Sucht** desire, addiction
[13] **gezeichnet** marked (*by fate*)

Bertolt Brecht
(1898–1956)

Legende von der Entstehung des Buches Taoteking* auf dem Weg des Laotse in die Emigration

[1]

Als er Siebzig war und war gebrechlich,
Drängte es den Lehrer doch nach Ruh.
Denn die Güte war im Lande wieder einmal schwächlich,

---

* **The Taoteking** *work of the Chinese sage Laotse*
[2] **Drängte . . . Ruh** *meaning:* He wanted to have peace after all

Und die Bosheit nahm an Kräften wieder einmal zu.
Und er gürtete den Schuh.   5

[2]

Und er packte ein, was er so brauchte:
Wenig. Doch es wurde dies und das.
So die Pfeife, die er immer abends rauchte,
Und das Büchlein, das er immer las.
Weißbrot nach dem Augenmaß.   10

[3]

Freute sich des Tals noch einmal und vergaß es,
Als er ins Gebirg den Weg einschlug.
Und sein Ochse freute sich des frischen Grases,
Kauend, während er den Alten trug.
Denn dem ging es schnell genug.   15

[4]

Doch am vierten Tag im Felsgesteine
Hat ein Zöllner ihm den Weg verwehrt:
„Kostbarkeiten zu verzollen?" — „Keine."
Und der Knabe, der den Ochsen führte, sprach: „Er hat gelehrt."
Und so war auch das erklärt.   20

[5]

Doch der Mann in einer heitren Regung
Fragte noch: „Hat er was rausgekriegt?"
Sprach der Knabe: „Daß das weiche Wasser in Bewegung
Mit der Zeit den mächtigen Stein besiegt.
Du verstehst, das Harte unterliegt."   25

[6]

Daß er nicht das letzte Tageslicht verlöre,
Trieb der Knabe nun den Ochsen an.
Und die drei verschwanden schon um eine schwarze Föhre,
Da kam plötzlich Fahrt in unsern Mann,
Und er schrie: „He, du! Halt an!   30

---

⁴ **die Bosheit** malice
⁵ **Und . . . Schuh** He put on his shoe;
  he prepared to leave
¹⁰ **nach dem Augenmaß** *meaning:*
  what he thought he might need
¹⁷ **der Zöllner** toll collector

²¹ **in . . . Regung** on a cheerful impulse
²² **Hat . . . rausgekriegt?** Did he find
  out anything?
²⁹ **Da . . . Mann** Then our man suddenly got going

[7]

Was ist das mit diesem Wasser, Alter?"
Hielt der Alte: „Interessiert es dich?"
Sprach der Mann: „Ich bin nur Zollverwalter,
Doch wer wen besiegt, das interessiert auch mich.
Wenn du's weißt, dann sprich!   35

[8]

Schreib mir's auf! Diktier es diesem Kinde!
So was nimmt man doch nicht mit sich fort.
Da gibt's doch Papier bei uns und Tinte.
Und ein Nachtmahl gibt es auch: ich wohne dort.
Nun, ist das ein Wort?"   40

[9]

Über seine Schulter sah der Alte
Auf den Mann: Flickjoppe. Keine Schuh.
Und die Stirne eine einzige Falte.
Ach, kein Sieger trat da auf ihn zu.
Und er murmelte: „Auch du?"   45

[10]

Eine höfliche Bitte abzuschlagen,
War der Alte, wie es schien, zu alt.
Denn er sagte laut: „Die etwas fragen,
Die verdienen Antwort." Sprach der Knabe: „Es wird auch schon
    kalt."
„Gut, ein kleiner Aufenthalt."   50

[11]

Und von seinem Ochsen stieg der Weise.
Sieben Tage schrieben sie zu zweit.
Und der Zöllner brachte Essen (und er fluchte nur noch leise
Mit den Schmugglern in der ganzen Zeit).
Und dann war's soweit.   55

[12]

Und dem Zöllner händigte der Knabe
Eines Morgens einundachtzig Sprüche ein.
Und mit Dank für eine kleine Reisegabe
Bogen sie um jene Föhre ins Gestein.
Sagt jetzt: kann man höflicher sein?   60

---

40 **Nun . . . Wort?** *meaning:* Well, do   45 **Auch du?** *meaning:* You, too, are
    you agree?   *one of the defeated?*
42 **die Flickjoppe**   patched jacket

[13]

Aber rühmen wir nicht nur den Weisen,
Dessen Name auf dem Buche prangt!
Denn man muß dem Weisen seine Weisheit erst entreißen.
Darum sei der Zöllner auch bedankt:
Er hat sie ihm abverlangt.

---

[62] **Dessen . . . prangt** Whose name is   [63] **entreißen** wrest from
splendidly displayed on the book   [65] **abverlangen** demand from

Notes and References

I. Fabeln und Märchen

Lessing: „*Der Besitzer des Bogens*" (1759) in *Fabeln*, III. Buch (1). *Werke*, 25 vols., ed. Petersen, Olshausen, *et al.*, Bong: Berlin, n.d. For Lessing's conception and practice of the (Aesopian) fable *see* the section on "Logau. Fabeln" in the second book of Erich Schmidt, *Lessing* (Berlin, 1899).

Hebel: „*Seltsamer Spazierritt*" in *Schatzkästlein des rheinischen Hausfreundes* (2nd ed., Stuttgart and Tübingen, 1818). A. Sütterlin's edition of Hebel's works (Berlin: Bong, 1911) includes a biographical sketch and an appreciation of Hebel's "Kalendergeschichten" (I, xxxiii ff.). *See* also Walter Benjamin, *Schriften*, Vol. II (Frankfurt: Suhrkamp, 1955), 279–283.

Grimm: „*Die Sterntaler*," „*Doktor Allwissend*," „*Märchen, von einem, der auszog, das Fürchten zu lernen*" in *Kinder- und Hausmärchen der Brüder Grimm*. Concerning the spirit of these fairytales, *see* the authors' "Vorrede"; concerning "Die Sterntaler," *see* Fleissner and Fleissner, *Die Kunst der Prosa* (N.Y.: Appleton-Century-Crofts, 1941), 14–19; concerning "Von einem, der auszog . . .," *see* Goethe's review "The Foreign Quarterly" (1827) in *Sämtliche Werke*, Jubiläums-Ausgabe, Vol. XXXVIII (Stuttgart-Berlin: Cotta, n.d.), 131 f.

Hauff: „*Kalif Storch*" in *Sämtliche Werke*, Vol. VI (Stuttgart: Cotta-Kröner, 1893). The first volume of this edition includes a biographical sketch and a brief comment (by H. Fischer) on Hauff's fairytales (I, 23 ff.).

Hesse: „*Märchen*" (1913). The title was changed to „*Flötentraum*" in Hesse's *Gesammelte Dichtungen*, Vol. III (Frankfurt: Suhrkamp, 1958), 249 ff. For a general discussion of Hesse *see* Albert Soergel and Curt Hohoff, *Dichtung und Dichter der Zeit*, 2 vols. (Düsseldorf: A. Bagel, 1961, 1963), I, 792–804.

Kafka: „*Poseidon*" (1920) in *Die Erzählungen* (Frankfurt: S. Fischer, 1961). For an interpretation *see* W. Emrich, *Franz Kafka* (Frankfurt: Athenäum, 1961), 82, 87, 113 f. For discussions of Kafka see *The Kafka Debate*, ed. A. Flores (New York: Gordian Press, 1977).

II. Erzählungen und Episoden

Hebel: „*Unverhofftes Wiedersehen*" in *Schatzkästlein*. Interpretation: Johannes Pfeiffer, *Umgang mit Dichtung* (Hamburg: R. Meiner, 1962), 86 ff.

Kleist: „*Anekdote . . .*" in *Sämtliche Werke und Briefe*, ed. Sembdner, 2 vols. (München: Hanser, 1952). Interpretation: Fleissner and Fleissner, *op. cit.*, 25–31.

„*Das Bettelweib von Locarno*." Interpretation: Emil Staiger, *Meisterwerke deutscher Sprache aus dem neunzehnten Jahrhundert* (Zürich: Atlantis, 1961).

Heine: „*Dr. Saul Ascher*" in *Die Harzreise*, ed. R. H. Fife (New York: Holt, 1912), 38–42. Cf. the notes and introduction to this edition.

Schnitzler: „*Das Tagebuch der Redegonda*" from *Ausgewählte Erzählungen* (Frankfurt: S. Fischer, 1950). For a general discussion of Schnitzler *see* Soergel-Hohoff, I, 439–448.

Ernst: „*Der Hecht*" from *Komödianten- und Spitzbubengeschichten* (Gütersloh:

S. Mohn, 1961). For a general discussion of Ernst *see* Soergel-Hohoff, I, 684 ff.

Hofmannsthal: „*Das Erlebnis des Marschalls von Bassompierre*" (1900) in *Gesammelte Werke in Einzelausgaben,* ed. H. Steiner (Frankfurt: S. Fischer, 1946 ff.), *Die Erzählungen.* Hofmannsthal indicated as his sources M. de Bassompierre, *Journal de ma vie* (Köln, 1663), and the brief version of Bassompierre's tale as related by Goethe in *Unterhaltungen deutscher Ausgewanderten* (1795). Interpretations: R. Alewyn in *Hofmannsthal, Reitergeschichte,* etc. (Stockholm: S. Fischer, 1962), pp. 50–63; W. Kraft, *Wort und Gedanke* (Bern-München: Francke), pp. 132–172; H. Cohn, „Das Erlebnis des Marschalls von Bassompierre," *Germanic Review,* XVIII, 1943, pp. 58–70; J. Pfeiffer, *Wege zur Erzählkunst* (Hamburg, 1953), pp. 63–74. General discussion: R. Alewyn, *Über Hugo von Hofmannsthal,* 2. Aufl. (Göttingen: Vandenhoek und Ruprecht, 1960); K. J. Naef, *Hugo von Hofmannsthals Wesen und Werk* (Zürich, 1938); also Soergel-Hohoff, I, 448–494.

Tucholsky: „*Der Mann, der zu spät kam.*" For a discussion of Tucholsky, *see* Soergel-Hohoff, II, 752–755.

Borchert: „*Nachts schlafen die Ratten doch*" from *An diesem Dienstag* (1947) in *Wolfgang Borcherts Gesamtwerk* (Hamburg: Rowohlt, 1949). For a discussion of Borchert, *see* Soergel-Hohoff, II, 818 f.

Lettau: „*Herr Strich schreitet zum Äußersten*" from *Schwierigkeiten beim Häuserbauen* (München: C. Hanser, 1962).

III. Essays und wissenschaftliche Prosa

Heinrich Heine: „*Immanuel Kant.*" Selection from *Zur Geschichte der Religion und Philosophie in Deutschland III* (1834).

Theodor Heuss: „*Ignaz Philipp Semmelweis*" and „*Gregor Mendel*": from *Deutsche Gestalten* (Tübingen: R. Wunderlich, 1947).

Stefan Zweig: Selection from „*Die Welt der Sicherheit*" in: *Die Welt von Gestern* (Bermann-Fischer: Stockholm, 1944).

Thomas Mann: „*Im Spiegel*" (1907) from *Altes und Neues* (S. Fischer: Frankfurt a.M., 1953).

Sigmund Freud: Selection from „*Die Zerlegung der psychischen Persönlichkeit*" in: *Neue Folge der Vorlesungen zur Einführung in die Psychoanalyse* (1932) (GesammeltWerke XV; S. Fischer: Frankfurt a.M., 1944 ff.).

Max Planck: excerpt from *Sinn und Grenzen der exakten Wissenschaft* (J. A. Barth: Leipzig, 1965).

Adolf Portmann: „*Vom Ursprung des Menschen*" from: *Aus dem Wörterbuch des Biologen* (F. Reinhardt: Basel, 1965).

Karl Jaspers: „*Ursprünge der Philosophie*" from: *Einführung in die Philosophie* (R. Piper: Munich, 1957).

IV. Gedichte

Goethe: For the text and interpretation of Goethe's poetry *see* the edition and notes of Erich Trunz in the "Hamburger Ausgabe" of *Goethes Werke* (Hamburg: C. Wegner, 1948 ff.), Vols. I and II; also Emil Staiger, *Goethe,* 3 vols. (Zürich: Atlantis, 1953–59) or, for a brief survey, the general treatment of Goethe by the same author in *Die großen Deutschen* (1956), II, 308–321.

Schiller: „*Der Taucher*" in the *Nationalausgabe* ed. by H. Schneider (Weimar, 1943 ff.), Vol. I (ed. J. Petersen and F. Beißner). Concerning „*Der Taucher*" see, for example, Eugen Kühnemann, *Schiller* (München: Beck, 1908), 413 ff., Gerhard Storz, *Der Dichter Friedrich Schiller* (Stuttgart: Klett, 1963), 244 ff., W. Silz in: *Germanic Review* XXX (1955), 252–259. Kühnemann and Storz are comprehensive treatments of Schiller. For a general discussion of his poetry *see* also Johannes Klein, *Geschichte der deutschen Lyrik* (Wiesbaden: Steiner, 1957), 361 ff. (372).

Hölderlin: „*Hyperions Schicksalslied*" (1798). An authoritative edition of Hölderlin is F. Beißner's (8 vols., Stuttgart, 1943 ff.). *See* W. Dilthey, *Das Erlebnis und die Dichtung* (1906); M. Kommerell, *Gedanken über Gedichte* (Frankfurt, 1943), 456–480; also Klein, *op. cit*, 380 f.

Novalis (Friedrich von Hardenberg): „*Wenn nicht mehr Zahlen und Figuren...*" *Werke*, ed. P. Kluckhohn and R. Samuel, 4 vols., Meyers Klassiker (Leipzig, 1939). *See* W. Dilthey, *op. cit.*; also Klein, *op. cit.*, 425–432.

Brentano: „*Wiegenlied.*" *See* the one-volume edition by C. Hohoff (München: Hanser, 1950). Interpretation: Wolfgang Kayser, *Das sprachliche Kunstwerk* (Bern: Francke, 1962), 255 ff.

Eichendorff: „*Sehnsucht*" in *Werke*, ed. W. Rasch (München: C. Hanser, 1955). General discussion of his poetry: Klein, *op. cit.*, 456 ff. „*Mondnacht.*" Interpretation: W. Kayser, *op. cit.*, 66–70. *See* also E. Staiger, *Grundbegriffe der Poetik* (1952).

Mörike: „*Das verlassene Mägdlein*" (1829). *See* critical ed. by H. Maync, 3 vols., Meyers Klassiker (Leipzig, 1909). Interpretation: E. Staiger, *Die Kunst der Interpretation* (Zürich: Atlantis, 1961), 205–214. Comprehensive study: Benno von Wiese, *Eduard Mörike* (Tübingen, 1950).
„*Um Mitternacht*" (1827). For a general discussion of Mörike's poetry including specific references to both of the poems contained in our selection *see* Klein, *op. cit.*, 534–548 (540 f.).

Heine: For texts cf. the critical ed. of his works by E. Elster, 7 vols. (Leipzig, 1887–90). For a brief sketch of Heine *see* D. Sternberger in *Die großen Deutschen*, 1956, III, 214–223. For a discussion of Heine's poetry including specific reference to the poems in our selection, *see* Klein, *op. cit.*, 429–513. For an interpretation of „*Ich weiß nicht, was soll es bedeuten*" by Ursula Jaspersen, *see Die deutsche Lyrik*, ed. B. von Wiese, 2 vols. (Düsseldorf: A. Bagel, 1956), II, 128–133.

Platen: „*Es liegt an eines Menschen Schmerz...*". Critical ed. of works by M. Koch and E. Petzet, 4 vols. (Leipzig, 1910). Interpretation: J. Pfeiffer, *Wege zur Dichtung* (Hamburg: Wittig, 1960), 78. For a discussion of Platen's poetry *see* also Klein, *op. cit.*, 513–524 (ghasel: 519 f.), for a masterly essay on Platen: Thomas Mann, *Leiden und Größe der Meister* (Berlin, 1935), 163–180.

Lenau: „*Frage.*" Critical ed. of his works by E. Castle, 6 vols. (Leipzig: Insel, 1910–23). Discussion of his poetry: Klein, *op. cit.*, 524–533.

Storm: „*Hyazinthen.*" Critical ed. by A. Köster, 8 vols. (Leipzig: Insel, 1919–20). Interpretation: S. S. Prawer, *German Lyric Poetry; a critical analysis of selected poems from Klopstock to Rilke* (London, 1952). Concerning Storm's poetry and with specific reference to „Hyazinthen,“ see also Klein, op. cit., 588–598 (592); and for a general essay on Storm: Thomas Mann, Leiden und Größe . . ., op. cit., 183–207.

Keller: „Abendlied.“ Critical edition by J. Fränkel and C. Helbing, 24 vols. (Erlenbach, Bern, 1926 ff.). Discussion of lyrical poetry: Klein, op. cit., 583–588 (specific reference: 587 f.). General appreciation: W. Benjamin, Schriften, op. cit., II, 284–296.

Meyer: „Der römische Brunnen.“ Sämtliche Werke (Zürich: Rascher, 1943). Interpretation: Pfeiffer, Umgang mit Dichtung (Hamburg: Meiner, 1962), 37; Klein, op. cit., 621 f. H. W. Belmore, "Two Poems on a Fountain in Rome" (Meyer, Rilke) in: German Life and Letters, NS 10 (1956/57), 49–53. Comprehensive treatment of Meyer's poetry: H. Henel, The Poetry of C. F. Meyer (Madison, 1954).

Nietzsche: „Ecce Homo,“ „Das trunkne Lied.“ Werke in 3 Bänden (München: Hanser, 1962). Nietzsche's poetry (incl. specific reference to the two poems in our selection): Klein, op. cit., 643–665 (650 f., 658 f.). General: Soergel-Hohoff, I, 340–370.

Liliencron: Märztag. Gesammelte Werke, ed. R. Dehmel, 8 vols. (Berlin, 1912). Poetry: Klein, op. cit., 669–683. General: Soergel-Hohoff, I, 245–257.

Dehmel: „Der Arbeitsmann.“ Gesammelte Werke (10 vols., Berlin, 1906–09). Dehmel's poetry: Klein, op. cit., 683–694 (esp. 690 f.). Also: Soergel-Hohoff, I, 283–294.

Morgenstern: „Das aesthetische Wiesel“ in Galgenlieder (1905); see Alle Galgenlieder (Insel, 1947). Discussion: Klein, op. cit., 792–799 (with specific reference to the "grotesque" and to the poem included in our selection: 794 ff.); Soergel-Hohoff, I, 587 ff.

Hofmannsthal: „Die Beiden.“ Gesammelte Werke, op. cit. Gedichte und lyrische Dramen. Interpretation: Andrew O. Jaszi, "Expression and Life in Hugo von Hofmannsthal's ‚Die Beiden'" in: The German Quarterly, Vol. XXVI, No. 3.

Rilke: „Herbsttag“ in Buch der Bilder (1902). Sämtliche Werke, ed. Rilke-Archiv (E. Zinn) (Wiesbaden, 1955 ff.).

„Der Panther“ in Neue Gedichte (1907, 1908). Interpretation: Hans Berendt, Rainer Maria Rilkes Neue Gedichte (Bonn: Bouvier, 1957), 112–115.

„Das Karussell“ in Neue Gedichte (1907, 1908). Interpretation: H. Behrendt, op. cit., 157 f. General: Soergel-Hohoff, I, 602–629.

George: „Du schlank und rein wie eine flamme.“ Werke, 2 vols., ed. E. Boehringer (Düsseldorf, 1958). Interpretation: J. Pfeiffer, Über das Dichterische und den Dichter (Hamburg: R. Meiner, 1956), 110 f. Also: Morwitz, Die Dichtung Stefan Georges (Düsseldorf, 1942). General: Soergel-Hohoff, I, 370–417.

Hesse: „Im Nebel“ in Diesseits (1907). Gesammelte Dichtungen, op. cit., Vol. V. See Soergel-Hohoff, I, 795 f. Comprehensive treatment: H. Ball, H. Hesse. Sein Leben und sein Werk (Frankfurt: 1947). Essay: E. R. Curtius, Kritische Essays zur europäischen Literatur (Bern, 1950), 200 ff.

Heym: „Der Krieg“ in Umbra Vitae (1911). Gesammelte Gedichte, ed. C. Seelig (Zürich, 1947). Interpretations: Die deutsche Lyrik, II, 425–449 (Martini); see also J. Pfeiffer, Über das Dichterische und den Dichter, op. cit., 19 ff. for a negative evaluation of "Der Krieg." For a discussion of Heym, Trakl, and, generally, the lyrical poetry of Expressionism *see* H. Friedmann and O. Mann, ed., *Expressionismus* (Heidelberg: W. Rothe, 1956), 57–83 (Lohner), 96–115 (Uhlig). Cf. also the representative Expressionist anthology *Menschheitsdämmerung*, ed. K. Pinthus (Berlin, 1920).

Trakl: „*Verklärter Herbst.*" *Die Dichtungen*, Gesamtausgabe mit einem Anhang, ed. K. Horwitz (Zürich, 1946). Interpretation etc.: *see* above (under Heym).

Benn: „*Nur zwei Dinge.*" *Gesammelte Werke*, 4 vols., ed. D. Wellershof (Wiesbaden, 1958 f.). *See* Friedemann-Mann. *Expressionismus, op. cit.,* 168–181 (Uhlig).

Brecht: „*Legende . . .*" (1939). Interpretation: W. Benjamin, *Schriften, op. cit.,* II, 365 ff. General discussion: Soergel-Hohoff, II, 397–422.

German-English Vocabulary

A

ab away, down, off, from

die **Abbildung, -, -en** illustration, picture, depiction

das **Abbröckeln, -s** disintegration

das **Abc-Buch, -(e)s, ⁻er** primer

der **Abdruck, -(e)s, -e** printed version, print

   etwas zum Abdruck gelangen lassen to have something printed

   ab-drucken to print

der **Abend, -s, -e** evening

die **Abendglocke, -, -n** evening bell

der **Abendlärm, -(e)s** evening noise

das **Abendläuten, -s** vesper bells

das **Abendlied, -(e)s, -er** evening song

der **Abendnebel, -s, -** evening fog

der **Abendrauch, -(e)s** evening haze

   abends in the evening

der **Abendschein, -(e)s** glow of evening

der **Abendsonnenschein, -(e)s** glow of the setting sun

das **Abenteuer, -s, -** adventure

   abenteuerlich adventurous; odd

der **Abenteurer, -s, -** adventurer

   aber but, however

   abermals again

   ab-fahren, (fährt ab), fuhr ab, ist abgefahren to depart, leave

sich **ab-finden, fand sich ab, hat sich abgefunden** to resign oneself (to)

   ab-fliegen, flog ab, ist abgeflogen to fly away, fly off

   ab-fordern to demand (from)

die **Abfuhr, -, -en** discharge

   abfuhrfähig capable of discharge

der **Abgang, -(e)s, ⁻e** exit

   ab-geben, (gibt ab), gab ab, abgegeben to give (an opinion), provide, give off

sich **ab-geben (mit etwas)** to occupy *or* concern oneself (with something), be occupied

   abgehärtet hardened

   ab-gehen, ging ab, ist abgegangen (*dat.*) to lack, be lacking; be absent; be discharged

   abgehetzt fatigued, exhausted (from rushing)

   abgelegen remote

   abgerissen tattered

die **Abgeschiedenheit, -** seclusion, isolation

   abgeschlossen secluded, locked

   ab-gewinnen, gewann ab, abgewonnen to win from, force from, compel

   ab-grenzen to differentiate

die **Abgrenzung, -, -en** limit; outline

der **Abgrund, -(e)s, ⁻e** abyss, chasm, gap

   ab-halten, (hält ab), hielt ab, abgehalten to prevent, hold off; hold (an event, *e.g., a meeting*)

die **Abhaltung, -, -en** commitment, hindrance, restraint

257

ab-handeln to treat, discuss

die **Abhandlung, -, -en** article, essay, monograph; transaction

ab-hängen (von), hing ab, abgehangen to depend (on), be dependent (on), be subject (to)

die **Abhängigkeit, -** dependence

ab-helfen, (hilft ab), half ab, abgeholfen to remedy

dem ist abzuhelfen this can be helped

ab-holen to come and get, call for, go to meet, pick up, fetch

das **Abiturientenexamen, -s, -** *or* **-examina** comprehensive exams held in last year of high school

ab-kälten to cool off, chill

abgekältet cold, chilly

ab-kratzen to scrape off

ab-lassen, (läßt ab), ließ ab, abgelassen to ease

der **Ablauf, -(e)s** course

der zeitliche Ablauf temporal sequence, passage of time

ab-laufen, (läuft ab), lief ab, ist abgelaufen to proceed, lapse, expire, run out; take place, occur

ab-legen to put down, give, file away

ab-lehnen to repel, refuse, reject

ab-leiten (aus) to derive (from); infer

ab-lösen to follow, take the place (of); loosen, detach

die **Ablösung, -, -en** replacement; changing of guard *or* shift; process of detaching

der **Abmarsch, -(e)s, ̈e** departure

ab-nehmen, (nimmt ab), nahm ab, abgenommen to decrease, diminish, take

off, remove

die **Abneigung, -, -en** dislike

ab-reisen to depart, set out, start, embark (on a journey)

ab-sagen to renounce; cancel

ab-schaffen to abolish

ab-schätzen to estimate, evaluate, appraise

abscheulich abominable, loathsome, detestable, revolting, horrible

der **Abschied, -(e)s** departure, discharge; farewell

Abschied nehmen to say goodbye, bid farewell

der **Abschiedsblick, -(e)s, -e** farewell glance

der **Abschiedsbrief, -(e)s, -e** letter of farewell

ab-schlagen, (schlägt ab), schlug ab, abgeschlagen to deny, refuse, reject

abschlägig negative

abschlägig bescheiden to refuse

der **Abschluß, -sses, ̈sse** conclusion

zum Abschluß in conclusion

ab-schneiden, schnitt ab, abgeschnitten to be denied; cut off

der **Abschnitt, -(e)s, -e** section

ab-schwindeln to get something by a ruse

ab-sehen, (sieht ab), sah ab, abgesehen to imitate (from), copy; look away from

abgesehen davon apart from (beside the fact that)

ab-setzen to stop, break off, put down; abolish, dethrone

die **Absicht, -, -en** intention, purpose, aim

ab-sinken, sank ab, ist abgesunken to sink, recede

ab-sitzen, saß ab, abgesessen to wait out; serve (a sentence)

absolut absolute, unconditional

ab-sondern to differentiate, separate, form a separate unit

sich **ab-sondern** to set oneself apart, isolate, detach oneself

sich **ab-spannen** to relax

sich **ab-spielen** to occur, happen, take place

die **Abstammung, -, -en** descent, derivation

die **Abstammungslehre, -, -n** theory of derivation, theory of evolution, genetics

der **Abstand, -(e)s, -̈e** distance; difference

ab-steigen, stieg ab, ist ab-gestiegen to dismount, alight from, descend, get down

ab-stoßen, (stößt ab) stieß ab, abgestoßen to repel, repulse

abstrakt abstract

die **Abstraktion, -, -en** abstraction

ab-streifen to ignore; slip off, take off

die **Absurdität, -, -en** absurdity

die **Abteilung, -, -en** ward; section, part

der **Abteilungsleiter, -s, -** department head

ab-trocknen to wipe dry, wipe off, dry

ab-tun, (tut ab), tat ab, abgetan to dispose of, lay aside, discard, take off (clothing), do away with

ab-urteilen (über) to pronounce judgment (on)

ab-verlangen to demand from

ab-warten to wait for, await

abwechselnd in turn, alternately

die **Abwechslung, -, -en** change

ab-wehren to repel, parry, fend off, ward off

abwehrend protesting, defensive

ab-weichen, wich ab, ist abgewichen to deviate, diverge, depart (from)

die **Abweichung, -, -en** deviation

ab-weisen, wies ab, abgewiesen to reject, refuse

ab-wenden, wandte ab or **wendete ab, abgewandt** or **abgewendet** to turn away, divert, distract

sich **ab-wenden (von)** to turn away (from)

ab-werfen, (wirft ab), warf ab, abgeworfen to throw off, take off quickly, pull off

ab-wiegen, wog ab, abgewogen to weigh

ab-winken to warn a person; desist with a glance or a significant gesture

ab-ziehen, zog ab, abgezogen to take off (clothing); leave, move away

sich **ab-ziehen (voneinander)** to diminish one another, draw apart

ach! oh! alas!

ach was! oh nonsense!

die **Achsel, -, -n** shoulder

das **Achselzucken, -s** shrug of the shoulders

achselzuckend with a shrug of one's shoulder

die **Acht, -** attention, care, heed

sich **in acht nehmen** to take care, watch out

in acht behalten to keep in mind

außer acht lassen to disregard, leave out of account

achten to esteem, honor, respect, regard

acht-geben, (gibt acht), gab acht, achtgegeben to be careful, watch out

der **Achtpfünder, -s** eight-pounder

die **Achtung, -** respect

achtungsvoll respectful(ly)

ächzen to groan, moan

der **Acker, -s, ∺** field, (arable) land

die **Ackerleute** *(pl.)* fieldworkers, ploughmen

der **Adel, -s** nobility, aristocracy

ad(e)lig noble

die **Ader, -, -n** vein, blood vessel

adies! farewell!

aesthetisch aesthetic

der **Affe, -n, -n** monkey, ape

affenartig apelike

der **Affenkiefer, -s, -** ape jaw

das **Affenkind, -es, -er** baby ape

die **Affenstirn, -, -en** ape forehead

die **Aggression, -, -en** aggression

ahnen to foresee, suspect, surmise, have a presentiment of

mir ahn(e)t dies I suspect this

ähnlich similar

die **Ähnlichkeit, -, -en** resemblance, similarity

ahnungslos unsuspecting

ahnungsvoll full of foreboding

die **Ähre, -, -n** stalk of grain, ear of corn

die **Akademie der Wissenschaften** academy of sciences

der **Akt, -(e)s, -e** act; deed

aktivieren to activate

aktuell timely, fashionable

albern silly, foolish

das **All, -s** universe

all(e) all, entire, whole; *(pl.)* everybody

in allem in everything

ein für allemal once and for all

260

die **Allbarmherzigkeit, -** divine mercy

die **Allee, -, -n** avenue (of trees), boulevard

allein alone, sole, single; apart; merely, only; but, however *(conj.)*

ganz allein all alone

allemal every time

allenfalls conceivably, at best, at most, in any event

allerdings to be sure, certainly, indeed, by all means, of course, very well; though; it is true that

allerfrühest- earliest of all

allerhand all sorts of, all kinds of, various, diverse, sundry

allerkleinst very smallest

allerlei all kinds of (things), all sorts of, diverse

allerliebst most charming

das **allerschönste** the most beautiful

allertreffendst most appropriate

allerwegen everywhere

alles everything, everybody, all

allgemein general, universal

die **Allgemeingültigkeit, -, -en** general *or* universal validity

alljährlich annual

allmächtig almighty, omnipotent

allmählich gradual(ly)

(das)**Allotria** trivialities

auf Allotria bedacht sein to be set on playing the fool

das **Alltagsleben, -s** everyday *or* ordinary life

allwöchentlich once a week

allzeit always

allzu too much, far too, much too, too far

allzuhäufig all too often

allzuleicht all too easy

allzuschwer all too hard

allzuviel all too much

die **Alp(e), -, -(e)n** alp
die **Alpen** *(pl.)* the Alps
die **Alpenregion, -, -en** alpine region
als but, than, as, when
alsbald immediately, forthwith, directly
alsdann then, thereupon
also so, thus, therefore, consequently, hence; that is
als (ob) as if
alt ancient, old
die **Alte, -n, -n** old woman
der **Alte, -n, -n** old man
altehrwürdig ancient and venerable
alteingesessen indigenous, long established
das **Alter, -s, -** age, old age
wie von alters her as in olden times
die **Altersversicherung, -, -en** old-age pension
altertümlich archaic, primitive
die **Altsteinzeit, -** Old Stone Age, Paleolithic Age
altväterlich old-fashioned
die **Ambivalenz, -** ambivalence
der **Amboß, -sses, -sse** anvil
amoralisch amoral
das **Amt, -(e)s, ¨er** office, position, sphere of duty
amtlich official
an on, at, by, to
es ist an dir it is your turn
an und für sich in and by itself
an sich in itself, intrinsically
analog analogous
das **Analogon, -s, Analoga** analogue
die **Analyse, -, -n** analysis
analysieren to analyze
analytisch analytic(al)
die **Anarchistenkneipe, -, -n** dive *or* hangout for anarchists

der **Anatom, -en, -en** anatomist
anatomisch anatomic(al)
der **Anbeginn, -s** (first) beginning
an-beißen, (beißt an), biß an, angebissen to take a bite from, bite
anbelangen to concern
an-beten to worship, adore
der **Anbeter, -s, -** devotee
die **Anbetung, -** devotion, admiration
an-bieten, bot an, angeboten to offer; suggest
an-blasen, (bläst an), blies an, angeblasen to blow at *or* upon, set ablaze
der **Anblick, -(e)s, -e** sight, view, appearance, prospect
an-blinzeln to wink at
an-brechen, (bricht an), brach an, ist angebrochen to enter upon, begin, break, dawn
andauernd lasting, incessant
and(e)r- other, else, different
der (die, das) **andere** the other one
einer nach dem andern one after the other
ander(er)seits on the other hand *or* side
sich **ändern** to change
anders different(ly), otherwise, else
anders gesagt in other words
anders werden to change, become different
die **Änderung, -, -en** mutation, change
anderweitig different, other
an-deuten to suggest, give to understand
die **Andeutung, -, -en** intimation (of), allusion (to)
der **Andrang, -(e)s** pressure; crowd
an-drohen to threaten
die **Androhung, -, -en** threat

sich **an-eignen** to acquire, adopt, appropriate

die **Aneignung, -, -en** appropriation

sich **aneinander-drücken** to press together, cling to each other

die **Anekdote, -, -n** anecdote

an-erkennen, erkannte an, anerkannt to recognize, acknowledge, appreciate

die **Anerkenntnis, -** recognition

die **Anerkennung, -, -en** acknowledgment, recognition; award

der **Anfall, -(e)s, ⁻e** attack; accident

der **Anfang, -s, ⁻e** beginning, origin

von Anfang an from the (very) beginning

an-fangen, (fängt an), fing an, angefangen to start, begin; do

von vorn anfangen to begin again

ich kann damit nichts anfangen I don't know what to do with it; I don't know what to make of it

wie muß man es anfangen? how does one go about it?

was soll ich anfangen? what shall I do?

der **Anfänger, -s, -** beginner, neophyte

anfänglich original(ly), at first

anfangs in the beginning, at first

der **Anfangsbuchstabe, -n, -n** first letter

an-fassen to grasp, seize

an-fertigen to prepare, make

an-feuern to incite, encourage

die **Anforderúng, -, -en** request, demand, requirement

die **Anfrage, -, -n** request, inquiry

an-fragen to inquire

an-führen to bring up, adduce, mention

ein Beispiel anführen to give an example

an-füllen to fill; cram (into)

an-geben, (gibt an), gab an, angegeben to declare, state, mention, indicate, specify, estimate, pretend, give, present, claim, tell, allege

angeblich alleged, pretended, ostensible, supposed

angeboren inborn, innate, hereditary

an-gehen, ging an, ist angegangen to work; apply to; concern, approach, be possible, be practicable, start, begin to

an-gehören to belong (to)

die **Angehörigen** (*pl.*) members, relatives

der **Angeklagte, -n, -n** accused, defendant

angelegen interesting; important

die **Angelegenheit, -, -en** affair, concern, matter, business

angelegentlich urgent, earnest

angelegt inherent

angenehm pleasant

angeregt intellectually stimulated *or* stimulating

die **Angeregtheit, -** stimulation, incitement

angesehen distinguished, respected

das **Angesicht, -(e)s, -e** (*also* **-er**) face

angesichts in view of, considering; consequently

angespannt tense (full of suspense)

der **Angestellte, -n, -n** employee

angestrengt intense

angewidert disgusted

262

angewiesen auf dependent upon

die **Angleichung, -, -en** assimilation

an-gliedern to integrate (with)

an-greifen, griff an, angegriffen to attack, assault; strain; affect, touch

der **Angriffspunkt, -(e)s, -e** line of approach; point of attack

die **Angst, -, ⸚e** fear, anxiety

mir ist angst I am afraid

die **Angstentwicklung, -, -en** development of anxiety

ängstlich anxious, uneasy, timid

der **Angstschweiß, -es** cold sweat (of fear)

an-haben to have on (clothes), wear

an-halten, (hält an), hielt an, angehalten to stop, halt

der **Anhänger, -s, -** supporter, adherent

der **Anhauch, -s** breath, breeze

an-hauchen to breathe upon

an-heben, hob an, angehoben to begin, start

an-hören to listen to

die **Anklage, -, -n** accusation, charge

an-klagen to accuse

sich **an-kleiden** to dress (oneself), get dressed

an-kommen, kam an, ist angekommen to arrive

ankommen auf to be considered (with), matter, depend on

darauf kommt es an that is the point

es kommt darauf an that depends

es kommt nicht darauf an that is not a question of

an-kündigen to announce; declare

sich **ankündigen** to become visible, emerge; to announce one's arrival

die **Ankunft, -, ⸚e** arrival

Ankunft halten to stage an arrival

an-lächeln to smile at (someone)

die **Anlage, -, -n** hereditary factor; streak; construction; design

an-langen to arrive at, reach

was das anlangt as regards this

der **Anlaß, -sses, ⸚sse** cause; notice; occasion

Anlaß geben to occasion, bring about, give rise (to)

anläßlich on the occasion of

der **Anlauf, -s, ⸚e** start, run; onset

einen Anlauf nehmen make a running start

an-legen to put on; put against, lay out; bring a boat alongside; apply; plan; draw up

an-lehnen to lean against

die Türe ist nur angelehnt the door is only slightly ajar

die **Anlehnung, -** leaning

in Anlehnung an following (an example)

an-machen to fix, prepare

ein Feuer anmachen to make a fire

anmaßlich arrogant

die **Anmut, -** grace, gracefulness, charm

anmutig pleasant, graceful, charming

sich **an-nähern** to approach

annähernd approximate(ly)

die **Annäherung, -, -en** advance, approach

die **Annahme, -, -n** acceptance; assumption, presupposition

an-nehmen, (nimmt an), nahm an, angenommen to take on (*e.g., color*); assume; claim; receive; agree

263

(to); accept; suppose, presuppose

an-ordnen to direct, give orders

die **Anordnung, -, -en** arrangement; command, instruc-
tion

an-passen to fit, suit, adjust,
adapt

sich **an-passen** to adjust, adapt, accommodate oneself to

die **Anpassung, -, -en** adaption,
adaptation

an-prangern to accuse,
pillory

an-rechnen to impute, ascribe
to

die **Anrede, -, -n** address, har-
angue

an-reden to call, address,
speak to

an-regen to animate, exhilar-
ate, stimulate

die **Anregung, -, -en** impulse,
stimulus, stimulation

an-richten to prepare (a meal),
produce; cause

anrüchig disreputable

an-rufen, rief an, angerufen
to call to; appeal to; call up
(on the telephone)

der **Ansatz, -es, ⸚e** point of departure; approach; attachment

an-schaffen to buy, purchase

anschaulich vivid, concrete

anschaulich machen to
make evident *or* clear

der **Anschein, -(e)s** appearance,
look

den Anschein haben to appear *or* look as if, seem

anscheinend apparent,
seeming

sich **anschicken** to get ready (to
do something)

**an-schließen, schloß an, ange-
schlossen** to follow; con-

nect, band together; imitate; be added

sich **an-schließen** to join

**an-schreiben, schrieb an, an-
geschrieben** to write
down, mark

gut angeschrieben sein to
be in good standing

an-schwemmen to wash up
(on beach)

**angeschwemmtes Holz-
werk** driftwood

an-sagen to announce, notify

sag an! speak! tell me!

**an-sehen, (sieht an), sah an,
angesehen** to regard,
consider, look at

man sieht es dir an one can
tell by looking at you

das **Anseh(e)n, -s** respect, authority, prestige, recognition,
look, view, reputation

die **Ansicht, -, -en** opinion, conception, view

die **Anspannung, -, -en** tension,
tenseness

an-spannen to tighten; put to,
yoke to

den Wagen anspannen
hitch the horse to the carriage

er ließ anspannen he ordered the coach to be readied

**an-sprechen, (spricht an),
sprach an, angeprochen**
to refer to; address, speak
to; accost

der **Anspruch, -(e)s, ⸚e** demand,
claim

in Anspruch nehmen to
detain, take up (someone
else's time)

**in Anspruch genommen
sein** to be occupied with

Anspruch erheben to
claim, demand

Anspruch machen (auf) to
claim *or* assert (to possess)

anspruchslos unassuming, simple

anspruchsvoll pretentious, exacting

die **Anstalt, -, -en** institution, clinic; preparation

Anstalten machen to be about to

der **Anstand, -(e)s** propriety, decorum, deportment

in Anstand nehmen to have misgivings, hesitate

anständig decent, respectable

an-stecken to light, set fire to; infect

die **Ansteckung, -, -en** contamination, infection

an-stellen to set about doing, initiate

der **Anstoß, -es, ⸚e** offense; impulse, difficulty

Anstoß nehmen to take offense, object

an-stoßen, (stößt an), stieß an, angestoßen to push, poke

anstoßend adjoining

anstößig shocking, objectionable

anstrebenswert desirable

anstrengend exhausting, strenuous

die **Anstrengung, -, -en** effort, strain, struggle

der **Anteil, -(e)s, -e** interest; portion, share, part

das **Antlitz, -es, -e** face, countenance

der **Antrag, -(e)s, ⸚e** offer, proposition, proposal; proportion

an-treffen, (trifft an), traf an, angetroffen to meet; find; come across or upon

an-treiben, trieb an, angetrieben to drive forward

innerlich antreiben to motivate

an-treten, (tritt an), trat an, ist angetreten to set out

(on), begin

der **Antrieb, -s, -e** motive, impulse

an-tun, tat an, angetan to do (to), inflict (upon)

die **Antwort, -, -en** answer, response

antworten to reply, answer

der **Anwalt, -(e)s, ⸚e** lawyer, counsel, advocate

an-weisen, wies an, angewiesen to assign

an-wenden, wandte or **wendete an, angewandt** or **angewendet** to use, make use of, apply

an-widern to repel

es widert mich an I feel repelled

die **Anzahl, -** number, quantity

an-zeigen to point out, indicate, announce, declare, inform, report *(e.g., to the police)*

jemandem etwas anzeigen to inform or apprise someone of a thing

etwas angezeigt finden to think something appropriate

an-ziehen, zog an, angezogen to attract; put on, draw; dress (someone)

sich **an-ziehen** to dress, put on

der **Anzug, -(e)s, ⸚e** suit (of clothes)

an-zünden to light *(e.g. a fire)*

der **Apfel, -s, ⸚** apple

der **Apparat, -(e)s, -e** apparatus

der **Appetit, -s** appetite

appetitlich tempting, appetizing, attractive

applaudieren to applaud

die **Aquavitflasche, -, -n** bottle of (distilled) spirits

arabisch Arabic

die **Arbeit, -, -en** work, job, labor; project, performance

arbeiten to work; fashion,

compose; operate, function

arbeiten an to work on, be busy with

der **Arbeiter, -s, -** worker, laborer

der **Arbeitsmann, -(e)s, -leute** working man, laborer

der **Arbeitstisch, -(e)s, -e** worktable, desk

die **Arbeitsweise, -, -n** mode of work, method

arg severe, bad, awful, evil, mischievious, wicked

der **Ärger, -s** anger, annoyance, scandal, trouble

ärgerlich annoyed, annoying, irritated, irritating

ärgern to annoy, irritate, anger

sich **ärgern** to be annoyed (by), be angry (about)

das **Argument, -(e)s, -e** argument

die **Argumentation, -, -en** argumentation

argwöhnen to suspect

der **Arm, -(e)s, -e** arm; tributary (of a river)

einander in den Armen liegen to embrace each other

arm poor

der **Arme, -n, -n** poor person, pauper

die **Armee, -, -n** army

der **Ärmel, -s, -** sleeve

ärmlich shabby, pitiful, scanty, poor, meager

armselig miserable, poor, pitiful; impoverished

die **Armut, -** poverty

das **Aroma, -s, Aromen** (*also* **-ta** *or* **-s**) fragrance, scent, smell of cooking

die **Art, -, -en** kind, sort, species; way, mode, character, type, method; manner; race

die Art und Weise way, means, method, manner

er ist so geartet such is his nature

der **Artgenosse, -n, -n** other member of same species

artig well-bred, polite; fine, sweet, agreeable, nice

das **Artmerkmal, -(e)s, -e** characteristic of species

der **Arzt, -es, -̈e** (medical) doctor, physician

ärztlich medical

die **Asche, -, -n** ash, ashes

der **Aschenbecher, -s, -** ashtray

der **Aspekt, -(e)s, -e** aspect

assekurieren to insure

der **Assistent, -en, -en** assistant

die **Assistentenstelle, -, -n** assistantship

das **Atelier, -s, -s** studio

der **Atem, -s** breath

Atem holen to catch one's breath, breathe

atemlos breathless

der **Atemzug, -(e)s, -̈e** breath

der **Atheismus, -** atheism

der **Äther, -s** ether

die **Ätiologie, -** etiology; cause and history (of a disease)

atmen to breathe

kurz und stoßweise atmen to breathe in short gasps

das **Atom, -s, -e** atom

atomar atomic

die **Atomart, -, -en** kind *or* type of atom

die **Atombombe, -, -n** atomic bomb

die **Atomphysik, -** nuclear physics

au! oh! ouch!

auch also, even, likewise, too

auch wenn even if

auf on, onto, upon, at, in, to, up, on top of

auf und ab up and down; back and forth

auf und ab gehen to walk back and forth

266

auf-atmen to draw a long breath

erleichtert aufatmen to give a sight of relief

auf-bauen to base (on); rebuild, build up, construct

auf-blasen, (bläst auf), blies auf, aufgeblasen to puff up

auf-blicken to look up

auf-brechen, (bricht auf), brach auf, (ist) aufgebrochen to open, break up *or* open; set out, disperse, get ready, get going

auf-bringen, brachte auf, aufgebracht to bring up, mention, summon up

auf-drängen to force upon

sich **auf-drängen** to become apparent *or* obvious; suggest oneself *or* itself

der **Verdacht drängt sich auf** the irrepressible suspicion arises

der **Aufenthalt, -(e)s, -e** stay, delay; soujourn, stop, visit

auferlegen to impose

einem etwas auferlegen to impose something on someone

auf-fallen, (fällt auf), fiel auf, ist aufgefallen to attract attention, become obvious

auffällig conspicuous, striking, remarkable

auf-fassen to understand, conceive (of something)

die **Auffassung, -, -en** conception, view, interpretation

auf-finden, fand auf, aufgefunden to discover, find out, locate

auf-fordern to challenge, invite, encourage, summon, call upon, urge

die **Aufforderung, -, -en** admonition, challenge

auf-führen to act, perform, present; build

die **Aufgabe, -, -n** problem, proposition, task, duty, exercise, lesson

auf-geben (gibt auf), gab auf, aufgegeben to give up, set as a task, abandon; assign (a task), order

auf-gehen, ging auf, ist aufgegangen to become apparent; appreciate; occur to; open, rise (*e.g., sun*); go up, open up

in Flammen aufgehen to go up in flames

aufgeklärt enlightened

die **Aufgeklärtheit, -** enlightenment

aufgeregt excited, lively

auf-greifen, griff auf, aufgegriffen to catch on to (an idea), take up, snatch up

auf-halten, (hält auf), hielt auf, aufgehalten to delay, hold up, detain, stop, dwell on, spend time on

auf-hängen, hing auf, aufgehangen to hang, hang up

auf-heben, hob auf, aufgehoben to pick up, lift up; abolish, dissolve, suspend, cancel out, annul

auf-hören to stop, end, cease, discontinue

auf-lachen to laugh (aloud)

das **Auflachen, -s** sudden laugh

das **Auflassen, -s** abandonment

der **Auflauf, -(e)s, ̈-e** big crowd, big gathering

auf-leuchten to flare up

auf-lohen to flare up, blaze

auf-lösen to decompose, disintegrate; loosen, untie; dissolve (*e.g., a partnership, marriage, chemical compound*)

sich **auflösen** to break up

aufgelöst relaxed

in Tränen aufgelöst melted into tears

267

sich **auf-machen** to get up and get going

aufmerksam attentive(ly), close(ly)

jemanden auf eine Sache aufmerksam machen to call *or* draw a person's attention to a thing, make someone aware of something

die **Aufmerksamkeit, -, -en** attention, attentiveness

Aufmerksamkeit erregen to attract attention

die **Aufnahme, -, -en** reception, absorption

auf-nehmen, (nimmt auf), nahm auf, aufgenommen to take up, begin, receive, absorb, shelter

in sich aufnehmen to take into oneself, assimilate

auf-nötigen to force upon

auf-passen to take care, watch, be attentive

auf-rauschen to rise with a rushing noise; resound

aufrecht (standing) upright

aufrechtgehend walking upright

sich **auf-recken** to straighten up

(sich) **auf-reiben, rieb auf, aufgerieben** to exhaust, tire out, wear out

auf-reichen to reach up

auf-reißen, riß auf, aufgerissen to tear open, open wide, fling open (*e.g., door, window*)

auf-richten to erect, create, post, construct

sich **auf-richten** to sit up, raise oneself, straighten up, stand up, rise

aufrichtig sincere

der **Aufruhr, -s** disturbance, tumult

aufs = auf das

aufsässig gesinnt sein to be of a rebellious disposition

der **Aufsatz, -es, -̈e** essay, article

auf-schieben, schob auf, aufgeschoben to push open; delay

auf-schlagen, (schlägt auf), schlug auf, aufgeschlagen to break open, open up, (a book); raise

ließ sein Bett aufschlagen had his bed made

auf-schließen, schloß auf, aufgeschlossen to unlock, open; to disclose

auf-schnallen to strap on

die **Aufschneiderei, -, -en** bragging, exaggeration

auf-schreiben, schrieb auf, aufgeschrieben to write down

der **Aufschub, -(e)s, -̈e** postponement, delay

auf-schüren to stir up, poke, rake (a fire)

das **Aufsehen, -s** attention

Aufsehen machen create a sensation

das **Aufs-Eis-Legen** putting on ice (shelving something)

auf-setzen to set up (ninepins); put on (on one's head); draft (an essay)

sich **auf-setzen** to sit upright *or* up

auf-sitzen, saß auf, ist aufgesessen to mount (a horse)

auf-sprühen to scatter sparks

auf-stehen, stand auf, ist aufgestanden to rise, get up, stand up

auf-steigen, stieg auf, ist aufgestiegen to rise, mount, climb (up), arise, ascend

auf-stellen to put up, stand (something) up; to calculate, determine, establish; show, set up, erect; advance

die **Aufstellung, -, -en** hypothesis; inventory

der **Aufstieg, -(e)s, -e** rise, ascent

auf-stoßen, (stößt auf), stieß

auf, aufgestoßen to confront; occur to, hit on (something); push open

auf-suchen to visit, look up, go (to), pay a visit (to)

auf-tauchen to emerge, turn up, appear; pop up, come up

der **Auftrag, -(e)s, ⸚e** message, instruction, order; mandate

im Auftrag von in behalf of

in jemandes Auftrag at the bidding of someone

auf-tragen, (trägt auf), trug auf, aufgetragen to commission; serve

das **Auftreten, -s** appearance, demeanor, bearing

auf-treten, (tritt auf), trat auf, ist aufgetreten to appear, come forward; occur; be found

der **Auftrieb, -(e)s, -e** upward drive or force; lift

der **Auftritt, -(e)s, -e** scene, act; incident; argument

(sich) **auf-tun, tat (sich) auf, hat (sich) aufgetan** to open up

auf-türmen to heap up, set up, pile

auf-wachen to wake up

das **Aufwachen, -s** awakening

auf-wachsen, (wächst auf), wuchs auf, ist aufgewachsen to grow up

der **Aufwand, -(e)s, ⸚e** expenditure

der Aufwand an Mühe expenditure of effort

auf-warten to visit; wait upon, attend to someone

aufwärts upward

aufwärts-gehen, ging aufwärts, ist aufwärtsgegangen to go up, climb

auf-weisen, wies auf, aufgewiesen to point up,

269

show, produce, reveal

auf-werfen, (wirft auf), warf auf, aufgeworfen to raise (a question)

auf-wühlen to upset deeply

die **Aufzählung, -, -en** enumeration

auf-zeichnen to note down, record, write down

es steht aufgezeichnet it is recorded

auf-zeigen to show

auf-zucken to flare up; wince

der **Aufzug, -(e)s, ⸚e** parade, procession, pageantry; elevator

das **Aug(e), -(e)s, -(e)n** eye

geh mir aus den Augen get out of my sight

große Augen machen open one's eyes wide with surprise

ins Auge fassen to turn one's attention to

der **Augenblick, -(e)s, -e** instant, moment

im Augenblick at this moment

jeden Augenblick any moment

augenblicklich momentary, immediate(ly), instantly

die **Augenbraue, -, -n** eyebrow

das **Augenglas, -es, ⸚er** monocle

der **Augenkreis, -es, -e** circle of the eye

das **Augenmaß, -es** rough estimate (i.e., judging a distance by sight)

das **Augustinerstift, -(e)s, -e** Augustinian monastery

die **Auktion, -, -en** auction

aus out, out of, from; made of

aus . . . heraus out of

aus und vorbei over and done with

aus-arbeiten to work out; write

aus-bauen to enlarge, extend; rebuild

aus-beulen to take out dents

aus-bezahlen to pay (in full)

sich **aus-bilden** to develop, form; educate

die **Ausbildung, -, -en** development, formation, cultivation, education

aus-bitten, (bittet aus), bat aus, ausgebeten to beg for, ask for

aus-blasen, (bläst aus), blies aus, ausgeblasen to blow out, empty by blowing

aus-bleiben, blieb aus, ist ausgeblieben to be not forthcoming; fail to occur; be lacking, lack

das **Ausbleiben, -s** lack, absence

der **Ausblick, -(e)s, -e** view

aus-brechen, (bricht aus) brach aus, ist ausgebrochen to break out, burst out

aus-breiten to spread out, extend

der **Ausbruch, -(e)s, ⁼e** release; outbreak

ausbündig intemperate

aus-dehnen to expand, extend, stretch

der **Ausdruck, -(e)s, ⁼e** expression; phrase, saying, term

Ausdruck verleihen to express

mit einem wohlhabenden Ausdruck with the air of a well-to-do citizen

sich **aus-drücken** to express oneself

aus-drücken to express

ausdrücklich positive, emphatic

ausdrucksstark expressive

auseinander apart

auseinander-gehen, ging auseinander, ist auseinandergegangen to be divergent; differ

auseinander-laufen, (läuft auseinander), lief auseinander, ist auseinandergelaufen to go apart, separate, go their separate ways

auseinander-legen to separate, divide, take apart

auseinander-schießen, schoß auseinander, auseinandergeschossen to shoot apart, break, smash

auseinander-setzen to discuss, explain

sich **auseinander-setzen (mit)** to come to terms (with)

die **Auseinandersetzung, -, -en** controversy; dispute

auseinander-zerren to pull apart, tear apart

auserlesen choice

ausfallend insulting, aggressive

ausfindig machen to find out; trace, track down

der **Ausfluß, -sses, ⁼sse** expression

aus-fördern to get up or out of a pit or shaft (mining)

die **Ausformung, -, -en** development of shape

aus-führen to perform; pursue; explain, carry out, take out, execute

ausführlich at length

ausführlich zeigen to demonstrate at length

die **Ausführung, -, -en** accomplishment, realization (of a plan); account; execution; statement, explanation, exposition

die **Ausgabe, -, -n** issue, edition, publication (of a book)

eine verschlechterte Ausgabe an impoverished version

der **Ausgang, -(e)s, ⁼e** termination, conclusion; exit, end;

outcome; starting point, origin

mit dem Ausgang von ending in

der **Ausgangspunkt, -(e)s, -e** starting point, point of departure

aus-geben, (gibt aus), gab aus, ausgegeben to give out, spend (money); pass off for

jemanden für tot ausgeben claim falsely that someone is dead

aus-gehen, ging aus, ist ausgegangen to originate, start out, result; exude, proceed, go out, run out, end

ausgehen von to start out from, operate from, emanate from

ausgelassen riotous

ausgemacht agreed

ausgeprägt distinctive

ausgeraucht finished (smoking)

ausgerauchte Zigarette cigarette butt

ausgestorben extinct

ausgesucht exquisite, choice

ausgezeichnet excellent, distinguished

aus-gießen, goß aus, ausgegossen to pour out, pour over; diffuse, shed

aus-glitschen to slip

aus-graben (gräbt aus), grub aus, ausgegraben to dig out *or* up

aus-halten, (hält aus), hielt aus, ausgehalten to endure, bear, stand

ausharrend persistent

aus . . . heraus out of

aus-holen to take a running start

der **Ausklang, -(e)s, -̈e** end

aus-kommen, kam aus, ist ausgekommen to man-

age, make ends meet

Auskommen finden to get along; serve one's purpose

aus-kratzen to scratch out

aus-kundschaften to explore

die Gelegenheit auskundschaften to explore the situation

die **Auskunft, -, -̈e** information

das **Auskunftsmittel, -s, -** means of information

aus-lachen to laugh at, deride, laugh to scorn, mock

das **Ausland, -(e)s** foreign country

ausländisch foreign, exotic

aus-liefern to hand over; surrender

aus-löschen to extinguish, dissolve; pass away

aus-lösen to cause, occasion

aus-lüften to air

aus-machen to constitute; determine; put out, extinguish (a fire)

das **Ausmaß, -es, -e** extent; proportion; degree

in weitem Ausmaß broadly speaking

die **Ausnahme, -, -n** exception

aus-prägen to accentuate, emphasize, stamp, impress, coin

aus-räumen to clear out

der **ausgeräumte Salon** the drawing room emptied of its furniture

aus-reichend adequate, sufficient

aus-reifen to mature

aus-reißen, riß aus, ist ausgerissen to bolt, abscond

aus-richten to accomplish; deliver a message

der **Ausruf, -(e)s, -e** cry, exclamation

aus-rufen, rief aus, ausgerufen to call out, exclaim

sich **aus-ruhen** to rest

271

aus–schalten to eliminate

die **Ausscheidung, -, -en** excretion

aus–schelten, (schilt aus), schalt aus, ausgescholten to reprimand severely, rebuke

der **Ausschlag, -(e)s, ⸚e** rash; amplitude, deflection; decisive turn

aus–schließen, schloß aus, ausgeschlossen to shut out, ostracize, exclude

ausschließend exclusive

ausschließlich exclusive

aus–schneiden, (schneidet aus), schnitt aus, ausgeschnitten to cut out *or* away

der **Ausschnitt, -(e)s, -e** sector, section, cutout, clipping, opening

ausschweifend eccentric, extravagant, dissolute

die **Ausschweifung, -, -en** debauchery

das **Aussehen, -s** appearance, look

aus–sehen (sieht aus), sah aus, ausgesehen to appear in a certain way, look like

außen without, outside

von außen from without, from the outside

die **Außenmacht, -, ⸚e** outside *or* external force

die **Außenwelt, -** external world

die gefahrdrohende Außenwelt menacing dangers of reality

außer out of, outside of; besides, except, without

außer sich sein to be beside oneself

außer acht lassen, (läßt außer acht), ließ außer acht, außer acht gelassen to ignore

äußer- outer, external, outward; extraneous

außerdem besides, moreover, not to mention

das **Äußere, -n** exterior, appearance

außergewöhnlich unusual, extraordinary

außerhalb on the outside, externally, outside of, beyond

äußerlich external, superficial

die **Äußerlichkeit, -, -en** superficial characteristic, superficial aspect

außermenschlich superhuman

äußern to utter, express, advance (an opinion)

sich **äußern** to find expression, express oneself, state

außerordentlich remarkable, extraordinary, unusual, exceptional

die **Außerordentlichkeit, -** extraordinariness

alle Außerordentlichkeit everything out of the ordinary

äußerst extreme(ly), utmost, ultimate, outermost, greatest, exceedingly

das **Äußerste, -n** extreme

im Äußersten in extreme situations

zum Äußersten schreiten to go to extremes

die **Äußerung, -, -en** remark, saying; manifestation, utterance, expression

die **Aussicht, -, -en** prospect

aussichtslos hopeless, without prospects

aus–sondern to isolate, select (from)

aus–sprechen, (spricht aus), sprach aus, ausgesprochen to express, state, pronounce, declare, articulate, utter

Sprich aus! Speak! say it!

sich **aus–sprechen** to manifest oneself, express oneself *or* one's opinion, declare oneself, unburden one's mind

der **Ausspruch, -(e)s, ⁼e** declaration, dictum

aus-spucken to spit out

aus-statten to provide with, equip, furnish

aus-stellen to write out, issue

aus-sterben, (stirbt aus), starb aus, ist ausgestorben to die out

aus-stoßen, (stößt aus), stieß aus, ausgestoßen to eject, emit, push out, expel, utter

Klagen ausstoßen to utter lamentations

aus-strecken to stretch out, extend, reach out

aus-suchen to select, choose, pick out

aus-tragen, (trägt aus), trug aus, ausgetragen to carry out, settle

einen Handel austragen to settle an affair

(das) **Australien, -s** Australia

aus-treten, (tritt aus), trat aus, ist ausgetreten to trample out (fire); wear out (shoes); step out

aus-üben to exercise, carry out, practice, exert

aus-verkaufen to sell out

die **Auswahl, -, -en** selection, assortment, choice

aus-wählen to select, choose

aus-wandern to emigrate

ausweglos hopeless

aus-weichen, wich aus, ist ausgewichen to get out of the way, move aside, avoid, evade

sich **aus-wirken** to have an effect upon, affect, express itself

aus-wischen to wipe out

aus-zeichnen to distinguish, mark

sich **aus-zeichnen** to excel, distinguish oneself

aus-ziehen, zog aus, ausgezogen to move out, move away, set out, set forth

sich **aus-ziehen** to undress (oneself)

autobiographisch autobiographical

das **Autogramm, -(e)s, -e** autograph

der **Autor, -s, -en** author, writer

die **Autorität, -, -en** authority

avancieren to be promoted

die **Axt, -, ⁼e** ax

B

der **Bach, -(e)s, ⁼e** brook, stream

das **Bachgeriesel, -s** rippling of the brook

die **Backe, -, -n** cheek

der **Backenstreich, -(e)s, -e** box on the ear, slap on the face

backen, (bäckt), buk, gebakken to bake, cook

das **Backwerk, -(e)s** pastry, confectionery

das **Bad, -(e)s, ⁼er** bath

das **Badehäuschen, -s, -** bathhouse

der **Bäcker, -s, -** baker

die **Bahn, -, -en** path, course, track

bahnbrechend sein to be the pioneer, pave the way

der **Bahnhof, -s, ⁼e** railway station

die **Bakteriologie, -** bacteriology

balancieren to balance, hold one's equilibrium

bald soon, shortly

bald getan easily done

der **Ball, -(e)s, ⁼e** ball; dance

der **Ballen, -s, -** bale, package, ball (of the hand)

ballen to form into a ball, clench (one's fist)

sich **ballen** gather into a ball

ballmäßig suitable for a ball

ballmäßig gekleidet dressed suitably for a ball

der **Bambus, -ses, -se** bamboo

banal commonplace, banal

die **Banalität, -, -en** banality

das **Band, -(e)s, ⸚er** ribbon, band

der **Band, -(e)s, ⸚e** volume

bändigen to restrain, subdue, tame, master

bang(e) afraid, anxious, distressed, frightened

es ist mir bange vor I am afraid of, I am uneasy in the presence of

die **Bank, -, ⸚e** bench

der **Bankier, -s, -s** banker

bannen to conjure up, enchant, captivate, exorcise

bar bare, naked, destitute; in cash

der **Bär, -en, -en** bear

die **Barbarei, -, -en** barbarity, cruelty; barbarism

barbarisch barbarous, cruel

der **Bärenjäger, -s, -** bear hunter

der **Bärenkult, -s, -e** worship of bears

der **Barometerstand, -(e)s** reading of the barometer

der **Baron, -s, -e** baron

der **Bart, -(e)s, ⸚e** beard

bärtig bearded

die **Basis, -, Basen** basis

der **Bauch, -(e)s, ⸚e** stomach

bauen to build

der **Bauer, -s** *or* **-n, -n** peasant, farmer

der **Baum, -(e)s, ⸚e** tree

baumlang tall as a tree

der **Baumpfahl, -(e)s, ⸚e** pole

beabsichtigen to intend

beachten to consider, regard, observe, take into consideration, take notice of, notice, pay attention to

der **Beamte, -n, -n** official, civil servant

bearbeiten treat, work at, adapt

beben to sway, shake, quiver, tremble

bebend quivering

der **Becher, -s, -** cup, goblet, beaker

das **Becken, -s, -** basin, tub, bowl, pelvis

bedächtig deliberate

sich **bedanken** to thank

der **Bedarf, -(e)s** need

bedauerlich deplorable

bedauern to regret

bedecken to cover

bedenken, bedachte, bedacht to consider, keep in mind

er ist darauf bedacht he is intent on it, eager for it

bedeuten to mean, signify

bedeutend important, significant, considerable

bedeutsam important, significant

die **Bedeutung, -, -en** meaning, significance; importance

bedeutungsvoll significant, meaningful

der **Bediente, -n, -n** servant

bedingen to cause, occasion; agree; be due to

bedingt (durch) caused, limited, conditioned, affected (by); dependent (on)

die **Bedingung, -, -en** condition

eine Bedingung stellen to impose a condition

unter eine Bedingung stellen to subject to a condition

bedingungslos unconditional

die **Bedrängnis, -, -se** oppression

im Falle der Bedrängnis if too hard pressed

der **Bedrängte, -n, -n** oppressed, tormented, distressed

bedrohen to threaten

die **Bedrohung, -, -en** menace, threat

bedürfen, (bedarf), bedurfte,

bedurft *(gen.)* to need, require, have need of

das **Bedürfnis, -ses, -se** desire, need

bedürftig sein to be in need of

sich **beeilen** to hurry, hasten

beeinflussen to influence

die **Beeinflussung, -, -en** influence

beeinträchtigen to impair, diminish; hurt

beenden to finish, end, terminate

die **Beerdigung, -, -en** funeral

befähigen to enable

befangen disconcerted, confused, embarrassed

die **Befangenheit, -** shyness, self-consciousness

der **Befehl, -(e)s, -e** order

befehlen, (befiehlt), befahl, befohlen to order, command

sich **befehlen** to commend one's soul (to)

befestigen to fasten

sich **befestigen** to be established, be strengthened (in a conviction)

sich **befinden, befand sich, hat sich befunden** to find oneself, be (in a certain place *or* state)

die **Beflissenheit, -** eagerness, assiduity

befragen to question, interrogate

befreien to free, set free

die **Befreiung, -, -en** liberation, release

befremden to surprise, amaze

befremdet surprised, uncomprehending(ly); estranged

befremdend strange

das **Befremden, -s** astonishment

befremdlich strange

das **Befremdliche, -n** strangeness, strange thing

das **ihnen aufstoßende Befremdliche** the strange things that struck them

sich **befreunden mit** to familiarize *or* acquaint oneself with, reconcile oneself to

mit jemandem befreundet sein to be on friendly terms with someone

befriedigen to content, please, satisfy

befriedigt content

die **Befriedigung, -, -en** satisfaction, pleasure

befruchten to stimulate; fertilize

der **Befund, -(e)s, -e** fact, finding, diagnosis

befürchten to fear, apprehend

die **Begabung, -, -en** aptitude, gift, talent

die **Begattung, -, -en** mating, union

sich **begeben, (begibt sich), begab sich, hat sich begeben** to go, move; happen

sich **begegnen** to meet, come upon, encounter, happen; clash

es begegnet mir I encounter it

die **Begegnung, -, -en** encounter, meeting

begehren to desire, wish, crave, covet, demand, want

begeistern to inspire

begeistert enthusiastic

die **Begeisterung, -** inspiration, enthusiasm

begierig eager, desirous

der **Beginn, -(e)s** beginning, start, origin

beginnen, begann, begonnen to begin, start

begleichen, beglich, beglichen to settle, pay (in full)

begleiten to accompany, escort

der **Begleiter, -s, -** companion,

escort, attendant

beglücken to make happy

begraben (begräbt), begrub, begraben to bury

das **Begräbnis, -ses, -se** funeral

begreifen, begriff, begriffen to grasp, comprehend, realize, understand

begreiflich comprehensible

begrenzen to mark off, bound, limit, circumscribe

der **begrenzte Kreis** the limited circle

der **Begriff, -(e)s, -e** idea, notion, concept, conception

im Begriff(e) sein to be on the point of, be in the process of, be about to *or* in the act of

begrifflich conceptual

begründen to found, give a reason for, base, prove, confirm, determine, argue

der **Begründer, -s, -** founder, originator

die **Begründung, -, -en** reason, motivation, line of reasoning, explanation; foundation

begrüßen to salute, welcome, greet

begünstigen to favor

behagen to please

das **Behagen, -s** comfort, ease

behaglich comfortable

behalten, (behält), behielt, behalten to keep, retain, maintain

recht behalten to be right after all

behandeln to treat, handle (something or someone); discuss

die **Behandlung, -, -en** treatment

behandschuht gloved

beharrlich steady, firm

behaupten to maintain, assert, affirm, claim

es wäre zuviel behauptet it would be saying too much

den **Platz behaupten** to hold one's ground

die **Behauptung, -, -en** statement, proposition; assertion, claim

behende nimble, swift, quick, supple

beherrschen to rule (over), govern, be master (of), dominate, control

beherrschend ruling, sovereign

beherrscht dominated, under control

die **Beherrschung, -** control, domination

beherzt intrepid

der **Beherzte, -n, -n** courageous man

behindern to interfere with

die **Behörde, -, -n** authority, government

behost trousered, wearing trousers

behutsam wary, cautious

die **Behutsamkeit, -** caution, deliberateness, care

bei *(dat.)* at, near, by, with; in the case of; in connection with; in the house of

bei-behalten, (behält bei), behielt bei, beibehalten to keep, retain

bei-bringen, brachte bei, beigebracht to bring forward, bring to *(someone)*; to teach

beide both

beieinander next to each other, together

der **Beifall, -(e)s** approval, applause

das **Beil, -(e)s, -e** axe, hatchet

beiläufig accidental

das **Bein, -(e)s, -e** leg

beinah(e) almost

beinern made of bone

das **Beispiel, -(e)s, -e** example
zum Beispiel for example
beißen, biß, gebissen to bite
der **Beitrag, -(e)s, ⸚e** contribution
Beiträge liefern to make contributions
bei-tragen, (trägt bei), trug bei, beigetragen to contribute
beizeiten in good time, early, soon
bejahen to answer in the affirmative, affirm
bejahrt elderly
ein bejahrtes Mädchen spinster
bekannt well known, noted, acquainted, familiar, known
es ist mir bekannt I know it; I am acquainted with it
der **Bekannte, -n, -n** acquaintance
bekanntlich as is well known, as you know; notoriously
die **Bekanntschaft, -, -en** acquaintance, knowledge
bekehren to convert
die **Bekehrung, -, -en** conversion
sich **beklagen** to complain
beklagenswert lamentable, deplorable
bekleiden to clothe
beklommen uneasy, anxious
bekommen, bekam, bekommen to get, receive, have, obtain
zu etwas Lust bekommen to have the desire for something; get the urge for something
bekümmern to distress
belächeln to smile at
der **Beladene, -n, -n** the burdened (person), the oppressed
belästigen to molest
belauschen to listen to, eavesdrop, spy (on)

beleben to revive, enliven, animate
belebt lively, busy, populated
wenig belebte Straße almost deserted street
belehren to teach, reveal, instruct
beleibt stout
beleuchten to illuminate, throw light (on)
die **Beleuchtung, -, -en** light, illumination
belieben to please
wie es beliebt as one likes
beliebig at random, arbitrary
die **Beliebtheit, -** popularity
bellen to bark
belletristisch belletristic, literary, fictional
die **Belohnung, -, -en** reward
sich **bemächtigen** *(gen.)* to take possession of, take hold of, gain power over
bemerken to notice, observe, perceive, remark
bemerkenswert noteworthy, remarkable
die **Bemerkung, -, -en** observation, remark
sich **bemühen** to take trouble, be concerned, exert oneself, strive, endeavor
bemüht sein to endeavor, try hard
die **Bemühung, -, -en** effort, pains, trouble
das **Benehmen, -s** behavior
sich **benehmen, (benimmt sich), benahm sich, hat sich benommen** to behave, conduct oneself, act
beneiden to envy
benötigen to need, require
benutzen (benützen) to use; take advantage of
beobachten to observe, watch, examine
der **Beobachter, -s, -** observer

277

die **Beobachtung, -, -en** observation

der **Beobachtungswahn, -(e)s** delusion of being observed, delusion of reference

bepflanzen to plant

bequem convenient, comfortable

die **Bequemlichkeit, -, -en** complacency, comfort, ease

beraten, (berät), beriet, beraten to advise, confer

berauben to rob, strip

berauschen to intoxicate

berechnen to calculate, compute

auf eine lange Dauer berechnet calculated to last a long while

die **Berechnung, -, -en** calculation

berechtigen to entitle, justify

der **Berechtigungsschein, -(e)s, -e** certificiate entitling to

der **Bereich -(e)s, -e** reach; domain, scope; area, region, sphere, realm

bereichern to enrich, increase

bereiten to prepare

bereits already, previously

bereit-stellen to provide, furnish, put aside

bereitwillig readily, willing-(ly)

allzu bereitwillig far too ready

bereuen to regret, repent

der **Berg, -(e)s, -e** mountain

sich **bergen, (birgt sich), barg sich, hat sich geborgen** to save (oneself from), secure oneself (from, against), flee (from)

die **Bergeshöhe, -, -n** mountaintop, hill

bergetief mountain-deep

der **Bergmann, -(e)s, pl.: -leute** miner

die **Bergmannskleidung, -** miner's outfit

das **Bergwerk, -(e)s, -e** mine

der **Bericht, -(e)s, -e** account, report

berichten to relate, tell, report, inform

berücksichtigen to consider, take into consideration

die **Berücksichtigung, -, -en** consideration, taking into account

der **Beruf, -(e)s, -e** vocation

berufen to appoint

berufen sein to be called upon, called to

beruhen (auf) to be based (on), be due (to)

beruhigen to reassure, quiet down, calm

beruhigend reassuring, satisfactory

die **Beruhigung, -, -en** reassurance, pacification, calming (down), comfort, consolation; (*pl.*) means of consolation

zu seiner Beruhigung in order to reassure him

berühmt famous, well known

berühren to touch, touch on, reach

die **Berührung, -, -en** contact, touch

besagen to say, mean, imply; prove

besagt aforesaid, mentioned above

besänftigen to appease, calm

die **Besatzung, -, -en** garrison, occupation forces

beschädigen to damage, harm, injure

Beschaffenheit, -, -en nature, character

beschäftigen to concern, occupy

sich **beschäftigen** to occupy oneself, be busy with, be concerned

beschäftigungslos unemployed

die **Beschäftigung, -, -en** occupation

beschämen to put to shame, humiliate

beschämend embarrassing, disgraceful, shameful

die **Beschattung, -** shading, shadow

bescheiden modest, humble, bashful; limited; moderate

bescheiden, (bescheidet), beschied, beschieden to assign, allot

die **Bescheidenheit, -** modesty; moderation

bescheinen, beschien, beschienen to shine at *or* upon

beschieden bestowed

beschimpfen to insult, abuse

beschlagen, (beschlägt), beschlug, beschlagen to hammer, mount, secure, cover

gut beschlagen sein be well versed (in something)

beschleichen, beschlich, beschlichen to creep up on, steal in

Rührung beschleicht ihn he is moved

beschließen, beschloß, beschlossen to conclude, end; decide

beschmutzen to soil

beschränken to limit, impose restrictions

sich **beschränken** to limit *or* restrict oneself

sich auf eine Sache beschränken to restrict oneself to a thing, be satisfied with a thing

beschränkt limited; feebleminded

die **Beschränkung, -, -en** restriction

beschreiben, beschrieb, beschrieben to describe

beschreiten, beschritt, beschritten to walk on, cross, bestride

die **Beschwerde, -, -n** complaint

beschwichtigen to appease, soothe, reassure

beschwören to implore

der **Besen, -s, -** broom

besessen possessed

vom Satan besessen possessed by the devil

besetzen put on, lay on, furnish; occupy

besichtigen to inspect, look at

die Stadt besichtigen to see the sights of the town

besiegen to win over, defeat

sich **besinnen (auf), besann sich (auf), hat sich besonnen (auf)** to recollect, call back to one's mind, think of *or* about, reflect, consider, ponder

das reuige Besinnen remorse

die **Besinnlichkeit, -** reflectiveness, contemplation

der **Besitz, -es, -e** possession, property

besitzen, besaß, besessen to own, possess, be endowed with; have; hold

der **Besitzende, -n, -n** man of property

der **Besitzer, -s, -** proprietor, owner

besonder- special; peculiar; specific

ein Besonderes a special element, of particular moment

nichts Besonderes nothing special

besonders special, unusual, distinct, specially, especially, particularly

so ganz besonders especially

die **Besonnenheit, -** good sense, thoughtfulness, introspection

besorgen to attend to

besorgt anxious, concerned, careful

besprechen, (bespricht), besprach, besprochen to discuss, talk over; review (a book); criticize

die **Besprechung, -, -en** review (of a book); discussion, conference

besser better

bessern to improve

best- best

der **Bestand, -(e)s, ̈e** stock

beständig continual, continuous, repeated; constant, steady, permanent, stable, enduring

die **Beständigkeit, -** durability, steadiness, permanence

bestärken to confirm, strengthen

bestätigen to confirm, affirm

bestätigtermaßen by common consent

die **Bestätigung, -, -en** confirmation, acknowledgment

bestäuben to pollinate

bestaubt dust-covered

bestehen, bestand, bestanden to consist (of); undergo, pass, be, exist, last; continue

bestehen aus to consist of, be composed of

bestehen lassen to let (something) be *or* remain; conceive (of)

besteigen, bestieg, bestiegen to climb, get *or* climb in

bestellen to arrange, order, ask for

einen Gruß bestellen to deliver greetings

bestellt furnished, equipped, appointed

so ist es mit ihm bestellt

such is his disposition

die **Bestialität, -, -en** bestiality, cruelty, brutality

bestimmbar definable, determinable

bestimmen to determine; size up, destine, promise, propose, intend

bestimmt definite, fixed, appointed, certain, precise, distinct, specific, positive; destined, predestined

zu etwas bestimmt sein to be destined for something

bestrafen to punish

das **Bestreben, -s** striving, impulse, effort, attempt

sich **bestreben** to exert oneself

bestrebt sein to be in a state of striving, strive, endeavor

mit allen Kräften bestrebt sein to strive with all one's might

bestreiten, bestritt, bestritten to dispute, deny

bestreuen to sprinkle, (be)strew

mit duftendem Haar bestreut covered with fragrant hair

bestürzt dismayed

mit bestürztem Lächeln with a disconcerted smile

besuchen to visit

der **Besuch, -(e)s, -e** visit, call

zu Besuch kommen to come for a visit

der **Besucher, -s, -** visitor

betäuben to deafen, numb

die **Betäubung, -, -en** numbness, unconsciousness

gedämpfte Betäubung lethargy

betäubt stunned

sich **beteiligen** to take part, join

die **Beteuerung, -, -en** solemn declaration, assertion, affirmation

betiteln to call (by the name of), entitle

betonen to stress, accent, emphasize, accentuate

die **Betonung, -, -en** tone, accent, emphasis, intonation, stress; underlining

betörend deceptive; bedazzling

der **Betracht, -(e)s** aspect, respect

in Betracht ziehen to take into consideration

in jedem Betracht in every respect

in Betracht kommen to enter into consideration

betrachten to look at, regard; consider, view, contemplate, weigh, look upon

der **Betrachter, -s, -** observer

beträchtlich considerable

die **Betrachtung, -, -en** opinion, view, reflection, observation, contemplation

der **Betrag, -(e)s, ⁻e** amount

das **Betragen, -s** behavior

der **Betreff, -s** regard, respect

in Betreff (einer Sache) with regard to, as to (a matter)

betreffen, (betrifft), betraf, betroffen to concern, befall, surprise; affect; have to do with

betreffend with respect to, respective, given

der **Betreffende, -n, -n** subject, person mentioned previously —

betreten, (betritt), betrat, betreten to tread on, enter

betreten sein to be upset, embarrassed, affected, startled, disconcerted

betreuen to take care of, tend

die **Betreuung, -** nursing, care

der **Betrieb, -(e)s, -e** operation, factory

betroffen taken aback, con-

founded

betroffen sein to be deeply affected

die **Betroffenheit, -** way of being affected *or* moved *or* concerned; profound experience; perplexity (of an existential confrontation)

das **Betrübsame, -n** sad thing(s)

betrübt sad, miserable, despondent, desolate, sorrowful, melancholy

zu(m) Tod(e) betrübt grieved unto death, disconsolate

betrügen, betrog, betrogen to deceive, cheat

die **Betrügerei, -, -en** deception, fraud

der **Betrüger, -s, -** impostor, swindler, cheat

das **Bett, -(e)s, -en** bed

betten to give (one) a bed, put to bed

betteln to beg

das **Bettelweib, -(e)s, -er** beggarwoman

der **Bettler, -s, -** beggar

die **Bettstatt, -, ⁻en** bedstead, berth

das **Bettstroh, -s** bed straw, mattress straw

die **Bettwäsche, -** bed linen

beugen to incline, bend, lean

beunruhigen to annoy, upset

die **Beurteilung, -, -en** evaluation

der **Beutel, -s, -** bag, sack

die **Bevölkerung, -, -en** population

bevor before

bewachen to guard over, watch over

bewaffnet armed

bewahren to keep, preserve, shelter, maintain; retain

bewahre! take care, don't mention it

Gott bewahre! God forbid!

das **Bewahrende, -n** preserving force

bewältigen to master

die **Bewältigung, -** mastery

die **Bewandtnis, -, -se** state of affairs

er begreift, was für eine Bewandtnis es mit ihm hat he perceives how things stand with him

bewegen to move, agitate; ponder on; affect; occupy

sich **bewegen** to move (about), be in motion

sich bewegen lassen to be persuaded

sich herum-bewegen to move about

beweglich movable, mobile, changeable; fluid

bewegt stormy, restless

die **Bewegung, -, -en** movement, motion, excitement, agitation

der **Beweis, -es, -e** proof, evidence

beweisen, bewies, bewiesen to prove

die **Beweisführung, -, -en** proof

sich bewerben (um), bewirbt sich (um), bewarb sich (um), hat sich beworben (um) to apply (for), seek to attain

bewirken to effect, have an effect, elicit, bring forth

bewohnen to inhabit

bewundern to admire

die **Bewunderung, -** admiration

bewunderungsvoll full of admiration

bewußt known, conscious (of), aware

bewußt machen to make conscious or aware

sich **bewußt sein** *(gen.)* to be aware or conscious of

die **Bewußtheit, -** (condition of) being conscious

bewußtlos unconscious, senseless

das **Bewußtsein, -s** consciousness, awareness; knowledge; conviction; sense

die **Bewußtseinsqualität, -, -en** quality of consciousness

das **Bewußtwerden, -s** rise of self-awareness; process of becoming aware; realization

bezahlen to pay

bar bezahlen to pay in cash

bezeichnen to indicate, designate, denote, signify, label, call, term; characterize

bezeichnend characteristic, significant

die **Bezeichnung, -, -en** name, designation

bezeugen to testify, attest (to); feel for

beziehen, bezog, bezogen to relate, refer

sich **beziehen auf** to relate to, refer to, base on

die **Beziehung, -, -en** reference; relation, connection; respect; relationship

in Beziehung auf in reference to, in connection with

der **Bezirk, -(e)s, -e** district, area, sector; domain, field

der seelische Bezirk region of the mind *or* spirit

die **Bezirkshauptmannschaft, -, -en** district command

der **Bezug, -(e)s, ̈e** regard

in Bezug auf with respect to

bezweifeln to doubt

bezwingen, bezwang, bezwungen to master, overcome

die **Bibel, -, -n** Bible

die **Bibliothek, -, -en** library

biegen, bog, gebogen to

bend, curve

um eine Ecke biegen turn a corner

die **Biene, -, -n** bee

bieten, bot, geboten to offer, bid, present

das **Bild, -(e)s, -er** picture; likeness, image

bilden to mould, form, shape, cultivate; educate, be; constitute

sich **bilden** to develop, form

die **Bildung, -** education, cultivation, civilization, culture; shape, formation, structure; development

die **Bildungsweise, -, -n** process *or* manner of development

billig fair, by rights; inexpensive, cheap; reasonable; easy

billigen to approve, allow

binden, band, gebunden to bind, tie, restrain; unite

bindend binding, obligatory

die **Bindung, -, -en** attachment, dependence; union, bond, tie

die **Biographie, -, -n** biography

biographisch biographical

der **Biologe, -n, -n** biologist

die **Biologie, -** biology

biologisch biological

die **Birne, -, -n** pear

bis up to, until, to, as far as, down to, till

bis jetzt till now

bis zu up to; even to the point of

bisher hitherto, up to now

bisherig until now, hitherto, preceding, existing

bislang up to now

bißchen a bit, a little

der **Bissen, -s, -** mouthful, bite

die **Bitte, -, -n** request, plea

bitten, bat, gebeten to beg, ask (a favor)

bitten um to ask for

bitter severe; bitter

blähen to inflate

blamabel compromising

sich **blamieren** to disgrace oneself, make oneself ridiculous, make a fool of oneself

blank bright, shining, shiny, glittering

blasen, (bläst), blies, geblasen to blow

blaß pale, dim

blaßgrünschaumig covered with pale green foam

das **Blatt, -(e)s, -er** leaf, page

blättern to leaf, turn pages

blau blue

blauäugig blue-eyed

blauen to grow *or* be blue

blaurot bluish-red

das **Blauwerden, -s** blue discoloration

die **Blechschachtel, -, -n** tin box

die **Blechwanne, -, -n** tin basin

bleiben, blieb, ist geblieben to stay, remain; keep, be

da bleiben to be there, be available

in seinem Wesen bleiben to remain the same in essence

dabei bleibt es say what you will, this remains

bleibend lasting, permanent, stable, enduring

bleich pallid, pale, wan

blenden to blind

der **Blick, -(e)s, -e** gaze, look, sight, glance, view, glimpse; perspective

auf den ersten Blick at first sight *or* glance

im Blick auf in the light of, in view of

blicken to look, glance

blicklos unseeing

blind blind; false; without judgment

blindlings blindly

blinken to shine; bat an eye

283

blinzeln to blink, wink

der **Blitz, -es, -e** lightning, flash

blitzen to flash; strike like lightning, sparkle

blitz(es)schnell quick as lightning

die **Blitz(es)schnelle, -** lightning speed

blond blond

bloß mere(ly), only; bare; apparent

blühen to bloom, flower, blossom

blühend flourishing, blooming

die **Blume, -, -n** flower

blumengeschmückt decorated with flowers

das **Blut, -(e)s** blood

die **Blüte, -, -n** blossom

der **Blütendampf, -(e)s** fragrance of blossoms

der **Blütenschimmer, -s** splendor of blossoms

der **Blütentraum, -(e)s, ⸚e** dream of bliss

blutig bloody

die **Blutvergiftung, -, -en** blood poisoning

der **Boden, -s, ⸚** floor, ground, soil, place, principle, basis

das **Bodenlose, -n** bottomless pit

der **Bogen, -s, -** *or* ⸚ bow, crossbow

das **Bogengewölbe, -s, -** arched vault

bombardieren to bombard, bomb

die **Bombe, -, -n** bomb

bös(e) bad, evil, wicked; angry, ill

das **Böse, -n** evil

der **Böse, -n, -n** the evil one, devil

die **Bosheit, -, -en** malice

böswillig malevolent, malicious

die **Botanik, -** botany

der **Botaniker, -s, -** botanist

der **Bote, -n, -n** messenger

die **Botschaft, -, -en** message

branden to surge, break

die **Brandung, -, -en** surf, breakers

der **Branntwein, -(e)s** liquor; gin, brandy

der **Brauch, -(e)s, ⸚e** custom, habit, use

brauchen to need, want, require; use;

die **Braue, -, -n** eyebrow

brauen to brew, bubble up

braun brown

braungefleckt brownspeckled, with brown spots

braungolden brownishgolden

braunseiden of brown silk

brausen to storm, bluster, roar

die **Braut, -, ⸚e** bride

der **Bräutigam, -s, -e** bridegroom

brav honest, good, decent

der **Brave, -n, -n** good fellow, brave fellow

brechen, (bricht), brach, gebrochen to break; pluck

das Auge bricht the eyes grow dim

breit broad, wide

sich breit machen to swagger, boast, give oneself airs; take up a lot of room

breitbeinig with legs far apart

breiten to extend, spread

breitmäulig broad-lipped, big-mouthed

brennen, brannte, gebrannt to burn

mit gebranntem Haupthaar with crimped hair

das **Brett, -es, -er** board, plank

der **Brief, -(e)s, -e** letter

die **Brieftasche, -, -n** wallet, portfolio

brillant brilliant, excellent

die **Brille, -, -n** (pair of) glasses

bringen, brachte, gebracht

284

to bring; lead; cause; produce, bring forth, cause to
supply; take; entail
es zu etwas bringen to
achieve something
brodelnd seething
die **Bronze, -** bronze
die **Bronzezeit, -** Bronze Age
die **Broschüre, -, -n** pamphlet
das **Brot, -(e)s, -e** bread
sein Brot verdienen earn
one's living
der **Bruch, -(e)s, ⸚e** break; breach
die **Brücke, -, -n** bridge
das **Bruchstück, -(e)s, -e** fragment
der **Bruder, -s, ⸚** brother
brüllen to roar, howl
brummen to growl, rumble,
snarl
in den Bart brummen
mutter to oneself
der **Brunnen, -s, -** fountain, well
die **Brust, -, ⸚e** breast, chest,
bosom, heart
sich **brüsten** to brag
der **Brustkorb, -(e)s, ⸚e** chest, rib
cage
der **Bub, -en, -en** boy
das **Buch, -(e)s, ⸚er** book
die **Buche, -, -n** beech tree
das **Buchenlaub, -(e)s** foliage of
the beech tree
der **Buchenschatten, -s, -** shadow of the beech tree
der **Buchenwald, -(e)s, ⸚er**
beechwoods
der **Buchrücken, -s** (*pl.* **Bücher-
rücken**) back of a book
das **Büchlein, -s, -** booklet
die **Büchse, -, -n** rifle; box; jar
der **Buchstabe, -n, -n** letter (of
the alphabet)
buchstabieren to spell
sich **bücken** to bow, bend over,
incline
das **Budget, -s, -s** budget estimate
der **Bügel, -s, -** stirrup

der **Buhler, -s, -** lover
die **Buhle, -, -n** mistress, beloved
der **Bundespräsident, -en, -en**
President of the federal
republic
die **Bundesrepublik, -** Federal
Republic
bunt many-colored, gay; var-
iegated, colored, bright,
motley; disorderly, colorful
das **Bureau=das Büro, -s, -s**
office
der **Bürger, -s, -** bourgeois, citizen, burgher, commoner
bürgerlich bourgeois, civic,
middle class; simple, plain
das **Bürgertum, -s** bourgeois
nature, bourgeoisie
der **Bursche, -n, -n** (young)
fellow
der **Busch, -(e)s, ⸚e** bush
der **Busen, -s, -** breast, bosom;
heart
büßen to atone, pay for; suffer
for

C

das **Cafèhaus, -es, ⸚er** café, coffee
house
die **Chance, -, -n** prospect, outlook, chance
das **Chaos, -** chaos
der **Charakter, -s, -e** character,
nature; characteristic
die **Charakterbildung, -, -en**
development of character
charakterisieren to characterize, distinguish
die **Charakteristik, -, -en** char-
acterization
charakteristisch characteristic
der **chasseur** (*fr.*) cavalry man
der **Chef, -s, -s** head, chief, boss,
employer
die **Chemie, -** chemistry
der **Chemiker, -s, -** chemist

chemisch chemical

(das) **China, -s** China

der **Chinamensch, -en, -en** Sinanthropus

die **Chirurgie, -** surgery

die **Chlorlösung, -, -en** chlorine solution

die **Chlorwaschung, -, -en** washing with chlorine

der **Chor, -(e)s, ⸚e** chorus

der **Christ, -en, -en** Christian

das **Christentum, -s** Christianity

D

da there, then, so, here

da (*conj.*) since, as, when, because

da droben up there

da hinauf up there

da unten down there

dabei thereat, therewith; at the same time; in doing so; moreover, thereby, hereat, by that, by it; in view of it; yet, nevertheless, but, herewith

dabei-bleiben, blieb dabei, ist dabeigeblieben to remain, stay there *or* here

dabei-sein, (ist dabei), war dabei, ist dabeigewesen to be present, take part

dabei-stehen, stand dabei, dabeigestanden to stand by *or* near

das **Dach, -(e)s, ⸚er** roof

dadurch thereby, by this means, in that way

dafür for it, for that, in return for it, on behalf of it; instead of it

dagegen on the contrary, on the other hand; against it; but then

dagegen-stehen, stand dagegen, dagegengestanden to oppose, stand up against

daheim at home

daher thence, from that place; hence, for that reason, therefore, thus, so, accordingly

daher-kommen, kam daher, ist dahergekommen to draw near, walk along (toward)

dahin to (some place), there, over there, to that place, in that direction

sich **dahin-bewegen** to move along *or* past

dahin-fahren, (fährt dahin), fuhr dahin, ist dahingefahren to travel along

dahin-fliegen, flog dahin, ist dahingeflogen to fly away *or* along

dahinter behind (it)

da-liegen, lag da, dagelegen to lie here

damalig of that time, then

damals at that time, then

die **Dame, -, -n** lady

damit with it, with that; therewith, in this manner

damit (*conj.*) in order that, so that, to

dämmerig dim

dämmernd dim, dusky

die **Dämmerung, -, -en** twilight, dusk, dawn, daybreak

der **Dämon, -s, -en** demon

dämonisch demonic

dampfen to steam

dämpfen to subdue, suppress, extinguish, quell, deaden (sound)

gedämpft subdued, faint

der **Dampfer, -s, -** steamer

das **Dampfschiff, -(e)s, -e** steamer, steamship

danach after it, afterward; for it, to it, thereafter; therefore, accordingly

der **Däne, -n, -n** Dane

daneben next to it, beside it

daneben-stellen to put next to it, place next to (in an upright position)

**danieder-liegen, lag danieder
daniedergelegen** to be
laid up *or* confined to one's
bed

dank *(gen or dat.)* thanks *or*
due (to)

der **Dank, -(e)s** thanks, gratitude,
reward

schönen Dank! many
thanks! thank you kindly!

keinen Dank dafür nehmen
to expect no reward

danken to thank

dann then

dann und wann now and
then

dannen: von dannen gehen
to depart

daran thereon, thereat, in regard to it, of it, thereby;
to it, about it

daran sein to be about

er ist daran it is his turn

daranstoßend adjoining

darauf on it, upon it; thereupon, afterward, after that,
then

darauflos on and on, blindly
on

daraus from it, on this account, therefrom, out of it

darben starve, be in want

**dar-bieten, bot dar, darge-
boten** to offer, serve

**dar-bringen, brachte dar,
dargebracht** to offer,
present

darin in it, therein, in there;
within

darin, daß in that

darinnen inside

die **Darlegung, -, -en** presentation

darob=darüber about it, on
that account

dar-reichen to offer, give

dar-stellen to represent, reveal, interpret, express;
present; describe; display;

prepare *(chem.)*

sich **dar-stellen** to present oneself

darstellend descriptive

Darstellung, -, -en presentation, representation, de-
scription, statement, chemical analysis *or* preparation

darüber thereon, on that
point, over it, thereupon

darüber hinaus over and
above that, beyond that

darüber geht nichts
there's nothing like it *or*
them

darum therefore, thereabout,
for that reason, on that
account; around that

darunter underneath it, below
it

der **Darwinismus, -** Darwinism

das **Dasein, -s** existence, life

die **Daseinsform, -, -en** form of
existence

das **Daseinsgefühl, -(e)s, -e** feeling of existence; consciousness of oneself as existing

das **Daseinsinteresse, -s, -n** interest in one's existence

dasjenige that

daß that; so that

dasselbe, desselben, dieselben
the same (thing)

**da-stehen, stand da, dage-
standen** to stand there,
stand alone (*i.e., with an
opinion*), to be (in a certain
place *or* position)

die **Dauer, -** duration, permanence

auf Dauer gegründet built
to last

dauern to last, continue, per-
sist

dauernd continuous

der **Daumen, -s, -** thumb

davon of it, from it, therefrom; respecting it, that
or them; about it, thereof,
from there

287

davon-laufen, (läuft davon), lief davon, ist davongelaufen to run away

davon-stürzen to hasten away, dash off

davon-tragen, (trägt davon), trug davon, davongetragen to carry away

dazu to it, in addition to it, for it, with it, thereto, to that end, for that purpose, moreover, besides

dazu-gehören belong to it

dazu-kommen to be additional

dazwischen in between

dazwischen-treten (tritt dazwischen), trat dazwischen, ist dazwischengetreten to intervene

die **Decke, -, -n** blanket, cover

der **Deckel, -s, -** lid

decken to cover

den Tisch decken to set the table

deduzieren to deduce

die **Definition, -, -en** definition

der **Degen, -s, -** sword, rapier

dehnen to stretch, spread

der **Deismus, -** deism

demnach accordingly

demokratisch democratic

demonstrieren to demonstrate

demütig humble

demütigen to humiliate

die **Demütigung, -, -en** humiliation, mortification

die **Denkarbeit, -, -en** intellectual work; activity of thought

denkbar conceivable

denken, dachte, gedacht to think, reflect

denk mal an! just imagine!

sich **denken** to imagine, conceive of

schneller als es sich denken läßt faster than one can imagine

288

das **Denken, -s** thinking, thought, process of thought

der **Denker, -s, -** thinker

die **Denkform, -, -en** way of thinking, forms of thought

das **Denkgesetz: das logische Denkgesetz** laws of logic

die **Denkweise, -, -n** way of thought, mode of thinking

denn for, because; after all; well; than, then, in that case

dennoch nevertheless, but, yet, still, however, for all that

der und der such and such

dereinst someday

dergestalt such, in such a manner

dergleichen such (things), something of the sort, such, suchlike, of such kind, the like of which

derjenige (diejenige, dasjenige), -n, -n that (particular) one

derselbe, desselben, dieselben the same, the latter, the selfsame

derzeit at the moment

deskriptiv descriptive

destruktiv destructive

deswegen because of it; for this reason

deuten to point at or to, interpret, explain

deutlich clear, obvious, distinct, legible, visible, evident

die **Deutlichkeit, -** distinctness, clearness, clarity

deutsch German

der, die **Deutsche, -n, -n** German

das **Deutschtum, -s** German nationality

die **Deutung, -, -en** interpretation; signification; explanation; appreciation

der **Deutungsversuch, -(e)s, -e**

hypothesis, attempt at interpretation

das **Dezennium, -s, Dezennien** decade

d. h. = das heißt that is, i.e.

der **Diagnostiker, -s, -** diagnostician

der **Dialekt, -(e)s, -e** dialect

die **Dialektik, -** dialectics

Dialektik treiben to be engaged in dialectics

der **Dialog, -(e)s, -e** dialogue

dicht dense, close, thick, compact

dicht vor close to, right before

dichten to compose, write

der **Dichter, -s, -** poet; writer (of fiction)

das **Dichterbuch, -(e)s, -er** book of poetry

die **Dichterpersönlichkeit, -, -en** poetic personality

das **Dichtwerk, -(e)s, -e** work of imaginative literature

dick thick, fat, heavy

der **Dieb, -(e)s, -e** thief

diebisch thievish

die **Diele, -, -n** hall, entry, floor

dienen to serve; serve as, be useful (to)

der **Diener, -s, -** servant

der **Dienst, -es, -e** service, services

einen Dienst leisten to do a service or favor

zu Dienst stehen be at someone's disposal

der **Dienstag, -(e)s, -e** Tuesday

der **Dienstbote, -n, -n** servant

der **Diensteifer, -s** official zeal

das **Dienstmädchen, -s, -** servant girl, maid

diese, -r, -s, -e this

dieselbe, derselben, -n the same, the latter, the selfsame

diesmal this time

diesseitig earthly, of this world; on this side

differenzieren to differentiate

die **Differenzierung, -, -en** or die **Differenziertheit, -, -en** differentiation

differieren to differentiate

diktieren to dictate

das **Ding, -(e)s, -e** thing, matter, object

guter Dinge sein to be in good spirits, be cheerful

auf Dinge bedacht sein to be concerned with things

dingfest machen to arrest, tighten, secure (something)

diplomatisch diplomatic

direkt direct

die **Diskretion, -** discretion

diskutieren to discuss

disputieren to dispute, argue

die **Distel, -, -n** thistle

distinguiert distinguished

die **Divergenz, -, -en** divergence

der **Diwan, -s, -e** couch, sofa

doch yet, after all, but, however, nonetheless, nevertheless, since

doktern to practice medicine (coll.), doctor

der **Doktor, -s, -en** doctor, physician

die **Doktorei, -** practice of medicine

der **Doktorgrad, -(e)s, -e** doctorate

das **Dokument, -(e)s, -e** document

der **Dolch, -(e)s, -e** dagger

der **Domherr, -n, -en** canon

dominant dominant

die **Dominante, -, -n** dominant (music), dominant trait

die Dominante des Ausgangs the originally dominant trait or characteristic

das **Dominospiel, -(e)s, -e** game of dominoes

der **Donnerstag, -(e)s, -e** Thursday

das **Donnerwetter, -s, -** thunderstorm

Donnerwetter, ja! Well, I'll be darned!

der **Doppelstrom, -(e)s, ⸚e** double current

doppelt double; twice

das **Dorf, -(e)s, ⸚er** village

dörren to dry (e.g., fruit)

dort there

dortig of that place

die **Dose, -, -n** small box, snuffbox

dösen to doze, slumber

der **Drachen, -s, -** dragon

das **Dragonerregiment, -s, -er** regiment of dragoons

drall buxom

der **Drang, -(e)s** desire, push, ambition, urge, stress, craving, impulse, compulsion, drive, urgency

einen Drang haben (zu) to feel a craving (for), the impulse (to)

drängen to urge, hurry, rush, thrust, push, press, impel, compel, insist; spread

sich **drängen** to press, crowd

die **Drangsal, -, -e** distress, oppression

drastisch drastic

drauflos- (prefix expressing unrestrained, violent action)

draußen outside

die **Drehbank, -, ⸚e** turning lathe

das **Drehen, -s** whirling, spinning

drehen to whirl, twirl, turn, roll, wind

der **Drehsessel, -s, -** swivel chair

dreierlei threefold; three things, of three kinds

drein=darein into it

der **Dreizack, -(e)s, -e** trident

drin=darin in it

dringen, drang, hat or **ist gedrungen** to penetrate, reach, press, urge

dringend urgent

dritt- third

zum drittenmal for the third time

das **Drittel, -s, -** a third

drittens thirdly, in the third place

droben there up high, there above

drohen to threaten

drollig comical

die **Droschke, -, -n** cab (horse and coach for hire)

der **Druck, -(e)s, -e** print, printing impression; compression, pressure, burden

zum Druck bringen to get or put into print

drucken to print

die **Drucklegung, -** (act of) printing, editing

drüben on the other side

drüber=darüber above it

drücken to press, squeeze

der **Dschungel, -s, -** jungle

sich **ducken** to duck, crouch, stoop

das **Duell, -s, -e** duel

der **Duft, -(e)s, ⸚e** fragrance; vapor

duftend fragrant, perfumed

duftgeschwängert heavy with fragrance

duftig fragrant, balmy

dumm stupid, silly, dumb

der **Dummbart, -(e)s, ⸚e** dolt, silly ass

die **Dummheit, -, -en** ignorance, stupidity

dumpf oppressive, dull

dunkel dark, dim; obscure, mysterious

das **Dunkel, -s** darkness

dunkelbläulich purple

dunkeln to grow dark

dunkeltönend deep, mysterious, low

dünn thin, meager, fine

der **Dunst, -es, ⸚e** vapor, fume

giftige Dünste noxious vapors

durch *(acc.)* through, by, with, by means of, owing to

durch und durch utterly, completely, through and through

das geht einem durch und durch this makes one shiver

durch-arbeiten to work through

durchaus fully, perfectly, completely, by all means, positively, entirely, absolutely, quite

durchaus nicht by no means, not at all

durchblättern to glance through (a book), leaf through

durchbrochen openwork, carved (latticework)

durch-dringen, drang durch, ist durchgedrungen to penetrate; get through

durchdringen, durchdrang, durchdrungen to penetrate, permeate, imbue

durchdrungen sein von to be entirely convinced of

das **Durcheinander, -s, -** hodgepodge

durchfahren, (durchfährt), durchfuhr, durchfahren to travel through, pass through, traverse

durch-formen to shape, represent; put together; create

durchfrösteln to shudder

durch-führen to accomplish, realize, carry out *or* through; apply

die **Durchführung, -, -en** accomplishment; realization; carrying through; elaboration; variation

durch-graben, (gräbt durch), grub durch, durchgegraben to dig through

durchgrauen to strike with horror

durchgreifend decisive

durch-hauen *or* **durchhauen** to slash through

durch-lassen (läßt durch), ließ durch, durchgelassen to let through, allow to pass through

durchleben to live through, experience

durchleuchten to fill with light

rot und golden durchleuchtet suffused with red and golden lights

durch-machen to experience

durchmessen, (durchmißt), durchmaß, durchmessen to traverse

den Saal der Länge nach durchmessen to walk the full length of the room

durch-mustern *or* **durchmustern** to scrutinize carefully

durchpflügen to plough through

durchqueren to cross, traverse

durch-rechnen to recalculate, calculate thoroughly

durch-schauen to check, revise, examine

durchschauen to see through; understand, grasp, penetrate

durchschütteln to shake

durchschüttert rocked, shaking

durch-sehen, (sieht durch), sah durch, durchgesehen to look through, check over, peruse

durch-setzen to carry *or* put through; prevail

sich **durch-setzen** to succeed; assert oneself; gain ground *or* general agreement

die **Durchsicht, -, -en** check, perusal, revision

durchsichtig transparent

durchstoßen, (durchstößt), durchstieß, durchstoßen to pierce, penetrate

durchwandern to ramble through

durch-ziehen, (zieht durch), zog durch, durchgezogen to pull through

durchziehen, durchzog, durchzogen to interweave; traverse, pass through

durchzucken to flash through, pierce

dürfen, (darf), durfte, gedurft to be permitted to, may, be allowed to, can

dürfen + nicht must not

dürftig poor, scanty, shabby-looking, lean, frail

ein dürftiger Mensch a poor creature

die **Dürftigkeit, -** insufficiency

dürr dry; lean, thin, lanky

der **Durst, -es** thirst

dürsten to be thirsty; thirst

mich dürstet I am thirsty

düster gloomy, somber, dark

dynamisch dynamic

E

eben just, precisely, quite, so, certainly, simply; even, level, plain; now, exactly, namely

das ist es eben that's just it

eben dadurch precisely because of it

eben darum for that very reason

die **Ebene, -, -n** plain

ebenfalls also, likewise

das **Ebenholz, -es** ebony

eben so or **ebenso** likewise, just so, just as

ebenso gut just as good as,

equally good, just as well

ebenso wie as well as

ebensoviel as much, just as much

das **Echo, -s, -s** echo

echt genuine, true, real, authentic

die **Ecke, -, -n** corner, edge

edel noble; high-minded

der **Edelmann, -(e)s,** pl.: **-leute** nobleman

das **Edelgestein, -(e)s, -e** gems, precious stones

der **Edelknecht, -(e)s, -e** squire, page

effektvoll effective

eh(e) before

der **Ehegemahl, -s** spouse

ehelich in marriage; marital, conjugal, matrimonial

ehemalig former

ehemals once, once upon a time, formerly

das **Ehepaar, -(e)s, -e** married couple

eher rather, sooner

ehern of brass, of bronze, of iron

ehest soonest

am ehesten most likely, most closely

die **Ehre, -, -n** honor

in Ehren halten to honor

ehren to honor

ehrenfest honorable

das **Ehrenkleid, -(e)s, -er** uniform

der **Ehrenplatz, -(e)s, ⁼e** seat of honor

ehrenwert honorable

ehrerbietig respectful(ly)

die **Ehrfurcht, -** respect; veneration

ehrfürchtig in veneration, reverential

der **Ehrgeiz, -es** ambition

ehrlich honest, sincere, honorable

die **Ehrlichkeit, -** honesty

ehrsüchtig ambitious
das Ei, -(e)s, -er egg
ei! indeed! why!
ei was! oh nonsense!
die Eiche, -, -n oak tree
die Eidechse, -, -n lizard
der Eifer, -s enthusiasm
die Eifersucht, - jealousy
eifrig diligent, eager, zealous
eigen own; characteristic, individual; special, peculiar, particular
die Eigenart, -, -en (distinctive) character, characteristic, individuality; peculiarity, uniqueness
eigenartig peculiar
das Eigenleben, -s individual life; characteristic life; one's own life
eigens expressly
die Eigenschaft, -, -en characteristic, feature; quality; condition; trait, attribute; property
eigensinnig stubborn
eigenst- innermost
eigentlich real(ly), actual(ly), in reality, true, essential, proper
das eigentlichste in its essence
eigentümlich peculiar, characteristic
das Eigentümliche, -n characteristic; strange or odd element
eigenwillig original, self-willed, unorthodox, independent
die Eile, - haste, hurry, rush
eilen to hurry, rush
eilfertig hurried, overly hasty
eilig rapid, busy, hurried, hasty, speedy
der Eiltakt, -(e)s, -e double-quick time
der Eimer, -s, - bucket
einander each other, one another

sich ein-arbeiten (in eine Sache) to familiarize oneself (with something)
ein-bekennen, bekannte ein, einbekannt to confess
sich ein-bilden to imagine, believe, think
sich etwas einbilden auf to be conceited about
eingebildet conceited
die Einbildung, -, -en imagination, fantasy, illusion; conceit
die Einbildungskraft, - imagination, fantasy
der Einblick, -(e)s, -e insight, glance
sich Einblick verschaffen to attain insight; examine
der Einbruch, -(e)s, -e break; onset, intrusion; burglary
beim Einbruch der Dämmerung as dusk set in
ein-büßen suffer loss (from), lose
das Leben einbüßen lose one's life
ein-dringen, drang ein, ist eingedrungen to intrude; break in
eindringlich emphatic, persuasive, searching, piercing
die Eindringlichkeit, - urgency, intensity
der Eindruck, -(e)s, -e impression, idea
eindrucksvoll impressive
einemmal: mit einemmal or mit einemmal suddenly, all at once
ein-engen to hem in, constrict
einerlei of one kind, one and the same
es ist ihm alles ganz einerlei he does not care about anything
einerseits on the one hand or side

einfach simple, plain; simply, mere(ly)

die **Einfachheit, -** simplicity

der **Einfachheit halber** for the sake of simplicity

der **Einfall, -(e)s, ⁓e** (sudden) idea, notion; association

ein-fallen, (fällt ein), fiel ein, ist eingefallen to occur (to one's mind), think of; fall in

sich **ein-finden, (findet sich ein), fand sich ein, hat sich eingefunden** to appear, turn up, arrive, be present

ein-fließen, floß ein, ist eingeflossen to flow into

einfließen lassen let flow *or* run into, insert *(a remark)*

der **Einfluß, -sses, ⁓sse** influence

einförmig uniform, monotonous

sich **ein-fügen** to adapt oneself

ein-führen to bring in, import; introduce

die **Einführung, -, -en** introduction

der **Eingang, -(e)s, ⁓e** entrance, opening; beginning

ein-geben, (gibt ein), gab ein, eingegeben to suggest, prompt, inspire

ein-gehen, ging ein, ist eingegangen to fail, fold up, enter into; die (*i.e., an animal*)

eingehen auf to deal with, discuss (in detail); agree (to something)

eingehend detailed, thorough, penetrating

ein-greifen, griff ein, eingegriffen to intervene, participate

das **Eingreifen, -s** intervention, interference

der **Eingriff, -(e)s, -e** interference, intervention

die **Einhaltung, -, -en** observance

unter Einhaltung subject to, in accordance with

ein-händigen to hand over

die **Einheit, -, -en** unit, unity

einheitlich undivided, uniform, homogenous, unified

einher-schreiten, schritt einher, ist einhergeschritten to stalk along

ein-hüllen to wrap

sich **einig sein** to agree (among themselves)

einig werden (in einer Sache) to agree about *or* upon (a thing)

einige some, few, several

einigemal(e) several times

einiges some

einjährig lasting one year

ein-kaufen to buy, shop

der **Einklang, -(e)s, ⁓e** harmony, unanimity

in Einklang bringen to make agree; reconcile

ein-laden, (lädt ein), lud ein, eingeladen to invite

einladend engaging(ly), encouraging

ein-lassen, (läßt ein), ließ ein, eingelassen to let in

ein-legen to place, set

ein-leiten to start, initiate

die **Einleitung, -, -en** introduction, preface

einleuchtend evident; illuminating

einmal once, once upon a time, one time, one day; some (future) time; in the first place

auf einmal suddenly

noch einmal once more

ein-mummen to wrap, muffle, mummify

ein-nehmen (nimmt ein), nahm ein, eingenommen to take (up); captivate; capture

ein-ordnen to classify; fit in
einordnen vor *(dat.)* to assign a period prior to
ein-packen to pack up, quit
ein-pflanzen to implant
ein-prägen to enjoin; impress
ein-räumen to assign; grant,
concede
ein-richten to furnish, arrange, design; adapt
zu etwas einrichten to adapt for something
die **Einrichtung, -, -en** arrangement
einsam lonely, alone, solitary,
lonesome
der **Einsame, -n, -n** solitary individual
die **Einsamkeit, -** loneliness, soli-
tude, solitary uniqueness
ein-sammeln to collect
ein-schalten to interpose
ein-schärfen to impress upon
ein-schätzen to estimate,
value, evaluate
die **Einschätzung, -, -en** evaluation
ein-schenken to pour
(a drink)
sich **ein-schiffen** to embark, go
aboard
**ein-schlafen, (schläft ein),
schlief ein, ist einge-
schlafen** to fall asleep
**ein-schlagen, (schlägt ein),
schlug ein, eingeschlagen**
to drive in (a pole)
den Weg einschlagen take
the road (toward)
**ein-schließen, schloß ein, ein-
geschlossen** to shut in,
lock in, enclose, surround
der **Einschnitt, -(e)s, -e** epoch;
turning point; gap, cleav-
age
ein-schränken to limit; reduce, restrict
die **Einschränkung, -, -en** restriction; limitation

**ein-schreiten, (schreitet ein),
schritt ein, ist einge-
schritten** to walk toward;
interfere
ein-schrumpfen to shrink,
shrivel up
**ein-sehen, (sieht ein), sah ein,
eingesehen** to realize
einseitig one-sided
ein-setzen to set up, com-
mence, set in, begin; put
into action; use
**mit einem Marsch einset-
zen** to strike up a march
die **Einsetzung, -, -en** installation
die **Einsicht, -, -en** inspection,
view consideration; in-
sight, understanding; reason, intelligence, opinion,
recognition
Einsicht nehmen inspect,
look at *or* into
einsichtig reasonable
der **Einsiedler, -s, -** hermit
die Einsiedlerin, -, -nen
female hermit
**ein-singen, sang ein, einge-
sungen** to sing to sleep,
lull to sleep
der **Einspruch, -(e)s, ⸚e** objection
Einspruch erheben to object
einst once, at one time, once
upon a time, one day (in the
future)
ein-stecken to put in, pocket
ein-stellen to stop, halt; put
inside
die **Einstellung, -, -en** attitude
einstig former
einstmals once, once upon a
time
ein-stürzen to tumble, fall
down
ein-tauchen to immerse, dip,
flow (into)
die **Eintönigkeit, -** monotony

295

die **Eintracht, -** accord

ein-treten, (tritt ein), trat ein, ist eingetreten to enter, walk in, step in; happen, occur, take place; begin

eintreten für to stand up for, defend

der **Eintritt, -(e)s, -e** entrance

sich **ein-verleiben** to incorporate; ingest

die **Einverleibung, -, -en** incorporation

das **Einvernehmen, -s** agreement, understanding

einverstanden agreed, in agreement

das **Einverständnis, -ses, -se** agreement

im Einverständnis on good terms, in agreement

der **Einwand, -(e)s, ⸚e** objection

ein-wenden, wandte ein *or* **wendete ein, eingewandt** *or* **eingewendet** to object; rejoin

ein-wirken auf to have an effect upon, act (on something)

der **Einwohner, -s, -** inhabitant

ein-zahlen to pay in

die **Einzelheit, -, -en** detail

einzeln single, separate, individual; peculiar, particular

im einzelnen specifically, in detail, in particular

der **Einzelne, -n, -n** individual; outsider

die **Einzeluntersuchung, -, -en** individual examination

einzig only, unique, single, alone, sole

einzigartig unique

das **Eis, -es** ice

der **Eisbär, -en, -en** polar bear

das **Eisen, -s** iron

der **Eisenbahnzug, -(e)s, ⸚e** (railway) train

die **Eisenstange, -, -n** iron rod

das **Eisenvitriol, -s** iron vitriol

die **Eisenzeit, -** Iron Age

eisern made of iron

eisgrau hoary

eisig icy, ice-cold

die **Eiszeit, -, -en** ice age, glacial period, Pleistocene Epoch

eiszeitlich glacial, of the ice age

eitel vain

die **Eitelkeit, -** vanity

der **Ekel, -s** loathing, repugnance, nausea, disgust

die **Ekstase, -, -n** ecstasy

der **Elefant, -en, -en** elephant

elegant elegant

elektrisch electric

die **Elektrodynamik, -** electrodynamics

elektromagnetisch electromagnetic

das **Elektron, -s, -en** electron

das **Element, -(e)s, -e** element, principle; aspect

elementar elemental, elementary; irresistible

elend miserable

das **Elend, -(e)s** misery, distress

der **Elende, -n, -n** wretch

elendiglich miserably

die **Elle, -, -n** ell (*old measure of length*)

der **Ell(en)bogen, -s, -** elbow

die **Eloquenz, -** eloquence

elterlich parental, paternal, of parents

die **Eltern** (*pl. only*) parents

die **Elternbeziehung, -, -en** relation to parents

der **Elterneinfluß, -sses, ⸚sse** influence of parents

die **Elternimago, -, -imagines** parental image

das **Elternindividuum, -s, -individuen** individual parent

die **Elterninstanz, -, -en** parental authority *or* function

die **Elternvorstellung, -, -en** idea *or* image of one's parents

embryonal embryonic

die **Emigration, -** emigration

empfangen, (empfängt), empfing, empfangen to receive

empfänglich receptive, susceptible, responsive

empfehlen, (empfiehlt), empfahl, empfohlen to recommend

sich **empfehlen** to take leave

empfinden, empfand, empfunden to feel, experience, perceive, consider

empfindenswert worth experiencing

empfindlich sensitive

empfindsam sensitive

die **Empfindung, -, -en** feeling, sensation, sentiment

die **Empirie, -** empiricism, empirical experience

empirisch empirical

sich **empören** to revolt, rebel, be outraged

empörend outrageous

die **Empörung, -** indignation

empor-drängen to surge upward

empor-fahren, (fährt empor), fuhr empor, ist emporgefahren to rise abruptly, move upward

emporgekrümmt bent upward, flexed

sich **empor-heben, hob sich empor, hat sich emporgehoben** to rise up, raise, lift up

empor-lohen to flare up

sich **empor-ringen, rang sich empor, hat sich emporgerungen** to struggle upward

empor-schnellen to rise rapidly, jerk up(ward)

sich **empor-schnellen** to spring up from the ground

empor-schwärmen to swarm up

(sich) **empor-schwingen, schwang empor, hat sich emporgeschwungen** to rise, swing upward

empor-spielen to rise playfully

empor-steigen, stieg empor, ist emporgestiegen to rise, climb

empor-streichen, strich empor, emporgestrichen to stroke upward

empor-züngeln to leap up (flame)

emsig assiduous

das **Ende, -s, -en** end, finish, conclusion, termination; death

am Ende in the end, after all, finally, at last, at the end

aus allen Ecken und Enden from everywhere, from all corners

zu Ende at an end, over

zu Ende gehen to come to an end

enden to end, finish, conclude, stop, be over, terminate

endgültig final, definite, definitive

endlich at last, final(ly), conclusive, after all

endlos endless, infinite, unending, countless

die **Endlosigkeit, -** endlessness, infinity

die **Energie, -, -n** energy

die **Energiebesetzung, -, -en** cathexis of energy

der **Energiebesitz, -es, -e** supply of energy

der **Energiebetrag, -(e)s, ̈e** amount of energy

die **Energiequanten** (*pl.*) energy elements in atoms

das **Energieverhältnis, -ses, -se** energy relationship

eng narrow, tight, small, close; strict; confined

der **Engel, -s, -** angel

der **Engländer, -s, -** Englishman

die **Engländer** (*pl.*) the English

der **Enkel, -s, -** (male) grandchild, grandson

entarten to degenerate

entartet degenerate

die **Entartung, -, -en** decadence, degeneration

entbehren to lack

die **Entbindung, -, -en** delivery, birth process

das **Entbindungshaus, -es, ¨er** maternity home *or* ward, lying-in hospital

entblößen to uncover, bare

entbrennen, entbrannte, entbrannt to become inflamed, break out, fly into a passion, be set on fire

entdecken to discover, find out

der **Entdecker, -s, -** discoverer

die **Entdeckung, -, -en** discovery

enteilen to hurry off

entfallen, (entfällt), entfiel, ist entfallen to escape (from memory)

es ist mir entfallen it has slipped my mind; I cannot remember it

entfalten to unfold, display, exhibit, develop; give rise to

frei entfaltet unrestrained

sich **entfalten** to develop oneself, unfold oneself, expand

entfernen to remove, get rid (of)

sich **entfernen** to leave, retreat, retire, go away, depart, wander away; withdraw, draw away from

entfernt far from, far off, removed, distant

die **Entfernung, -, -en** distance

entfremdet alienated

298

entgegen toward; against

entgegen-biegen, bog entgegen, entgegengebogen to bend toward

entgegen-bringen, brachte entgegen, entgegengebracht to offer, present

entgegen-gehen, ging entgegen, ist entgegengegangen to (go to) meet, approach

entgegengesetzt opposite

entgegen-kommen, kam entgegen, ist entgegengekommen to come toward, come to meet, approach

das **Entgegenkommen, -s** responsiveness

entgegen-nehmen, (nimmt entgegen), nahm entgegen, entgegengenommen to accept, learn

entgegen-sehen, (sieht entgegen), sah entgegen, entgegengesehen to look toward, await, expect; look forward to

entgegen-setzen to oppose, contrast; set against

entgegen-stellen to set over against

entgegen-stoßen, (stößt entgegen), stieß entgegen, entgegengestoßen to encounter

entgegen-strahlen to shine toward

entgehen, entging, ist entgangen (*dat.*) to escape, miss, avoid

das **Entgelt, -(e)s** compensation

enthalten, (enthält), enthielt, enthalten to contain, hold, comprise; include

sich **enthalten** to abstain

die **Enthaltsamkeit, -** abstinence, self-denial

entheben, enthob, enthoben

to remove, relieve, exempt

jemanden von seinem Amt(e) entheben to remove someone from office

die **Enthebung, -, -en** removal, dismissal

sich **entkleiden** to undress

entlang along

entlang-gehen, ging entlang, ist entlanggegangen to go along

entlassen, (entläßt), entließ, entlassen to dismiss, discharge, permit to leave, release

sich **entledigen** to get rid of

entlehnen to borrow; imitate

entlocken to elicit, draw forth; charm away

entnehmen, (entnimmt), entnahm, entnommen to take from, take out; gather

sich **entpuppen** to turn out (to be)

entreißen, entriß, entrissen to wrest from

entrinnen, entrann, ist entronnen to escape

entrückt remote, secluded, detached

die **Entschädigung, -, -en** compensation

(sich) **entscheiden, entschied, entschieden** to decide

entscheidend decisive, definite, final; critical

im Entscheidenden at the decisive *or* critical point

die **Entscheidung, -, -en** decision

sich **entschließen, (entschließt sich), entschloß sich, hat sich entschlossen** to decide, make up one's mind

entschlossen resolute, determined

entschlüpfen to escape, slip away

das entschlüpft ihm it slips

his tongue

entschlüpfen lassen to let slip out

der **Entschluß, -sses, -sse** decision, resolution

mit Entschluß decisively

einen Entschluß fassen to make a decision

entschuldigen to excuse, pardon

entschwinden, entschwand, ist entschwunden to vanish, fade away

das **Entsetzen, -s** horror, terror

entsetzlich horrible, terrible, dreadful, awful

sich **entspannen** to relax

entsprechen, (entspricht), entsprach, entsprochen *(dat.)* to correspond with *or* to, accord with, be in accordance with; match, suit

entsprechend appropriate; adequate, corresponding, according

die **Entsprechung, -, -en** equivalent, correspondency

entspringen, entsprang, ist entsprungen to originate (in), arise (from)

entstehen, entstand, ist entstanden to appear, originate (in), start up, arise; be produced, be formed, begin; come into existence

entstehen lassen to produce

die **Entstehung, -, -en** origin, beginning; rise

entstürzen to gush forth, rush from

enttäuschen to disappoint

die **Enttäuschung, -, -en** disappointment, disillusionment

entthronen to dethrone

entweder ... oder either ... or

entweichen, entwich, ist entwichen to escape, evade, disappear

entwerfen, (entwirft), entwarf, entworfen to outline, sketch, design

entwerten to depreciate, devaluate; deprive, debase

entwickeln to develop, unfold; explain

sich entwickeln to develop, evolve

die Entwicklung, -, -en development, growth; formation (phys.); evolution

die Entwicklungsart, -, -en way of development

die Entwicklungsgeschichte, - history of evolution

die Entwicklungsreihe, -, -n course of development, developmental series

die Entwicklungszeit, -, -en time of development

der Entwicklungszustand, -(e)s, ⸚e state of development

der Entwurf, -(e)s, ⸚e outline, (first) draft

entziehen, entzog, entzogen to remove, withdraw; eliminate, extract, draw from

sich entziehen, entzog sich, hat sich entzogen to withdraw (from), escape, forsake; go beyond, be inaccessible

entziffern to decipher

das Entzücken, -s rapture, transport, enthusiasm

entzücken to enrapture, transport, delight

entzückend delightful

entzückt charmed, delighted, enraptured

entzünden to inflame, kindle, light; affect

sich entzünden to take fire, become inflamed

entzwei in two, to pieces

entzwei-brechen, (bricht entzwei), brach entzwei, entzweigebrochen to break (apart)

die Epidemie, -, -n epidemic

epidemisch epidemic

die Epoche, -, -n period, epoch, era

Er old form of address = you

die Erbanlage, -, -n hereditary endowment, characteristic or factor

das Erbarmen, -s pity, compassion

sich erbarmen to have pity, have mercy

erbärmlich wretched, pitiable, miserable

erbauen to construct, erect, build

der Erbbiologe, -n, -n geneticist

der Erbe, -n, -n heir

erben to inherit

erbeuten to capture

erbleichen to pale

erblicken to catch sight of, perceive, discover, see, behold, spot

erblinden to become blind

erblühen to bloom, blossom forth

die Erbmasse, -n, -n hereditary endowment, material, or mass; all hereditary factors (biol.)

der Erbonkel, -s, - rich uncle

die Erbse, -, -n pea

die Erbsensorte, -, -n species of peas

das Erbteil, -(e)s, -e heritage, inheritance

das Erdbeben, -s, - earthquake

die Erde, - earth, dirt, soil, ground; world

zu ebener Erde on the ground floor

erdichtet fictitious

die Erdichtung, -, -en fiction

erdrücken to overwhelm,

crush

sich **ereignen** to come to pass, take place

das **Ereignis, -ses, -se** event, occurrence, incident

ererben to inherit

erfahren, (erfährt), erfuhr, erfahren to experience; find out, discover (information), come to know, learn; undergo; receive

die **Erfahrung, -, en** experience, discovery, practical knowledge

erfahrungsmäßig experiential

erfassen to grasp, seize, get hold of; comprehend, understand

erfaßbar understandable, comprehensible

erfinden, erfand, erfunden to invent

die **Erfindung, -, -en** invention, fiction

der **Erfolg, -es, -e** success

erfolgen to ensue, occur, result, follow (from); accomplish

erfolgreich successful

erforschen to explore

erforschlich discoverable, explorable

erfreuen to please, delight, enjoy

sich **erfreuen** to enjoy, be delighted

erfreut glad, pleased, joyous

hoch erfreut greatly pleased, overjoyed

die **Erfrischung, -, -en** refreshment

erfüllen to fulfill, realize (expectations); accomplish, be filled; perform

einen Wunsch erfüllen to fulfil a wish

sich **erfüllen** to be fulfilled, come true; fulfill oneself

die **Erfüllung, -** fulfillment, accomplishment, gratification

ergeben (ergibt), ergab, ergeben to amount to; produce, show, reveal, result in, give as a result; flow; lead to

sich **ergeben** to result (from): amount to; follow; arise, turn out; surrender

ergeben devoted, addicted

das **Ergebnis, -ses, -se** result, conclusion, outcome

ergehen, erging, ist ergangen to happen (to a person)

sich **ergießen, ergoß sich, hat sich ergossen** to pour out, pour forth

erglühen to begin to glow, burst into light; *sometimes:* to blush

ergraut gray-haired

ergreifen, ergriff, ergriffen to lay hold of, grasp, seize (upon), apprehend, stir, effect; touch, move, make use of

ergriffen sein to be deeply moved

ergreifend touching, affecting

ergründen to fathom, explore, sound; understand

erhaben exalted, eminent, lofty, sublime

das **Erhabene, -** the sublime

die **Erhabenheit, -** prominence, protuberance, loftiness

erhalten, (erhält), erhielt, erhalten to receive; preserve, maintain, get, obtain; keep (up), save

erhalten bleiben to be preserved

erhalten preserved

gut erhalten (still) in good condition, well preserved

erharren to wait for

erhaschen to snatch

erheben, erhob, erhoben to lift, set *or* raise up, elevate; advance

sich **erheben** to raise oneself up, rise *or* lift up, arise

erheblich considerable

erhellen to illuminate

die **Erhellung, -, -en** illumination, clarification, elucidation

erhitzen to heat

sich **erholen** to recover

sich **erinnern** to remember, recall

die **Erinnerung, -, -en** memory, remembrance, reminiscence, recollection

der **Erinnerungsrest, -es, -e** mnemonic residue, residue of experience

die **Erinnerungsspur, -, -en** memory trace

erkalten to grow cold

das **Erkannte, -n** that which is cognized

erkennen, erkannte, erkannt to recognize; realize, perceive, understand; know, become aware of, cognize

sich zu erkennen geben make oneself known

das **Erkennen, -s** cognition

die **Erkenntnis, -, -se** insight, knowledge, discernment, realization, cognition; understanding, recognition, acknowledgment

das **Erkenntnisbild, -(e)s, -er** outlook, insight based on knowledge

erkenntnisstumm dumb with knowledge

die **Erkenntnisträgheit, -** mental inertia

das **Erkenntnisvermögen, -s** cognitive faculty

erklären to explain; reveal; declare, state, define

erklären für to pronounce to be

ohne sich bestimmt zu erklären without giving any definite reason

sich **bereit erklären** to declare oneself ready, express one's willingness

die **Erklärung, -, -en** statement, explanation

erklimmen, erklomm, erklommen to ascend, scale, reach the summit (of)

erklingen, erklang, erklungen to resound

erkranken to fall sick *or* ill

die **Erkrankung, -, -en** illness, sickness, malady

die **psychische Erkrankung** mental disease *or* sickness

sich **erkundigen** to inquire, make inquiries

erkünstelt feigned, sham, affected, artificial, forced

erlangen to reach; achieve; acquire

erlauben to permit, allow

die **Erlaubnis, -** permission

mit Eurer Erlaubnis by your leave

erlaubt justifiable, permitted, allowed, legitimate

erleben to experience, witness, live to see

das **Erlebnis, -ses, -se** experience, adventure

erlebnisvoll rich in experiences

erledigen to finish, settle, dismiss, discharge, correct, conclude, close, dispose of

erledigt finished, done with

die **Erledigung, -** discharge, settlement

erleichtern to relieve, ease, make easy, facilitate

die **Erleichterung, -, -en** relief, privilege

erleiden, erlitt, erlitten to suffer, bear, endure, undergo

den **Tod erleiden** to die
erlernen to learn, acquire (knowledge *or* skill)
erlesen chosen, choice, select, exacting
erleuchten to light, illuminate
der **Erlkönig, -s** Erl-King, king of the elves
erlöschen to be extinguished
erlösen to save, redeem, deliver (*e.g., from evil*), rescue, set free, to release
erlöst redeemed, unimpeded
die **Erlösung, -, -en** redemption, release, salvation
die **Erlösungsreligion, -, -en** religion of redemption, religion of salvation
ermahnen to admonish, warn, exhort
ermorden to kill, murder
die **Ermüdung, -** fatigue, lassitude
ermutigen to encourage
ernähren to feed, sustain
erniedrigen to humiliate, degrade
die **Erniedrigung, -, -en** humiliation, degradation
ernst earnest, serious, solemn
ernsthaft serious, serious-minded
ernstlich seriously
ernüchtern to disillusion
erobern to conquer, overcome, gain, win
die **Eroberung, -, -en** conquest
sich **eröffen** to open, reveal
der Ausblick eröffnet sich the view presents itself
die **Eröffnung, -, -en** disclosure, the opening
erörtern to discuss, explain
die **Erörterung, -, -en** discussion, explication
erproben to test, experience
erprobt experienced
erquicklich pleasing, pleasant
erraten, (errät), erriet, er-

raten to guess, infer
errechnen to calculate, work out
erregbar excitable, irritable; sensitive
erregen to excite; cause, provoke, incite, arouse, inspire
erregt excited, aroused, stimulated; excitable
die **Erregung, -, -en** excitement, stimulus, excitation
die **Erregungsquelle, -, -n** source of excitation
erreichen to reach, arrive at, get, obtain, gain, achieve, attain
die **Erreichung, -** attainment
erretten to save, deliver, rescue
die **Errettung, -** rescue, deliverance
errichten to erect, build; institute
(sich) **erringen, errang (sich), hat (sich) errungen** to gain, achieve
erröten to blush
die **Errungenschaft, -, -en** achievement, conquest, accomplishment
der **Ersatz, -es** substitute, compensation
ersaufen *(coll.)* to drown
erschauern to be startled, shudder, quiver, feel a shiver
erscheinen, erschien, ist erschienen to appear, turn up; become *or* be evident, seem; to come out (as a book), be published
das **Erscheinen, -s** appearance
die **Erscheinung, -, -en** appearance, figure; phenomenon, vision, aspect
die **Erscheinungswelt, -** world of appearances
erschießen, erschoß, erschossen to shoot dead
erschließen, erschloß, er-

schlossen to infer, disclose, open up

sich **erschließen** to reveal oneself

erschöpfen to exhaust

erschöpft exhausted

erschrecken, (erschrickt), erschrak, ist erschrocken to be alarmed, frightened, startled, *or* taken aback

das **Erschrecken, -s** terror, alarm, scare

erschüttern to agitate, stir, move *or* affect deeply; shock, unnerve, shake (up)

erschüttert shaken, moved

die **Erschütterung, -, -en** vibration, (earth)quake; profound emotional experience, violent emotion, awe, shock

erschweren to make *or* become more difficult

ersehen (ersieht), ersah, ersehen to perceive, pick up

ersetzen to replace, take the place of, substitute

ersichtlich evident, apparent

erspähen to spy, spot

erst first, only, just; for the first time; not until

erstarken to grow strong(er)

die **Erstarkung, -** gain *or* increase of strength

erstarren to become rigid, stiffen

die **Erstarrung, -** torpor

erstaunen to be astonished, amazed, surprised

das **Erstaunen, -s** surprise, amazement, astonishment

erstaunlich amazing, surprising, remarkable

erstaunt astonished, surprised

erstehen, erstand, erstanden to buy

erstens first of all

ersterben, (erstirbt), erstarb, ist erstorben to die away, fade away

das **Wort erstirbt mir im Munde** I cannot utter a word

erstlich first of all

erstrahlen to shine, sparkle

sich **erstrecken** to stretch, extend

ersuchen to ask (a favor)

ertappen (jemanden) to catch someone (in an illicit act)

erteilen to impart, give

sich etwas erteilen lassen to receive something

ertönen to resound, sound

ertragen, (erträgt), ertrug, ertragen to bear, suffer

ertrinken, ertrank, ist ertrunken to drown

der **Ertrunkene, -n, -n** drowned person

erwachen to wake up, awaken

das **Erwachen, -s** awakening

erwachsen, (erwächst), erwuchs, ist erwachsen (aus) to grow up, proceed (from)

erwägen, erwog, erwogen to consider, ponder upon, weigh (alternatives)

die **Erwägung, -, -en** consideration

erwählen to choose

erwähnen to mention, bring up

erwarten to wait for, expect, await

die **Erwartung, -, -en** anticipation, expectation

erwecken to wake, awaken

erweisen, erwies, erwiesen to prove, show, turn out to be

jemandem (Ehre) erweisen to pay or render (honor) to a person

sich **erweisen** to show *or* prove (oneself) to be, turn out to be

erweitern to widen, expand, extend

die **Erweiterung, -, -en** extension, expansion, enlargement

erwerben, (erwirbt), erwarb, erworben to acquire, achieve, gain, obtain

erwidern (auf) respond, reply, answer (to)

einen Gruß erwidern to return a greeting

erwünscht desired, requested, wished for

erwürgen to strangle

das **Erz, -es, -e** iron ore, brass

erzählen to tell (a story), relate, narrate

die **Erzählung, -, -en** story, narration, account

der **Erzengel, -s, -** archangel

erzeugen to beget, procreate, breed; produce, manufacture

das **Erzeugnis, -ses, -se** product, production

die **Erziehbarkeit, -** educability

erziehen, erzog, erzogen to educate, bring up

der **Erzieher, -s, -** educator

die **Erziehung, -** education, upbringing

erzürnen to exasperate, anger

erzwingen, erzwang, erzwungen to force, compel, enforce, achieve (through force)

das **Es, -** id

der **Esel, -s, -** donkey, jackass

die **Eskorte, -, -n** escort

das **Espenlaub, -(e)s** aspen leaves

ich zitterte wie Espenlaub I shook like a leaf

der (das) **Essay, -s, -s** essay

der **Essayist, -en, -en** essayist

das **Essen, -s** food, meal, dinner

essen, (ißt), aß, gegessen to eat

der **Esser, -s, -** eater

starker Esser heavy eater

die **Essenz, -, -en** extract, perfume; essence

der **Eßkorb, -(e)s, ⸚e** food basket

der **Eßsaal, -(e)s,** *pl.:* **-säle** dining hall

etliche some

etwa by chance, about, perhaps, for example, nearly, such as; by any means

nicht etwa not (perhaps), not at all

etwas something, a little, somewhat, rather, some

noch etwas something else

so etwas something like that, anything like that

Euch *(dat. sing.) old form of polite address (sing.) corresponding to* **Ihnen** *etc.*

Denkt Euch=Denken Sie sich

Euer *(poss. adj.)* your *(in singular forms of address) old form of* **Ihr** *(poss. adj.)*

die **Eule, -, -n** owl

(das) **Europa, -s** Europe

der **Europäer, -s, -** European

europäisch European

das **Evangelium, -s, Evangelien** gospel

die **Evolutionsphilosophie, -, -n** philosophy of evolution

ewig eternal, forever, everlasting; continual(ly), endless(ly), perpetual(ly)

exakt exact

der **Existentialismus, -** existentialism

die **Existentialphilosophie, -** *or* die **Existenzphilosophie, -** existential philosophy, philosophy of existence

die **Existenz, -, -en** existence; living

existieren to exist, be

die **Exklusivität, -** exclusiveness

das **Experiment, -(e)s, -e** experiment

experimentell experimental
das **Extrem, -s, -e** extreme

F

der **Fachgenosse, -n, -n** colleague in the field
die **Fackel, -, -n** torch
der **Faden, -s, ⸚** thread
fähig (*gen.*) able, capable (of)
die **Fähigkeit, -, -en** capability, ability
fahl sallow, pale, colorless
der **Fahrdamm, -(e)s, ⸚e** roadway, viaduct
auf dem Fahrdamm in the street
fahren, (fährt), fuhr, ist gefahren to go, travel, ride (by vehicle), drive, sail; come off
fahr(e) wohl! fare well!
fahren lassen to let go
fahrlässig careless, thoughtless, negligent
die **Fahrt, -, -en** trip, excursion, drive, journey, voyage
die **Fährte, -, -n** track, trail
auf falscher Fährte on the wrong track
das **Fahrzeug, -(e)s, -e** vehicle, vessel, ship, boat
faktisch actual, factual
der **Faktor, -s, -en** factor, fact, circumstance
der **Fall, -(e)s, ⸚e** case, instance; event, situation; fall
fallen, (fällt), fiel, ist gefallen to fall
falsch wrong, erroneous
die **Falte, -, -n** fold, wrinkle
der **Falter, -s, -** butterfly, moth
die **Familie, -, -n** family
die **Familienvereinigung, -, -en** family reunion
famos splendid, capital
die · **Farbe, -, -n** color; complexion
sich **färben** to color
das **Farbenfeld, -(e)s, -er.** area of color
das **verschwimmende Farbenfeld** areas of color melting into one another
der **Farbfleck, -(e)s, -e** *or* **-en** spot of color
farbig colored, colorful
farblos colorless
die **Farce, -, -n** farce
fassen to grasp, seize, clutch, hold, take a hold of; include, conceive, express, form
ins Aug(e) fassen to observe, fix one's eyes upon
einen Gedanken fassen to conceive an idea
sich **fassen** to compose *or* collect oneself
die **Fassung, -** self-control; composure
aus der Fassung bringen to disconcert
fast almost
fauchen to mew and spit (as cats do)
Fauchen und Zischen spitting and hissing
faul sluggish, lazy
faulig putrid, putrescent
die **Faust, -, ⸚e** fist
der **Fauststein, -(e)s, -e** stone used as mallet
das **Fazit, -s** summary, conclusion
das Fazit ziehen to draw the conclusion
fechten (ficht), focht, gefochten to fence, fight
die **Feder, -, -n** feather, spring, pen
federn to spring
federnd lithe(ly), buoyant(ly), springy
feenhaft fairylike
fehlen to be wanting, lack, be missing, miss
es fehlt nicht an there is no lack of
das **Fehlen, -s** absence, lack

die **Fehlinterpretation, -, -en** misinterpretation

die **Fehlleistung, -, -en** failure, error, parapraxis; Freudian slip

feiern to celebrate

feierlich solemn, in splendor

die **Feierlichkeit, -, -en** ceremony

feig cowardly

fein delicate, acute, astute, faint, fine, exquisite, precious; gently, with a small voice, fashionable; excellent, cultivated, refined

der **Feind, -(e)s, -e** enemy

das **Feld, -(e)s, -er** field

die **Feldblume, -, -n** wild flower

das **Feldblumensträußchen, -s, -** bouquet of wild flowers, bunch of field flowers

die **Feldfrucht, -, ⸚e** produce of the fields, crops

der **Fels, -en, -en** or der **Felsen, -s, -** rock

das **Felsenriff, -(e)s, -e** ledge of rock, reef

die **Felsenschlucht, -, -en** rocky gorge

das **Felsenufer, -s, -** rocky shore

die **Felswand, -, ⸚e** rocky wall

das **Fenster, -s, -** window

der **Fensterladen, -s, ⸚** shutter

die **Ferien** (pl.) vacation

fern(e) far, distant, remote

es liegt mir fern(e) I do not consider, I am far from

fern davon far from

fernbestimmt determined from afar, appointed, destined

die **Ferne, -, -n** distance

ferner further, farther, furthermore; in the future

fern-halten, (hält fern), hielt fern, ferngehalten to keep at a distance, keep away; put aside, eliminate

fertig finished, done, ready, completed

fertig werden to get done, get finished

fesseln to tie up, bind; fascinate

fest strong, firm, solid, compact, tight, fixed, stable, constant, thorough

das **Fest, -es, -e** celebration, holiday, festivity

fest-binden, band fest, festgebunden to tie fast

die **Feste, -, -n** stronghold, security, fort

in seinen Festen in its foundations

das **Festgeräusch, -es, -e** sound of merrymaking

fest-halten, (hält fest), hielt fest, festgehalten to hold fast, hold tight, hold onto, maintain

das **Festkleid, -(e)s, -er** holiday attire

festlich festive

festlich-beschaulich solemnly or festively contemplative

fest-schrauben to screw tight, screw fast

fest-setzen to appoint, settle

fest-sitzen, saß fest, festgesessen to remain in place, be firmly fixed, be stuck

fest-stellen to determine, confirm (a fact), establish

die **Feststellung, -, -en** conclusion, statement, confirmation, establishment, observation

eine Feststellung treffen to make an observation

der **Festtag, -(e)s, -e** holiday

fett fat, rich

der **Fetzen, -s, -** rag

feucht moist, damp

feuchtkalt clammy, moist and cold, dank

das **Feuer, -s, -** fire

der **Feuerschein, -(e)s** glow of
fire

die **Feuerversicherungsgesellschaft, -, -en** fire-insur-
ance company

der **Feuerwald, -(e)s, ⁼er** forest
of flames

feurig fiery, passionate

das **Fieber, -s** fever

die **Figur, -, -en** figure

fleischgewordene Figur a
character come to life

finden, fand, gefunden to
find, discover, turn out to
be

sich **finden** to be found, occur

die **Finesse, -, -en** subtlety

der **Finger, -s, -** finger

**jemandem auf die Finger
sehen** to watch someone
closely (with disapproval)

die **Fingerspitze, -, -n** fingertip

der **Fink, -en, -en** finch

das **Finkenweibchen, -s, -**
female finch

finster gloomy, dark, melancholy

finstere Nacht pitch-dark
night

die **Finsternis, -, -se** darkness

die **Firma, -,** *pl.:* **Firmen** firm,
business

das **Firmament, -(e)s, -e**
heavens, firmament

der **Firmendruck, -(e)s, -e** trade-
mark

der **Fisch, -es, -e** fish

das **Fischerboot, -(e)s, -e** fishing
boat

das **Fischerhaus, -es, ⁼er** fisher-
man's hut

der **Fischhändler, -s, -** fish deal-
er, fishmonger

der **Fischmarkt, -(e)s, ⁼e** fish
market

fix quick, bright; fixed, firm,
solid

die fixe Idee fixed idea,
idee fixe

fixieren to establish, fix, settle

flach even, flat, shallow

die **Fläche, -, -n** surface, area,
flatlands

flackern to flicker

die **Flamme, -, -n** flame

flammen to glow, flame, flare

flammenartig flamelike

die **Flammenschrift, -, -en**
flaming characters

der **Flammentod, -(e)s** death by
fire

die **Flasche, -, -n** bottle

flaschengrün bottle-green

flattern to flutter, dangle

das **Flechtwerk, -(e)s, -e** wickerwork

der **Fleck, -(e)s, -en** spot

fleckig spotted

die **Fledermaus, -, ⁼e** bat

flehen to implore

flehentlich imploring

flehentlich bitten to be-
seech, implore

der **Fleischer, -s, -** butcher

fleischgeworden incarnated

der **Fleiß, -es** diligence, zeal

die **Flickjoppe, -, -n** patched
jacket

fliegen, flog, ist geflogen to
fly

fliehen, floh, ist geflohen to
flee, escape

fließen, floß, ist geflossen to
flow, stream, run

flimmern to glisten, flicker

florentinisch Florentine; of
Florence

die **Flöte, -, -n** flute

der **Fluch, -(e)s, ⁼e** curse

fluchen to curse

die **Flucht, -, -en** flight, escape

flüchtig fleeting, cursory,
slight, in passing; superficial, careless

der **Fluchtplan, -(e)s, ⁼e** plan for
escape, plan to flee

der **Flügel, -s, -** wing; grand
piano

das **Flügelwehn, -s** wingbeat

die **Flur, -, -en** fields, plains, meadows

der **Fluß, -sses, ⁼sse** river, flow

flüstern to whisper

die **Flut, -, -en** flood

    die Fluten (*pl.*) waves, waters

die **Föhre, -, -n** fir tree, pine

der **Föhrenwald** forest of firs

die **Folge, -, -n** consequence, result, effect, succession; continuation, sequence

    in der Folge later on, subsequently

    in deren Folge as a result of which

    in weiterer Folge subsequently

    zur Folge haben to result in, bring about

folgen to follow, keep pace with, keep up with; obey

folgend (the) following, next; resulting

    aus Folgendem *or* **im folgenden** from *or* in the following, what follows

folgerichtig logical, just

die **Folgerichtigkeit, -** consistency, logical consequence

folgern to infer, conclude, draw a conclusion

die **Folgerung, -, -en** conclusion, logical consequence

fordern to demand, require

fördern to help; forward; mine (coal)

fördernd helpful

die **Forderung, -, -en** demand, claim

die **Förderung, -, -en** support

die **Form, -, -en** shape, outline, silhouette, form

    Form annehmen to assume a shape

die **Formbarkeit, -** capability of being shaped, plasticity

die **Formel, -, -n** formula, rule

formen to shape, create, form

-förmig (*suffix*) -shaped

die **Formulierung, -, -en** formulation, wording

die **Formung, -, -en** formation

forschen to search, investigate, (do) research, inquire

forschend inquisitive

der **Forscher, -s, -** research worker, scientist, explorer

forscherlich scientific

die **Forschung, -, -en** research, investigation

die **Forschungsarbeit, -, -en** research work

das **Forschungsobjekt, -(e)s, -e** research object, object of investigation

die **Forschungsstätte, -, -n** research center *or* institute

fort on, away, off, forth, onward; gone

    fort und fort continuously

    in einem fort constantly

    und so fort and so on

fortan henceforth, from this time, hereafter

fort-fahren, (fährt fort), fuhr fort, ist fortgefahren (mit etwas) to go away (by means of a conveyance); to continue, pursue, proceed (with a thing)

fort-gehen, ging fort, ist fortgegangen to go away, walk away

fortgesetzt continuous, incessant

fort-kommen, kam fort, ist fortgekommen to get away, escape

    mache, daß du fortkommst! take yourself off! be gone!

fort-leben to live on, survive

sich **fort-pflanzen** to propagate (oneself), be transmitted

fort-rollen to roll away

fort-schreiten, schritt fort,

ist **fortgeschritten** to continue, proceed, make progress, improve

der **Fortschritt, -(e)s, -e** progress

fort-setzen to continue

sich **fort-setzen** to carry over, continue

fort-springen, sprang fort, ist fortgesprungen to jump away

fort-tragen, (trägt fort), trug fort, fortgetragen to carry away

fortwährend continual(ly), constant(ly)

der **Frack, -s, ⸚e** *or* **-s** dress coat; tail coat

die **Frackjacke, -, -n** dress coat

die **Frage, -, -n** question, inquiry

die Frage nach the question concerning

einer Frage nachgehen to pursue a question

eine Frage stellen to ask *or* pose a question

fragen to ask (a question), question, wonder, inquire

fragen nach to inquire for *or* after

fragend questioning

die **Fragestellung, -, -en** interrogation, formulation *or* posing of question; problem

fraglos beyond all question

die **Fraglosigkeit, -** unquestioning attitude

das **Fragment, -(e)s, -e** fragment

fragwürdig doubtful, dubious

(das) **Frankreich, -s** France

Franz Francis

der **Franzose, -n, -n** Frenchman

französisch French

die **Frau, -, -en** woman, wife, Mrs.

die **Frauengestalt, -, -en** female figure

die **Frauenkirche, -** Church of Our Lady

das **Frauenzimmer, -s, -** female, woman, girl

frech insolent, impudent, shameless

frei free, unconfined, independent, at liberty; uncontrolled, frank; open, vacant

das **Freie, -n** open (countryside), open air, outdoors

im Freien in the open, outside, outdoors

ins Freie to the outside, to the country

die **Freiheit, -, -en** liberty, freedom; privilege

die **Freiheitsstrafe, -, -n** imprisonment

eine Freiheitsstrafe verbüßen to serve a sentence in prison

frei-lassen, (läßt frei), ließ frei, freigelassen to leave bare; release

freilich of course, certainly, indeed, to be sure, admittedly, really; (I) confess *or* admit

freiliegend widely set

freimütig liberal, candid

der **Freitag, -(e)s, -e** Friday

frei-werden, (wird frei), wurde frei, ist freigeworden to liberate, become free *or* liberated; be released

freiwillig voluntary

fremd strange, alien, unknown, foreign, unfamiliar; outside

der **Fremde, -n, -n** stranger

das **Fremdenzimmer, -s, -** guest room

fressen, (frißt), fraß, gefressen to eat (*of animals, vulg. of people*), devour, stuff oneself

die **Freude, -, -n** joy, pleasure

Freude haben to enjoy

eine Freude machen to

give joy, please

das **Freudengeschrei, -(e)s** shouts of joy

freudig joyful

sich **freuen** to be glad, rejoice

die Arbeit freut ihn the work gives him pleasure

er freut sich darauf he looks forward to it with pleasure

der **Freund, -es, -e** friend

die **Freundin, -, -nen** (girl) friend, female friend

freundlich friendly, kind

Seien Sie so freundlich Be so kind (as to)

freundschaftlich amiable

frevel sacrilegious

der **Friede, -ns, -n** *or* der **Frieden, -s, -** peace

friedlich peaceful

frieren, fror, gefroren to freeze, be cold

es friert mich I am very cold; I am freezing

frisch fresh, lively, new

von frischem anew

frisieren to dress the hair

die **Frist, -, -en** period; deadline, interval, space of time

froh cheerful, glad, happy

fröhlich cheerful, joyful, gay, merry

die **Fröhlichkeit, -** joyfulness, gladness, merriment

das **Frohlocken, -s** joy, jubilation, triumph

fromm artless, innocent, pious, devout, religious; good

der **Frosch, -es, ⁼e** frog

der **Froschschenkel, -s, -** frog's leg

das **Froschschenkelein, -s, -** little frog's leg

der **Frost, -es** frost, chill

frostig icy, frosty

die **Frucht, -, ⁼e** fruit

fruchtbar fruitful, produc-

tive; fertile

das (der) **Fruchtbonbon, -s, -s** fruit lozenge

früh(e) early (in the morning), soon

morgen früh tomorrow morning

früher *(comp. of* **früh***)* earlier, prior, formerly, at one time

die **Frühgeburt, -, -en** premature birth

der **Frühling, -s, -e** spring

das **Frühlingslärmen, -s** spring noises, sounds of spring

die **Frühlingspracht, -** splendor of spring

der **Frühling, -s, -e** spring day

das **Frühlingswetter, -s** spring weather

der **Frühmensch, -en, -en** early *or* primitive man

der **Frühmenschenfund, -(e)s, -e** discovery of the remains of early *or* primitive man

das **Frühstück, -s, -e** breakfast

frühstücken to eat breakfast

die **Frühzeit, -** early epoch, primeval times

frühzeitig early

das **Fuder, -s, -** load, cartload *(e.g., of hay)*

sich **fügen** to resign oneself, submit

fühlbar perceptible, tactile, tangible; apparent

fühlbar werden to become apparent *or* noticeable

fühlen to feel, touch, perceive, experience

die **Fühlung, -** presentiment, feeling, sensation

führen to lead, direct, conduct; manage, handle

führend leading

der **Fuhrmann, -(e)s, ⁼er** *or* **-leute** driver, wagoner

die **Fülle, -** abundance, plenitude, fulness; exuberance, plenty

füllen to fill

das **Füllen, -s, -** foal, filly

der **Fund, -(e)s, -e** finding, discovery

die **Fundstelle, -, -n** place of discovery; archaeological site

das **Fundstück, -(e)s, -e** object found, find

fünfzehnjährig lasting for fifteen years, fifteen years old

fünfzig fifty

tief in den Fünfzigern deep into his fifties

der **Funke, -n, -n** spark

funkeln to sparkle, glisten

funkelnd sparkling

das **Funkhaus, -(e)s, ⸚er** radio station

das **Fünklein, -s, -** tiny spark

die **Funktion, -, -en** function, activity

für *(acc.)* for, in favor of, for the sake of

die **Furcht, -** fear

furchtbar fearful, frightful, terrible, horrible, awful

fürchten to fear

sich **fürchten** to be afraid, fear

fürchterlich awful, dreadful, fearful, frightful

der **Fürst, -en, -en** sovereign

das **Fürwort, -(e)s, ⸚er** pronoun

der **Fuß, -es, ⸚e** foot

der **Fußboden, -s, ⸚** floor

die **Fußnote, -, -n** footnote

die **Fußsohle, -, n** sole of foot

füttern to feed (animals)

G

die **Gabe, -, -n** gift

gähnen to yawn

der **Galgen, -s, -** gallows

der **Galgenstrick, -(e)s, -e** scoundrel; one who ought to be hanged, gallows bird

gallisch Gallic, French

der **Gang, -(e)s, ⸚e** passage, corridor, hallway; gait, walk, pace; way, alley, avenue

die **Gangart, -, -en** gait, type of gait

der **Ganges, -** Ganges *(river in India)*

ganz total, entire, whole, complete, full; all, quite, altogether; perfect

ganz anders quite different

ganz besonders especially

im ganzen on the whole, total, complete

gänzlich completely

das **Ganze, -n** whole, entirety, totality; whole work

im Ganzen as a whole

gar quite, entirely; very, even, at all

gar gut especially well

gar kein none at all

gar nicht not at all, by no means

gar nichts nothing at all

gar zu much too, far too

der **Garant, -en, -en** guarantor

die **Garantie, -, -n** guarantee, warranty

garantieren (für) to guarantee, make secure

die **Garbe, -, -en** sheaf, ray

garnisonieren to be garrisoned, be quartered

der **Garten, -s, ⸚** garden

die **Gartenpforte, -, -n** garden gate

der **Gartenzaun, -(e)s, ⸚e** garden fence

der **Gärtner, -s, -** gardener

die **Gaslaterne, -, -n** gas lamp

die **Gasse, -, -n** alley, narrow street, lane

nach der Gasse zu liegen facing the alley

der **Gast, -es, ⸚e** guest, sojourner

der **Gasthof, -(e)s, ⸚e** inn, public house

der **Gastwirt, -(e)s, -e** innkeeper

der **Gatte, -n, -n** husband

die **Gattin, -, -nen** wife

sich **gatten** to pair, copulate

der **Gaukler, -s, -** juggler, conjurer

der **Gaul, -s, ⸚e** nag, horse

der **Gauner, -s, -** crook

die **Gaunerei, -, -en** trickery, piece of roguery

der **Gaunerstreich, -(e)s, -e** rascally trick

der **Gazevorhang, -s, ⸚e** gauze curtain

der **Geängstete, -n, -n** anguished person

das **Geäst, -es, -e** branches

gebannt spellbound, enchanted

die **Gebäranstalt, -, -en** maternity clinic

die **Gebärde, -, -n** gesture

gebären, (gebärt *or* **gebiert), gebar, geboren** to bring forth, bear, give birth (to)

die **Gebärende, -n, -** mother, woman in labor, woman in childbed

der **Gebärmutterkrebs, -es** cancer of the uterus

das **Gebein, -(e)s, -e** bones

geben, (gibt), gab, gegeben to give, grant, present; offer, provide; produce, show

es gibt there is *or* are, there exist(s)

was gibt's? what goes?

von sich geben to utter, give forth, produce

der **Gebetshauch, -es** breath of prayer

das **Gebiet, -(e)s, -e** domain, range, area, field, sphere, region, territory

der **Gebieter, -s, -** master, lord, commander

Herr und Gebieter Lord and Master

das **Gebilde, -s, -** product, creation, form

das **Gebirge, -s, -e** mountains, mountain chain *or* range

das **Geblinzel, -s** blinking, fluttering of the eyelids

geblümt flowered

geboren born

die **Geborgenheit, -** security, shelter, safety

das **Gebot, -(e)s, -e** command, commandment

der **Gebrauch, -(e)s, ⸚e** custom, practice, habit, usage, use

gebrauchen to use

gebräunt tanned

gebrechlich frail, infirm, weak, feeble, fragile

gebrochen broken, intermittent

das **Gebrumme, -s** buzzing *(e.g., of bees)*; grumbling, growling

sich **gebühren** to be proper, require, to be required

wie sich's gebührt as it should be *or* ought to be

gebunden bound (up), tied, shackled

die **Gebundenheit, -** constraint, state of being bound

die **Geburt, -, -en** birth; origin, descent, family

das **Geburtsgewicht, -(e)s, -e** birth weight

die **Geburtshilfe, -** obstetrics

der geburtshilfliche Eingriff *meaning:* the doctor's participation in the delivery

der **Geburtsmoment, -s, -e** moment of birth

der **Geburtstag, -(e)s, -e** day of birth, birthday

der **Geburtszustand, -(e)s, ⸚e** condition at birth

das **Gebüsch, -es, -e** bushes, underbrush, thicket

das **Gedächtnis, -ses, -se** memory

gedämpft softly, in a low voice

der **Gedanke, -ns, -n** thought, idea, conception

auf den Gedanken kommen to hit upon the idea

in Gedanken sein to be thoughtful, be absorbed in thought

das **Gedankengut, -(e)s, ˸er** body of ideas, complex of ideas

gedankenlos thoughtless

die **Gedankenlosigkeit, -** thoughtlessness

gedanklich mental, intellectual

gedeihen, gedieh, ist gediehen to prosper, thrive

gedenken, gedachte, gedacht *(gen.)* to remember, bear in mind, mention, intend, recall

das **Gedicht, -(e)s, -e** poem

gediegen sound, correct, solid

das **Gedränge, -s** throng, crowd

geeignet suitable, appropriate, suited, fit, fitting

die **Gefahr, -, -en** risk, danger, peril

auf die Gefahr hin at the risk of

gefährden to endanger

gefahrdrohend threatening, menacing

gefährlich perilous, dangerous

das **Gefährt, -(e)s, -e** vehicle, carriage

der **Gefährte, -n, -n** comrade, companion, mate

gefallen, (gefällt), gefiel, gefallen to please

es gefällt ihm he likes it

das lasse ich mir nicht gefallen I will not put up with this; I will not stand for this

gefällig pleasing, agreeable

ist es Euch gefällig? would it please you? would you like it?

die **Gefälligkeit, -, -en** favor, courtesy

der **Gefangene, -n, -n** prisoner

gefangen-nehmen, (nimmt gefangen), nahm gefangen, gefangengenommen to take prisoner

das **Gefängnis, -ses, -se** jail

das **Gefecht, -(e)s, -e** battle, skirmish

das **Geflecht, -(e)s, -e** wickerwork

gefleckt spotted

geflügelt winged

das **Gefolge, -s, -e** retinue, train, attendants, a following

das **Gefühl, -(e)s, -e** feeling, sentiment, emotion

die **Gefühlsbindung, -, -en** emotional attachment

der **Gefühlswert, -(e)s, -e** emotional importance *or* value

gegeben acknowledged, accepted, given, traditional

das **Gegebene, -n** the given

gegen *(acc.)* contrary to, against; toward, to, over against

der **Gegenbeweis, -es, -e** proof against; counterevidence

die **Gegend, -, -en** region, neighborhood, countryside

dieser Gegend zu toward these parts, in this general direction

gegeneinander against each other, toward each other

das **Gegeneinander, -s** confrontation

die **Gegenrede, -, -n** objection

eine Gegenrede wegweisen to dismiss an objection

der **Gegensatz, -es, ˸e** contrast, contradiction, antagonism, opposition, opposite

gegensätzlich opposing, contradictory

gegenseitig each other, mutual; opposite, reciprocal

der **Gegenspieler, -s, -** opponent

314

der **Gegenstand, -(e)s, ⸚e** object, matter, subject; affair

das **Gegenteil, -(e)s, -e** opposite, contrary

im Gegenteil on the contrary

gegenteilig (to the) contrary

etwas Gegenteiliges something exactly the reverse

gegenüber *(with prec. dat.)* across (from), opposite (to), on the other side; in relation to, as concerns, as against; toward, in respect to, facing, in contrast to

von gegenüber from the other side

gegenüber-stehen, stand gegenüber, gegenübergestanden to face; be in opposition to, be comparable to

gegenüber-stellen to confront

sich **gegenüber-stellen** to confront, be juxtaposed, stand against

die **Gegenwart, -** presence; the present (time)

gegenwärtig present, actual, current, at present, just now, nowadays

gegenwärtig haben to be aware of; have at one's fingertips

sich gegenwärtig halten to keep in mind

die **Gegenwärtigkeit, -** presence, presentness

der **Gegner, -s, -** opponent, enemy, adversary

der **Gehalt, -(e)s, -e** content, substance; proportion, percentage

geheim secret; concealed

das **Geheimnis, -ses, -se** secret, mystery

geheimnisvoll mysterious, secretive

geheimnisvollerweise in a strange *or* mysterious manner, strangely enough; mysteriously

gehen, ging, ist gegangen to go, walk, move, proceed; happen, be

gehen um to be concerned with, be a matter of

wie geht es Ihnen? how are you?

wie ist's dir gegangen? how did you do? how did you fare?

es will nicht gehen it simply doesn't work

vor sich gehen to go on, happen

auf- und ab-gehen to walk back and forth

gehenkt hanged (executed)

der **Gehenkte, -n, -n** person hanged on the gallows

das **Geheul, -(e)s** howling, wailing

das **Gehirn, -(e)s, -e** brain

die **Gehobenheit, -** exaltation

das **Gehör, -(e)s** hearing

Gehör geben to give a hearing to; grant

gehorchen to obey

gehören (zu) to belong (to), be part (of)

sich **gehören** to be proper

es gehört sich it is right

gehörig proper(ly), thorough(ly); belonging

gehorsam obedient, dutiful

Danke gehorsamst thank you most humbly

der **Gehrock, -s, ⸚e** frock coat

die **Geige, -, -n** violin

der **Geist, -es, -er** ghost, apparition; spirit, imagination, mind, intellect; morale; mentality

im allgemeinen Geist in universal ideas

315

der **Geisterseher, -s, -** ghost seer, visionary

die **Geisterstunde, -, -n** midnight, witching hour

die **Geistesentwicklung, -, -en** mental development

geistesgegenwärtig with presence of mind, quick thinking; with composure

die **Geistesklasse, -, -n** intellectual class

der **Geisteskranke, -n, -n** psychotic, mentally ill

das **Geistesleben, -s** spiritual life, intellectual life

die **Geistesstärke, -** strength of spirit, fortitude

das **Geisteswerk des Menschen** product of the human spirit

geistig spiritual, intellectual, mental

der geistige Weg intellectual development

das **Geistige, -n** spirit, spirituality

ins Geistige übertragen to transpose to an intellectual plane

die **Geistigkeit, -** spirituality

der **geistliche Herr** priest, cleric

geistlos dull, insipid; unintellectual

geistreich clever, witty, gifted, ingenious

das **Geklapper, -s** clattering, rattling, clicking

gekleidet dressed

gediegen gekleidet dressed conservatively

gekraust ruffled

das **Gelächter, -s, -** laughter, laugh

geladen charged

das **Geländer, -s, -** railing

gelangen to reach, arrive at; come or get to, attain

gelassen calm, self-possessed, quiet, steady; cool, detached

die **Gelassenheit, -** composure

geläufig voluble

das **Geläute, -s** ringing of bells

gelb yellow

gelblich yellowish

das **Geld, -es, -er** money

der **Geldbeutel, -s, -** moneybag, purse

der **Geldschein, -(e)s, -e** bank note

das **Gelee, -s, -s** jelly, gelatin

gelegen situated; convenient

es ist mir viel daran gelegen it matters much to me, it is important for me

die **Gelegenheit, -, -en** opportunity, occasion

gelegentlich occasional

gelehrt learned, scholarly

der **Gelehrte, -n, -n** man of learning; scholar

das **Geleise, -s, -** track, rails

geleiten to conduct; channel

das **Gelenk, -(e)s, -e** joint

geliebt beloved

die **Geliebte, -n, -n** beloved, sweetheart, mistress

gelind mild, gentle

gelingen, gelang, ist gelungen (dat.) to succeed (in doing), manage (to do)

es gelingt mir I succeed (in)

gell shrill

gellend shrill

gelten, (gilt), galt, gegolten to be worth or valid; mean something, be devoted to, count for something, be concerned with, apply to; be considered (as), be a matter of, pass for, obtain

gelten lassen to acknowledge, let pass, admit, grant

nichts mehr gelten lassen to question everything

die **Geltung, -, -en** validity, value; importance; recognition

zur Geltung bringen to bear out

gelungen successful; excellent

das Gelüst, -es, -e appetite, desire

gelüsten to covet, hanker for

das Gemach, -(e)s, ⸚er chamber, room

der Gemahl, -s, -e husband

die Gemahlin, -, -nen wife, spouse

gemäß suitable, appropriate

gemäßigt moderate, restrained

das Gemäuer, -s, - (old) walls, ruins

gemein ordinary, common, vulgar, banal

die Gemeinde, -, -n community, congregation

gemeinsam mutual, congenial, joint(ly), (in) common

die Gemeinschaft, -, -en community, fellowship, communion; common element

geistige Gemeinschaft community of mind

gemeinschaftlich joint, common, communal

gemessen measured, dignified, grave

das Gemisch, -es, -e mixture

das Gemüt, -(e)s, -er mind; heart, feeling, spirit, soul, temperament

Bewegung des Gemüts emotion, affection, excitement

gen = gegen toward

genannt above-mentioned; called, named

genau exact(ly), plain(ly), clear(ly), precise, accurate

aufs genaueste in great detail

genauso in just the same way

geneigt sein to be inclined (to), favorably disposed (toward)

der General, -s, ⸚e general

die Generation, -, -en generation

genial highly gifted, ingenious, endowed with genius

der geniale Mensch man of genius

das Genie, -s, -s genius, man of genius

sich genieren to be embarrassed

genießen, genoß, genossen to enjoy, take food or drink, eat; have the benefit of

der Genius, -, Genien genius, divine spirit

der Genosse, -n, -n comrade, companion, colleague, partner, accomplice

genötigt compelled, obliged

genug enough, sufficient(ly)

genug haben (an) to be satisfied (by)

die Genüge, - sufficiency

Genüge finden to find satisfaction

genügen to satisfy; be enough or sufficient, suffice

die Genugtuung, - satisfaction, compensation

der Genuß, -sses, ⸚sse enjoyment, pleasure

genußfroh pleasure-loving

die Geographie, - geography

die Geometrie, - geometry

das Gepäck, -s baggage

gepflastert paved, cobbled

das Geplänkel, -s, - skirmish

das Gepolter, -s rumbling, din

gerade just, just then, just now; exactly, precisely; straight, even, direct; for this reason

geradeaus straight (ahead)

geradewegs straightway, directly

geradezu actually

das Gerät, -es, -e vessels, implement(s); apparatus, tools

geraten, (gerät), geriet, ist geraten to succeed; hit upon; get (in-)to; fall, come (into or upon)

gut geraten to be successful, turn out well

in Bewegung geraten to start moving, become animated

in Unordnung geraten to become disordered, disorganized

das **Geräusch, -es, -e** commotion, roaring; noise, sound

geräuschlos noiseless

geräuschvoll noisy

gerecht just, righteous, upright, fair

gerecht sein or **werden** to do justice (to)

die **Gerechtigkeit, -** justice; righteousness

gereizt antagonized; vexed, irritated

die **Gereiztheit, -** irritation, exasperation

das **Gericht, -(e)s, -e** court, judgment

das Jüngste Gericht the Last Judgment

der **Gerichtssaal, -(e)s, -säle** courtroom

gering slight, little, small; unimportant, trifling; modest, humble; weak

um geringen Preis for a trifling sum

kein Geringerer als no less a person than

nicht das geringste not a bit

gering-schätzen to despise, think little of

gern(e), lieber, am liebsten readily, gladly, with pleasure; frequently

gern(e)+_verb_ to like to +_verb_

das **Geröchel, -s** gasping, rasping

gerötet flushed

der **Geruch, -(e)s, ⁻e** smell, odor

das **Gerücht, -(e)s, -e** rumor

geruhen to condescend

gerührt touched, moved (by feeling), affected

das **Gerüst, -(e)s, -e** scaffolding

gesamt entire, whole, total

der **Gesamtwille, -ns** collective will

der **Gesang, -(e)s, ⁻e** song

das **Geschäft, -(e)s, -e** business, task; business deal, transaction; store, shop; occupation

der **Geschäftsmann, -(e)s, ⁻er** or **-leute** businessman

die **Geschäftsmiene, -** businesslike expression

geschehen, (geschieht), geschah, ist geschehen to happen, occur, take place; be done

das **Geschehen, -s, -** event, happening

gescheit sensible, clever

das **Geschenk, -(e)s, -e** present, gift

geschenkt bekommen to receive as a gift

die **Geschichte, -, -n** history; story; event

geschichtlich historic(al)

die **Geschichtsauffassung, -, -en** conception of history

die **Geschichtsforschung, -, -en** historical research

das **Geschick, -(e)s, -e** fate, fortune; skill

geschickt skillful

das **Geschlecht, -(e)s, -er** generation, family, race; genus; tribe; sex

der **Geschmack, -(e)s** taste

das **Geschmeide, -s, -e** jewels

geschmeidig supple, smooth, lithe

das **Geschöpf, -(e)s, -e** creature

das **Geschoß, -sses, -sse** floor, story

das **Geschrei, -(e)s** outcry, shouting, yelling, screaming

das **Geschwätz, -es** talk, jabbering gossip

das feine Geschwätz sophisticated chitchat

geschwind hasty, speedy, swift, quick; fast, prompt, immediate

die **Geschwindigkeit, -, -en** speed, velocity

die **Geschwister** *(pl.)* brother(s) and sister(s), siblings

geschwungen arched, curved

der **Gesell, -en, -en** *or* **der Geselle, -n, -n** fellow, companion, lad

ein frischer Gesell a regular guy

gesellen to join, associate

sich **gesellen** to join *or* associate oneself (with), ally

sich gesellen zu to be added to

gesellig social, sociable, in company

die **Gesellschaft, -, -en** society; club; company; party, social gathering, dinner party

gesellschaftlich social

das **Gesellschaftszimmer, -s, -** lounge

gesellt joined to, consorting with

das **Gesetz, -es, -e** law

gesetzlich regular; according to law, legal

gesetzt granted, provided

gesetzt, daß assuming that

das **Gesicht, -(e)s, -er** face

der **Gesichtszug, -(e)s, ⁼e** feature; facial line

das **Gesims, -es, -e** windowsill

das **Gesindel, -s** rabble, mob

gesinnt minded, disposed

gesondert separate

gespannt tense, anxious

das **Gespenst, -es, -er** ghost, apparition, specter, spirit

gespensterartig ghostlike

die **Gespenstererzählung, -, -en** ghost story

gespenstisch uncanny; ghostly

das **Gespräch, -(e)s, -e** conversation, talk, discourse

ein Gespräch führen to converse, carry on a conversation

gesprungen splintered, cracked

die **Gestalt, -, -en** figure, character; form, shape; body, state; characteristic

gestalten to shape, form, create

sich **gestalten** to take shape, turn out to be, become, develop

gestaltende Leidenschaft creative fervor

die **Gestaltung, -, -en** form, shape; formation; expression

gestaltungsmächtig capable of (artistic) creation

der **Gestaltungsprozeß, -sses, -sse** process of formation *or* creation, creative process

das **Geständnis, -ses, -se** confession

die **Gestärktheit, -** invigoration

gestatten to permit, allow, grant; enable

gestehen, gestand, gestanden to confess

das **Gestein, -(e)s, -e** stones

das **Gestell, -(e)s, -e** stand; bookcase

das **Gestenspiel, -(e)s, -e** gesticulation, gestures

gestern yesterday

gestern nacht last night

gestickt embroidered

das **Gestirn, -(e)s, -e** star(s), constellation

gestirnt starry, starred

gestrafft tight

das **Gesträuch, -(e)s, -e** bush(es), shrub(s); thicket

gestreng strict, severe

319

gesund healthy

der **Gesunde, -n, -n** healthy person

die **Gesundheit, -** health

getäfelt paneled

das **Getöse, -s** roar, uproar

getragen borne up, supported

die **Getreidefirma, -, -firmen** grain firm

der **Getreidesack, -(e)s, ⸚e** bag of grain

getreu faithful, true, loyal; accurate

getrieben driven

getrost safely, certainly, assured; in peace, of good hope

das **Getümmel, -s** stir, tumult; whirl

die **Gevatterin, -, -nen** godmother; *sometimes:* neighbor, friend

gewahren to catch sight of, become aware of, notice

gewähren (jemandem etwas) to grant, accord (something to someone); give; afford, be afforded by, vouchsafe, allow, permit

das **Gewahrwerden, -s** realization, becoming aware

die **Gewährung, -** offering, granting

die **Gewalt, -, -en** power, might, force, violence

in der Gewalt under control

gewaltig powerful, tremendous, exceedingly, vast, mighty, amazing, immense, enormous, huge, big, intense; strong, violent

gewaltsam violent, powerful, vigorous, forcible, forcibly

das **Gewalttätige, -n** element of violence

das **Gewand, -(e)s, ⸚er** garment, raiment, dress

die **Gewandtheit, -** skill

gewärtigen to expect; resign oneself to; fancy

die **Gewässer** *(pl.)* waters, bodies of water; flood

das **Gewebe, -s, -** web; tissue, material

das **Geweih, -(e)s, -e** antler(s)

das **Gewerbe, -s, -** trade, profession

das **Gewicht, -(e)s, -e** weight; importance, emphasis

das **Gewimmel, -s** throng

gewinnen, gewann, gewonnen to gain, obtain, get, acquire, win (over)

gewiß certain(ly), sure(ly), indeed, no doubt

sich **gewiß sein** to be certain

das **Gewisse, -n** certainty

das zwingend Gewisse compelling certainty

das **Gewissen, -s, -** conscience

gewissenhaft conscientious

die **Gewissensangst, -, ⸚e** moral anxiety *or* scruples

die **Gewissensnot, -, ⸚e** anguish *or* qualm of conscience

gewissermaßen so to speak, in a certain manner, to some extent, to a certain degree

die **Gewißheit, -, -en** certainty, proof, assurance

sich **gewöhnen (an eine Sache)** to get accustomed (to a thing)

die **Gewohnheit, -, -en** custom, habit, wont

gewöhnlich ordinary, commonplace; usually

die **Gewöhnlichkeit, -** mediocrity

in seliger Gewöhnlichkeit in blissful mediocrity

gewohnt used to, accustomed to, familiar, usual

das **Gewölbe, -s, -** vault, arch

das **Gewühl, -(e)s** throng, crowd

das **Gewürm, -(e)s, -e** worms

sich **geziemen** to befit, become

der **Giebel, -s, -** gable

giebelig gabled, with gables

gießen, goß, gegossen to pour

giftig poisonous

der **Gipfel, -s, -** hilltop, mountaintop

der (die) **Gischt, -es** spray, froth, foam

das **Gitter, -s, -** fence, grid, railing

das **Gitterfenster, -s, -** lattice window; barred window

der **Glanz, -es** brightness, splendor, gleam

glänzen to shine, glitter, gleam, sparkle, glisten

glänzend brilliant, splendid

das **Glas, -es, ̈er** glass

das **Glasdach, -(e)s, ̈er** glass roof

das **Gläsergeklirr, -(e)s** tinkling of glasses

glasklar clear as glass

glatt smooth; slippery

die **Glätte, -, -n** smoothness

der **Glaube, -ns, -n** or der **Glauben, -s, -** belief, confidence, trust, faith

glauben (an) to believe (in), think

das **Glaubensbekenntnis, -ses, -se** creed, confession of faith

der **Glaubenslose, -n, -n** person without faith, unbeliever

glaubwürdig credible

gleich right away, at once, instantly, immediately, soon; like, alike, similar, resembling, identical; equal, equivalent; straight

es war mir gleich it did not make any difference to me

gleichen, glich, geglichen (*dat.*) to resemble, be like; equal

gleichfalls also, likewise

gleichförmig uniform

gleichgeschwungen equal, harmonious

gleichgesinnt congenial, of the same opinion, sharing the same views

gleichgültig indifferent, unimportant, unconcerned, apathetic, disinterested

es ist gleichgültig it is a matter of indifference

die **Gleichgültigkeit, -** indifference, apathy

die **Gleichheit, -** identity

gleichmäßig symmetric, even, steady

gleichsam as it were, so to speak, as though *or* if, in a sense; almost

gleich-stellen to compare, equalize, put on a par (with)

gleichzeitig at the same time, simultaneous, at once

gleiten, glitt, ist geglitten to glide, slide, slip

das **Glied, -(e)s, -er** link, joint, limb (*anat.*)

die **Gliederung, -, -en** articulation, structure; linking, arrangement, classification

glimmen to glow faintly, glimmer

glimpflich fair, moderate

glimpflich davonkommen to get off unscathed *or* with a trifling loss

glitzern to glitter, sparkle

die **Glocke, -, -n** bell; time (*arch.*)

der **Glockenschlag, -(e)s, ̈e** tolling of the bell

das **Glockenseil, -(e)s, -e** bell rope

das **Glück, -(e)s,** *pl.:* **-sfälle,** *or* **-sumstände** happiness; chance, (good) fortune, luck, success

glücklich happy; fortunate, successful

der **Glückwunsch, -(e)s, ̈e** congratulation

glühen to glow

glühend vor feverish with
ein mildes, rotes Glühen a
a mild red glow
die Glut, -, -en glow, embers
die Gnade, -, -n mercy, grace
gnädig gracious, merciful, indulgent, kind
die gnädige Frau mistress
of the house, madam
der Gockelhahn, -(e)s, ⸚e rooster
das Gold, -(e)s gold
golden golden
goldgestickt embroidered
with gold
das Goldstück, -(e)s, -e gold
coin
Gomorrha Gomorrha (city of
the Bible)
die Gosse, -, -n gutter
der Gott, -es, ⸚er god
der liebe Gott the Good
Lord
Gott weiß God or Heaven
knows
die Götterluft, -, ⸚e divine breeze
die Götterstatue, -, -n statue or
image of a god
die Gottheit, -, -en deity
göttlich divine, godlike,
godly
gottlob thank God
gottlos godless
der Gouverneur, -s, -e master or
tutor; governor
das Grab, -(e)s, ⸚er grave
graben, (gräbt), grub, ge-
graben to dig; mine
der Grad, -(e)s, -e degree (centi-
grade when referring to temperature), rank
bis zu einem gewissen
Grad(e) to a certain ex-
tent or degree, up to a certain point
im höchsten Grad exceed-
ingly
der Graf, -en, -en count
der Gram, -(e)s sorrow

sich grämen to grieve
das Gras, -es, ⸚er grass
gräßlich atrocious, horrible,
dreadful
das Grau, -s gray
grau gray
das Gräuel, -s, - horror, abomination
sich grauen (vor) (dat.) to be
afraid or terrified (of), have
a horror (of)
das Grauen, -s dread, horror,
terror
grauenhaft terrifying
graus horrifying
die Grausamkeit, -, -en cruelty,
ferocity
gravitätisch serious, dignified
graziös graceful
greifbar tangible, apprehens-
ible, comprehensible, palp-
able
greifen, griff, gegriffen to
grasp, seize; comprehend
greifen nach to reach for
in etwas greifen to reach
into something, put one's
hand into something
greis aged, old
die Grenze, -, -en border, dividing line, boundary; limit,
limitation, restriction
grenzenlos boundless, infinite
die Grenzsituation, -, -en ultimate situation, limit situation
der Greuel, -s, - horror, abomination
greulich horrible, dreadful
griechisch Greek
der Griffel, -s, - (slate) pencil,
stylus
die Grimasse, -, -n grimace, wry
face
grimmig grim, fierce, feroc-
ious
grinsen to grin
gröblich outrageous
(das) Grönland, -s Greenland
groß great, big, huge, tall,

large; important, eminent; grown-up

großangelegt grandly conceived

großartig imposing, magnificent, grandiose, splendid, superb, noble

die **Größe, -, -n** size; greatness, grandeur, dimension, value; magnitude

der **Großhändler, -s, -** wholesale merchant

der **Großwesir, -s, -e** grand vizier

die **Grube, -, -n** cavity, hole; (mining) pit, shaft

    auf die Grube gehen go to work in the mine

grübeln to brood, ponder

das **Grün, -s** green

grün green

der **Grund, -(e)s, ̈e** foundation, basis; reason, cause; ground, bottom, base

    auf Grund von because of, based on, according to, on account of

    der Sache auf den Grund kommen get to the bottom of the matter

    der tragende Grund secure foundation

    im Grunde really, fundamentally, actually, in reality, basically

    aus triftigen Gründen on anything but trifling grounds, for good reasons

der **Grundantrieb, -(e)s, -e** basic drive *or* motive

die **Grundauffassung, -, -en** basic conception *or* view

grundeinerlei absolutely all the same, a matter of complete indifference

die **Grundeinheit, -, -en** basic unit

gründen to found, establish; ground, base

die **Grundhaltung, -, -en** basic

premise, basic attitude, fundamental position

die **Grundlage, -, -n** basis, fundamental(s)

grundlegend fundamental, basic

gründlich thorough(ly), profound, fundamental, essential

die **Gründlichkeit, -** profundity, thoroughness

der **Gründling, -s, -e** gudgeon (*fish*)

grundlos bottomless; without reason

das **Grundmotiv, -s, -e** main theme

der **Grundsatz, -es, ̈e** principle

grundsätzlich in principle, fundamental, basic

die **Grundsituation, -, -en** basic situation

der **Grundstoff, -(e)s, -e** basic material

grünwollen green-woolen

die **Gruppe, -, -n** group

der **Gruppenkampf, -(e)s, ̈e** group battle

gruppieren to arrange

gruseln to make shudder, be afraid (of something uncanny)

    es gruselt mir I shudder; I'm scared

der **Gruß, -es, ̈e** greeting, salutation

    die Grüße greetings, regards

grüßen to greet, speak to, welcome

grüß Gott! good day! hello!

gucken to look, peep

    guck einmal why don't you look, just look

gülden (*poet.*) = **golden**

gültig valid, binding; admissible

die **Gunst, -** favor

auf seine Gunst bedacht sein to be eager to gain someone's favor

zu Gunsten (von) in favor (of), on behalf (of)

der **Gürtel, -s, -** belt, waistband, sash

gürten to gird, get ready

der **Guß, -sses, ⸚sse** gush, splash, sudden downpour

gut, besser, best- good *or* well, better, best

das **Gut, -(e)s, ⸚er** possession, property; blessing; achievement; (rural) estate

Gut und Böse good and evil

die **Güte, -** goodness, kindness, excellence, benevolence

guteingerichtet well-furnished

gutgläubig guileless, credulous

gutmütig good-natured

der **Gymnasiast, -en, -en** secondary-school boy

der **verkommene Gymnasiast** failure in secondary school

der **Gymnastiklehrer, -s, -** gymnastics teacher

die **Gymnasialbildung, -** classical education, college preparatory training

der **Gynäkologe, -n, -n** gynecologist

H

das **Haar, -(e)s, -e** hair

das **Haargestrüpp, -(e)s, -e** tangle of hair

haben (hat), hatte, gehabt to have

habhaft werden (einer Sache) (*gen.*) to get hold of, obtain, put oneself in possession (of something)

der **Hafen, -s, -** harbor

die **Haft, -** imprisonment

haften to cling to

dafür haften to be responsible for

der **Hagel, -s** hail

der **Hagestolz, -es, -e** (confirmed) bachelor

der **Hahn, -(e)s, ⸚e** cock, rooster

der **Hai, -(e)s, -e** shark

der **Haken, -s, -** hook, clasp, clamp

das **Häkchen, -s, -** little hook

„**was ein Häkchen werden will, muß sich beizeiten krümmen**" "as the twig is bent, the tree is inclined"

halb half

halbblind half blind

der **Halbhandschuh, -s, -e** (lace) mitt

der **Halbkreis, -es, -e** semicircle

halbverfallen half deteriorated, half ruined

halbverwischt half obliterated

die **Hälfte, -, -n** half

die **Halle, -, -n** station, hall

hallen to echo, resound

die **Halluzination, -, -en** hallucination

halluzinatorisch hallucinatory

der **Hals, -es, ⸚e** throat, neck

das **Halstuch, -(e)s, ⸚er** scarf

halten, (hält), hielt, gehalten to hold, keep, retain; stop, halt; consider, think

halten für to consider, think, deem, look upon (as), take to be

halten mit to go along with

ich halte es mit ihm I stand by him

sich **halten** to hold out, last

sich **halten an** to stick *or* adhere to

sich **halten können** to be able to contain oneself

haltlos unsteady, wavering,

uncertain; without anything to hold onto

die **Haltung, -, -en** posture, position, bearing, attitude

hämisch spiteful

der **Hammer, -s, -** hammer; hammerheaded shark

hämmern to hammer

die **Hand, -, ¨e** hand

von fremder Hand from strangers

einem etwas in die Hände spielen to get something into someone's hands

jemandem die Hand geben to shake hands with someone

die **Handbewegung, -, -en** motion, gesture

der **Handel, -s** transaction, business, affair, bargain

handeln to act, do, behave

das **Handeln, -s** action, acting, being active

sittliches Handeln moral action

sich **handeln (um)** to concern, be a matter or case (of), be a question (of)

händelsuchend quarrelsome, looking for trouble

handhaben to deal with; administer

die **Handhabung, -, -en** scheme; handling, manipulation

die praktische Handhabung practice

handlich handy

die **Handlung, -, -en** action, performance, deed

die **Handlungsweise, -, -n** manner of action, procedure

die **Handschrift, -, -en** manuscript; handwriting

der **Handschuh, -s, -e** glove

die **Handvoll, -** handful

die **Handwaschung, -, -en** hand washing, scrubbing (up)

das **Handwerk, -(e)s** trade; handicraft, craft

der **Handwerker, -s, -** craftsman, artisan

der **Hang, -(e)s, ¨e** incline, edge

hängen, hängte or **hing, gehängt** or **gehangen** to hang

hängen-bleiben, blieb hängen, ist hängengeblieben to become attached to; be caught on

die **Hantierung, -, -en** manipulation

die **Harmonie, -, -n** harmony; union

hart harsh, hard, severe

hart an close by, close to

der **Harfenschlag, -(e)s, ¨e** harp cadence

harmlos harmless; innocuous, innocent

harren to linger on, stay, remain

der **Haselbusch, -(e)s, ¨e** hazel bush

der **Haß, -sses** hatred

hassen to hate, despise

häßlich ugly

hastig hasty, quickly

der **Hauch, -(e)s** breeze, breath of air

hauen to strike, beat, hit

sich **häufen** to increase, mount up

häufig numerous, frequent, repeated, often

haupt- main, essential, chief

das **Haupt, -(e)s, ¨er** head

das **Hauptbuch, -(e)s, ¨er** most important book

der **Hauptcharakter, -s, -e** essential character or characteristics

der **Hauptplatz, -es, ¨e** main square

das **Hauptportal, -s, -e** main entrance

hauptsächlich in the main, principally, essential, primary; especially

325

die **Hauptsorge, -, -n** main concern

der **Hauptspaß, -es, ⸗e** main joke, capital joke

die **Hauptstadt, -, ⸗e** capital

die **Hauptstraße, -, -n** main street

das **Hauptstück, -(e)s, -e** main chapter

das **Hauptwerk, -(e)s, -e** principal work, masterpiece

das **Haus, -(e)s, ⸗er** house
   nach Haus(e) home (to go home)
   von Haus(e) aus by nature, originally

die **Hausfrau, -, -en** housewife, mistress of the house

das **Hausgesinde, -s, -** servants

der **Haushund, -(e)s, -e** house dog

der **Hauslehrer, -s, -** tutor

der **Hausstand, -(e)s, ⸗e** household

die **Haustür, -, -en** front door, street door

die **Haut, -, ⸗e** skin

die **Hebamme, -, -n** midwife

der **Hebelgriff, -(e)s, -e** handle of a lever
   heben, hob, gehoben to lift, raise

sich **heben** to rise

die **Hebung, -, en** lifting; improvement; accent

der **Hecht, -(e)s, -e** pike
   Heda! Hey there!

das **Heft, -(e)s, -e** notebook, book(let)
   heften to pin, fasten, attach, cling, be fixed to something

sich **heften (auf)** to attach itself, be fixed
   heftete sich auf mich seized me
   heftig violent, intense, vehement, powerful, impetuous, passionate, fervent

die **Heftigkeit, -** fierceness, intensity, vehemence, passion

hegen to care for, cherish

heida! hey! hurrah!

die **Heide, -, -n** heath

das **Heidenröslein, -s, -** little rose of the heath

heikel delicate, precarious, difficult

heil! hail!

das **Heil, -(e)s** good fortune, salvation; good
   zum Heil fortunately, for the good

heilig holy, godly, sacred

der **Heilige, -n, -n** saint, holy one

heiligen to hallow

die **Heiligkeit, -** holiness, saintliness

das **Heim, -(e)s, -e** home

heim home, homeward

die **Heimat, -** home, native place *or* country, homeland, birthplace

die **Heimatstadt, -, ⸗e** native city

heim-kehren to return (home)

heimlich secret(ly), furtive

die **Heimstatt, -, ⸗en** home(stead)

heim-tragen, (trägt heim), trug heim, heimgetragen to carry home

der **Heimweg, -(e)s, -e** way home

das **Heimweh, -s** homesickness, nostalgia

heiraten to marry

heiser hoarse

heiß hot

heißen, hieß, geheißen to be called *or* named; name, call, command, order, bid, enjoin, direct; mean, signify
   jemanden etwas tun heißen to bid someone do something
   das heißt that is (to say)

326

heiter cheerful, serene, calm, glad, bright, gay

die **Heiterkeit, -** cheerfulness, gaiety, humor

heizen to heat

der **Held, -en, -en** hero

die **Heldentat, -, -en** heroic deed

die **Heldin, -, -nen** heroine

helfen, (hilft), half, geholfen to help, promote, assist

der **Helfer, -s, -** helper, assistant

der **Helferwille(n), -(n)s** will to help

hell light, bright

die **Helle, -** illumination, brightness, light

der **Heller, -s, -** *small German copper coin, no longer current*

ein paar Heller a few cents

hellsehend clairvoyant

die **Hellsicht, -** clearsightedness

der **Helm, -(e)s, -e** helmet

das **Hemd, -(e)s, -en** shirt, chemise

hemmen to hinder, stop, inhibit

das **Hemmnis, -ses, -se** hindrance

die **Hemmung, -, -en** inhibition

hemmungslos uninhibited, unrestrained

der **Henkel, -s, -** handle

henken to hang (on the gallows)

der **Henker, -s, -** hangman

her hither, here, this way

wo ist er her? where is he from?

herab down (from)

herab-blicken (auf) to look down (on)

herab-drücken to press down; reduce

herab-fallen, (fällt herab), fiel herab, ist herabgefallen to fall down (from a height)

herab-gleiten, glitt herab, ist

herabgeglitten to slide down

herab-hängen, hing herab, ist herabgehangen to hang down

herabhängend pendulous, drooping

herab-holen to fetch down, get down

sich **herab-lassen, (läßt sich herab), ließ sich herab, hat sich herabgelassen** to condescend, deign; stoop

herab-sehen, (sieht herab), sah herab, herabgesehen to look down

herab-setzen to reduce; degrade

herab-steigen, stieg herab, ist herabgestiegen to climb down

herab-tragen, (trägt herab), trug herab, herabgetragen to carry down

heran hither, toward

heran-drängen to press forward

heran-kommen, kam heran, ist herangekommen to proceed, come close, approach

heran-reifen to mature, grow up

sich **heran-tasten** to feel one's way toward

heran-treten, (tritt heran), trat heran, ist herangetreten (an jemanden) to approach (a person), confront; take up

heran-wachsen, (wächst heran), wuchs heran, ist herangewachsen to grow up

herauf up; hither, upward, upstairs

herauf-bringen, brachte herauf, heraufgebracht to

327

bring up, bring upstairs

sich **herauf-drängen** to well up, force itself up

herauf-kommen, kam herauf, ist heraufgekommen to approach, come up

herauf-steigen, stieg herauf, ist heraufgestiegen to climb up, rise

heraus forth, out of, out

aus . . . heraus out of

heraus-arbeiten to work out, evolve

scharf herausgearbeitet sharply outstanding, very prominent

heraus-bringen, brachte heraus, herausgebracht to bring forth, produce, extract, elicit

kein Wort herausbringen to be unable to get a word out

heraus-fordern to challenge, provoke

heraus-geben, (gibt heraus), gab heraus, herausgegeben to return (*e.g.*, *change*), give back; edit, publish

heraus-graben, (gräbt heraus), grub heraus, herausgegraben to dig out

heraus-holen to get out, bring forth

heraus-kommen, kam heraus, ist herausgekommen to come out

heraus-können, (kann heraus), konnte heraus, herausgekonnt to be able to get out

heraus-müssen, (muß heraus), mußte heraus, herausgemußt to have to come out

sich **heraus-nehmen, (nimmt sich heraus), nahm sich heraus, hat sich herausgenommen** to presume

(too much)

sich **Freiheiten herausnehmen** to take liberties

heraus-rasseln to rattle out of

heraus-schlagen, (schlägt heraus), schlug heraus, herausgeschlagen to burst forth; come through fighting

heraus-schneiden, schnitt heraus, herausgeschnitten to cut out, extricate

heraus-springen, sprang heraus, ist herausgesprungen to jump out

heraus-steigen, stieg heraus, ist herausgestiegen to climb out

sich **heraus-stellen** to turn out, reveal itself, appear

heraus-ziehen, zog heraus, herausgezogen to pull out, pull forth

herb bitter, sharp, pungent; stern, austere

herbei hither

herbei-holen to bring hither, fetch

herbei-locken to entice (to come)

herbei-kommen, kam herbei, ist herbeigekommen to come near, come close, approach

herbei-laufen, (läuft herbei), lief herbei, ist herbeigelaufen to run hither, run near

herbei-schaffen to procure, bring (to a certain place)

herbei-schleichen, schlich herbei, ist herbeigeschlichen to sneak *or* creep close

herbei-schleppen to bring hither, drag along, carry

der **Herbst, -es, -e** autumn, fall

der **Herbstmorgen, -s, -** autumn morning

der **Herbsttag, -(e)s, -e** autumn day

der **Herbstvormittag, -(e)s, -e** autumn morning

der **Herd, -(e)s, -e** hearth, stove, fireside; center, source

die **Herde, -, -n** flock

herein in here, inward, in

herein-kommen, kam herein, ist hereingekommen to come, come in(side)

herein-tragen (trägt herein), trug herein, hereingetragen to carry in(side)

herein-treten, (tritt herein), trat herein, ist hereingetreten to step or walk in, enter, come in

(sich) **herein-ziehen, zog herein, hereingezogen** to move or pull in

her-geben, (gibt her), gab her, hergegeben to furnish, supply

her-kommen, kam her, ist hergekommen to come from

die **Herkunft, -** derivation, origin; (previous) residence

der **Herr, -n, -en** gentleman, lord, master, man, Mr.

mein Herr Sir

herrlich grand, magnificent, splendid, marvelous

die **Herrlichkeit, -, -en** glory, splendor

die **Herrschaft, -** power, domination, control, dominion

die Herrschaften (pl.) ladies and gentlemen, people

herrschaftlich manorial, magnificent

herrschen to reign, prevail, rule

herrschend overpowering, dominant, prevailing

der **Herrscher, -s, -** ruler, sovereign

her-schreiten, schritt her, ist hergeschritten to walk along or toward

her-schütten to pour out (in a certain direction)

etwas über jemanden herschütten pour something (out) over someone

her-stellen to establish; produce, manufacture

herüber over, across

(sich) **herüber-neigen** to bend (toward), incline

herum around, about

um ... herum round about, all around

(sich) **herum-bewegen** to move about

(sich) **herum-drehen** to turn around, revolve around

herum-fahren, (fährt herum), fuhr herum, ist herumgefahren to travel around, ride around

herum-gehen, ging herum, ist herumgegangen to pass, go around

herum-laufen, (läuft herum), lief herum, ist herumgelaufen to run around

herum-sein, (ist herum), war herum, ist herumgewesen to be over, be past

herum-spielen to manipulate, play around

herum-tasten to grope around

sich **herum-treiben, trieb sich herum, hat sich herumgetrieben** to be tossed about, knock about, hang around

herum-wandeln to go or walk about or around

sich **herum-werfen (wirft sich herum), warf sich herum, hat sich herumgeworfen** to turn quickly

herunter down, downward

herunter-kommen, kam herunter, ist heruntergekommen to come down

herunter-nehmen, (nimmt herunter), nahm herunter, heruntergenommen to take down, doff

herunter-reißen, riß herunter, heruntergerissen to snatch off

hervor forth, out

aus . . . hervor out of

hervor-blicken to look forth

hervor-brechen, (bricht hervor), brach hervor, ist hervorgebrochen to burst forth, appear

hervor-bringen, brachte hervor, hervorgebracht to produce

hervor-gehen, ging hervor, ist hervorgegangen to result, proceed, arise

hervor-heben, hob hervor, hervorgehoben to emphasize, stress, call attention to; display

hervor-holen bring forth, produce

hervor-quellen, (quillt hervor), quoll hervor, ist hervorgequollen to spring forth, protrude

hervor-ragen to stand out, project *or* rise (above)

hervorragend notable

hervor-rufen, rief hervor, hervorgerufen to evoke, call forth, produce, conjure up, cause, bring *or* come about

hervor-schießen, schoß hervor, ist hervorgeschossen to shoot forth

hervor-springen, sprang hervor, ist hervorgesprungen to project

hervor-treten, (tritt hervor), **trat hervor, ist hervorgetreten** to come *or* step forward; become apparent *or* known, stand out; deal with; distinguish oneself

(sich) her-wenden, wendete her *or* **wandte her, hat hergewendet** *or* **hergewandt** to turn toward, face

das **Herz, -ens, -en** heart

sich ein Herz fassen to pluck up courage, take heart

her-zeigen to show

das **Herzeleid, -(e)s** heartache

das **Herzklopfen, -s** heartbeat

mit Herzklopfen with a beating *or* palpitating heart

die **Herzlichkeit, -** cordiality

der **Herzog, -s, ⁓e** duke

das **Heu, -(e)s** hay

heulen to howl, yell

heut(e) today

heutig of today, (at the) present, contemporary

wir Heutigen we moderns

heutzutage nowadays

die **Hexe, -, -n** witch

der **Hexenmeister, -s, -** wizard

hie und da ever so often, occasionally, now and then, here and there

der **Hieb, -(e)s, -e** blow

auf einen Hieb at one blow

hier at this point, in this context; here, there

hierauf next, thereupon

hierbei hereby, in doing so, herewith

hier-bleiben, blieb hier, ist hiergeblieben to stay here

hierher here, hither, over here

hierin in this, in this respect

hiermit herewith, (along) with this

hierneben = hier daneben right next (to)

hiervon by this, of this, about

this

die **Hilfe, -, -n** help, aid, assistance, support

Hilfe schaffen to render assistance, procure help

hilflos helpless

die **Hilflosigkeit, -** helplessness

die **Hilfsbereitschaft, -** readiness to help

die **Hilfskraft, -, ⁼e** helper, assistant

der **Himmel, -s, -** heaven, sky, heavens, firmament

um Himmels willen for heaven's sake

die **Himmelsberechnung, -, -en** astronomical calculation

der **Himmelsduft, -(e)s, ⁼e** heavenly air or fragrance

die **Himmelsgewalt, -, -en** heavenly power, supernatural force

das **Himmelsgewölbe, -s** firmament

himmlisch heavenly

der **Himmlische, -n, -n** divine being

hin that way, toward

hin und her back and forth, to and fro

wo gehst du hin? where are you going?

hinab down, downward

hinab-jagen to chase down or off

hinab-klimmen, klomm hinab, ist hinabgeklommen to climb down

hinab-schielen to cast furtive glances, look out of the corner of one's eyes

hinab-sehen, (sieht hinab), sah hinab, hinabgesehen to look down (upon)

hinab-taumeln to stagger downstairs, tumble down

hinab-werfen, (wirft hinab), warf hinab, hinabgeworfen to throw down

hinan up

den Berg hinan up the mountain

hinauf up, upstairs

hinauf-hängen, hängte hinauf or **hing hinauf, hinaufgehängt** or **hinaufgehangen** to hang up

hinauf-steigen, stieg hinauf, ist hinaufgestiegen to climb up

hinaus to the outside, out

hinaus-gehen, ging hinaus, ist hinausgegangen to go out, go outside

hinaus-hängen, hängte hinaus or **hing hinaus, hat hinausgehängt** or **hinausgehangen** to extend, jut out

hinaus-kommen, kam hinaus, ist hinausgekommen to come out, get out

hinaus-können, (kann hinaus), konnte hinaus, hinausgekonnt (über etwas) to transcend (something), be able to go beyond (something)

hinaus-laufen, (läuft hinaus), lief hinaus, ist hinausgelaufen (auf) to result (in)

hinaus-reichen (über) to stretch or reach (beyond)

hinaus-sehen, (sieht hinaus), sah hinaus, hinausgesehen to look outside

hinaus-werfen, (wirft hinaus), warf hinaus, hinausgeworfen to throw outside, throw out

sich **hin-bewegen** to move (in a certain direction), move about

der **Hinblick, -(e)s, -e** regard

hindern to impede, hinder, prevent

das **Hindernis, -ses, -se** obstacle, hindrance, impediment

ohne Hindernis
unobstructed

hin-deuten (auf eine Sache)
to intimate (a thing), point
to *or* hint at (a thing)

hindurch through, throughout

**hindurch-scheinen, schien
hindurch, hindurch-
geschienen** to shine
through

**hindurch-sehen, (sieht hin-
durch), sah hindurch,
hindurchgesehen** to see
through, look through

hinein into, in, inside

**hinein-beißen, biß hinein,
hineingebissen** to bite
into

**hinein-blasen, (bläst hinein),
blies hinein, hinein-
geblasen** to blow into

**hinein-fahren, (fährt hinein),
fuhr hinein, ist hineinge-
fahren** to ride into, drive
into

**hinein-gehen, ging hinein,
ist hineingegangen** to
go in *or* inside

sich **hineingleiten lassen, (läßt
sich hineingleiten), ließ
sich hineingleiten, hat
sich hineingleiten lassen**
to sink back, let oneself
slide (into)

hinein-klemmen squeeze in,
clamp inside

sich **hinein-legen** lie down (in
something)

hinein-reden to lecture
(somebody), talk (to someone) persuasively

hinein-sammeln to collect
into

**hinein-sehen, (sieht hinein),
sah hinein, hineingesehen**
to look in

**hinein-tragen, (trägt hinein),
trug hinein, hineingetragen**

to carry inside

**hinein-werfen, (wirft
hinein), warf hinein,
hineingeworfen** to
throw in *or* inside

**hin-fallen, (fällt hin), fiel hin,
ist hingefallen** to fall
down

hin-führen to lead there (to a
certain place)

**hin-geben, (gibt hin), gab
hin, hingegeben** to give
to *or* away, resign, surrender, pass

sich **hin-geben** to resign *or* give
oneself up to, surrender to

hingegeben abandoned (to
grief), indulging in, devoted
to

die **Hingebung, -** devotion,
surrender

hingebungsvoll devoted

hingegen on the contrary, on
the other hand

**hin-gehen, ging hin, ist
hingegangen** to go there,
go (to some place)

hin-gehören to belong
(someplace)

hingestreckt stretched out

hin-klappern to clatter

vor sich hinklappern to
rattle to oneself

**hin-kommen, kam hin, ist
hingekommen** to get,
arrive (someplace); dis-
appear

wo ist es hingekommen?
where did it disappear to?

**hin-kriechen, kroch hin, ist
hingekrochen** to creep
along

**hin-nehmen, (nimmt hin),
nahm hin, hingenom-
men** to accept, take

sich **hinreißen lassen** to be carried
away, let oneself be carried
away *or* overwhelmed

hin-richten to execute

(someone)

hin-schlagen, (schlägt hin), schlug hin, hingeschlagen to strike down

schlug über uns hin fell upon us

hin-schleichen, schlich hin, ist hingeschlichen to sneak along, steal along

hin-schreiten, (schreitet hin), schritt hin, ist hingeschritten to march, stalk, strut along

hin-sehen, (sieht hin), sah hin, hingesehen to look over there, watch

die **Hinsicht, -, -en** respect, regard; point of view

in bestimmter Hinsicht in a certain respect

in dieser Hinsicht in this respect

hinsichtlich *(gen.)* with reference *or* regard to, as to

hin-stellen to present, bring forward, establish, represent

hintan-halten, (hält hintan), hielt hintan, hintangehalten to thwart, discourage

hinten at *or* in the back, in the rear, at the end

hinter behind, (in the) back (of)

hinter- posterior

hinter . . . drein behind

die hintern Beine hind legs

der **Hintergrund, -(e)s, ⸚e** background, rear, basis; *(pl.)* hidden difficulties

hin-trällern to hum, warble along

vor sich hinträllern to hum to oneself

hinüber across, over there

hinüber-steigen, stieg hinüber, ist hinübergestie-

gen to climb over (into), climb across

das **Hin- und Herschwanken, -s** vacillation

hinunter down, downstairs

hinunter-schicken to send down, send downstairs

hinunter-schlingen, schlang hinunter, hinuntergeschlungen to devour

hinunter-schlucken to gulp

hinunter-stoßen, (stößt hinunter), stieß hinunter, hinuntergestoßen to push down, push downstairs

hinunter-werfen, (wirft hinunter), warf hinunter, hinuntergeworfen to throw down, throw downstairs

hinweg-spülen to sweep away

hin-weisen, wies hin, hingewiesen to point to, refer to, show to, direct

hin-welken to fade away, wither, waste

hin-werfen, (wirft hin), warf hin, hingeworfen to throw, toss off; remark casually

hinzu to, toward, near, to it, in addition

hinzu-fügen to add (to)

hinzu-gehen, ging hinzu, ist hinzugegangen to go close

hinzu-kommen, kam hinzu, ist hinzugekommen to join; be added

hinzu-setzen to add

das **Hirn, -(e)s, -e** brain

der **Hirsch, -es, -e** deer, stag

das **Hirschgeweih, -(e)s, -e** deer antler(s)

der **Historiker, -s, -** historian

historisch historic(al)

333

hitzig heated, hotheaded, passionate, fiery

hoch (*comp.* **höher,** *sup.* **höchst-**) high; great, noble

hoch und teuer versprechen *or* **versichern** to solemnly promise *or* assure

hocherfreut greatly pleased

hoch-halten, (hält hoch), hielt hoch, hochgehalten to hold up

hoch-heben, hob hoch, hochgehoben to lift up, hold up

hochherzig high-spirited, courageous

der **Hochmut, -(e)s** pride, arrogance

hoch-nehmen, (nimmt hoch), nahm hoch, hochgenommen to lift up

die **Hochschule, -, -n** university, academic institute *or* institution

höchst extremely

höchstens if at all, at (the) most, at best

die **Hochzeit, -, -en** wedding, marriage

Hochzeit halten to get married, celebrate one's wedding

das **Hochzeit(s)bett, -(e)s, -en** bridal bed, nuptial bed

der **Hochzeit(s)tag, -(e)s, -e** wedding day

hoch-ziehen, zog hoch, hochgezogen to raise, pull up

hocken to crouch, squat

der **Hof, -(e)s, -̈e** farm, yard, courtyard, residence, (royal) court

die **Hoffart, -** arrogance, pride

hoffen to hope

hoffend hopeful

hoffentlich hopefully, I (you, he, *etc.*) hope that

die **Hoffnung, -, -en** hope, expectation

die **Hoffnung aufgeben** to give up hope

hoffnungslos hopeless, without hope

hoffnungsvoll full of hope

höflich polite

die **Höflichkeit, -** civility, courtesy

der **Hofmann, -(e)s,** *pl.:* **-leute** courtier

hofmännisch courtierlike

die **Hofmühle, -, -n** royal mill, grist mill

der **Hofrat, -(e)s, -̈e** privy councilor

hoh- high, great, noble

in hoher Freude in great joy

das **Hohe, -n** high sphere

die **Höhe, -, -n** height, altitude, summit, top, elevation, high point

in die Höhe aloft, upward; rising up

die **Hoheit, -, -en** Highness, majesty

Eure Hoheit Your Highness

Hoheit und Ehren dignity and honors

hohl hollow

die **Höhle, -, -n** cave, cavern

der **Höhlenbär, -en, -en** cave bear (*a species of extinct bear whose remains are found in caves*)

der **Hohn, -(e)s** scorn, disdain, mockery; insult

hold gentle, pleasing, kind, friendly, lovely, sweet, charming, gracious

holen to go and get, fetch, bring

holen lassen to have brought

die **Hölle, -** hell

holpern to jolt, jog along

das **Holz, -es, -̈er** wood, lumber
das **Holzbild, -(e)s, -er** wood
   carving
hölzern wooden
holzgedeckt shingled
das **Holzgeländer, -s, -** wooden
   banister
der **Holzlagerplatz, -es, -̈e**
   lumberyard
der **Hopfen, -s, -** hop
   an Dir ist Hopfen und Malz
   verloren all effort is
   wasted on you; you are a
   hopeless case
hopp! hop!
horchen to listen
hören to hear, listen (to);
   attend (a lecture)
der **Horizont, -(e)s, -e** horizon
das **Horn, -(es), -̈er** horn
   die Hörner zum Stoß(e)
   einlegen to lower the
   horns to charge
das **Hosenbein, -(e)s, -e** trouser
   leg
der **Hosenboden, -s, -̈** seat of the
   pants
hübsch pretty, attractive,
   nice, neat
die **Hüfte, -, -n** hip
hügelig hilly
(sich) **hüllen** to wrap, veil
die **Hülse, -, -n** hull, pod
die **Hülsenform, -, -en** form of
   a hull or pod
human human, humane
die **Humanität, -** humanity,
   human civilization
der **Hund, -(e)s, -e** dog
   mit allen Hunden gehetzt
   jaded with sophistication
der **Hunger, -s** hunger
die **Hungersnot, -, -̈e** famine
hungrig hungry
hüpfen to hop, bound, skip
hüpfend staccato, skipping
hurtig brisk
husch! shoo!
huschen to flit

der **Hut, -(e)s, -̈e** hat
sich **hüten (vor)** to beware, guard
   against, be on one's guard,
   take care
die **Hütte, -, -n** hut, cottage
die **Hyäne, -, -n** hyena
die **Hybride, -, -n** or der **Hybride,**
   -n, -n hybrid
die **Hygiene, -** hygiene, sanita-
   tion

I

das **Ich, -(s), -(s)** ego
ichfremd alien to the ego
die **Ichfremdheit, -** state of being
   alien to the ego
das **Ichideal, -s, -e** ego ideal
ideal ideal
das **Ideal, -s, -e** ideal
die **Idealfunktion, -, -en** function of maintaining the
   ideal, ideal function
der **Idealismus, -, Idealismen**
   idealism
idealistisch idealistic
das **Idealwesen, -s, -** ideal being
die **Idee, -, -n** idea, conception
der **Ideengang, -(e)s, -̈e** way or
   trend of thought
(sich) **identifizieren** to identify
   (oneself)
die **Identifizierung, -, -en** (process of) identification
die **Ideologie, -, -n** ideology
Ihr (as singular form of address)
   old form for **Sie** = you
ihrerseits in her (its, their)
   turn, on her (its, their)
   part, as far as she is (it is,
   they are) concerned
ihresgleichen like them (her)
als ihresgleichen as one of
   them
ihretwegen for their (her)
   sake
der **Ikarustraum, -(e)s** lit.:
   dream of Icarus; dream of
   being able to fly
die **Illusion, -, -en** illusion

die **Illustration, -, -en** illustration, example
immer continually, always, ever, more and more (*with comp.*)
  auf immer for ever
  immer mehr more and more
  immer wieder again and again
immerfort always, constant-(ly)
immerhin always; anyway, in spite of everything, all the same, after all, still, nevertheless
immerwährend always, all the time, continual(ly), continuous(ly), endless(ly)
immerzu always, all the time
implicite implicitly, expressly
der **Impuls, -es, -e** impulse
imstande (sein) (to be) capable
in in, into, within
indem (*adv.*) since, until, whilst, at this moment, just now, just then, during the time that; (*conj.*) while, as, (in) that, in *or* on (doing), by (doing), when, because
indes while, in the meantime, meanwhile
indessen however
(das) **Indien, -s** India
indirekt indirect
individuell individual, personal, special
das **Individuum, -s, Individuen** individual
das **Indiz, -es, -ien** evidence
ineinander in each other, into one another
infam base, infamous
der **Infektionsprozeß, -sses, -sse** process of infection
infolge (*gen.*) as a result of, in consequence of, owing to,

due to
infolgedessen as a result
der **Inhaber, -s, -** owner, proprietor
der **Inhalt, -(e)s, -e** content(s); purport, substance, sense
inmitten amidst, in the middle of
inne-haben, (hat inne), hatte inne, innegehabt to own
innen (on the) inside
inner- from within, internal, inner, inward; spiritual
das **Innere, -n** inner life, heart, inside, interior
  im Innern in the interior
innerlich interior, inner, inward(ly)
inne-werden, (wird inne), wurde inne, ist innegeworden to become aware (of)
das **Innewerden, -s** conscious experience, awareness, becoming aware
inne-wohnen to be found (in), be contained *or* inherent (in)
innig intimate, ardent, deeply felt; close; earnest, devout, tender
  aufs innigste extremely close
insbesondere especially, particularly
das **Insekt, -(e)s, -en** insect
die **Insel, -, -n** island
insofern to that extent, so far; (*conj.*) insofar as
insoweit to that extent
die **Instanz, -, -en** function; instance, agency
instinktiv instinctive
die **Institution, -, -en** institution
das **Instrument, -(e)s, -e** instrument
die **Intelligenz, -** intelligence, understanding
intensiv intensive, thorough

interessant interesting

das **Interesse, -s, -n** interest

interessieren to interest

die **Interpretation, -, -en** interpretation

das **Intervall, -s, -e** interval

intim intimate

inwieweit how far, to what extent

inzwischen in the meantime

irdisch mortal, earthly, terrestrial

irgend any, at all

irgendein any(one), some-(one)

irgendwie in some way or other

irgendwo anywhere, somewhere

irgendwoher from somewhere

irgendwohin (to) anywhere

die **Ironie, -** irony

ironisch ironical

irrational irrational

irre confused, demented, astray

    irre werden an to lose faith in

irren to err, be mistaken *or* deceived

das **Irrenhaus, -es, ̈er** mental institution

der **Irrgang, -(e)s, ̈e** labyrinth; aberration

der **Irrtum, -s, ̈er** error, erroneous notion, mistaken notion

irrtümlich mistaken

irrtümlicherweise mistakenly

der **Irrweg, -(e)s, -e** false path

isolieren to isolate

die **Isolierung, -** isolation

(das) **Italien, -s** Italy

    das obere Italien northern Italy

der **Iturizwerg, -(e)s, -e** pygmy of the Ituri tribe

J

ja yes; truly, really, indeed, certainly, of course, surely, after all

die **Jagd, -, -en** hunt, hunting scene, chase

jagen to hunt, chase, drive, force

der **Jäger, -s, -** hunter

das **Jägervolk, -(e)s, ̈er** tribe of hunters

jäh abrupt, sudden

das **Jahr, -(e)s, -e** year

jahrelang for years

die **Jahresfrist, -, -en** year's time

die **Jahreszeit, -, -en** season

das **Jahrhundert, -s, -e** century

die **Jahrhundertmitte, -, -n** middle of the century

das **Jahrzehnt, -(e)s, -e** decade

die **Jalousie, -, -n** venetian blind

der **Jammer, -s** lamentation, misery, distress

    Oh Jammer! Oh misery!

jämmerlich miserable, woeful

jammern to cry, lament

das **Jauchzen, -s** jubilation

jauchzen to shout (with joy), exult, jubilate

je ever, each, according to

    je ... desto the ... the

    je früher, desto besser the sooner, the better

    je nachdem according to whether, depending on whether, according to circumstances

    je ... um so the ... the

jedenfalls in any case, by all means; however

jeder, jede, jedes each, every, each one, everyone, everybody, any, either

jederzeit at any time, always, at all times

jedesmal every time, each time

jedoch however

337

jeglich (-er, -e, -es) every, each, any and all

jemand someone

jemals ever

jener, jene, jenes that one; the former

jenseitig on the opposite *or* other side; transcendental, otherworldly

jenseits on the other side (of), beyond

der **Jesuiten-Orden, -s** Society of Jesus, Jesuits

jetzig present-day, modern

jetzt now

jeweilig momentary, actual, for the time being; respective

das **Joch, -(e)s, -e** yoke

der **Journalist, -en, -en** journalist

journalistisch journalistic

jubeln to rejoice, exult, jubilate

jüdisch Jewish

die **Jugend, -** youth

jugendlich youthful

jung young, recent, early

   in jüngster Zeit most *or* very recently

der **Junge, -n, -n** young boy, young fellow, youngster, youth

die **Junge, -n, -n** young woman

das **Junge, -n, -n** little one, newborn

die **Jungfer, -, -n** maiden

die **Jungfrau, -, -en** maiden, virgin

der **Jüngling, -s, -e** youth, young man

die **Jungsteinzeit, -** Neolithic Age, New Stone Age

der **Jurist, -en, -en** lawyer

just just, exactly

die **Justiz, -** administration of the law

K

das **Kabinett, -s, -e** private chamber

der **Kaffee, -s** coffee

der **Käfig, -s, -e** cage

kahl bare

die **Kahlheit, -** bareness, emptiness

der **Kahn, -(e)s, ̈e** boat, skiff

der **Kaiser, -s, -** emperor

die **Kaiserin, -, -nen** empress

die **Kaktee, -, -n** *or* der **Kaktus, -, Kakteen** cactus

der **Kakteenfreund, -(e)s, -e** person fond of cactuses

das **Kalb, -(e)s, ̈er** calf

der **Kalif, -en, -en** caliph

kalt cold, indifferent

kaltblütig coldblooded, objective

das **Kaltstellen, -s** cooling process, putting on ice

der **Kamerad, -en, -en** companion, comrade

der **Kamin, -s, -e** fireplace, mantelpiece

der **Kamm, -(e)s, ̈e** comb

kämmen to comb

die **Kammer, -, -n** room, chamber

das **Kammermädchen, -s, -** chambermaid

der **Kampf, -(e)s, ̈e** combat, struggle, battle, fight, conflict

kämpfen to fight, struggle

(das) **Kanada, -s** Canada

das **Kaninchen, -s, -** rabbit

das **Kaninchenfutter, -s** rabbit food

der **Kaninchenstall, -(e)s, ̈e** rabbit hutch

kannibalisch *or* **kannibalistisch** cannibalistic

der **Kanonikus, -, Kanoniker** canon

kantig square, angular

die **Kanzleisprache, -, -n** language of officialdom,

legal *or* chancery language

das **Kapitel, -s, -** chapter

die **Kapuze, -, -n** hood

die **Karikatur, -, -en** caricature

der **Karren, -s, -** cart

die **Karte, -, -n** card, ticket

das **Kartenspiel, -(e)s, -e** card game

das **Karussell, -s, -s** *or* **-e** merry-go-round

das **Kasino, -s, -s** casino

die **Kastagnetten** (*pl.*) castanets

der **Kasten, -s, ⁼** *or* **-** chest, box

der **Katalog, -(e)s, -e** catalog

katastrophal catastrophic

die **Katastrophe, -, -n** catastrophe

die **Kathedrale, -, -n** cathedral

die **Katze, -, -n** cat

die Katze im Sack kaufen to buy something sight unseen; buy a pig in a poke

kauen to chew

kauern to cower, squat

kaufen to buy

der **Käufer, -s, -** buyer

der **Kaufmann, -(e)s, ⁼er** *or* **-leute** merchant, tradesman, shopkeeper

kaum hardly, scarcely, barely

der **Kavalier, -s, -e** gentleman

keck bold, self-assured

die **Keckheit, -** boldness

der **Kegel, -s, -** cone, ninepin

Kegel spielen to play skittles *or* ninepins; bowl

kegeln to bowl

die **Kehle, -, -en** throat

es schnürt ihm die Kehle zusammen he feels a lump in his throat

der **Kehllaut, -(e)s, -e** guttural sound

kehren to turn

in sich gekehrt absorbed in thought

sich **kehren** to care about

die **Kehrseite, -, -en** the other side

keifen to scold, nag

der **Keim-(e)s, -e** embryo, bud, nucleus

keimen to emerge, sprout, germinate

das **Keimblatt, -(e)s, ⁼er** cotyledon

kein no, not, not a, not any

keiner, keine, kein(e)s no, no one, none, not anyone

keinerlei no, not any

keinesfalls in no case, under no circumstances

keineswegs not at all, by no means

der **Keller, -s, -** cellar

der **Kellner, -s, -** waiter

kennen, kannte, gekannt to know, be acquainted with

kennen-lernen to become acquainted, get to know, meet

näher kennenlernen to become more closely acquainted

kenntlich distinguished (by), recognizable

die **Kenntnis, -, -se** knowledge, information, experience

Kenntnis bekommen to have *or* attain knowledge (of)

Kenntnis nehmen to recognize, notice

das **Kennzeichen, -s, -** characteristic; symptom; criterion

der **Kerker, -s, -** prison

der **Kerl, -s, -e** fellow

der **Kern, -(e)s, -e** core, essence; nucleus (*phys.*)

die **Kernfrage, -, -n** central question

die **Kerze, -, -n** candle

der **Kessel, -s, -** cauldron

die **Kette, -, -n** chain

keusch innocent, chaste, pure

kichern to giggle

der **Kiefer, -s, -** jaw

das **Kieferprofil, -s, -e** profile of jaw

der **Kiel, -(e)s, -e** keel
die **Kiemen** (*pl.*) gills
der **Kiesel, -s, -** pebble
das **Kind, -(e)s, -er** child
das **Kindbettfieber, -s** puerperal fever
die **Kinderfrage, -, -n** a child's question
die **Kinderstube, -, -n** nursery
   die gute Kinderstube
   good upbringing
die **Kindheit, -** childhood
das **Kindheitserlebnis, -ses, -se**
   childhood experience
   kindisch childish
   kindlich childlike, naive
das **Kinn, -(e)s, -e** chin
die **Kirche, -, -n** church
der **Kirchhof, -(e)s, ̈e** churchyard, cemetery
der **Kirchturm, -(e)s, ̈e** church tower, steeple, belfry
das **Kissen, -s, -** pillow, cushion
die **Kiste, -, -n** chest, crate
das **Kistenbrett, -(e)s, -er** board from a crate
   klaffen to yawn, gape
die **Klage, -, -n** lament, wailing, complaint; lawsuit
   klagen to complain, bewail, lament; sue
   klagen+*dat.* to complain to
   jemandem seine Not klagen to tell someone one's troubles
   Gott sei's geklagt may the Lord help us
der **Klageton, -(e)s, ̈e** sound of lamentation
   kläglich pitiful, miserable, contemptible, sorrowful, sad, dismal
die **Klammer, -, -n** tie, clamp
der **Klang, -(e)s, ̈e** sound, strain
   klappern to clatter (stork), rattle, click
der **Klapperschnabel, -s, ̈** clatter-beak
   klar clear(ly), sure; bright,

pure; distinct
   klären to enlighten, clear (up), clarify, explain
die **Klarheit, -** clearness, brightness; distinctness, clarity
die **Klarinette, -; -n** clarinet
die **Klassentür, -, -en** classroom door
   klassifizieren to classify
   klassisch classic(al)
   klatschen to lap, clap
das **Klavier, -s, -e** piano
der **Klavierspieler, -s, -** pianist
das **Kleid, -(e)s, -er** garb, dress; (*fig*, appearance)
   das geschichtliche Kleid
   historic garb
   die Kleider (*pl.*) clothes, clothing
die **Kleidung, -** dress, clothing
   klein small, little, minor; insignificant
   kleinbürgerlich petit bourgeois; typical of the lower middle class
   kleinbürgerlich gekleidet
   dressed in the manner of the lower middle class
die **Kleinigkeit, -, -en** trifle
   kleinlich petty, trivial
   kleinstädtisch provincial
   klemmen to squeeze, pinch, clasp
   klimatisch climatic
die **Klinge, -, -n** blade, sword
   jemanden über die Klinge springen lassen to put someone to the sword
die **Klingel, -, -n** bell
   klingeln to ring the bell
   klingen, klang, geklungen
   to sound, ring
das **Klingen, -s** resonance, ring
die **Klinke, -, -n** doorknob
die **Klippe, -, -n** cliff
der **Klippenfisch, -es, -e** cod
   klirren to clatter
   klopfen to knock, pat, beat

das **Kloster, -s, ⸚** monastery, convent, cloister

der **Klostergarten, -s, ⸚** monastery garden

der **Klostergeistliche, -n, -n** monastic clergyman; (ordained) monk

die **Kluft, -, ⸚e** chasm, abyss, cleft

klug clever, smart, intelligent, wise

klug werden to learn (*e.g., through experience*)

das **Klümpchen, -s, -** small piece *or* particle

der **Klumpen, -s, -** lump, clump, cluster, mass

der **Knabe, -n, -n** boy, youth

das **Knabenspiel, -(e)s, -e** boys' game

knallen to explode

knapp scarce, scanty, tight, insufficient

knapp vor shortly before

der **Knappe, -n, -n** page

knarren to creak, groan

der **Knecht, -(e)s, -e** servant, slave

kneifen, kniff, gekniffen to pinch

mit gekniffenen Augen squinting

die **Kneipe, -, -n** saloon, dive, bar, pub

die **Knickung, -, -en** bend, kink, buckling

das **Knie, -s, -** knee

knien to kneel (down)

knirschen to gnash, grate, grind, creak, crunch

knistern to rustle, crackle

der **Knöchel, -s, -** ankle

der **Knochen, -s, -** bone

das **Knochengerät, -(e)s, -e** tool made of bone

der **Knochenrest, -es, -e** remains of bones

knochig bony

der **Knopf, -(e)s, ⸚e** button

das **Knopfloch, -(e)s, ⸚er** button-hole

die **Knospe, -, -n** bud

knüpfen to make *or* tie a knot

knurren to growl

der **Kobold, -(e)s, -e** goblin

kochen to boil, cook

der **Koffer, -s, -** trunk, suitcase

die **Kohle, -, -n** coal

der **Köhlerknecht, -(e)s, -e** charcoal burner's helper, woodsman

die **Koje, -, -n** cabin

kokett coquettish

das **Kolleg, -s, -s** *or* **-ien** lecture

der **Kollege, -n, -n** colleague

das **Kollegienlesen, -s** giving lectures (at a university)

kollektiv collective

kollern to roll

die **Kolonie, -, -n** colony

die **Kombinationsreihe, -, -n** series of combinations

der **Komfort, -s** ease, luxury, comfort; modern conveniences

die **Komik, -** comedy

komisch comic

der **Kommandeur, -s, -e** director; commander

kommen, kam, ist gekommen to come, get to, reach; occur, come about, happen, result

sich nahe kommen to approach each other

kommen Sie zu sich! compose yourself!

die **Kommission, -, -en** commission

die **Kommunikation, -, -en** communication

mangelnde Kommunikation lack *or* absence of communication

die **Komplikation, -, -en** complication

komplizieren to complicate

kompliziert complicated

der **Kompromiß, -sses, -sse**
compromise

die **Kompromißbildung, -, -en**
compromise formation, arriving at a compromise

die **Konfession, -, -en** confession
(of faith), form of religion

der **Konflikt, -(e)s, -e** conflict

der **König, -s, -e** king
königlich royal

das **Königsmahl, -(e)s, ⸚er** *or* **-e**
royal banquet

der **Königssaal, -es, säle** royal
hall

der **Königstiger, -s, -** Bengal
tiger
konkret concrete, real

die **Konkurrenz, -, -en** competition

können, (kann), konnte, gekonnt to be able to, can,
know (a subject)

nichts dafür können not
to be able to help it

ich konnte nicht umhin I
could not help but

die **Konsequenz, -, -en** consequence, result, consistency

konservieren to preserve

konstant constant, permanent, invariable

die **Konstanz, -** constancy, permanence, stability

konstatieren to determine,
observe, state, verify

konstruieren to construct

der **Kontakt, -(e)s, -e** contact

die **Kontinuität, -, -en** continuity

der **Kontrast, -es, -e** contrast

die **Kontur, -, -en** contour, outline

das **Konzept, -(e)s, -e** conception, purpose

aus dem Konzept bringen
to distract from one's purpose

der **Konzeptspraktikant, -en, -en**
law student training in government office

die **Konzilianz, -** conciliatory
spirit

die **kopernikanische Wendung**
Copernican revolution

der **Kopf, -(e)s, ⸚e** head
köpfen to behead
kopfschüttelnd shaking one's
head

die **Koralle, -, -n** coral

der **Korb, -(e)s, ⸚e** basket

der **Korbhenkel, -s, -** basket
handle

das **Korn, -(e)s** grain

die **Kornähre, -, -n** ear of corn
or grain

der **Körper, -s, -** body; substance,
compound

die **Körperhaltung, -, -en** posture

körperlich physical, bodily;
material, substantial

die **Körperlichkeit, -** physique
korrekt accurate, correct

die **Korrektheit, -** correctness

die **Korrektur, -, -en** correction,
revision, (manuscript),
proof

der **Korridor, -s, -e** corridor

das **Korsett, -(e)s, -e** *or* **-s** corset,
girdle
kosmisch cosmic
kosten to cost

koste es, was es wolle no
matter what the price

kostbar valuable, precious

die **Kostbarkeit, -, -en** valuable
object, jewel; preciousness
köstlich delightful, delicious,
precious
krachen to crash

die **Kraft, -, ⸚e** strength, vigor,
power, energy, force;
might, initiative

aus eigener Kraft on (its)
own initiative

Kräfte sparen to preserve
one's strength

kraft (*gen.*) by virtue of

kräftig strong, powerful; forcible

kraftlos powerless, weak

die Kraftlosigkeit, - powerlessness, weakness

der Kragen, -s, - collar; neck

krähen to crow, caw

das Krähengeschrei, -(e)s cawing of crows

die Kralle, -, -n claw

krallen to claw, clutch

der Krämer, -s, - merchant, shopkeeper, grocer

der Krampf, -(e)s, ⸚e convulsion, muscle spasm

der Kranich, -s, -e crane

krank ill, sick

der Kranke, -n, -n sick person, invalid, patient

kränken to hurt (a person's) feelings; aggrieve, mortify

er ist gekränkt his feelings are hurt

das Krankenhaus, -es, ⸚er hospital

die Krankenkasse, -, -n health insurance

krankhaft morbid

die Krankheit, -, -en illness, sickness, disease

das Krankheitsbild, -(e)s, -er clinical picture

der Kranz, -es, ⸚e wreath

kraß violent, crass

kratzen to scratch

krausen to ruffle

das gekrauste Wasser rippling water

die Krawatte, -, -n necktie

die Kreatur, -, -en creature

der Krebs, -es, -e crab, crayfish

der Kreidefels, -en(s), -en white cliff

der Kreis, -es, -e circle; society; group, range

kreischen to shriek, creak

der Kreisel, -s, - (spinning) top

kreisen to circle, whirl

die Kreißende, -n, -n woman in labor

das Kreuz, -es, -e cross; small of back

kreuzen to cross

die Kreuzung, -, -en crossbreeding, hybridization

der Kreuzungsversuch, -(e)s, -e attempt at hybridization

kreuzweise crosswise

kribbeln to tingle

kriechen, kroch, ist gekrochen to crawl, creep

der Krieg, -(e)s, -e war

der Siebenjährige Krieg Seven Years' War

kriegen to receive, get

der Krieger, -s, - warrior

der Kristall, -s, -e crystal

das Kriterium, -s, Kriterien criterion

die Kritik, -, -en criticism, review, critique

kritisch critical

kritisieren to criticize

die Krone, -, -n crown

der Kronleuchter, -s, - chandelier

der Kropf, -(e)s, ⸚e maw, crop; goiter

der Kropfige, -n, -n person with goiter

die Krücke, -, -n crutch

der Krümel, -s, - crumb

krumm crooked, bent, curved

krummbeinig bowlegged

sich krümmen to grow crooked, curve; writhe

(das) Kuba, -s Cuba

die Küche, -, -n kitchen; fare, food

die kalte Küche cold dishes, smorgasbord

die Küchenschürze, -, -n kitchen apron

der Kuckuck, -s, -e cuckoo

der Kuckucksvogel, -s, ⸚ cuckoo

die Kugel, -, -n ball, globe, sphere; bullet

kühl cool, cold

die **Kühlung, -** cooling; assuagement

kühn daring, audacious

die **Kühnheit, -** boldness, audacity

die **Kulisse, -, -n** coulisse, (theater) scenery

die **Kultur, -, -en** culture, civilization

die **Kulturarbeit, -, -en** job of cultivation

das **Kulturerzeugnis, -ses, -se** manmade object

die **Kulturkritik, -, -en** critique of culture

das **Kulturleben, -s** cultural life

die **Kulturstufe, -, -n** stage of civilization

die **Kulturwelt, -** world of culture, civilized world

der **Kultusminister, -s, -** minister for cultural affairs

der **Kummer, -s** sorrow

kümmerlich miserable, wretched, poor, scanty

der **Kumpan, -s, -e** fellow, crony

die **Kunde, -** information, news, tidings

künden to declare

kund-geben, gibt kund, gab kund, hat kundgegeben to make known

sich **kund-geben** to manifest oneself

künftig future

die **Kunst, -, ̈e** art, skill

der **Kunstfehler, -s, -** blunder

das **Kunstgemälde, -s, -** picture, painting

die **Kunstgeschichte, -** art history

der **Kunstgriff, -(e)s, -e** artifice, artistic device; trick

der **Künstler, -s, -** artist

die **Künstlerin, -, -nen** female artist

künstlerisch artistic

die **Künstlerschaft, -** artistic sense

das **Künstlertum, -s** art, artistry

künstlich forced, artificial

das **Kunststück, -(e)s, -e** trick; work of art

kunstvoll artistic, ingenious

das **Kunstwerk, -(e)s, -e** work of art, masterpiece

die **Kupfertafel, -, -n** copper plate, engraving, diagram

die **Kupplerin, -, -nen** procuress

der **Kurgast, -es, ̈e** hotel guest

das **Kurhaus, -es, ̈er** hotel (at a seaside resort or spa)

kurios odd, curious

kurz brief, terse, short, in short

kurz nach shortly after

kurz vor shortly before

kurzhalsig short-necked

kürzlich recently

die **Kurzsichtigkeit, -** short-sightedness, myopia

kurzum in short

der **Kuß, -sses, ̈sse** kiss

küssen to kiss

die **Küste, -, -n** coast

der **Küster, -s, -** sexton

kutschieren to drive, ride (in a carriage)

L

das **Labyrinth, -(e)s, -e** labyrinth

das **Lächeln, -s** smile

lächeln to smile

lachen to laugh

lächerlich ridiculous

der **Lachs, -es, -e** salmon

lackieren to varnish

der **Lackschuh, -s, -e** patent-leather shoe

der **Lackstiefel, -s, -** patent-leather boot

laden, (lädt), lud, geladen to load (*i.e., a gun*); charge (electr.)

geladen brimful

der **Laden, -s, ̈** shop, store; shutter

der **Ladentisch, -es, -e** counter

die **Ladentür, -, -en** shop entrance, shop door

die **Ladung, -, -en** cargo

die **Lage, -, -n** situation, position, condition, circumstance; location, neighborhood

bei normaler Lage under normal circumstances

in der Lage sein to be in a position

das **Lager, -s, -** couch, bed

lähmen to paralyze

die **Lampe, -, -n** lamp

die **Lampenglocke, -, -n** lampshade (made of glass)

das **Land, -(e)s, ⸚er** country, state; land, soil, earth, ground

am Land(e) in the country

landeinwärts inland

die **Landkarte, -, -n** map

die **Landleute** (*pl.*) farmers, country folk

ländlich rural

der **Landmann, -(e)s,** *pl.:* **-leute** villager, farmer, husbandman

die **Landschaft, -, -en** landscape; region

der **Landsmann, -(e)s,** *pl.:* **-leute** compatriot

die **Landstadt, -, ⸚e** provincial town

die **Landstraße, -, -n** country road, highway, main road

lang long, tall, lengthy; (*adv. and prep. preceded by acc.*) long, for

lang(e) a long while, for the duration of, for a long time

schon lang(e) for a long time (already)

so lang(e) as long as, that long

noch lang(e) for quite a while

(Frau) Langbein (Mrs.) Longlegs

langbeinig long-legged

langen (nach) to reach (for)

der **Langfüßler, -s, -** the long-legged one (*i.e., stork*)

länglich longish

länglich geschnitten oblong, slanted

längs (*gen. or dat.*) along, alongside

langsam slow

die **Langsamkeit, -** slowness

längst long ago, long since

die **Längswand, -, ⸚e** side wall

langweilig tedious, boring

der **Lappen, -s, -** rag

(das) **Lappland, -s** Lapland

der **Lärm, -s** noise, uproar

lärmen to make a noise, clang, clamour

die **Larve, -, -n** specter, mask

lassen, (läßt), ließ, gelassen to let, have (something) done; leave

läßt sich (+*inf.*) can be (+*passive*)

jemanden (*acc.*) **etwas** (*acc.*) **tun lassen** to have someone do something, cause *or* have something done

sich zur Erde lassen to alight on the ground

lässest = läßt

die **Lässigkeit, -, -en** nonchalance

die **Last, -, -en** burden, weight, cargo

das **Laster, -s, -** vice

lästern to blaspheme

lateinisch Latin

latent latent

die **Laterne, -, -n** lantern, streetlamp

lau balmy

das **Laub, -(e)s** foliage, leaves

die **Laube, -, -n** bower, pergola

der **Laubwald, -(e)s, ⸚er** deciduous forest

der **Lauf, -(e)s, ⸚e** course (of events); running, movement; bed (of a river)

im Laufe in the course of

die **Laufbahn, -, -en** career

laufen, (läuft), lief, ist gelaufen to run, walk, hurry, go, move

die **Laune, -, -n** mood, temper, humor

lauschen to listen to, watch

der **Laut, -(e)s, -e** sound, noise

einen Laut von sich geben to produce a sound

laut loud

die **Laute, -, -n** lute

lauten to run, sound, be worded, read

läuten to ring

lauter clear, pure; mere, sheer, nothing but, all

lautlos noiseless, soundless, mute

leben to live, exist; dwell

das **Leben, -s, -** life

am Leben hängen to cling to life

das Leben von unten life of the lower *or* material world

sich das Leben nehmen (*dat.*) to commit suicide, kill oneself

lebend living, alive, vivid

lebendig full of life, active, lively, alive, living, buoyant

es wird lebendig people are beginning to stir

lebenhauchend breathing life

lebenrettend live-saving

die **Lebensart, -, -en** manners; way *or* style of living, life style

die **Lebensauffassung, -, -en** concept of life

das **Lebensbild, -(e)s, -er** impression of life, biographical sketch

der **Lebenserhalter, -s; -** preserver of life

die **Lebensform, -, -en** form of life, way of life

die **Lebensführung, -** conduct, manner of living

die **Lebensgeschichte, -, -n** biography, life history

die **Lebenshaltung, -, -en** way of life

das **Lebensideal, -s, -e** ideal of life

das **Lebensjahr, -(e)s, -e** year of one's life

die **Lebensnotdurft, -** practical needs, mere necessities of life

der **Lebensplan, -(e)s, ⸚e** plan for one's life

der **Lebensweg, -(e)s, -e** path through life

lebenswert worth living

die **Lebenszeit, -** lifetime; age, period of one's life

das **Lebewesen, -s, -** creature, living being

lebhaft vivacious, lively, vivid

leblos lifeless, inanimate

der **Lebtag, -(e)s, -e** lifetime

das **Lechzen, -s** thirst

lechzen to yearn

lecken to lick

der **Leckerbissen, -s, -** tidbit, dainty

das **Leder, -s** leather

vom Leder ziehen to draw one's sword

ledern leathern

das **Lederzeug, -(e)s** riding accouterments

leer empty, idle, meaningless

die **Leere, -** emptiness

leeren to empty

leerstehend standing empty

legal legal

legen to lay, place

sich **legen** to lie down, subside, calm down

die **Legende, -, -n** legend

die **Legion, -, -en** legion

sich **legitimieren** to prove one's

identity

die **Lehne, -, -n** back (of a chair)

sich **lehnen** to repose, lean

der **Lehnstuhl, -(e)s, ⸚e** armchair

das **Lehrbuch, -s, ⸚er** textbook

die **Lehre, -, -n** theory, doctrine; lesson, teaching, information; apprenticeship

lehren to teach

der **Lehrer, -s, -** teacher

der **Leib, -(e)s, -er** body; carcass (of an animal)

bei Leibe or **beileibe nicht** not at all

vom Leibe halten to keep away from oneself

das **Leibchen, -s, -** undershirt, bodice

die **Leibesform, -, -en** shape of the body

leibhaftig bodily, in person

die **Leibrente, -, -n** retirement insurance

der **Leibrock, -(e)s, ⸚e** dress coat, frock coat

die **Leiche, -, -n** corpse, body

der **Leichengeruch, -(e)s, ⸚e** cadaverous smell

das **Leichengift, -(e)s, -e** cadaverine, poison produced by corpses

leichenstill deadly quiet

der **Leichnam, -(e)s, -e** corpse, body

leicht light, easy(ly), slight, moderate, gentle, simple

das **Leid, -(e)s, -en** injury, sorrow, pain, suffering

es tut mir leid I am sorry

leiden, litt, gelitten (unter) to suffer (from, under), bear

es leidet ihn nicht he can't hold out

ihn mag ich leiden he's not a bad sort, I like him

das **Leiden, -s, -** suffering, torment, misery, distress; affliction, disease, ailment

die **Leidenschaft, -, -en** passion, strong emotion

leidenschaftlich vehement, passionate, enthusiastic

die **Leidenschaftlichkeit, -** passionateness, fervor, vehemence

leidenschaftslos apathetic, dispassionate

der **Leidensgefährte, -n, -n; die Leidensgefährtin, -, -nen** fellow sufferer, companion in misfortune

leider unfortunately

leidvoll full of suffering

leihen, lieh, geliehen to lend

das **Leintuch, -(e)s, ⸚er** bed sheet

die **Leinwand, -** canvas

leise soft, gentle; quiet, silent, faint, scarcely audible

leisten to carry out, perform, accomplish, achieve, do; pay, contribute

die **Leistung, -, -en** achievement, accomplishment, work, function

leiten to lead, direct, guide

die **Leiter, -, -n** ladder

die **Lektüre, -, -n** reading

lenken to steer, lead, guide, control; drive (a car)

auf sich lenken to attract, call (*e.g.*, *attention*) to oneself

die **Lerche, -, -n** lark

das **Lernalter, -s** age of learning; span of time in which one is capable of learning

lernen to learn

die **Lernzeit, -, -en** apprenticeship

lesbar readable, legible

lesen, (liest), las, gelesen to read

der **Leser, -s, -** reader

der **Lesestoff, -(e)s, -e** reading matter

letzt- last, ultimate, final

347

in letzter Linie in the final analysis

das **Letzte, -n** end, conclusion, the ultimate, the last

alles Letzte the ultimate

der (die, das) **letztere, -n, -n** the latter

die **Leuchte, -, -n** illumination, shining light

leuchten to shine, be bright, gleam, glow, glitter

der **Leuchtturm, -(e)s, -̈e** light-house

leugnen to disavow, deny

das **Leugnen, -s** denial, disavowal

die **Leute** (*pl.*) people

der **Leutnant, -s, -s** second lieutenant

leutselig affable, pleasant

liberal liberal

der **Liberalismus, -** liberalism

liberalistisch liberal

die **Libido, -** libido

licht light, clear, bright

das **Licht, -(e)s, -er** light

ans Licht treten to become known; be published

die **Lichtgeschwindigkeit, -** velocity of light

der **Lichtkreis, -es, -e** luminous circle, halo

der **Lichtreflex, -es, -e** reflection of light

der **Lichtschimmer, -s, -** gleam of light

die **Lichtstrahlung, -, -en** radiation of light

der **Lichtstreif, -(e)s, -en** ray of light, strip of light

das **Lid, -(e)s, -er** lid, eyelid

lieb dear

lieb haben to hold dear, be fond of, love

die **Liebe, -** love

die **Liebenden** (*pl.*) lovers

liebenswürdig kind, amiable, lovely, charming, sweet, lovable

lieber rather, sooner, more willingly

der **Liebesbeweis, -es, -e** proof of affection *or* love

die **Liebesgeschichte, -, -n** love story

der **Liebeskampf, -(e)s, -̈e** amorous combat, love struggle

die **Liebeslust, -, -̈e** pleasure, joy of love

die **Liebesnacht, -, -̈e** night of love, night of passion

der **Liebesverlust, -es, -e** loss of love

liebevoll fond, affectionate

die **Liebkosung, -, -en** caress

lieblich sweet, charming, lovely, fair, comely

das **Lied, -(e)s, -er** song

liederlich dissolute, loose

die **Liederlichkeit, -** negligence, nonchalance

liefern to furnish, provide, produce

die **Lieferung, -, -en** delivery

liegen, lag, gelegen to lie, rest, be, be situated; be congenial to

ähnlich liegen to be similar

es liegt an ihm it is up to him

daran liegen, daß to be due to the fact that

mir liegt daran I am concerned about, I would like (to)

es liegt ihm viel daran it is of great consequence to him

liegen-bleiben, blieb liegen, ist liegengeblieben to remain lying (down)

liegen-lassen, (läßt liegen), ließ liegen, liegengelassen to leave behind, leave off

lind mild, gentle

die **Linde, -, -n** lime tree, linden tree

linear linear

348

die **Linie, -, -n** line
  in erster Linie in the first place, first and foremost, primarily
das **Liniennetz, -es, -e** network of lines, squares
die **Linke, -n** left hand
  links left, to the left, on the left
das **Linnen, -s, -** linen
die **Lippe, -, -en** lip
(das) **Lissabon** Lisbon
  literarisch literary
der **Literat, -en, -en** literary man, writer
die **Literatur, -, -en** literature
die **Literaturkritik, -, -en** literary criticism
das **Loch, -(e)s, ⸚er** hole
die **Locke, -, -en** curl
  locken to lure, entice
  locker loose
  lodern to flame
das **Löffelchen, -s, -** teaspoon
die **Loge, -, -n** (theater) box
die **Logik, -** logic
  logisch logical
der **Lohn, -(e)s, ⸚e** reward, prize; salary, pay, wages
  lohnen to reward
die **Lokomotion, -** locomotion
der **Lorbeerbaum, -(e)s, ⸚e** laurel tree
der **Lorbeerkranz, -es, ⸚e** laurel wreath
das **Los, -es, -e** lottery ticket *or* prize
  los(e) loose
  löschen to extinguish
  lösen to loosen, untie, undo; solve, answer (a riddle); sever, free, relax
sich **lösen** to dissociate oneself
  losgelöst von apart *or* detached from
  los-hauen to start beating
  auf jemanden loshauen to beat someone without restraint

  los-knüpfen to untie (from something)
  los-lassen, (läßt los), ließ los, losgelassen to let loose, get free, let go, release
  los-lösen to detach
sich **los-reißen, riß sich los, hat sich losgerissen** to tear oneself away
  los-schlagen to start hitting
  auf etwas *oder* **jemanden losschlagen** to hit something *or* someone without restraint
die **Lösung, -, -en** solution, explanation
  los-werden, (wird los), wurde los, ist losgeworden to get rid of
der **Lotteriezettel, -s, -** lottery ticket
(das) **Lothringen, -s** Lorraine
die **Lotusblume, -, -n** Egyptian lotus
der **Löwe, -n, -n** lion
die **Lücke, -, -n** gap, break, breach, hole
die **Luft, -, ⸚e** atmosphere, air, breeze; sky
  in alle Lüfte in all directions
  lüften to raise; air
der **Lufthauch, -(e)s** breath of air
der **Lumpen, -s, -** rag
die **Lumpenhülle, -, -n** rags
die **Lust, -, ⸚e** desire, pleasure, joy, delight
  mir vergeht die Lust I lose all desire, I don't feel like (it) any more
  Lust bekommen to feel inclined (to), get the urge
  lüsten to desire, long for
  es lüstet mich danach I desire it greatly
die **Lusterwartung, -, -en** expectation of pleasure
  lustig gay, merry, cheerful, amusing

das **Lustprinzip, -s** pleasure principle

der **Luxus, -** luxury

M

machen to make, do, create; produce

es jemandem recht machen to please *or* satisfy someone

etwas zu Geld machen to convert something into money

er macht sich daran he sets out to

die **Macht, -, ⸚e** power, strength, force, might, authority; capacity

es steht (nicht) in meiner Macht it is (not) in my power

die **Machtergreifung, -, -en** seizure of power

mächtig mighty, strong, powerful; vast, immense, massive

des Deutschen mächtig sein to know German thoroughly, · have a command of German

machtvoll powerful, effective

das **Mädchen, -s, -** girl

das **Mägdlein, -s, -** maiden

der **Magen, -s, -** stomach

sich den Magen verderben to get an upset stomach

mager lean, thin, slender, spare, meager

mahlen to grind (in a mill)

die **Mahlzeit, -, -en** meal

mahnen to remind; warn, admonish

die **Mahnung, -, -en** reminder; warning, admonition

das **Mailied, -(e)s, -er** May song

die **Majestät, -, -en** majesty

makellos faultless, pure

das **Mal, -(e)s, -e** time; turn, instance; monument; spot, (birth)mark

alle mal every time

zum dritten Male for the third time

(-)mal time, times

malen to paint

die **Malerei, -, -en** painting

malerisch picturesque

die **Malice, -, -n** (*Fr.*) malice

das **Malz, -es** malt

das **Mammut, -s, -e** *or* **-s** mammoth

man (*indef. pron.*) one, you, we, they, people

man sagt it is said

manch- many a (one)

manch einer many a man

manche (*pl.*) many a, many, some, several

mancherlei various, diverse, many things

manches many a thing, many things

manchmal sometimes

der **Mangel, -s, ⸚** lack, want; defect, flaw

mangeln (an) to lack, be deficient (in)

die **Manier, -, -en** manner

manisch maniacal, manic

männlich manly, male, masculine

der **Mann, -(e)s, ⸚er** man, husband

die **Männerstimme, -, -n** male voice

die **Manschette, -, -n** cuff

der **Mantel, -s, ⸚** coat, mantle, cloak

das **Manuskript, -(e)s, -e** manuscript

die **Mär, -, -en** *or* **die Märe, -, -n** tale

das **Märchen, -s, -** fairytale

der **Marchese, -** marquis

das **Mark, -(e)s** marrow

durch Mark und Bein right through the body

markig robust, vigorous

der **Markt, -(e)s, ⸚e** market, marketplace, market square

das **Marmorbild, -(e)s, -er** marble image

die **Marmorschale, -, -n** marble basin

die **Marotte, -, -n** whim, fancy

die **Marquise, -, -n** marchioness

marschieren to march

das **Marschtempo, -s, -s** march tempo

das **Maß, -es, -e** measure, standard, proportion, rate; share; moderation

über die Maße extremely

die **Masse, -, -n** the masses, the people; substance, mass, quantity, heap

maßlos without moderation

die **Maßlosigkeit, -** vehemence, lack of moderation, recklessness

die **Maßnahme, -, -n** measure

der **Maßstab, -(e)s, ⸚e** standard, criterion, yardstick, scale

der **Mast, -es, -e** or **-en** mast

das **Material, -s, -ien** material, substance

materialistisch materialistic

die **Materie, -, -n** material, substance, matter

materiell material, real

mathematisch mathematical

die **Matratze, -, -en** mattress

der **Matrosenanzug, -(e)s, ⸚e** sailor suit

die **Matrosenmütze, -, -n** sailor cap

matt dim, dull, pale

die **Matte, -, -n** mat; (mountain) meadow, pasture

die **Mauer, -, -n** wall

die **Mauerlücke, -, -n** gap in the wall

der **Mauerrest, -es, -e** remains of a wall

das **Maul, -(e)s, ⸚er** mouth (*of animals, vulg. of persons*), muzzle

die **Mechanik, -** mechanics

mechanisch mechanical

der **Mechanismus, -, Mechanismen** mechanism

das **Medium, -s, Medien** medium

die **Medizin, -, -en** (science of) medicine

der **Mediziner, -s, -** medical man

der lernende Mediziner medical student

medizinisch medical

das **Meer, -(e)s, -e** sea, ocean

mehr more (*see:* **viel**)

mehr als more than

mehr oder weniger more or less

mehr oder weniger gut geraten more or less successful

nicht mehr not anymore

mehrere several

mehrmals repeatedly, more than once, several times

meiden, mied, gemieden to avoid

die **Meile, -, -n** mile

meinen to think, suppose, mean, believe, intend, say

meiner selbst of myself

meinetwegen as far as I am concerned, all right with me

die **Meinung, -, -en** opinion, view, belief

die **Meinungsenthaltsamkeit, -** reticence; refraining from expressing any opinion

der **Meinungskampf, -(e)s, ⸚e** battle of opinions

meist mostly, usually, generally; most (*see:* **viel**)

meistens most of the time, mostly

der **Meister, -s, -** master

meistern to master

das **Meisterstück, -(e)s, -e** masterpiece

meistgelesen most read

Mekka und Medina (*two cities holy to Islam*)

die **Melancholie, -** condition of melancholia, melancholy

der **Melancholiker, -s, -** person of melancholy disposition, melancholic

melancholisch melancholy

sich **melden** to come forward, announce oneself, arise, apply, report, speak up

die **Melodie, -, -n** melody

die **Menge, -, -n** great number, quantity, abundance, amount; lot, multitude, host, crowd

   eine ganze Menge a large number

der **Mensch, -en, -en** human being, man, person; (*pl.*) people, mankind

menschartig humanlike

der **Menschenaffe, -n, -n** ape

das **Menschenalter, -s, -** generation

die **Menschenform, -, -en** human form *or* shape

menschenförmig human in shape

die **Menschengestalt, -, -en** human shape

der **Menschenkeim, -(e)s, -e** human embryo

das **Menschenkind, -(e)s, -er** human being (*pl. also:* children of men)

die **Menschenkunde, -** anthropology

das **Menschenleben, -s, -** human life

der **Menschenleib, -(e)s, -er** human body

die **Menschenmasse, -, -n** crowd of people

das **Menschenrecht, -(e)s, -e** rights of man

der **Menschenschlag, -(e)s, ̈e** type of person

das **Menschenwerk, -(e)s, -e** works of man, man's handiwork

die **Menschheit, -** human race, humanity, mankind

menschlich human humane; personal

die **Menschwerdung, -** incarnation, process of becoming human

merken to notice, sense, become aware

sich **merken** (*dat.*) to remember, note down, observe, bear in mind

das **Merkmal, -(e)s, -e** feature, characteristic, symptom, sign, mark, indication

merkwürdig noteworthy, remarkable, striking; peculiar, strange

messen, (mißt), maß, gemessen to time, measure

sich **messen** to vie *or* compare oneself (with), measure oneself (by), match oneself (against)

   sich messen an to measure oneself by

das **Messer, -s, -** knife

der **Messertanz, -es, ̈e** sword dance

die **Messung, -, -en** measurement, act of measuring

das **Metall, -s, -e** metal

die **Metallader, -, -n** metallic vein

die **Metaphysik, -** metaphysics

metaphysisch metaphysical

meteorologisch meteorological

die **Methode, -, -n** method

methodisch methodical

miasmisch atmospheric

miau! meow!

das **Mieder, -s, -** bodice

die **Miene, -, -n** expression, mien, air, feature, look

   keine Miene verziehen to remain unmoved, not move

a muscle *or* bat an eye

sich die Miene geben als ob
to look as if

das **Mikrophon, -s, -e** microphone

milchig milky, thin (as a film)

mild mild, gentle, calm, kind

mildern to mitigate

der **Militärdienst, -es, -e** military service

einjähriger Militärdienst
one year of military service

militärisch military

die **Million, -, -en** million

mimen to act, represent

die **Minderwertigkeit, -** inferiority, triteness

mindestens at least

zum mindesten at least

die **Minute, -, -n** minute

mischen to mix, mingle

die **Mischung, -, -en** mixture

die **Mißachtung, -** lack of recognition, disregard, neglect, disdain

das **Mißbehagen, -s** discomfiture

mißfallen, (mißfällt), mißfiel, mißfallen to displease

es mißfiel ihm, daß it displeased him that

mißhandeln to ill-treat, abuse

mißmutig discontent(ed), despondent

mißtrauen (*dat.*) to mistrust

das **Mißtrauen, -s** distrust, suspicion

mit kindisch gespieltem Mißtrauen with a childish show *or* display of distrust

mißtrauisch distrustful, suspicious

mißverständlich misleading

mißverstehen, mißverstand, mißverstanden to misunderstand

der **Mißwachs, -es** crop failure

353

mit with, along (with), in company with

mit einmal suddenly

der **Mitarbeiter, -s, -** collaborator, assistant

mit-bekommen, bekam mit, mitbekommen to get (at the same time), receive (on leaving)

mit-bringen, brachte mit, mitgebracht to bring along

mit sich bringen to bring about

der **Mitbürger, -s, -** fellow citizen

miteinander with each other, with one another, together, in common

das **Miteinander, -s** basis of community, togetherness

mitenthalten sein in to be bound up with, be contained together with

mit-erleben to experience (with), share an experience

die **Miterscheinung, -, -en** the accompanying circumstance *or* phenomenon

mit-essen, (ißt mit), aß mit, mitgegessen to eat with (someone)

mit-fechten, (ficht mit), focht mit, mitgefochten to fight along with, fight together with; fence with

mitfühlend compassionate

mit-geh(e)n, ging mit, ist mitgegangen to go along, come along, accompany

die **Mitgift, -, -en** dowry

mit-laufen, (läuft mit), lief mit, ist mitgelaufen to run along, run with

das **Mitleid, -(e)s** *or das* **Mitleiden, -s** pity, compassion, sympathy

mitleidensstark strong in

compassion, compassionate

mitleidig compassionate, sympathetic, pitying

mit-nehmen, (nimmt mit), nahm mit, mitgenommen to take along

der **Mitredakteur, -s, -e** coeditor

mit-reisen to travel along (with)

mit-reißen, riß mit, mitgerissen to carry along

mitsamt together with

mitschuldig implicated (in a crime); partly to blame

der **Mitschüler, -s, -** fellow student

mit-singen, sang mit, mitgesungen to sing along with, sing with

mit-spielen to play with, play along with (someone), join in a game

der **Mittag, -(e)s, -e** noon

der **Mittagstisch, -es, -e** dinner table

wo ich meinen Mittagstisch hatte where I ate dinner regularly

die **Mitte, -, -n** middle, midst, center

die **Mitteilbarkeit, -** communicability

mit-teilen to communicate, impart (information), let know, make known, convey, inform, tell

mit-teilen (jemandem etwas) to inform, notify (someone of something), report, tell (someone something), pass on (something to someone)

die **Mitteilung, -, -en** communication, information

das **Mittel, -s, -** way, measure, remedy; (pl.) means; money

im Mittel on the average

sich ins Mittel legen to intercede

mittelalterlich medieval

die **Mittelmäßigkeit, -** mediocrity

mitten (in) in the midst or middle (of); midway, amidst

die **Mitternacht, -, ⁼e** midnight

die **Mitternachtsstunde, -, -n** hour of midnight; witching hour

mit-tun, tat mit, mitgetan to join in, keep up with, participate

der **Mittwoch, -(e)s, -e** Wednesday

die **Mitwelt, -** (our) contemporaries, the present generation

mit-wirken (an) to contribute (to), participate; cooperate

die **Möbel** (pl.) furniture

möblieren to furnish

möbliert furnished

die **Mode, -, -en** fashion, mode

das **Modell, -s, -e** model; pattern, sample

modern modern

modifizieren to modify

mögen, (mag), mochte, gemocht to like, be allowed to, be permitted to, may, might

möglich possible

das **Mögliche, -n** the possible, possibility

möglicherweise possibly, perhaps

die **Möglichkeit, -, -en** possibility

die **Mohnblume, -, -n** poppy

der **Molch, -(e)s, -e** salamander

das **Moment, -(e)s, -e** impetus, factor

der **Moment, -(e)s, -e** moment, instant

die **Momentaufnahme, -, -n** snapshot

die **Monarchie, -, -n** monarchy

der **Monat, -(e)s, -e** month

alle **Monate** every month
die **Monatsschrift, -, -en**
monthly magazine
der **Mond, -(e)s, -e** moon
der **Mond(en)schein, -(e)s**
moonlight
das **Mondkalb, -(e)s, ̈er** mooncalf
die **Mondnacht, -, ̈e** moonlit
night
der **Montag, -(e)s, -e** Monday
das **Moos, -es, -e** moss
die **Moral, -** morality, moral(s)
moralisch moral, ethical
die **Moralität, -** morality
der **Mord, -(e)s, -e** murder
der **Mörder, -s, -** murderer
der **Mordskerl, -(e)s, -e** stout *or*
brave fellow; devil of a
fellow
morgen tomorrow
der **Morgen, -s, -** morning
am Morgen in the morning
am andern Morgen the
next morning
die **Morgenblume, -, -n** morning flower
der **Morgengruß, -es, ̈e** good
morning (greeting)
morgenschön fair as the
morning
die **Morgensonne, -, -n** morning
sun
der **Morgentee, -s** morning tea
die **Morgenwolke, -, -n** morning cloud
die **Morphologie, -** morphology
die **Mortalität, -** mortality
die **Moschee, -, -n** mosque
die **Motilität, -** motility
das **Motiv, -s, -e** motive, subject; motif (*mus. or lit.*)
müde weary, tired
müdgeflogen tired from flying
die **Müdigkeit, -** weariness,
fatigue, exhaustion
die **Mühe, -, -n** trouble, pains,
(painful) effort

sich **Mühe geben** to take
pains, try hard
der **Müheaufwand, -(e)s** expenditure of effort
sich **mühen** to take trouble, exert
oneself
mühevoll difficult, troublesome
die **Mühle, -, -n** mill
mühsam troublesome, difficult, laborious, hard,
painstaking; with effort,
with difficulty
der **Müller, -s, -** miller
(das) **München, -s** Munich (*city in
Germany*)
der **Mund, -(e)s, ̈er** mouth, lips;
opening
der **Mundbecher, -s, -** favourite
cup
mundfaul drawling; loath to
speak
mündlich oral, by word of
mouth
der **Mundwinkel, -s, -** corner of
the mouth
munter brisk, cheerful, lively,
blithe, on the alert, merry,
gay
murmeln to murmur
die **Muschel, -, -n** mussel, shell
die **Musik, -** music
der **Musikant, -en, -en** musician,
bandsman
der **Musiker, -s, -** musician
**müssen, (muß), mußte, ge-
mußt** to have to, must
die **Mußestunde, -, -n** leisure
hour
der **Mußewinkel, -s, -** lounge,
cosy corner
der **Müßiggang, -(e)s** idleness
müßiggängerisch lazy; lack-
adaisical
das **Muster, -s, -** paragon; pattern, example, model
mustern to examine (critic-
ally), inspect, appraise, scan
der **Mut, -(e)s** courage, boldness;

state of mind

mir ist unheimlich zu Mute
I feel scared

Mutabor! (*Lat.*)   I shall be
changed!

die **Mutation, -, -en**   mutation

mutig   brave, courageous

mutlos   lacking in courage

die **Mutter, -, ⁓**   mother

der **Mutterkörper, -s, -**   womb

der **Mutterleib, -(e)s**   womb

die **Muttersprache, -, -n**   native
tongue

die **Mütze, -, -n**   cap

die **Mystik, -**   mysticism

mystisch   mystic(al)

mythisch   mythical

N

na = nun   why, well

nach (*dat.*)   after; to, toward;
according to, concerning

je nach   in accordance with

nach und nach   gradually

nach wie vor   now as
before

nach-äffen   to ape, imitate
(*derogatory*)

nach-ahmen   to imitate

der **Nachahmer, -s, -**   imitator

die **Nachahmung, -, -en**   imitation

der **Nachbar, -s** *or* **-n, -n**   neighbor

nachdem   after

das **Nachdenken, -s**   thought,
meditation, reflection

**nach-denken, dachte nach,
nachgedacht**   to think,
reflect on

nachdenklich   thoughtful,
grave

der **Nachdruck, -(e)s**   emphasis

mit Nachdruck   emphatic-
ally

der **Nachfahr, -s, -en** *or* **der Nach-
fahre, -n, -n**   descendant

nach-folgen   to follow, succeed

nachfolgend   following, con-
secutive

der **Nachfolgende, -n, -n**   successor, follower

die **Nachforschung, -, -en**   investigation

**nach-geben, (gibt nach), gab
nach, nachgegeben**   to
give in, yield

**nach-gehen, ging nach, ist
nachgegangen**   to fol-
low; trace, investigate; be
concerned with

nachher   later (on), afterward

der **Nachklang, -(e)s, ⁓e**   echo

der **Nachkomme, -n, -n**   offspring, successor, descendant

nachlässig   careless, indolent,
nonchalant, neglectful

der **Nachmittag, -(e)s, -e**   afternoon

nachmittags   in the afternoon

der **Nachname, -ns, -n**   last name

die **Nachricht, -, -en**   (piece of)
news, report, information

**die menschlichen Nach-
richten**   personal data

nach-schauen   to look after

**nach-schreiben, schrieb nach,
nachgeschrieben**   to
take notes

**nach-sehen, (sieht nach), sah
nach, nachgesehen**   to
look after

nachsichtig   forebearing,
indulgent

**nach-springen, sprang nach,
ist nachgesprungen**   to
jump after *or* behind, run
after

nächst-   next; closest, nearest

nächstens   pretty soon

nach-streben   to strive for *or*
after

nächstverwandt   most
closely related

die **Nacht, -, ⁓e**   night

des Nachts   at night

die **Nachteule, -, -n** night owl

die **Nachthaube, -, -en** bonnet, woman's nightcap

nächtlich nocturnal, nightly; dark, dismal

nächtlicherweise at nighttime

das **Nachtlied, -(e)s, -er** night song

die **Nachtluft, -, ⁼e** night air

das **Nachtmahl, -(e)s, ⁼er** supper

nachträglich later, at this point; as an afterthought

nachts at night

die **Nachtsendung, -, -en** night program

der **Nachweis, -es, -e** proof, evidence

nach-weisen, wies nach, nachgewiesen to demonstrate, prove

nachweislich evident, demonstrable

die **Nachwelt, -** posterity, future generations

nach-ziehen, zog nach, nachgezogen to trace

der **Nacken, -s, -** (back of the) neck, shoulders, nape (of the neck)

nackt naked

der **Nagel, -s, ⁼** nail, fingernail

nageln to nail

nah(e) (*dat.*) close, near(by)

nahe daran close to

die **Nähe, -** nearness, proximity, vicinity

nahe-legen to suggest

das **Nahen, -s** approach

sich **nähern** to approach

nähren to feed, nurse, nourish

naiv naive, ingenuous, simple

der **Name, -ns, -n** name

namens called, named, by the name of

das **Namensschild, -(e)s, -er** nameplate

namentlich particularly, especially

nämlich namely, to wit, that is to say, you know, of course, after all, the very same, because, for

der **(die, das) nämliche** the same

der **Narr, -en, -en** fool

närrisch foolish

die **Nase, -, -n** nose

das **Entlassen der Luft durch die Nase** contemptuous snort

vor der Nase in front of one's eyes

der **Nasenflügel, -s, -** nostril

das **Nasenloch, -(e)s, ⁼er** nostril

näselnd pronounce with a nasal sound

naß wet, moist, damp; tearful

naßglänzend glistening with moisture

die **Nation, -, -en** nation

der **Nationalökonom, -en, -en** economist

die **Nationalökonomie, -** economics

nationalsozialistisch National Socialist

die **Natur, -, -en** nature, disposition, constitution; personality

von Natur by nature

die **Naturbeherrschung, -** control over nature

das **Naturell, -s, -e** nature, character, disposition

die **Naturerscheinung, -, -en** natural phenomenon

natur-forschen to engage in scientific research

der **Naturforscher, -s, -** natural scientist, natural philosopher

die **Naturforscherversammlung, -, -en** assembly *or* congress of scientists

die **Naturforschung, -** natural science

die **Naturgeschichte, -** natural

history

naturhaft as part of (man's) nature

natürlich natural(ly), of course

die **Natürlichkeit, -** naturalness

naturphilosophisch pertaining to *or* in the manner of the philosophy of nature

die **Naturwissenschaft, -, -en** natural science

der **Naturwissenschaftler, -s, -** natural scientist, naturalist

naturwissenschaftlich scientific

der **Naturzustand, -(e)s, ⸚e** natural *or* primitive state

der **Neandertaler, -s, -** Neanderthal man

das **Nebelgespinst, -es, -e** web of mist

der **Nebelglanz, -es** misty splendor

nebelig hazy, foggy

das **Nebelkleid, -(e)s, -er** shroud of fog

der **Nebelstreif, -(en)s, -en** streak of fog

neben next to, near, close to, by the side of; with, in addition to, besides

nebeneinander side by side, in proximity, in juxtaposition

die **Nebengasse, -, -n** side street, side alley

nebenher-laufen, (läuft nebenher), lief nebenher, ist nebenhergelaufen to run next to, run alongside

nebenhin next to (it)

nebensächlich negligent(ly), secondary, unimportant

der **Nebensitzer, -s, -** person sitting next to oneself, neighbor at table

die **Nebentreppe, ⸚, -n** back stairs

nebst along with, besides

die **Neckerei, -, -en** taunting, gibe, teasing remark, banter

die **Negation, -, -en** negation

negativ negative

nehmen, (nimmt), nahm, genommen to take, receive; accept

etwas zu sich nehmen to partake of food *or* drink, consume, eat *or* drink

nehmen für to take for, assume to be

nehmet=nehmt

der **Neid, -(e)s** envy

neidisch envious

neigen to incline, bend, bow, be inclined to, curtsy, tend

sich **neigen** to bend over, bow; draw to a close

die **Neigung, -, -en** inclination, leaning, bias, desire, preference, temptation, tendency

nein no

nennen, nannte, genannt to call, term, name, mention

das **Nervenleiden, -s, -** mental *or* nervous illness

das **Nervensystem, -s, -e** nervous system

das **Nest, -(e)s, -er** nest

nett neat, nice, fine

neu new, anew; recent, modern, latest;

die **Neuerung, -, -en** innovation

neugeboren newly born, newborn

der **Neugeborene, -n, -n** newborn (boy)

neugierig curious, inquisitive

die **Neuheit, -, -en** newness, novelty

die **Neuigkeit, -, -en** news

keine Neuigkeit sein to say *or* mean nothing new

neulich recent(ly)

der **Neumarkt, -(e)s** New Market (*name of square*)

neurotisch neurotic

die **Neuschöpfung, -, -en** new

creation

die **Neuzeit, -** modern age, modern times

nicht not

  nicht mehr no more, no longer

  nicht nur . . . sondern auch not only . . . but also

  nicht so gar not so very

der **Nichtarier, -s, -** non-Aryan

die **Nichteinhaltung, -** (standards *or* norms) not being obeyed; nonconformity (to certain norms *or* customs)

nichts nothing

  nichts als nothing but

  nichts anderes nothing else, nothing more

  nichts mehr nothing more, no more

  nichts weiter als nothing more than

das **Nichts, -** nothingness, insignificance

nichtsdestoweniger nevertheless

das **Nichtwissen, -s** not knowing, ignorance

nicken to nod one's head

nie never

nieder low, inferior, down

nieder-drücken to press down

  mit niedergedrückter Spitze with toes turned down

niedergeschlagen depressed, dejected

sich **nieder-lassen, (läßt sich nieder), ließ sich nieder, hat sich niedergelassen** to settle down, alight, sit down

nieder-legen to set down (in writing), lay down

sich **nieder-legen** to lie down, go to bed

(das) **Niederösterreich, -s** Lower Austria

die **niederösterreichische Landstadt** provincial town in Lower Austria

der **Niederschlag, -(e)s, ⁼e** precipitate; precipitation; result, outcome; knockout

nieder-schlagen, (schlägt nieder), schlug nieder, niedergeschlagen to squash, strike down

nieder-schreiben, schrieb nieder, niedergeschrieben to write down

nieder-sinken, sank nieder, ist niedergesunken to sink down

niederträchtig vile

niedrig low, low-class, obscure

niemals never

niemand nobody, no one

niesen to sneeze

nimmer never

nirgends nowhere

noch still, yet; in addition, further, besides, even

  noch einmal once more, once again

  noch immer still

  noch nicht not yet

  noch nie never yet, never before

nochmals once more, (once) again

der **Norden, -s** North

nördlich Northern

nordöstlich Northeast

die **Norm, -, -en** rule, norm

normal normal, standard, regular

normalerweise normally

normalisieren to normalize, standardize

die **Not, -, ⁼e** strain, difficulty, distress, urgency, trouble, misery, need, want; necessity

notfalls in case of necessity

notgedrungen perforce,

needs, compelled, forced
(by circumstances)

nötig necessary

nötigen to oblige, compel,
force

notwendig necessary(ly),
essential, out of necessity

die **Notwendigkeit, -** necessity,
urgency

das **Noumenon, -s, Noumena**
noumenon, thing in itself

die **Novelle, -, -n** short story,
novella

der **Novellist, -en, -en** short-
story writer

der **Nu, -s** instant, passing
moment

    im Nu in an instant, in no
time

nüchtern sober, moderate,
sensible, reasonable; fasting

das **Nullpunkt, -(e)s, -e** nadir,
zero

die **Nummer, -, -n** number

nun now; well

nur except, alone, only, just,
but, merely

    nur zu! go on! at it!

    nicht nur . . . sondern auch
not only . . . but also

der **Nutzen, -s** advantage, benefit

    einem Nutzen dienen to
serve a purpose

nützen to be of use, profit

nützlich profitable, useful

nutzlos useless, unprofitable,
pointless

O

ob if, whether; (*dat.* or *gen.*) on
account of, about, above

das **Obdach, -(e)s** shelter

oben on top, overhead, above

obendrein besides, furthermore

obenerwähnt above-
mentioned

obenhin (so) superficial

ober over, above, beyond,
upper, higher; senior, leading

oberflächlich superficial

der **Oberherr, -n, -en** supreme
lord, sovereign

der **Oberlehrer, -s, -** master
tenured teacher

oberst highest

der **Oberst, -en** *or* **-s, -en** colonel

der **Oberste, -n, -n** head, chief

obgleich although, even
though

obig- above

das **Objekt, -(e)s, -e** object, subject

die **Objektbesetzung, -, -en**
object cathexis, concentration of desire on an object

objektiv objective

der **Objektverlust, -(e)s, -e** loss
of an object

die **Objektwahl, -, -en** choice of
an object

der **Obolus, -** obolus, penny

obschon (al)though

obwohl (al)though

obzwar (al)though

der **Ochse, -n, -n** ox

die **Öde, -, -n** wasteland, desolation

öde desolate

oder or

der **Ödipuskomplex, -es, -e**
Oedipus complex

der **Ofen, -s, ⸚** stove, oven

offen open

offenbar apparent, evident,
obvious

die **Offenbarkeit, -** openness,
obviousness

offenkundig public; evident,
obvious; well known

öffentlich public, open

offiziell official

der **Offizier, -s, -e** officer

die **Offiziersdame, -, -n** officer's
lady, officer's wife

öffnen to open

die **Öffnung, -, -en** opening
oft often
öfter(s) frequently, often
ohne without
die **Ohnmacht, -, -en** powerlessness, weakness, helplessness; fainting
ohnmächtig unconscious, faint; powerless
das **Ohr, -(e)s, -en** ear
das **Okapi, -s, -s** okapi
der **Okkultist, -en, -en** occultist
ökonomisch economic(al)
die **Ölfarbe, -, -n** oil paint, oils
der **Olymp, -s** Mount Olympus (*seat of the gods*)
omnibusartig resembling an omnibus
der **Onkel, -s, -** uncle
der **Operateur, -s, -e** engineer; operator
operieren to operate
das **Opfer, -s, -** sacrifice; victim
ein Opfer bringen to make a sacrifice
zum Opfer fallen to fall victim
der **Opferaltar, -(e)s, ⸚e** sacrificial altar
der **Opferbrauch** *or* **Opfergebrauch -(e)s, ⸚e** sacrificial ritual *or* rite
opfern to sacrifice
die **Opfersteuer, -, -n** sacrificial toll, due
der **Optimismus, -** optimism
optimistisch optimistic
oral oral
das **Orangkind, -(e)s, -er** baby orangutan
der **Orden, -s, -** decoration, medal; (religious) order
die **Ordenausteilung, -, -en** distribution of medals
ordentlich orderly, decent, regular, proper; a lot
ordinär trite
ordnen to organize, regulate; arrange, put in order

die **Ordnung, -, -en** order
in Ordnung bringen to fix, repair
nicht in der Ordnung wrong, irregular
ordnungsgemäß regular
das **Organ, -s, -e** organ (biol.)
die **Organisation, -, -en** organisation
organisieren to organize
der **Organismus, -, Organismen** organism
die Orgel, -, -n organ (mus.)
orientieren to orient, inform
sich **orientieren** to find one's way about, orient oneself
originell original, inventive
der **Ort, -(e)s, -e** *or* ⸚**er** place, locality, spot, location, point
an Ort und Stelle on the very spot; in their native environment
örtlich local
örtlich gebunden provincial
der **Osten, -s** East
das **Osterei, -s, -er** Easter egg
das *or* die **Ostern, -** Easter
(das) **Österreich, -s** Austria
österreichisch Austrian
östlich Eastern
die **Ostsee, -** Baltic Sea

P

paar = ein paar a few, several
ein **Paar** a pair
packen to grab, grasp, take hold of, seize; pack
sich **packen** to be off, go away
das **Packpapier, -s, -e** packing *or* wrapping paper, heavy brown *or* gray paper
der **Page, -n, -n** page (boy)
pah! pshaw!
der **Palast, (e)s, ⸚e** palace
der **Panther, -s, -** panther
der **Pantoffel, -s, -n** slipper

das **Papier, -s, -e** paper, document

    seine Papiere ordnen to put one's affairs in order

der **Papst, -(e)s, ⸚e** pope

    päpstlich papal

der **Parademarsch, -es, ⸚e** goose step

die **Paradoxie, -, -n** paradox

    parfümieren to scent, perfume

der **Park, -(e)s, -e** *or* **-s** park

    parkartig like a park, well-kept

das **Parkett, -(e)s, -e** orchestra pit

das **Parlament, -(e)s, -e** parliament

die **Parole, -, -n** slogan

die **Partei, -, -en** party

    partikular particular

der **Paß, -sses, ⸚sse** passport

    passen to suit, fit

    passend appropriate, suitable

    passieren to happen

    passiv passive

der **Pater, -s, -** father, priest

    pathetisch pompous, emphatic, full of pathos

die **Pathologie, -** pathology

das **Patriziergewand, -(e)s, ⸚er** patrician garment

der **Patron, -s, -e** fellow; patron

    pausieren to pause

das **Pech, -s** pitch; bad luck

    peinlich painful, embarrassing, distressing

der **Pelz, -es, -e** fur, fur coat

die **Pelzmütze, -, -n** fur cap

    pelzverhüllt wrapped in furs

die **Pension, -, -en** (retirement) pension

    in Pension gehen to go into retirement

die **Pension, -, -en** boarding house

die **Periode, -, -n** period

    periodisch periodic(al)

die **Perle, -, -n** pearl

die **Person, -, -en** person

    die fremde Person the stranger

    personifizieren to personify, impersonate

    persönlich personalized, original, personal

die **Persönlichkeit, -, -en** personality, individuality

die **Pest, -** plague

der **Pfad, -(e)s, -e** path

der **Pfarrer, -s, -** minister, priest, parson

die **Pfeife, -, -n** pipe, fife

    pfeifen, pfiff, gepfiffen to whistle

    vor sich hinpfeifen to whistle to oneself

der **Pfeifenstummel, -s, -** short pipe

der **Pfeil, -(e)s, -e** arrow

das **Pferd, -(e)s, -e** horse

    zu Pferde on horseback

    pferdelos horseless

der **Pferdesprung, -(e)s, ⸚e** jump of a horse

das *or* die **Pfingsten, -** Pentecost

die **Pflanze, -, -n** plant

    pflanzen to plant

die **Pflanzenfaser, -, -n** vegetable fiber

der **Pflanzenfreund, -(e)s, -e** plant enthusiast

die **Pflanzenhybride, -, -n** plant hybrid

    pflastern to pave

    pflegen to tend, nurse, take care of, cherish; carry on, exercise, cultivate; be in the habit of, be accustomed *or* used to

    er pflegte zu . . . he used to . . ., he was in the habit of . . .

    er pflegte nach seiner Uhr zu sehen he used to look at his watch

der **Pfleger, -s, -** (male) nurse

die **Pflicht, -, -en** duty, obligation

die **Pforte, -, -n** entrance

die **Pfote, -, -n** paw

der **Pfui-Ruf, -(e)s, -e** booing

das **Pfund, -(e)s, -e** pound

pfuschen to blunder

einem ins Handwerk pfuschen to poach upon one's preserves, compete with

das **Phänomen, -s, -e** or das **Phänomenon, -s, Phänomena** phenomenon

phänomenologisch phenomenological

die **Phantasie, -, -n** fantasy, imagination; improvisation (*mus.*); fiction

phantastisch fantastic

das **Phantom, -s, -e** phantom

die **Phase, -, -n** phase

der **Philister, -s, -** Philistine; petty bourgeois

philologisch philological

der **Philosoph, -en, -en** philosopher

die **Philosophie, -, -n** philosophy

die gegenwärtige Philosophie current or contemporary philosophy

die **Philosophiegeschichte, -** history of philosophy

philosophieren to philosophize

heraus-philosophieren to eliminate by way of philosophizing

der **Philosophiestudent, -en, -en** student of philosophy

philosophisch philosophical

das **Phosphorauge, -s, -n** phosphorescent eye

phylogenetisch phylogenetic

die **Physik, -** physics

physikalisch physical

der **Physiker, -s, -** physicist

der **Physiologe, -n, -n** physiologist

physisch physical, material; natural

der **Pinsel, -s, -** brush

die **Pistole, -, -n** pistol

plagen to torture, obsess

der **Plan, -(e)s, ⁼e** plan, intention, scheme

planlos planless, without a plan

plätschern to splash, murmur

das **Plattdeutsche, -n** Low German

plattköpfig flatheaded

der **Platz, -es, ⁼e** place, spot, square (of a town or village)

Platz nehmen to sit down, take a seat

den Platz räumen to give way

am Platze appropriate

plaudern to chat

plötzlich sudden(ly)

plump clumsy, crude

der **Plumps, -es, -e** thud

pochen to beat

pochend throbbing

das **Podium, -s, Podien** platform

die **Poesie, -, -n** poetry

poesielos dull, ordinary

die **Pointe, -, -n** (fine) point

Pointe und Wirkung telling effect

pointieren to emphasize

der **Polarkreis, -es, -e** arctic or polar circle

(das) **Polen, -s** Poland

die **Police, -, -n** policy (insurance)

die **Politik, -** politics

politisch political

die **Polizei, -** police

der **Polizeibeamte, -n, -n** police officer

der **Polizist, -en, -en** policeman

die **Pollenpflanze, -, -n** pollen-bearing plant

363

Pont Neuf (*Fr.*) New Bridge

populär popular

der **Popularphilosoph, -en, -en** popular philosopher

der **Portier, -s, -s** doorman, janitor

das **Porzellan, -s** china, porcelain

Poseidon, -s Poseidon (*Greek god of the sea*)

positiv positive

possierlich quaint

das **Posthorn, -(e)s, ¨er** bugle

der **Postillion, -s, -e** mail-coach driver, postillion

Potz! (*in combination*) Good gracious! I say!

Potz Mekka und Medina! For heavens sake!

die **Pracht, -** pomp, splendor, magnificence, luxury; state

prächtig splendid, fine, magnificent, gorgeous

prachtvoll magnificent, splendid, gorgeous

prägnant concise

die **Praktik, -, -en** practice

praktisch practical, useful; relating to ethics (*philos.*)

prangen to shine, be displayed

der **Präsident, -en, -en** president

prasseln to rattle, crackle, rustle

die **Praxis, -** (medical) practice

der **Preis, -es, -e** prize, reward; price

preisen, pries, gepriesen to praise

preis-geben, (gibt preis), gab preis, preisgegeben to surrender, give up

jemandem preisgegeben sein to be at the mercy of someone

das **Preisgegebensein, -s** being at the mercy of

pressen to press

(das) **Preußen, -s** Prussia

preußisch Prussian

prickeln to tingle

der **Priester, -s, -** priest

die **Prima, -** senior year in high school

primitiv primitive, original

der **Primus, -** head (of the class), best student

der **Prinz, -en, -en** prince

die **Prinzessin, -, -nen** princess

das **Prinzip, -s, -ien** principle

die **Prise, -, -n** pinch (*e.g., of tobacco, salt*)

privat private

der **Privatkursus, -, -kurse** private class

probieren to try, attempt

das **Problem, -s, -e** problem

problematisch problematic

der **Professor, -s, -en** professor

das **Profil, -s, -e** profile, side view, outline

die **Profillinie, -, -n** outline of the profile

profund profound

das **Proletariat, -(e)s, -e** proletariat, the lower classes

der **Prophet, -en, -en** prophet (*in Islamic countries: Mohammed*)

beim Barte des Propheten! by Jove!

prophezeien to prophesy

die **Prophylaxis, -, -n** prophylaxis

die **Proportion, -, -en** proportion

die **Proportionsverschiebung, -, -en** shift of proportions

das **Proton, -s, -en** proton

die **Provinz, -, -en** province

der **Provinzarzt, -es, ¨e** country doctor

der **Provinzlöwe, -n, -n** provincial social lion

provozieren to provoke

das **Prozentverhältnis, -ses, -se** percentage ratio

der **Prozeß, -sses, -sse** procedure, process; trial

prüfen to examine
prüfend searching
die **Prüfung, -, -en** examination,
trial; verification; affliction
der **Psychiater, -s, -** psychiatrist
psychisch psychic(al), mental
das **Psychische, -n** human mind,
psyche
die **Psychoanalyse, -, -n** psycho-
analysis
psychoanalytisch psycho-
analytic
psychologisch psychological
die **Psychopathie, -** psycho-
pathy
die **Psychopathologie, -** psycho-
pathology
psychopathologisch psy-
chopathological
das **Publikum, -s** public;
readers; audience
die **Publizierung, -, -en** publication
die **Pultplatte, -, -n** desk top
das **Pulver, -s, -** powder
der **Punkt, -(e)s, -e** point,
matter; speck
der **Punsch, -es, -e** punch (*drink*)
die **Pupille, -, -n** pupil (of the
eye)
sich **putzen** to clean oneself;
preen
purpur purple
putzig droll

Q

die **Qual, -, -en** torment, torture,
agony, pain
quälen to torture, torment;
distress
die **Qualität, -, -en** quality
die **Qualle, -, -n** jellyfish
die **Quantentheorie, -, -n**
quantum theory *or* mech-
anics
quantitativ quantitative
der **Quark, -(e)s** rubbish, trash
der **Quell, -s** spring, current
die **Quelle, -, -n** source, origin;

spring
**quellen, (quillt), quoll, ist
gequollen** to rise, swell
(up), flow, well
quer cross, across, diagonally
querfeldein across the fields
cross-country
der **Querulant, -en, -en** crank,
grumbler
quittieren to respond; quit,
leave; mark paid

R

die **Rache, -** revenge
sich **rächen** to revenge oneself
der **Rachen, -s, -** maw
das **Rad, -(e)s, ̈er** wheel; bicycle
radikal radical; basic, fundamental
das **Radio, -s, -s** radio
der **Radius, -, Radien** radius
raffiniert crafty, artful, subtle,
overly refined, sophisticated
ragen to stand out, tower, rise
up
der **Rahmen, -s, -** frame, frame-
work; frame of reference
den Rahmen sprengen to
go beyond the frame of
reference
der **Rand, -(e)s, ̈er** rim, edge,
margin, border
ranken an to twine around
(*bot.*)
rapid(e) rapid
die **Rarität, -, -en** curiosity
rasch quick, rapid, fast,
hurried, speedy, hasty
rasen to rave, rage
rasend raging, wild, made
furious, desperate
gleich einem Rasenden
like a madman
sich **rasieren** to shave
die **Rasse, -, -n** race
die **Rast, -** rest, repose
rasten to stop, pause
der **Rat, -(e)s,** *pl.:* **-schläge**
advice, suggestion

raten, (rät), riet, geraten to guess; advise

das **Rathaus, -es, ⸚er** town hall

die **Rationalisierung, -, -en** rationalization, systematization, simplification, streamlining

rationell rational, reasonable, efficient, scientific

ratlos perplexed

das **Rätsel, -s, -** riddle, puzzle, enigma, mystery, problem

rätselhaft mysterious, enigmatic, obscure, problematical, puzzling

die **Ratte, -, -n** rat

rauben to plunder, rob

der **Rauch, -(e)s** smoke

rauchen to smoke

räuchern to smoke

rauh harsh, rough

der **Raum, -(e)s, ⸚e** room, space, area, realm

leerer Raum empty space, vacuum

Raum einnehmen to take up *or* occupy space

räumen to evacuate, clear (away)

räumlich spatial, relating to space

'raus = heraus

'raus-kriegen to find out

'raus-ziehen to pull out

der **Rausch, -es, ⸚e** intoxication, frenzy

rauschen to rustle, whistle, murmur, rush, ripple

der **Rauschzustand, -(e)s, ⸚e** state of exaltation

reagieren (auf) to react (to)

real real

die **Realangst, -, ⸚e** objective anxiety, fear of something real

das **Reale, -n** reality, the real

die **Realität, -, -en** reality

das **Realitätsprinzip, -s, -ien** reality principle

die **Realitätsprüfung, -, -en** examination *or* testing of reality

die **Rebe, -, -n** vine

der **Rebell, -en, -en** rebel

rechnen to count, calculate

damit rechnen to count on it

rechnen zu to rank among

die **Rechnung, -, -en** bill; calculation

recht right; quite, rather, very; proper, correct, real; really

erst recht even more

mir ist es recht *or* **es ist mir recht** that suits me, I agree to it

so recht indeed

das **Recht, -(e)s, -e** right, privilege; justice; just claim, justification

das Recht schöpfen to derive the right

ein Recht haben to have the right

mit Recht justly, rightly, with reason

sich im Recht wissen to know oneself to be right

die **Rechte, -n** right hand

rechtfertigen to justify

die **Rechtfertigung, -, -en** justification

recht geben, (gibt recht), gab recht, recht gegeben to agree, admit, prove right, confirm

jemandem recht geben to bear someone out, agree with someone, acknowledge that someone is right

recht haben, (hat recht), hatte recht, rechtgehabt to be right

rechts to the right, on the right-hand side

der **Rechtsanwalt, -(e)s, ⸚e** attorney

rechtschaffen righteous, up-right, decent

der **Redakteur, -s, -e** editor

die **Redaktion, -, -en** editing job; editorial staff

die **Rede, -, -n** speech, conversation, discourse, talk

  der Rede wert worth mentioning, significant

  im Eifer der Rede talking eagerly

  Rede stehen to give an account

  zur Rede bringen to discuss

  zur Rede stellen to take to task

  zum Reden bringen to make someone talk

die **Redeabsicht, -, -en** intention of speaking

reden to speak, talk

redend speaking; expressive

die **Redeweise, -, -n** language; way of speaking, idiom, speech

redlich honest, sincere, upright

die **Redlichkeit, -** honesty, sincerity, (condition of) honest examination

der **Redner, -s, -** orator, speaker

die **Redseligkeit, -** loquacity

reflektieren to reflect

der **Reflektor, -s, -en** reflector

die **Reflexion, -, -en** reflection

das **Refugium, -s, Refugien** refuge

die **Regel, -, -n** rule, regulation, precept

regellos irregular, haphazard

regelmäßig regular, ordinary, normal; always

regeln to regulate, arrange, adjust

regelrecht regular, normal, orderly

der **Regen, -s, -** rain

sich **regen** to move, stir

der **Regenschirm, -(e)s, -e** umbrella

regieren to dominate, reign, rule

das **Regime, -(s), -** regime

das **Regiment, -(e)s, -er** regiment

registrieren to register, record, take note

regnerisch rainy

die **Regung, -, -en** impulse, emotion

regungslos motionless

das **Reh, -(e)s, -e** deer

rehabilitieren to reinstate, rehabilitate

reiben, rieb, gerieben to rub

reich abundant, full, exuberant; rich, wealthy; fertile

das **Reich, -(e)s, -e** empire, kingdom, realm, state

reichbeschlagen richly decorated

reichen to reach; give, present, pass, hand over, extend to, hold out (one's hand); last, suffice, be enough

  jemandem seine Hand reichen to give someone one's hand (*also in marriage*)

reichlich ample, sufficient

der **Reichstagsabgeordnete, -n, -n** member of parliament

der **Reichtum, -s, ̈er** riches, wealth, opulence

reifen to ripen, mature

der **Reifungsprozeß, -sses, -sse** process of maturing

die **Reihe, -, -n** row, series, rank, line

  nach der Reihe in file, in rows, in turn

sich **reihen** to form a row, link

der **Reihen, -s, -** round dance

reihum turn about, by turns

der **Reim, -(e)s, -e** rhyme

rein pure, clean, genuine

die **Reinheit, -** purity

reinigen to purify

die **Reinigung, -, -en** cleaning, cleansing, purification

reinlich neat, clean

die **Reinlichkeit, -** cleanliness, neatness

das **Reis, -es, -er** sprig

die **Reise, -, -n** trip, journey, voyage

reisefertig ready to depart *or* leave (on a journey)

die **Reisegabe, -, -n** gift (for the journey)

der **Reisegefährte, -n, -n** traveling companion

reisen to travel

das **Reiseziel, -(e)s, -e** destination

reißen, riß, gerissen to seize, grab, pull, draw, grasp; tear

an sich reißen to pull (violently) toward oneself

reiten, ritt, ist geritten to ride (on horseback)

der **Reiter, -s, -** rider, horseman, trooper

die **Reitstunde, -, -n** riding lesson

der **Reiz, -es, -e** charm, fascination, stimulus

die **Reizaufnahme, -, -n** reception of stimuli

reizbar irritable

reizbar gegen irritated by

die **Reizbarkeit, -** sensitiveness

reizen to charm, attract; irritate

reizend charming

der **Reizschutz, -es** protective shield against stimuli

die **Relation, -, -en** relation

relativ relative

die **Relativitätstheorie, -, -n** theory of relativity

die **Religion, -, -en** religion

religiös religious

renommieren to brag

das **Rentier, -(e)s, -e** reindeer

der **Rentierjäger, -s, -** reindeer hunter

die **Repräsentation, -, -en** representation, social function

die **Repräsentationsfigur, -, -en** figure of representation, figurehead

die **Republik, -, -en** republic

republikanisch republican

die **Reserve, -, -n** reserve

reserviert conservative, reserved

die **Resignation, -, -en** resignation

das **Resultat, -(e)s, -e** result, outcome

die **Retardation, -, -en** retardation

die **Retorte, -, -n** test tube, retort

retten to save, rescue, free

sich **retten** to save oneself, escape

der **Retter, -s, -** savior, rescuer, deliverer

die **Retterin, -, -nen** female rescuer, savior, deliverer

die **Rettung, -, -en** rescue, salvation, escape

der **Rettungsdank, -(e)s** thanks for help, gratitude for rescue

rettungslos irretrievable, beyond hope

die **Reue, -** (*arch.* **ob**) remorse (for), regret

reuevoll remorseful

reuig remorseful

revidieren to revise, reexamine

die **Revolte, -, -n** revolt

die **Revolution, -, -en** revolution

revolutionieren to revolutionize

der **Revolver, -s, -** revolver

rezessiv recessive

der **Rhein, -s** Rhine (*river*)

der **Rhythmus, -, Rhythmen** rhythm

richten to judge, condemn; direct, point, address

richten nach   to set by
(*e.g., a clock*)
ein Scherzwort an jemand
richten   to address a witticism to someone
sich richten nach   to accommodate oneself to, act in accordance with
das Richten, -s   conviction, passing judgment
der Richter, -s, -   judge
richterlich   judicial
der Richterstuhl, -(e)s, ⸚e   judge's seat
richtig   right, correct, proper, exact; real; true, accurate; certainly
die Richtigkeit, -   correctness
es hat seine Richtigkeit   it is correct, it is actually so
die Richtung, -, -en   direction; style
nach allen Richtungen   in all directions
riechen, roch, gerochen   to smell
der Riese, -n, -n   giant
rieseln   to ripple, run
der Riesenbaum, -(e)s, ⸚e   gigantic tree
die Riesenzunge, -, -n   huge tongue
riesig   huge, towering
die Rindenschicht, -, -en   cortical layer
der Ring, -(e)s, -e   ring
sich ringeln   to curl
ringen, rang, gerungen   to struggle, wrestle
ringen um   to struggle for
rings   all around
ringsherum   round about, all around
ringsum   on all sides, all around, round about
rinnen, rann, ist geronnen   to run, flow
riskieren   to risk
der Riß, -sses, -sse   rent, cleft,

fissure
rissig   fissured, torn
der Ritter, -s, -   knight
ritterlich   chivalrous
der Rittersmann, -(e)s, -leute   knight
der Rittmeister, -s, -   cavalry captain
die Ritze, -, -n   slit
die Robbe, -, -n   seal (*zool.*)
der Roche, -n, -n   ray (fish)
röcheln   to gasp
der Rock, -(e)s, ⸚e   coat, jacket; skirt
der Rockschoß, -es, ⸚e   coat tail
roh   crude
das Rohr, -(e)s, -e   cane; tube
die Rolle, -, -n   role, importance
eine Rolle spielen   to be of importance, have influence; play a role, act *or* play a part
rollen   to roll
der Roman, -s, -e   novel, fiction
romantisch   romantic, fantastic
römisch   Roman
die Rose, -, -n   rose
rosenfarben   rose-colored
das Rosenholz, -es, ⸚er   rosewood
der Rosenschein, (e)s, -e   rosy glow
das Röstbrot, -(e)s, -e   toast
rostig   rust-covered
rot   red
rotbäckig   red-cheeked
die Röte, -   red, flush
röten   to redden
gerötet   inflamed, flushed
rotgelb   reddish-yellow
rötlich   reddish
die Rübe, -, -n   turnip
das Ruchlose, -n   atrocity, evil
noch Ruchloseres   even greater evil *or* atrocities
der Ruck, -(e)s, -e   start
rück-bilden   to undergo involution, regress
der Rücken, -s, -   back

rücken to move, shift

  an der Brille rücken to adjust one's glasses

der **Rückfall, -(e)s, ⸚e** regression; relapse

rückgreifend retrospective, referring back (to)

rückhaltlos without reserve

die **Rückkehr, -** return

die **Rückkunft, -** return

der **Rückschlag, -(e)s, ⸚e** setback

die **Rücksicht, -, -en** consideration, concern, respect; discretion

  ohne Rücksicht (auf) without regard (to)

  Rücksicht nehmen auf (*acc.*) to take into consideration, have regard for *or* to

die **Rücksichtsmaßnahme, -, -n** regard, measure taken out of regard; safety measure

rückständig reactionary, backward

rückwärts backward

rudern to row, steer

der **Ruf, -(e)s, -e** cry

rufen, rief, gerufen to call (out), shout

der **Rufname, -n, -n** first name

die **Ruhe, -** leisure, rest, quiet, peace (of mind), tranquillity, silence, calm

  in Ruhe lassen to leave in peace

  jemandem keine Ruhe lassen not to leave someone in peace

  zur Ruhe bringen to quiet down

ruhen to rest

der **Ruhestand, -(e)s** retirement; state of rest *or* repose

  in den Ruhestand versetzen to retire (someone)

ruhig quiet, silent, peaceful, calm, at rest

ruhig mal easily

der **Ruhm, -(e)s** fame, reputation

rühmen to praise

rühren to stir, move

rührend pathetic, moving, touching

die **Rührung, -** emotion

  Rührung beschlich ihn he was touched

die **Ruine, -, -n** ruin(s) (*e.g., of a castle or old monastery*)

der **Rumpf, -(e)s, ⸚e** body, trunk, torso

das **Rund, -es** round, circle, wide world

rund round, curved

die **Rundfahrt, -, -en** round trip

der **Rundfunk, -(e)s** radio

russisch Russian

rüsten to prepare, make ready

rüstig vigorous, healthy, robust, stout

rutschen to slip

S

der **Saal, -(e)s, Säle** hall, large room

sabotieren to sabotage

die **Sache, -, -n** thing, point, fact, business, affair, subject; event, cause, matter

  bei den Sachen sein to be concerned with things *or* objects

  bei der Sache sein to pay attention (to), be intent on

  mit ganzer Seele bei der Sache utterly absorbed *or* engaged

  zur Sache for the matter, to the point

  die Sachen (*pl.*) goods, things, belongings

sacht(e) soft, gentle, light

der **Sachverständige, -n, -n** expert

der **Sack, -(e)s, ⸚e** sack, bag

säen to sow

die **Sage, -, -n** saga, folktale,

legend, myth

die **Sägemaschine, -, -n** mechanical saw

sagen to say, tell; speak

die **Saite, -, -n** string (of an instrument)

der **Salamander, -s, -** salamander

salzen to salt

die **Salzluft, -** salt air

der **Samen, -s, -** seed

die **Samenpflanze, -, -n** seedling

sammeln to collect, assemble

der **Sammet** *archaic for* der **Samt, -(e)s, -e** velvet

der **Sammetglanz, -es** velvety sheen

die **Sammlung, -, -en** collection

samt together with

sämtlich all

sanft soft, gentle, sweet

sanftmütig meek

der **Sang, -(e)s, ⸗e** singing, song

der **Sänger, -s, -** singer

der **Sarg, -(e)s, ⸗e** coffin

der **Satan, -s, -e** *or* **Satanas** Satan

der **Satiriker, -s, -** satirist

satirisch satirical

der **Sattel, -s, ⸗** saddle

der **Satz, -es, ⸗e** sentence, statement; proposition, assertion; movement *or* composition (*mus.*)

die **Satzgruppe, -, -n** group of sentences

sauber clean

schön sauber nice and clean

saugen, sog, gesogen to suck, absorb

das **Säugetier, -(e)s, -e** mammal

der **Säugling, -s, -e** infant

die **Säule, -, -n** column, pillar

die **Säulenhalle, -, -n** gallery

der **Saum, -(e)s, ⸗e** edge, border, hem

säumen to hem

säuseln to whisper, murmur

sausen to howl, swish, rush

das **Schach, -s** chess

der **Schacht, -(e)s, ⸗e** shaft, pit

schade! what a pity! too bad!

schade um too bad about

der **Schädel, -s, -** head, skull

schaden to hurt, do harm to

das schadet nichts it doesn't matter, there is no harm in that

der **Schaden, -s, ⸗** damage

schadhaft worn

der **Schäferhund, -(e)s, -e** sheep dog; German shepherd

schaffen to convey, take, perform (work), provide, get, procure

aus dem Hause schaffen to remove from the house

du hast hier nichts zu schaffen you have no business here

zur Stelle schaffen to bring

schaffen, schuf, geschaffen to create, produce, do, make, accomplish, establish

der **Schaffende, -n, -n** creator

die **Schaffung, -** production, establishment

der **Schal, -s, -s** *or* **-e** shawl, scarf

die **Schale, -, -n** cup, bowl, receptacle

der **Schall, -(e)s, ⸗e** sound; ring, peal; noise

das **Schalloch, -(e)s, ⸗er** louver window (in a belfry)

schallen to sound, resound

die **Scham, -** modesty, shame

sich **schämen** to be ashamed

schamhaft modest

schändlich shameful, infamous, despicable, disreputable

die **Schar, -, -en** group, horde, troop, crowd

scharf sharp, keen, strong, severe, austere; rigorous, strict, exact; caustic

scharf herausgearbeitet strongly accentuated

der **Scharfblick, -(e)s** acuteness of vision

die **Schärfe, -, -n** sharpness, fineness

schärfen to sharpen

der **Scharfrichter, -s, -** executioner

die **Scharfsinnigkeit, -** ingenuity, sagacity

scharlach scarlet

der **Scharlachmantel, -s, ⸚** scarlet cloak

der **Scharlatan, -s, -e** charlatan

der **Schatten, -s, -** shade, shadow

das **Schattenbild, -(e)s, -er** shadow, phantom; silhouette

schattig shady, shadowy

der **Schatz, -(e)s, ⸚e** treasure; sweetheart

schätzen to esteem, value, estimate

der **Schauder, -s, -** shudder, horror, dread

schaudern to shudder, shiver, feel dread *or* awe

schauen to look

der **Schauer, -s, -** sense of awe

schauerlich horrifying

schaurig horrible, gruesome

schaukeln to toss, rock, swing

der **Schaum, -(e)s, ⸚e** spray, foam

schäumen to foam, froth

schaumerfüllt foam-filled

schaumig foamy

der **Schauspieler, -s, -** actor

die **Scheide, -, -n** sheath, scabbard (of a sword)

(sich) **scheiden, schied, hat** *or* **ist geschieden** to separate; depart, leave

der **Schein, -(e)s, -e** splendor, light, glow, shine; appearance

scheinbar apparent, fictitious, ostensible, seeming

scheinen, schien, geschienen (*dat.*) to shine; seem, appear, look

das **Scheit, -(e)s, -e** log (firewood)

der **Scheitel, -s, -** crown (top) of the head

scheiteln to part (hair)

scheitern (an) to fail (in)

das **Scheitern, -s** shipwreck, failure

die **Schelle, -, -n** bell

klingende Schelle tinkling cymbal

schelten, (schilt), schalt, gescholten to scold, blame, reprimand, find fault with, reproach

das **Schema, -s, -s, -ta** *or* **Schemen** scheme, model, pattern, diagram

der **Schemel, -s, -** footstool

schemenhaft shadowy, schematic

der **Schenkel, -s, -** thigh

schenken to give (as a gift), bestow

etwas geschenkt bekommen to receive something as a gift

die **Scherbe, -, -n** fragment (*e.g.,* *of glass*), potsherd; flowerpot

in Scherben gehen to break, go to pieces

scheren, schor, geschoren to shear, trim

sich **scheren** to go away, clear out

der **Scherz, -es, -e** gaiety, humor, joke, jest

scherzen to joke

das **Scherzwort, -(e)s, -e** witticism

scheu skittish; shy, timid

die **Scheu, -** awe

scheußlich hideous, ghastly, frightful

die **Schicht, -, -en** layer, stratum; level, shift, bed

schicken to send

sich **schicken** to be proper, suitable, appropriate, fitting

sich in etwas schicken to accommodate oneself to something, resign oneself to something

das **Schicksal, -e** fate, destiny
schicksallos fateless

die **Schicksalsschwere, -** fatality

das **Schicksalsende, -s** (final) turn of fate

der **Schicksalsgenosse, -n, -n** fellow sufferer, someone sharing one's fate

das **Schicksalslied, -(e)s, -er** song of destiny

schicksalsvoll momentous, fateful

schieben, schob, geschoben to shove, slide, push, thrust

schief sidelong, wry

schier quite, almost

schießen, schoß, geschossen to shoot

der **Schießunterricht, -(e)s** shooting instruction

das **Schiff, -(e)s, -e** ship, boat

der **Schiffbruch, -(e)s, ⁼e** shipwreck

der **Schiffer, -s, -** boatman, skipper

das **Schild, -(e)s, -er** (name)-plate; sign, signboard

der **Schild, -(e)s, -e** shield

schildern to describe

das **Schilf, -(e)s, -e** reed (grass)

schimmern to gleam

der **Schimpanse, -n, -n** chimpanzee

das **Schimpansenkind, -(e)s, -er** baby chimpanzee

schimpflich disreputable, outrageous, ignominious

der **Schinken, -s, -** ham

die **Schlacht, -, -en** battle

der **Schlaf, -(e)s** sleep

das **Schläfchen, -s, -** little nap

die **Schläfe, -, -n** temple (anat.)

schlafen, (schläft), schlief, geschlafen to sleep

schläfrig sleepy

schlaftrunken heavy with sleep

schlafwandeln to walk in one's sleep, somnambulate

wie schlafwandelnd like a somnambulist

das **Schlafzimmer, -s, -** bedroom

der **Schlag, -(e)s, ⁼e** strike, blow; door (of a vehicle)

mit dem Schlage der Geisterstunde at the stroke of midnight

schlagen, (schlägt), schlug, geschlagen to beat, hit, strike

es schlägt zwölf(e) the clock (bell) strikes twelve

in Papier schlagen to wrap in paper

die Arme kreuzweise über die Brust schlagen to cross one's arms over one's chest

der **Schlagfluß, -sses** apoplexy
zum Schlagfluß geneigt apoplectic

schlank slender

schlappen to shuffle

schlecht bad, poor, wicked, inferior; hardly

schlecht angeschrieben stehen to have a bad reputation

schlechthin absolute(ly), in an absolute sense, simply

schleichen, schlich, ist geschlichen to creep, sneak, skulk, steal, slip

der **Schleier, -s, -** veil

die **Schleife, -, -n** bow, scarf

schleifen to drag, slide

schleimig mucous, slimy

der **Schlemihl, -s, -s** awkward and unlucky person

schlendern to saunter, stroll, fling

373

schlenkern to lurch, dangle, swing

die **Schleppe, -, -n** train

schleppen to drag, haul, lug

schleudern to toss, throw, dash

der **Schlich, -(e)s, -e** dodge, trick

schlicht plain, simple, unadorned, unpretentious, artless

schließen, schloß, geschlossen to close, shut, lock; seal (a contract); terminate, conclude, end, finish

schließen auf to assume, deduce

schließen aus to conclude from

schließen lassen (auf) to imply

in sich schließen to comprise, comprehend, include

sich schließen to close, shut

schließlich finally, at last, in the long run, eventually, after all, ultimately, to conclude

schlimm bad, evil

schlingen, schlang, geschlungen to wind, twist, twine, cross (one's arms)

der **Schlitten, -s, -** sleigh

das **Schloß, -sses, ¨sser** castle, manor, palace

schlottern to slouch, tremble, shake

das **Schluchzen, -s** sobbing

schluchzen to sob

der **Schlummer, -s** slumber, sleep

der **Schlummerduft, -(e)s, ¨e** slumbrous fragrance

das **Schlummerlied, -(e)s, -er** lullaby

schlummern to slumber, doze

der **Schlund, -(e)s, ¨e** gorge, gulf, abyss

schlürfen to sip, drink;

shuffle, lurch

der **Schluß, -sses, ¨sse** conclusion, end

einen Schluß ziehen (aus) to draw a conclusion (from *or* concerning)

der **Schlüssel, -s, -** key

schmal slender, strait, cramped, narrow

schmalgeschnitten narrow

der **Schmerz, -es, -en** pain, grief

schmettern to shatter; resound, blare

die **Schmiede, -, -n** smithy, forge

das **Schmiedefeuer, -s, -** forge fire

schmieden to form, forge

sich **schmiegen** to fit close, cling (to), press; be close (to)

der **Schmuck, -(e)s** adornment

schmuck spruce, pleasing

(sich) **schmücken** to decorate, attire, dress, adorn, embellish

der **Schmuggler, -s, -** smuggler

der **Schmutz, -es** dirt, filth

schmutzig dirty, filthy, grubby

der **Schnabel, -s, ¨** beak

schnallen to buckle, strap

schnappen to snap, snatch, bite

der **Schnaps, -es, ¨e** liquor, brandy, gin

der **Schnee, -s** snow

die **Schneeflocke, -, -n** snowflake

die **Schneewolke, -, -n** snow cloud

schneiden, schnitt, geschnitten to cut; mow

ein Gesicht schneiden to make a face

schneidend sharp, keen

schnell fast, quick, rapid, prompt, sudden

die **Schnelligkeit, -** speed

sich **schneuzen** to blow one's nose

374

der **Schnitt, -(e)s, -e** cut
der **Schnitter, -s, -** mower
schnitzen to carve
die **Schnitzbank, -, ⸚e** carving
bench, chopping bench
das **Schnitzmesser, -s, -** carving
or whittling knife
schnüffeln to sniff
schnupfen to take snuff, sniff
schnuppern to sniff, smell
der **Schnurrbart, -(e)s, ⸚e** mustache
schon already; certainly, no
doubt, after all
schön nice, beautiful, fine
das **Schöne, -n** the beautiful,
beauty
schonen to take care of;
spare
schöngeistig literary; aesthetic
die **Schönheit, -, -en** beauty
die **Schonung, -** care, protection
schonungslos pitiless
schönwissenschaftlich pertaining to the arts and
sciences *or* belles-lettres
der **Schopf, -(e)s, ⸚e** tuft *or* head
of hair, top of the head
schöpfen to create; draw (air
or breath); derive
der **Schöpfer, -s, -** creator
schöpferisch creative
die **Schöpfung, -, -en** creation;
production
der **Schornstein, -(e)s, -e** smokestack, chimney
die **Schornsteinreste** (*pl.*)
remains *or* ruins of chimneys
der **Schoß, -es, ⸚e** womb, lap
schottisch Scottish
schräg slanting, sloping, steep
der **Schrank, -(e)s, ⸚e** cupboard,
closet
die **Schranke, -, -n** barrier
die **Schraube, -, -n** screw
schrauben to screw
der **Schreck, -(e)s, -e** *or* **-en** *or* **der**

Schrecken, -s, - fright,
fear, terror
schrecklich fearful, horrible,
dreadful, frightful
der **Schrei, -(e)s, -e** scream
die **Schreibart, -, -en** style of
writing, literary style
schreiben, schrieb, geschrieben to write
der **Schreiber, -s, -** clerk
der **Schreibtisch, -(e)s, -e** desk
die **Schreibtischplatte, -, -n**
desk top
schreien, schrie, geschrie(e)n
to shout, scream, cry out,
yell
schreiten, schritt, ist geschritten to walk (with dignity), progress, advance,
stride
die **Schrift, -, -en** writing, handwriting, manuscript, scripture; (*pl.*) writings
der **Schriftleiter, -s, -** editor
der **Schriftsteller, -s, -** author,
writer
schriftstellerisch literary
schrill shrill, piercing
der **Schritt, -(e)s, -e** step, stride,
pace
auf Schritt und Tritt at
every step
schroff severe, abrupt, rough
schrumpfen to shrink
die **Schublade, -, -n** drawer
schüchtern timid, shy
der **Schuh, -(e)s, -e** shoe
die **Schuld, -, -en** fault, offense,
guilt, blame; debt
sich in Schuld verstricken
to become guilty
das **Schuldbewußtsein, -s** consciousness of guilt
die **Schuldfrage, -, -n** question
of guilt
das **Schuldgefühl, -(e)s, -e** sense
of guilt
schuldhaft culpable

375

schuldhaft anprangern to blame

schuldig guilty, at fault, culpable; owing, due; obligatory, indebted

was bin ich schuldig? what do I owe?

die **Schuldigkeit, -** duty

das **Schuldigsein, -s** condition of being guilty

die **Schule, -, -n** school

die **Schulmappe, -, -n** school bag

die **Schulter, -, -n** shoulder

schüppeln (*Low German dial.*) to push, shove

schüren to stir, poke, rake (a fire), fan, tend

die **Schürze, -, -n** apron

der **Schuß, -sses, ⸚sse** shot

ein Schuß fiel a shot was fired

schußbereit loaded

die **Schüssel, -, -n** bowl, dish, platter

der **Schutt, -(e)s** rubbish, rubble, debris

schütteln to shake

schütten to pour out

die **Schuttwüste, -, -n** rubble desert

der **Schutz, -es** protection, shelter, refuge, safeguard

in Schutz nehmen to defend

schützen to protect

(das) **Schwaben, -s** Swabia (*state in Germany*)

schwach weak, feeble

die **Schwäche, -, -n** weakness

schwächen to weaken

schwächlich weak, feeble

das **Schwalbenvolk, -(e)s, ⸚er** flock of swallows

der **Schwall, -(e)s** swell, flow

schwanenweiß swan-white

schwanger pregnant

schwanken to move to and fro, rock, sway, shake, reel, oscillate, fluctuate; vary; tremble, be irresolute, falter, hesitate

schwankend fluctuating

der **Schwarm, -(e)s, ⸚e** swarm, flight (of birds)

die **Schwärmerei, -, -en** ecstasy, revery, enthusiasm

schwarz black

schwarzbraun blackish-brown

schwärzlich blackish

schwarzseiden made of black silk

schwätzen *or* **schwatzen** to chat, babble, tattle

schweben to soar, hover, float in the air, hang, be suspended

das **Schweben, -s** soaring

(das) **Schweden, -s** Sweden

der **Schweif, -(e)s, -e** tail; train

schweifen to roam, rove

schweigen, schwieg, geschwiegen to be *or* keep silent, say nothing, cease (to speak), pause

schweig stille! be quiet!

das **Schweigen, -s** silence

schweigend being silent, saying nothing, silent(ly)

der **Schweiß, -es** sweat, perspiration

die **Schweiz, -** Switzerland

die **Schwelle, -, -n** threshold

schwenken to swing, wave, toss

schwer difficult, hard, severe, serious, grave; heavy

es schwer haben to have a hard time

schwer erfaßbar comprehended with difficulty

schwer wiegen to be of great importance

schweres Geld a great deal of money

die **Schwere, -** heaviness; gravity (*phys.*)

die **Schwerenot, -** sickness; epilepsy

schwerfällig clumsy, awkward; heavy, laborious, ponderous

die **Schwerfälligkeit, -** clumsiness, awkwardness

schwermütig gloomy, melancholy

das **Schwert, -(e)s, -er** sword

schwierig hard, difficult

die **Schwierigkeit, -, -en** difficulty

der **Schwierigkeitenmacher, -s, -** troublemaker

schwimmen, schwamm, ist geschwommen to swim

der **Schwimmer, -s, -** swimmer

der **Schwindel, -s** dizziness, vertigo

ein gelinder Schwindel a slight dizziness

schwindeln to feel dizzy; cheat, swindle

schwindelnd dizzy; causing dizziness

der **Schwindler, -s, -** swindler

schwinden, schwand, ist geschwunden to disappear, vanish

schwingen, schwang, geschwungen to swing, brandish, wave, wield

geschwungen curved

schwören, schwor, geschworen to swear, take an oath

der **Schwung, -(e)s, -̈e** swing, curve, impetus, verve, animation, dash; rising or swinging motion

sechswöchig six weeks long, lasting six weeks

der **See, -s, -n** lake

die **See, -, -n** sea, ocean

das **Seebad, -(e)s, -̈er** seaside resort

die **Seele, -, -n** heart and mind; soul

die **Seelenangst, -, -̈e** mortal fear, anguish of soul

der **Seelenapparat, -(e)s** makeup of the individual psyche

das **Seelengebiet, -(e)s, -e** region of the mind

das **Seelenleben, -s, -** mind; mental, spiritual, or inner life; life of the soul or psyche

die **Seelenprovinz, -, -en** province of the mind

seelisch mental, psychic, emotional, spiritual

der **Seemann, -(e)s, -̈er** or **-leute** seaman, mariner, sailor

die **Seespinne, -, -n** crab

segeln to sail

segnen to bless, consecrate

sehen, (sieht), sah, gesehen to see, notice, realize; look (upon), observe, consider

siehe da lo and behold

sich **sehnen** to yearn, long for

die **Sehnenscheidenentzündung, -, -en** inflammation of the tendon sheaths

sehnlich ardent(ly), longing-(ly), anxious(ly)

die **Sehnsucht, -, -̈e** longing, yearning

sehnsüchtig wistful; anxious

sehr very, much

die **Seide, -, -n** silk

seiden silken

seidig silky

das **Seiende, -n** being, that which is

das **Seil, -(e)s, -e** rope

der **Seiler, -s, -** ropemaker

sein, (ist), war, ist gewesen to be

es ist mir ... als I feel as if

sei es ... sei es whether ... whether

das **Sein, -s** being, existence; essence

das Sein schlechthin being as such

seinerseits in turn

377

seinerzeit at one time or other, in its time, formerly, in the past

seinesgleichen his equal

seinetwegen on his account *or* behalf

seins = seines

das **Seinsbewußtsein, -s** awareness of one's existence, consciousness of being

seit since

seitdem since, since then

die **Seite, -, -n** side; aspect; party (*pol.*); page

  jemand auf seine Seite ziehen to win someone over to one's side

  von allen Seiten her from every side

  von Seiten (*gen.*) on behalf of, on the part of; by

der **Seitenzugang, -(e)s, ⁼e** side entrance

seitwärts sideways, laterally

die **Sektion, -, -en** postmortem; section

die **Sekunda, -** junior year in high school

sekundär secondary

selb- same, self

selber self

  ich selber I myself

selbig same

selbst self; myself, himself, yourself, *etc.*; even (*adv.*)

  wir selbst werden to become ourselves, achieve selfhood

selbständig independent, self-supporting, autonomous; original

  selbständig halten to keep as independent

die **Selbständigkeit, -** independence, autonomy

die **Selbstbefruchtung, -, -en** spontaneous generation, self-pollination

die **Selbstbeobachtung, -, -en** self-observation

selbstbewußt self-assured, conceited

das **Selbstbewußtsein, -s** self-consciousness, self-apperception, self-estimate, self-esteem

selbstdritt the three of them

selbsterlebt self-experienced

das **Selbstgefühl, -(e)s, -e** self-esteem

der **Selbsthaß, -sses** self-hate

die **Selbstkritik, -, -en** self-criticism

das **Selbstsein, -s** self-realization, being oneself

  das **Selbstsein mit Selbstsein verbinden** to connect self-realization with the self-realization of the other

die **Selbstverachtung, -** self-contempt

selbstvergessen self-forgetful, unselfish, oblivious of self, unconscious, absentminded

die **Selbstverleugnung, -** self-denial

selbstverständlich self-evident, obvious, of course, certainly, naturally

die **Selbstverständlichkeit, -** matter of course

das **Selbstverständnis, -ses** self-evidence, self-understanding

das **Selbstwerden, -s** self-realization, finding oneself

die **Selektion, -, -en** selection

selig blissful, blessed, happy; deceased

die **Seligkeit, -** happiness

selten rare(ly), scarce, unusual; seldom

  nicht selten frequently

seltsam singular, unusual, strange, peculiar

die **Seltsamkeit, -** peculiarity

der **Senator, -s, -en** senator

senden, sandte *or* **sendete, gesandt** *or* **gesendet** to send

der **Senderaum, -(e)s, ⁼e** broadcasting studio

der **Sendeturm, -(e)s, ⁼e** transmitter

senken to lower

gesenkten Kopfes with bowed *or* lowered head

senkrecht vertical, perpendicular

der **Sessel, -s, -** chair, armchair

setzen to place, put, posit, set

sich **setzen** to sit down, seat oneself, take a seat

seufzen to sigh

der **Seufzer, -s, -** sigh, groan

das **Sexualleben, -s** sexuality, sexual life

das **Sexualobjekt, -(e)s, -e** sexual object

sexuell sexual

sicher safe, secure; certain(ly), positive, sure, assured; accurate(ly)

die **Sicherheit, -, -en** certainty; security, safety; assurance, self-assurance, confidence

sicherlich surely, certainly, undoubtedly

sichern to assure, guarantee

sich **sichern** to seek security; be on the alert, protect oneself

das **Sichgeschenktwerden, -s** receiving one's self as a gift; restoration of oneself and of the other

die **Sicht, -** sight

sichtbar visible, perceptible, evident

sichtklar visible, in sight

sichtlich visible

das **Sichverwundern, -s** astonishment, wonderment

siebzig seventy

sieden to seethe, boil

die **Siedlung, -, -en** settlement, colony

der **Sieg, -(e)s, -e** victory, conquest

siegen to be victorious, triumph, win

der **Sieger, -s, -** conqueror, victor, winner

siehe! lo and behold!

das **Silber, -s** silver

der **Silberglanz, -es** silvery sheen

silbern made of silver

der **Silberschmied, -(e)s, -e** silversmith

silbrig silvery

singen, sang, gesungen to sing

sinken, sank, ist gesunken to sink, fall, go down

der **Sinn, -(e)s, -e** sense; intellect, mind, understanding; opinion, interpretation, meaning; spirit; signification, conviction, sentiments, intention

etwas im Sinne haben to intend something, plan something

im Sinne in accordance with

in gewissem Sinne in a certain sense *or* way

Wie wird einem zu Sinne? How does one feel?

sinnen, sann, gesonnen to think

sinnend thoughtful, contemplative, pensive

die **Sinnenglut, -** sensuality

die **Sinnenwelt, -, -en** material *or* external world, sensuous world

der **Sinneseindruck, -(e)s, ⁼e** sense impression

die **Sinnesempfindung, -, -en** sensory *or* sensuous perception

das **Sinnesorgan, -s, -e** sense organ

die **Sinneswahrnehmung, -, -en** sensory perception

sinnlich sensuous, emotional

die **Sinnlichkeit, -** sensuality

die **Sitte, -, -n** custom

sittlich moral, ethical

die **Situation, -, -en** situation

der **Sitz, -es, -e** seat, residence

sitzen, saß, gesessen to sit, occupy

die **Skepsis, -** skepticism

skeptisch skeptical

die **Skizze, -, -n** sketch

der **Sklave, -n, -n** slave

die **Sklaverei, -** slavery

slawisch Slavic

so so, thus, in this *or* such a way, like this *or* that, as, in this light, then

  so eben just about

  so fort on and on

  so manch(-er, -e, -es) many a

  so weit so far

  so wie auch as well as

sobald (als *or* **wie)** as soon (as)

soeben just now, just then, just at that moment

das **Sofa, -s, -s** sofa

sofern so far as

sofort at once, immediately, instantly

sogar even

sogenannt so-called

sogleich right away, at once, forthwith, immediately

die **Sohle, -, -n** sole (of a foot *or* shoe)

  auf leisen Sohlen noiselessly

der **Sohn, -(e)s, ⸚e** son

solang(e) as *or* so long as

solch such, such a

  solche, die (*pl.*) those who

der **Soldat, -en, -en** soldier

soldatisch military

solid(e) firm

die **Solidarität, -** joint liability, solidarity

sollen to be supposed to, be said to; am (is, are) to, be

obliged to; shall, should, ought to

sollte should

somatisch somatic

das **Somatische, -n** the somatic, somatic influence

somit accordingly, then, thus

  und somit and thus

der **Sommer, -s, -** summer

die **Sommernacht, -, ⸚e** summer night

die **Sommerreise, -, -n** summer trip *or* vacation

die **Sommersprosse, -, -n** freckle

die **Sonderart, -, -en** distinctive character; particular species

sonderbar strange, odd, peculiar, extraordinary

der **Sonderdruck, -(e)s, -e** offprint, special copy

das **Sonderinteresse, -s, -n** special interest

sonderlich peculiar, extraordinary, especial, special-(ly), particular(ly)

sondern (*conj.*) but, rather, (but) on the contrary

sondern to separate, make separations; distinguish

die **Sonderstellung, -, -en** special *or* exceptional position

die **Sonderung, -, -en** separation, differentiation, dividing up

sondieren to probe, fathom; (*fig.*) sound

der **Sonnabend, -s, -e** *or* der **Samstag, -(e)s, -e** Saturday

die **Sonne, -, -n** sun

sich **sonnen** to bask (in the sun)

die **Sonnenscheibe, -, -n** disk of the sun

der **Sonnenstrahl, -(e)s, -en** ray of sunlight, sunbeam

die **Sonnenuhr, -, -en** sundial

sonnig sunny

der **Sonntag, -(e)s, -e** Sunday

das **Sonntagsgewand, -(e)s, -gewänder** Sunday dress, outfit

sonst else, otherwise, as a rule, usually, formerly, at other times

wie sonst as usual

sorgen (für etwas) to take care of, attend to, make certain, see to it

die **Sorgfalt, -** care, attention

sorgfältig careful, attentive, painstaking, precise

sorglos careless, carefree

sorgsam careful, cautious

die **Sorte, -, -n** species, kind; (commercial) brand

soweit as far as

sowie as well as, as soon as

sozial social

die **Sozialbindung, -, -en** social connection, social ties

der **Soziologe, -n, -n** sociologist

die **Soziologie, -** sociology

soziologisch sociological

sozusagen so to speak, as it were

spähen to watch, observe attentively, peer, look out (for), gaze

der **Spalt, -(e)s, -e** crack, gap, crevasse

spaltbar cleavable, fissionable

eine Sache ist spaltbar a thing can be split

(sich) **spalten** to split, crack open, cleave

die **Spaltrichtung, -, -en** line of cleavage

(das) **Spanien, -s** Spain

spanisch Spanish

spanisches Röhrchen thin cane

die **Spanne, -, -n** gap, interval, span, margin; short space of time

spannen to stretch, tense, tighten, draw (a bow), span

sich **spannen** to stretch, extend

die **Spannung, -, -en** tension, suspense; (elec.) voltage, potential

das **Spannungsgefühl, -(e)s, -e** feeling of tension

die **Sparbüchse, -, -n** piggy bank, money box

sparen to save, preserve

die **Sparkasse, -, -n** savings bank

spärlich scanty, bare, meager, frugal

sparsam sparing, thrifty, economical

der **Spaß, -sses, ̈sse** jest, joke, fun, amusement

spät late

das **Spätbiedermeier, -s** *a period in the first half of the 19th century characterized by peaceful and idyllic middle-class settings and virtues*

später later (on)

späterhin later on

der **Spätwinter, -s, -** later part of winter

spazieren to (take a) walk, stroll

spazieren-gehen, ging spazieren, ist spazierengegangen to go for *or* take a walk

der **Spaziergang, -(e)s, ̈e** walk (for pleasure), stroll

der **Spazierritt, -(e)s, -e** ride (on horseback)

der **Speer, -(e)s, -e** spear

die **Speise, -, -n** meal, dish, food

speisen to dine

die **Spekulation, -, -en** speculation

spekulativ speculative, venturesome

sperren to lock up, lock in

speziell specific, special

die **Spezies, -, -** species

der **Spiegel, -s, -** mirror

spiegeln to mirror, reflect

das **Spiel, -(e)s, -e** game, play-(ing)

spielen to play, toy, act, pretend

spielend playful; easy

das **Spielzeug, -(e)s, -e** plaything, toy

das **Spießbürgertum, -s** petty bourgeoisie

der **Spiritismus, -** spiritualism

spitz pointed, sharp, angular

die **Spitze, -, -n** tip, point

spitzen to sharpen

   die Lippen spitzen to purse one's lips

   die Ohren spitzen to prick up one's ears

spitzig pointed

der **Spitzbube, -n, -n** rogue, knave, petty criminal, rascal, scoundrel

spleenig eccentric

die **Spontaneität, -** spontaneity

die **Sporen** (*pl.*) spurs

der **Sport, -(e)s** sport

der **Spott, -(e)s** mockery, scorn

spöttisch scornful

der **Spottvers, -es, -e** satirical verse

die **Sprache, -, -n** language, diction

der **Sprachgebrauch, -(e)s, ⸚e** use of language

sprachlos speechless

sprechen, (spricht), sprach, gesprochen to speak, talk, pronounce, declare, say; talk about

   sprechen für to argue in favor of

   vor sich hinsprechen to speak to oneself

spreizen to extend, spread

sprengen to gallop, dash, ride full speed; explode, blow up; go beyond

das **Sprichwort, -(e)s, ⸚er** proverb

der **Springbrunnen, -s, -** fountain

springen, sprang, ist gesprungen to jump, spring; crack, split

spritzen to spurt, splash, shoot

die **Sprödigkeit, -** reserve, aloofness

der **Spruch, -(e)s, ⸚e** maxim, motto, saying

der **Sprühschauer, -s, -** shower of spray

der **Sprung, -(e)s, ⸚e** vault, jump, leap; crack

   Sprünge machen to be unruly *or* extravagant

sprunghaft desultory, irregular

spucken to spit

der **Spuk, -(e)s, -e** spook, ghostly apparition; fuss

spuken to haunt

   es spukt in dem Zimmer the room is haunted

spukend ghostly, spectral, haunting

die **Spur, -, -en** trace, remains; track, trail

   auf die Spur kommen to get on the trail (of), track down

spurlos without a trace

spüren to notice, feel

der **Staat, -(e)s, -en** country, state, government

das **Staatsexamen, -s, -** civil-service examination, government examination

der **Staatshecht, -(e)s, -e** capital pike

der **Staatstheoretiker, -s, -** political scientist

die **Staatswissenschaft, -** political science

der **Staatswissenschaftler, -s, -** political scientist

der **Stab, -(e)s, ⸚e** prop; staff, bar

stachelig stinging, pointed

die **Stadt, -, ⸚e** town, city

der **Stadtpark, -(e)s** *a park in the center of Vienna*

die **Stadtparkbank, -, ⸚e** city

park bench; bench in the Stadtpark

der **Stadtrichter, -s, -** municipal judge, city magistrate

das **Stadttor, -(e)s, -e** city gate

die **Staffelei, -, -en** easel

stahlblau steel-blue

stählen to steel, strengthen

der **Stamm, -(e)s, -̈e** tribe; stem, trunk; origin

der **Stammbaum, -(e)s, -̈e** family *or* genealogical tree, genealogy

stammen aus *or* **von** (*dat.*) to be derived from, be descended from, originate in

die **Stammpflanze, -, -n** parent plant

stampfen to pound

der **Stand, -(e)s, -̈e** profession, social status; market stall; condition

   im Stande sein to be able *or* capable (of)

die **Standesrücksicht, -, -en** consideration of rank and class

stand-halten, (hält stand), hielt stand, standgehalten to withstand, uphold

ständig permanent, constant

der **Standpunkt, -(e)s, -e** standpoint, viewpoint

die **Stange, -, -n** bar, rod, pole

stark strong, vigorous; considerable, stout

die **Stärke, -** strength, vigor, power

stärken to strengthen

starr rigid, fixed, stiff, motionless; staring (eyes); inflexible, stubborn

starren to gaze, stare

die **Statistik, -, -en** statistics

statistisch statistical

statt instead

die **Stätte, -, -n** location, place, abode

   an heiliger Stätte on hallowed ground

statt-finden, fand statt, stattgefunden to take place, happen, occur

die **Statthalterei, -, -en** government

stattlich stately, splendid, fine, imposing

die **Statue, -, -en** statue

der **Staub, -(e)s** dust

stäuben to spray

das **Staubgewölk, -(e)s** cloud of dust

die **Staude, -, -n** plant, bush, shrub

staunen to be surprised *or* amazed, marvel

das **Staunen, -s** astonishment, wonder, surprise

stechen, (sticht), stach, gestochen to pierce, sting, prick

stecken to be (somewhere), be hidden, stay, remain; stick; put, place

   Wo steckt er? Where could he be (hidden)?

stehen, stand, gestanden to be situated, stand, be, stand still, stop; be disposed

   stehen zu to stand beside *or* alongside (of)

   Wie steht es um ihn? What is the matter with him?

stehen-bleiben, blieb stehen, ist stehengeblieben to stand still, stop, remain standing

stehlen, (stiehlt), stahl, gestohlen to steal

steif stiff, rigid

steifleinen buckram

steigen, stieg, ist gestiegen to rise, ascend, climb up, prance

steigern to increase, heighten, intensify, uplift

steil steep

steilgereckt towering, reaching upward

der **Stein, -(e)s, -e** stone
Steine bearbeiten to hew *or* cut stones

das **Steinbild, -(e)s, -er** statue

das **Steingebilde, -s, -** stone statue, stone figure, stone creation

das **Steingerät, -(e)s, -e** stone tool

das **Steinwerkzeug, -(e)s, -e** stone tool, Stone Age tool

die **Steinzeit, -** Stone Age
steinzeitlich of the Stone Age

die **Stelle, -, -n** situation, position, spot, point, place, passage (in a book), location
an jemandes Stelle treten to take a person's place, replace a person
an Stelle in the place (of)
auf der Stelle right away, on the spot
stellen to put or place (in an upright position), pose; assign

sich **stellen (zu)** to place oneself, appear, take a position (with respect to)

die **Stellung, -, -en** position, attitude, posture, situation
eine Stellung einnehmen to occupy a position
stemmen to prop, support

das **Sterbehaus, -es, ̈er** house of mourning, house where someone has died, place to die

die **Sterbekasse, -, -n** funeral fund
sterben, (stirbt), starb, ist gestorben to die

das **Sterben, -s** dying, death
zum Sterben angewidert sick to death
sterblich mortal
das sterbliche Geschlecht

the mortals, mortal man

die **Sterblichkeit, -** mortality, death rate

die **Sterblichkeitsziffer, -, -n** mortality rate
sterilisieren to sterilize

der **Stern, -(e)s, -e** star

das **Sternbild, -(e)s, -er** constellation
sternklar starry; star-bright
stets always, regularly, steadily, continually, constantly

das **Steuer, -s, -** rudder, helm
das Steuer führen to steer
steuern to steer

der **Steuersitz, -es, -e** helmsman's seat
sticken to embroider

der **Stiefel, -s, -** boot

die **Stiege, -, -n** flight of stairs, stairway

der **Stier, -(e)s, -e** bull, steer
stier staring, fixed
stiften to cause, establish, endow

der **Stil, -(e)s, -e** style
stilisiert forced, assumed

die **Stille, -** silence
still(e) quiet, silent, still, peaceful
im stillen quietly, in secret
stillen to soothe

das **Stillschweigen, -s** silence
still(e)-stehen, stand still(e), ist *or* **hat still(e)gestanden** to stand still, stop
stilvoll tasteful

die **Stimme, -, -n** voice, opinion, vote
stimmen to attune, tune; be correct
stimmt! that's right!
weich gestimmt kindly disposed

die **Stimmung, -, -en** mood

der **Stint, -(e)s, -e** smelt

die **Stirn(e), -, -(e)n** forehead, brow; impudence

der **Stock, -(e)s, ̈e** stick, cane;

floor

stocken freeze; stop

das **Stockwerk, -(e)s, -e** floor

der **Stoff, -(e)s, -e** fabric, material, stuff; subject matter, substance

stöhnen to groan, moan

das **Stöhnen, -s** groaning

der **Stoiker, -s, -** Stoic

der **Stoizismus, -** Stoicism

stolpern to stumble, tumble

der **Stolz, -es** pride

stolz proud

stopfen to fill, stuff

der **Storch, -(e)s, ⸚e** stork

die **Störchin, -, -nen** female stork

das **Storchenabenteuer, -s, -** stork adventure

der **Storchenflügel, -s, -** stork's wing

die **Storchenhaut, -, ⸚e** stork's skin

der **Storchfuß, -es, ⸚e** stork's foot

storchisch stork language

stören to disturb, interrupt

störrig stubborn

die **Störung, -, -en** inconvenience, intrusion, interruption, disturbance, disorder; vicissitude

der **Stoß, -es, ⸚e** thrust, attack; bundle, stack; impulse

stoßen, (stößt), stieß, gestoßen (auf) to come *or* hit upon, meet with, encounter, come across, confront, clash with

sich an einer Sache stoßen to object to something

auf Bekannte stoßen to come across acquaintances

stoßweise jerky

kurz und stoßweise atmen to breathe by starts *or* jerks

strafandrohend threatening to punish

die **Strafanstalt, -, -en** penitentiary

die **Strafe, -, -n** punishment, sentence

strafen to punish, sentence

straff taut

straffen to tauten, tighten

der **Sträfling, -s, -e** convict

der **Strahl, -(e)s, -en** ray, beam; gush, jet

strahlen to radiate, shine

strahlend radiant

die **Strahlung, -** radiance, radiation

die **Strahlungsenergie, -** radiation energy

stramm well-grown, upright

der **Strand, -(e)s, ⸚e** *or* **-e** shore, beach

die **Straße, -, -n** street, road

die **Straßendirne, -, -en** streetwalker

die **Straßenecke, -, -n** street corner

sich **sträuben** to resist, bristle up

mit sträubenden Haaren with hair on end

streben (nach) to endeavor, strive (after *or* for)

das **Streben, -s** striving, effort, tendency, impulse, endeavor

die **Strecke, -, -n** stretch, distance; (part of the) way

strecken to stretch

der **Streich, -(e)s, -e** prank, joke, trick

streichen, strich, gestrichen to stroke, sweep, be wafted; cross out *or* off, eliminate

mit der Hand streichen to pass one's hand (over something)

der **Streifen, -s, -** strip, stripe

streifen to graze, brush, pass lightly

mit den Augen streifen cast a glance at

der **Streit, -(e)s, -e** *or* **-igkeiten** dispute, quarrel, struggle

streiten, stritt, gestritten to

385

fight, struggle, dispute, argue

sich **streiten** to dispute, quarrel

streng severe, rigorous, strict; heavy

die **Strenge, -** severity

das **Stroh, -(e)s** straw

das **Strohfeuer, -s, -** fire of straw

der **Strohhut, -(e)s, ⸚e** straw hat

der **Strom, -(e)s, ⸚e** (large *or* broad) river, current, stream

strömen to stream, flow, swarm

strudeln to whirl, swirl, turn

die **Struktur, -, -en** structure; texture (*e.g., of metals*)

das **Strukturverhältnis, -ses, -se** structural relation *or* entity

der **Strumpf, -(e)s, ⸚e** stocking

die **Stube, -, -n** room, parlor

die gute Stube parlor

das **Stück, -(e)s, -e** particle, part, fragment, piece, bit, portion; play (*theat.*)

in allen Stücken in every respect

in Stücke zerfallen to fall into fragments, fall apart

der **Student, -en, -en** student

die **Studie, -, -n** study

das **Studium, -s, Studien** (course of) study

die **Stufe, -, -n** step, stage, level

von Stufe zu Stufe from step to step

stufenweise step by step

der **Stuhl, -(e)s, ⸚e** chair

stülpen to turn upside down

stumm silent, mute, dumb, inarticulate

der **Stummel, -s, -** stump, end

der **Stümper, -s, -** bungler, botcher

die **Stunde, -, -n** hour

um diese Stunde around this time

der **Sturm, -(e)s, ⸚e** storm

stürmen to dash, rush along; storm

sturmzerfetzt torn by the storm

der **Sturz, -es, ⸚e** fall, descent

stürzen to throw, hurl, plunge, rush, fall (heavily)

jemanden ins Unglück stürzen to plunge someone into misfortune, ruin someone

sich **stürzen** to throw oneself, plunge

die **Stütze, -, -n** support

stutzen to cut short, curtail; stop short, hesitate, be startled

stützen to support, rest

sich **stützen** to lean

das **Subjekt, -(e)s, -e** subject

subjektiv subjective, personal

die **Subskription, -, -en** subscription

die **Substanz, -, -en** substance

das **Substrat, -(e)s, -e** substratum

suchen to search, look for, seek; try *or* attempt (to)

die **Sucht, -, ⸚e** desire, addiction

(das) **Südamerika, -s** South America

der **Süden, -s** South

(das) **Südfrankreich, -s** Southern France

südlich Southern

die **Summe, -, -n** sum, amount (of money)

eine schwere Summe a great deal of money

summen to buzz, hum

der **Sund, -(e)s, -e** strait, sound

die **Sünde, -, -n** sin

sündig sinful

sündigen to err, (commit a) sin

süß sweet

die **Süße, -** sweetness

sympathisch likeable, congenial

das **Symptom, -s, -e** symptom

die **Symptombildung, -, -en** formation of symptoms

das **System, -s, -e** system; doctrine

systematisch systematic, methodical

die **Szene, -, -n** scene

die **Szenerie, -, -n** scenery, decor

T

der **Tabak, -s** tobacco

der **Tadel, -s, -** criticism, censure, reprimand

tadellos faultless

tadelnswert reprehensible, objectionable

das **Tafeltuch, -(e)s, ⸚er** tablecloth

der **Tag, -(e)s, -e** day

  am Tag(e) during the day

  bei Tag(e) during the day

  alle Tage every day, daily

  den andern Tag next day

  eines Tages one day, someday

das **Tagebuch, -(e)s, ⸚er** diary

das **Tageslicht, -(e)s** daylight

das **Tag(e)werk, -(e)s** day's work

täglich daily

tagsüber during the day

taktfest steady; rhythmical

das **Tal, -(e)s, ⸚er** valley

das **Talent, -(e)s, -e** talent

der **Taler, -s, -** taler (*old German silver coin, origin of "dollar"*)

der **Tang, -(e)s, -e** seaweed

die **Tante, -, -n** aunt

der **Tanz, -es, ⸚e** dance

  zum Tanz(e) auffordern to ask for a dance

tänzeln to frisk, dance

tänzelnd sportively

tanzen to dance

die **Tanzstunde, -, -n** dancing lesson

die **Tapete, -, -n** wallpaper, tapestry

tapezieren to paper

tapfer brave, courageous

täppisch clumsy, awkward

täppisch-ernst clumsily serious

die **Tasche, -, -n** pocket

das **Taschentuch, -(e)s, ⸚er** handkerchief

die **Taschenuhr, -, -en** (pocket) watch

die **Tasse, -, -n** cup

die **Taste, -, -n** key (*i.e., of a piano*)

tasten to grope

sich **tasten** to feel one's way

die **Tat, -, -en** act, action, deed; fact, achievement

  in der Tat actually, in fact, indeed

der **Tatbestand, -(e)s, ⸚e** fact, summary of evidence

der **Täter, -s, -** culprit

tätig active

die **Tätigkeit, -, -en** activity, action, function; occupation, profession

die **Tatsache, -, -n** fact

der **Tatsachensinn, -(e)s** respect for facts

tatsächlich actual(ly), real, factual; in fact

die **Tatsächlichkeit, -** fact, actuality

das **Tau, -(e)s, -e** rope

tauchen to dip, dive

  getaucht in flooded with, bathed in, dipped in

der **Taucher, -s, -** diver

taufen to name, christen

der **Taugenichts, -es, -e** good-for-nothing, ne'er-do-well

tauglich fit

taumeln to reel, stagger, tumble

täuschen to deceive, delude, mislead

  wenn mich nicht alles täuscht if I am not completely mistaken

täuschend deceiving, deceptive

die **Täuschung, -, -en** deception, delusion; illusion

tausendförmig thousandfold

tausendjährig one thousand years old, of a thousand years

das **Taxi, -(s), -(s)** taxi

taxieren to consider, value, appraise

die **Technik, -** technical or applied science, technology

die **Technik, -, -en** technique, skill

technisch technical

die **Technische Hochschule** institute of technology, Polytechnic Institute

der **Tee, -s, -s** tea

der **Teer, -(e)s, -e** tar

der **Teich, -(e)s, -e** pond

der **Teil, -(e)s, -e** part, piece, share

teilbar divisible

teilen to divide, separate, part; share

sich **teilen** to divide, part, scatter; share in, be divided

teilhaben an to participate in

teilhaftig partaking of, sharing in

jemanden teilhaftig werden lassen (gen.) to open up for someone, let someone take part

die **Teilnahme, -** interest

teil-nehmen, (nimmt teil), nahm teil, teilgenommen to take part

das **Teilstück, -(e)s, -e** part

teilweise partly

das **Telefon** or **Telephon, -s, -e** telephone

tellurisch geological

der **Tempel, -s, -** temple (bldg.)

das **Temperament, -(e)s, -e** character, temperament, disposition

die **Tendenz, -, -en** tendency

der **Teppich, -s, -e** rug, carpet

der **Terminus, -, Termini** term

das **Terrain, -s, -s** real estate

der **Terrorismus, -** terrorism

teuer dear, expensive

der **Teufel, -s, -** devil

das **Theater, -s, -** theater

das **Thema, -s, -ta** or **Themen** topic, theme, subject

theoretisch theoretical

die **Theorie, -, -n** theory

therapeutisch therapeutic

die **Therapie, -, -n** therapy

die **These, -, -n** thesis

thronen to reign

tief deep, profound, low, far; extreme, innermost

im tiefsten deeply

die **Tiefe, -, -n** depth, bottom; profundity; low

die **Tiefenpsychologie, -** depth psychology

tiefernst very serious

tiefgelehrt deeply learned

tiefsinnig serious, deep, melancholy

tiefunterst nethermost, lowest

das **Tier, -(e)s, -e** animal

die **Tierart, -, -en** species of animal

der **Tierblick, -(e)s, -e** animal glance

die **Tiergestalt, -, -en** animal form

tierhaft animallike

tierisch animal, beastly

der **Tiermensch, -en, -en** man-animal, animal man

tiernah nearly animal, animallike

der **Tierpark, -(e)s, -s** or **-e** zoological garden, wildlife preserve

die **Tinte, -, -n** ink

der **Tisch, -es, -e** table

zu Tisch sitzen to have a meal, dine

die **Tischgesellschaft, -, -en** dinner companions, dinner

party

der **Titan, -en, -en** Titan

das **Toben, -s** fury

    toben to rage, rave, storm

die **Tochter, -, -̈** daughter

der **Tod, -(e)s, -e** *or* **-esfälle** death, case of death

der **Todesplan, -(e)s, -̈e** plan to die

der **Todfeind, -(e)s, -e** deadly enemy

    tödlich deathly, fatal

die **Toleranz, -** tolerance

    toll mad

der **Ton, -(e)s, -̈e** tone, sound

    tönen to sound

die **Tonne, -, -n** barrel

die **Topfscherbe, -, -n** flowerpot

    topisch topographical

das **Tor, -(e)s, -e** gate, gateway

    vor dem *or* **vorm Tor(e)** outside the gate, beyond the city gate

der **Tor, -en, -en** fool, simpleton

die **Torheit, -, -en** folly

    töricht foolish, absurd

    tot dead

    total total, entire

der **Tote, -n, -n** dead person, corpse

    töten to kill

das **Totenbein, -(e)s, -e** skeleton leg

    totenblaß deadly pale

der **Totengräber, -s, -** grave-digger

das **Totenkleid, -(e)s, -er** shroud

der **Totenkopf, -(e)s, -̈e** death's head, skull

die **Totenlade, -, -n** coffin

die **Totenstille, -** deathly silence

das **Totenzimmer, -s, -** room where death occurred

    tot-schlagen, (schlägt tot), schlug tot, totgeschlagen to kill, beat to death

die **Tour, -, -en** tour, trip, ex-cursion

der **Trab, -(e)s** trot

    sich in Trab setzen to fall into a trot, trot off

    trachten to strive, try, endeav-or

    tracieren (*acc.*) to follow the path (of)

die **Tradition, -, -en** tradition

    träge lazy, listless, inert

    tragen, (trägt), trug, getra-gen to carry, bear; wear, have on (clothes); support

der **Träger, -s, -** bearer, carrier; vehicle

die **Tragik, -** tragedy

    tragisch tragic

der **Tragkorb, -(e)s, -̈e** hamper, basket

die **Tragödie, -, -n** tragedy

die **Tragweite, -** implication, im-port

die **Träne, -, -n** tear

der **Trank, -(e)s, -̈e** drink, draught, potion

    transformieren to transform

    transzendental transcendent-al

    transzendentalgrau tran-scendental gray

die **Trauer, -** mourning, grief, sorrow

    trauern to mourn

    träufen to drip, drop

der **Traum, -(e)s, -̈e** dream

die **Traumarbeit, -, -en** dream work

    traumblöde dreamy, dim with dreaming

die **Traumdeutung, -, -en** inter-pretation of dreams

    träumen to dream

der **Träumende, -n, -n** dreamer

    träumerisch dreamy, en-trancing

das **Traumgespinst, -es, -e** dream phantom, dream fabrication

    traumhaft dreamy

    traurig sad, sorrowful

die **Traurigkeit, -** sadness, misery

treffen, (trifft), traf, getroffen to meet, come upon; strike, hit; affect, apply, fall upon

es trifft ihn it is his turn

einen ins Innerste treffen to touch one to the quick

jemanden vernichtend treffen to have a devastating effect upon someone

Vorbereitungen treffen to make preparations

trefflich superior, exquisite, excellent

treffend appropriate

treiben, trieb, getrieben to drive, push, force; set in motion, impel, urge (on), stimulate, promote; occupy oneself with, work at, carry on, practice; do, drift, sweep or carry away

zu etwas treiben to compel, force

trennen to separate, divide, part

sich **trennen** to separate, part (from)

die **Trennung, -, -en** separation

die **Treppe, -, -n** staircase, flight of stairs

der **Treppenabsatz, -es, ̈e** landing

der **Treppenkopf, -(e)s, ̈e** head of the stairs

treten, (tritt), trat, ist getreten to step, tread, walk; appear

treu faithful, loyal, sincere, true

die **Treue, -** fidelity, loyalty, trust, faithfulness

treuherzig ingenuous, truehearted; artless

treulos unfaithful, false

der **Trichter, -s, -** maelstrom; funnel

der **Trieb, -(e)s, -e** drive, instinct, desire, urge

der **Trieb, -es, -e** desire, urge

der **Triebanspruch, -(e)s, ̈e** demand of a drive *or* instinct

das **Triebbedürfnis, -ses, -se** instinctual need

die **Triebbefriedigung, -, -en** gratification of a drive *or* instinct

die **Triebbeherrschung, -, -en** function of controlling drives

die **Triebbesetzung, -, -en** cathexis of drives

die **Triebkraft, -, ̈e** motive power

die **Triebregung, -, -en** drive, motivation

die **Triebwahrnehmung, -, -en** awareness of a drive *or* instinct

triftig valid

trillern to trill

der **Trinkbecher, -s, -** goblet, drinking cup

trinken, trank, getrunken to drink

das **Trinkgeld, -(e)s, -er** tip, gratuity

trippeln to walk with short steps

der **Tritt, -(e)s, -e** pace, step, tread

triumphieren to triumph, conquer

die **Triumphreise, -, -en** triumphant journey

trivial trivial

trocken dry; dull

die **Trockenlegung, -, -en** draining, drying

die **Trommel, -, -n** drum

die **Trompete, -, -n** trumpet

der **Tropfen, -s, -** drop

der **Troß, -sses, -sse** followers; crowd

der **Trost, -es** comfort, consolation

trösten to console, comfort

sich **trösten (mit etwas)** to console oneself (with something), be comforted (by something)

trostlos hopeless, disconsolate, without comfort

das **Trottoir, -s, -e** or **-s** pavement, sidewalk

der **Trotz, -es** spite

aller Welt zum Trotz in defiance of everyone

trotz (dat. or gen.) in spite (of), despite

trotzdem nevertheless

trotzen (dat.) to defy

eigensinnig trotzen (dat.) to be stubbornly defiant

trotzig stubborn, obstinate

trüb(e) sad, troubled, gloomy, dreary, unhappy, dismal; dim, cloudy; suspect

trüben to dull, dim, obscure

sich **trüben** to grow dim, become clouded

trübsinnig melancholy

der **Trug, -(e)s** delusion

trügerisch illusory

die **Truhe, -, -n** chest

die **Trümmer** (pl.) fragments, wreckage, ruins

trunken drunken, intoxicated

die **Trunkenheit, -** ecstasy

das **Tuch, -(e)s, ⁻er** cloth, shawl

tüchtig fit, able, qualified, sound, thorough, hearty, proper

die **Tücke, -, -n** malice, treachery, perfidy

die **Tugend, -, -en** virtue; good effect

der **Tumult, -(e)s, -e** turmoil

die **Tumultszene, -, -n** tumultuous scene, mob scene

tun, (tut), tat, getan do, carry out

wir täten wohl we would do well

(es) zu tun haben (mit) to deal with

(etwas) tut uns nicht genug (something) does not satisfy us

das **Tun, -s** doings, proceeding(s), action, act

die **Tür, -, -en** or **die Türe, -, -n** door

der **Türke, -n, -n** Turk

der **Turm, -(e)s, ⁻e** tower

der **Türmer, -s, -** watchman (on a tower)

das **Turmgemach, -(e)s, ⁻er** tower chamber

die **Turmuhr, -, -en** tower clock, church clock

turnen to do gymnastics

der **Türpfosten, -s, -** doorpost

die **Tüte, -, -n** paper bag

der **Typ, -s, -en** or **der Typus, -, Typen** type, typical character

U

übel bad, evil; poorly

es wird mir übel I feel ill

die **Übelkeit, -, -en** sickness, nausea

üben to exercise, practice; use

über over, above, via, on top of, more than, across, beyond; on, about, concerning, with regard to

über ... hinaus beyond

überall all over, everywhere

überaus extremely, exceedingly

der **Überbau, -(e)s, -ten** superstructure

der **Überblick, -(e)s, -e** general view, general impression

überblicken to survey

überblüht filled with flowers

überbrücken to span, bridge

überdies furthermore, in addition

überein-stimmen to agree

391

übereinstimmend in accordance, agreeing

die **Übereinstimmung, -, -en** agreement

überfallen, (überfällt), überfiel, überfallen to overcome, attack suddenly, surprise, come upon, assail

es **überfällt mich** I am overcome

das **Überfallkommando, -s, -s** riot squad

der **Überfluß, -sses** surplus, plenty, superabundance, abundance

überflüssig unnecessary, superfluous

überfüllen to flood

die **Übergabe, -** surrender

der **Übergang, -(e)s, ⁼e** passage, crossing; conversion, transition, gradation

übergeben, (übergibt), übergab, übergeben to hand over, give

übergehen, überging, übergangen to omit, skip

über-gehen, ging über, ist übergegangen to overflow; change sides

übergeschäftig officious

übergewaltig overwhelming

übergleiten, überglitt, überglitten to flood

übergroß enormous

überhaupt at all, altogether, after all, on the whole, really, generally, in general, moreover, indeed

überholen to overtake

überholt passé, outmoded

das **Über-Ich, -s** superego

überkommen (*part.*) traditional, handed down

überlassen, (überläßt), überließ, überlassen (jemandem etwas) to leave something (to someone), let (someone else) do something

überlassen bleiben to be left, remain

sich **überlassen, (überläßt sich), überließ sich, hat sich überlassen** to surrender oneself

überlastet overloaded

überlaufen, (überläuft), überlief, überlaufen to spread over, run over

es **überlief mich kalt** I was seized with a cold shudder

überlegen to (re)consider, reflect on

die **Überlegenheit, -** superiority, dominance

die **Überlegung, -, -en** reflection, consideration

überliefern to conserve, preserve, hand on to posterity, transmit

die **Überlieferung, -, -en** tradition

übermannen to overcome

das **Übermaß, -es** excess, extravagance

übermäßig excessive, inordinate

übermitteln to transmit

der **Übermut, -(e)s** wanton insolence, wantonness, exultation

übermütig gay, impertinent, saucy

übernachten to spend the night

übernehmen, (übernimmt), übernahm, übernommen to undertake, take upon oneself, take over, assume (responsibility)

die **Überprüfung, -, -en** verification, reexamination

überragen to overtower, surpass

überraschen to surprise, startle, take unawares, astonish

überraschend surprising

überrascht sein be surprised

die **Überraschung, -, -en** surprise

überreichen to hand over, present

überreizt supersensitive, unnerved

überschatten to overshadow

über-schlagen, (schlägt über), schlug über, übergeschlagen to tumble over; break (of voice)

überschreiten, überschritt, überschritten to exceed, go beyond

überschütten to deluge

über-schwellen, (schwillt über), schwoll über, ist übergeschwollen to overflow

überschwemmen to flood, overflow

übersehen, (übersieht), übersah, übersehen to survey, look out over; overlook, miss, not see *or* notice

übersetzen to translate

überspannen to span, cover

überspielen to inundate

überspielt inundated, soaked

überstehen, überstand, überstanden to overcome, endure, survive

überstreng overly *or* too severe

überstreuen to strew (over), sprinkle over

überströmen to overflow

ihr von Tränen überströmtes Gesicht her face covered with tears

übertönen to drown out, rise above

übertragen, (überträgt), übertrug, übertragen to transfer

die **Übertragung, -, -en** transfer; contagion, contamination; translation

übertreffen, (übertrifft), übertraf, übertroffen to exceed, excel, surpass, outdo

überwältigen to overwhelm

überwältigend imposing, overwhelming

überwinden, überwand, überwunden to overcome, conquer, subdue, surmount (obstacles), get over; transcend, move beyond

die **Überwindung, -, -en** overcoming, conquest

die **Überzahl, -** majority

überzeugen to convince, persuade

überzeugend convincing, conclusive, persuasive

überzeugt convinced, certain, sure

die **Überzeugung, -, -en** conviction, strong belief, certainty

die **Überzeugungskraft, -** persuasiveness, power of persuasion

überziehen, überzog, überzogen to cover

der **Überzieher, -s, -** overcoat

üblich usual, customary

übrig left over, other, remaining

im übrigen as to the rest

übrig-bleiben, blieb übrig, ist übriggeblieben to remain

es bleibt mir nichts übrig, als I have no choice but..

übrigens moreover, besides, anyway, to begin with, furthermore, in any case, by the way

die **Übung, -, -en** exercise

das **Ufer, -s, -** shore, coast, bank

uferlos unlimited

die **Uhr, -, -en** clock, watch

zehn Uhr ten o'clock

es schlägt zwölf Uhr the bells strike twelve

die **Uhrtasche, -, -n** watch pocket

der **Ultimus, -** worst student of the class

um (*acc.*) about, around, concerning; by, for, near; at (a certain time); in order to

um so (+*comp.*) so much the, all the . . .

um so mehr all the more

um sich greifen to spread, progress

um sich schauen to look around, look back

um . . . willen for the sake of

um . . . zu in order to

umarmen to embrace

um-bringen, brachte um, umgebracht to murder

um-drehen to turn (something) around

sich **um-drehen** to turn (oneself) around

umdunstet surrounded by a haze

um-fallen, (fällt um), fiel um, ist umgefallen to fall over, topple over

der **Umfang, -(e)s** circumference; size, range, scope, degree, extent

umfangen, (umfängt), umfing, umfangen to embrace

umfangreich extensive, comprehensive

umfassen to contain, include; clasp; span, envelop, embrace

umfassend extensive, broad, comprehensive; far-reaching, all-embracing

(sich) **umgeben, (umgibt), umgab, umgeben** to surround (itself)

die **Umgebung, -, -en** surroundings, environs, neighborhood, environment; society

umgehen, umging, umgangen to walk about, go around, be passed around

um-gehen, ging um, ist umgegangen to handle; stalk

es geht um a ghost is stalking

das **Umgehen, -s** social contact, association; handling

umher about, up and down, all around

umher-gehen, ging umher, ist umhergegangen to walk around, walk back and forth

umher-schleichen, schlich umher, ist umhergeschlichen to creep around, sneak around, skulk around

umher-spähen to peer about

umher-spritzen to splash about

umher-stieben, stob umher, ist umhergestoben to scatter about

sich **umher-treiben, trieb sich umher, hat sich umhergetrieben** to roam about

umhüllen to envelop

umjubeln to acclaim, celebrate

umkämpft contested

heftig umkämpft sein to be highly controversial; be fought about fiercely

um-kehren to turn around, turn back

umklammern to hold onto, seize

um-kommen, kam um, ist umgekommen to die, perish

umkreisen to circle, hover about

umlaufen (umläuft), umlief, umlaufen to circulate, circle, rotate (around)

um-legen to surround; garnish

jemandem etwas umlegen to put clothing around someone

um-lernen to learn afresh, change one's views, be re-educated

umreißen, umriß, umrissen to sketch, delineate

umringen to encircle, surround

der **Umriß, -sses, -sse** outline, contour

die **Umrißlinie, -, -n** outline

um-satteln to change one's course (of study) or job

umsausen to howl around

umschatten to shadow

die **Umschau, -** survey

umschauern to shower; "thrill"

umschließen, umschloß, umschlossen to contain, enclose

umschlingen, umschlang, umschlungen to clasp, embrace

umschreiben, umschrieb, umschrieben to characterize, circumscribe, paraphrase

umschwärmen to admire, adore, lionize

sich **um-sehen, (sieht sich um), sah sich um, hat sich umgesehen** to look around, look back

um-setzen to transplant, convert, transpose

die **Umsetzung, -, -en** conversion, transformation, transposition, change

umsonst in vain, for no purpose; free (of charge)

nicht umsonst not in vain;

it is *or* was no accident that

der **Umstand, -(e)s, ⸚e** case, circumstance, fact; condition, situation

die **Umstehenden** (*pl.*) bystanders

umstellen to surround

sich **umstellen mit** to surround oneself with

umstritten disputed, contested

der **Umsturz, -es, ⸚e** revolution, fall *or* overthrow of a regime

umstürzend revolutionary

umstürzlerisch gesinnt radical, revolutionary

sich **um-tun, (tut sich um), tat sich um, hat sich umgetan** to cast about (in search of something), explore

um-wandeln to transform, change, convert; walk about

die **Umwandlung, -, -en** transformation

der **Umweg, -(e)s, -e** roundabout way

umwehen to fan, blow around

die **Umwelt, -** environment, (social) surroundings, setting

um-werfen, (wirft um), warf um, umgeworfen to upset, throw over

unabhängig independent, unrelated

die **Unabhängigkeit, -** independence

unablässig incessant, uninterrupted

unablösbar inseparable, undetachable

unabwendbar inevitable

unangenehm unpleasant, disagreeable

unanständig indecent

unauffällig inconspicuous

unaufhaltsam incessant, unstoppable, ceaseless; irresistible

die **Unaufrichtigkeit, -** dishonesty, insincerity

unausgesetzt perpetual, continual, constant, incessant, continuous

unausgezogen without having undressed

unausscheidbar not to be secreted, inseparable

unausweichlich inevitable, unavoidable, inescapable

unbändig unruly, boundless

unbeachtet unnoticed

unbedacht rash

unbedeutend insignificant

unbedingt certainly, without fail, absolute, unconditional, without question, implicit

unbedingterweise unconditionally

unbefriedigend unsatisfactory, unsatisfying, disappointing, insufficient

unbegreiflich inconceivable, incredible, incomprehensible

unbehelligt undisturbed, unmolested

unbeherrscht uncontrolled

unbeholfen helpless, inarticulate, awkward

unbeirrt unfaltering, calm

unbekannt unknown

unbekömmlich unwholesome, indigestible

unbemerkt unnoticed

unbequem inconvenient

unberechenbar incalculable

die **Unberechenbarkeit, -** incalculability, unreliability

unberufen unbidden, uncalled for

unberührbar intangible, distant

unberührt untouched

unbescholten irreproach-

able; having a good reputation

unbeschreiblich indescribable, inexpressible, defying all description

unbesprochen undiscussed

unbestimmt indefinite, uncertain, indeterminate

unbeteiligt disinterested

unbeweglich immovable, immobile

unbewegt listless; motionless

unbewiesen unproved, without evidence

unbewußt unconscious, unaware

das **Unbewußte, -n** the unconscious

die **Unbewußtheit, -** unconsciousness, unawareness

unbezweifelbar undoubted, indubitable

unbrauchbar useless, of no use

und and

    und so weiter (usw.) and so on

das **Undeutbare, -n** the unfathomable

uneigennützig unselfish

uneingeschränkt unchecked

unendlich endless, infinite, unending

die **Unendlichkeit, -** endlessness, infinity

unentbehrlich indispensable, essential

unentrinnbar inescapable

die **Unentschlossenheit, -** irresolution, indecision

unentwegt steadfast

unerbittlich inexorable, relentless, without pity

unerfreulich disturbing, unpleasant

unergründlich unfathomable

die **Unergründlichkeit, -** unfathomableness, impenetrability

unerhört unheard of, shocking; excessive, exorbitant

unerklärlich inexplicable

unerschöpflich inexhaustible, unfathomable

unerschütterlich unshakeable, imperturbable

unersprießlich useless, fruitless, unprofitable; unpleasant

unerträglich unbearable, intolerable

unerwartet unexpected

der **Unfall, -(e)s, ̈e** misfortune, accident

unfehlbar inevitable, unfailing, infallible

unfern near

unförmlich shapeless

das **ungarländische Deutschtum** German settlers in Hungary

(das) **Ungarn, -s** Hungary

ungeboren unborn

die **Ungeduld, -** impatience

ungefähr approximate(ly), about

das **Ungeheuer, -s, -** monster

ungeheuer colossal

ungeheuerlich shocking

ungehindert unimpeded

ungehörig improper

ungeliebt unpopular; not loved

ungelöst unsolved

ungenial commonplace

ungemein uncommonly

ungerahmt unframed

ungerecht unjust, unfair, unrighteous

ungesättigt unsatisfied

ungeschickt clumsy, awkward, ungainly

ungespalten undivided

die **Ungestalt, -** misshape, deformity

die **Ungetrübtheit, -** serenity·

ungewiß uncertain

ungewöhnlich uncommon, unusual

ungewohnt uncommon, unusual, unfamiliar

ungewürzt unseasoned, insipid

ungezähmt untamed

der **Unglaube, -ns** or der **Unglauben, -s** disbelief, lack of faith

ungleich unlike, unequal, varying, different

die **Ungleichheit, -, -en** inequality, difference

ungleichmäßig uneven, irregular

das **Unglück, -(e)s** misfortune, ill or bad luck, misery, unhappiness

unglücklich unhappy, unlucky

ungütig unfriendly, unkind

nehmt es nicht ungütig do not take it amiss

die **Unhaltbarkeit, -** indefensibility, untenability

das **Unheil, -s** trouble, disaster

unheilbar incurable

unheimlich uncanny, sinister, gloomy, strange

der **Unhold, -(e)s, -e** monster, demon

unirdisch supernatural, unearthly

universal universal

die **Universität, -, -en** university

der **Universitätsprofessor, -s, -en** university professor

das **Universum, -s** universe

unlösbar unsolvable, insoluble

unmäßig extreme, excessive

unmenschlich inhuman

unmerklich imperceptible

unmittelbar immediate, direct

die **Unmittelbarkeit, -** directness, immediacy

unmöglich impossible

unmündig immature, minor

397

unmutig angry, ill-humored

unnachgiebig uncompromising, unyielding

die **Unordnung, -, -en** disorder, confusion, irregularity

unpassend unsuitable, inappropriate

unpersönlich impersonal, objective

das **Unrecht, -(e)s** injustice, wrong, error

es widerfährt ihm Unrecht he is not dealt with justly

mir geschieht Unrecht I suffer injustice

mit Unrecht unjustly

Unrecht tun to do wrong

unregelmäßig irregular

die **Unruhe, -, -n** agitation, anxiety, disturbance, restlessness, unrest, uneasiness

unruhig restless, turbulent

unsäglich immensely, overwhelmingly, unspeakable, unutterable, indescribable

unsägliche Mühe infinite trouble

unscharf not sharp, blurred, dull

unscheinbar insignificant, unpretending, plain

die **Unschuld, -** innocence

unschuldig innocent, guiltless

unsicher unsteady, uncertain, unsure

unsichtbar invisible, imperceptible

unsterblich immortal

die **Unsterblichkeit, -** immortality

untadelhaft faultless, correct

untapeziert bare, unpapered

unten (down) below, downstairs, at the bottom

unter under, below, beneath, among(st)

das Unterste zuoberst the very bottom uppermost

unter- lower, sub-

unterbrechen, (unterbricht), unterbrach, unterbrochen to discontinue, stop; interrupt

die **Unterbrechung, -, -en** stop, break, interruption

unter-bringen, brachte unter, untergebracht to deposit, place; lodge, shelter, house, accommodate; dispose of

unterdessen meanwhile, in the meantime

unterdrücken to repress, suppress

unter-fassen to take by the arm

der **Untergang, -(e)s, ⸚e** going down, setting; destruction, fall, ruin, downfall, decline, failure

unter-gehen, ging unter, ist untergegangen to go down, set, sink and disappear

untergeordnet secondary, inferior, subordinate, minor

sich **unterhalten, (unterhält sich), unterhielt sich, hat sich unterhalten** to converse, entertain one another

die **Unterhaltung, -, -en** discourse, conversation

unterirdisch subterranean

das **Unterkommen, -s** shelter, lodging

unterlassen, (unterläßt), unterließ, unterlassen to fail (to do), neglect (doing), omit, leave (undone), refrain from

die **Unterlassung, -, -en** omission

ohne Unterlaß incessantly, continuously

der **Unterlegene, -n, -n** vanquished, victim

unterliegen, unterlag, ist un-

terlegen (*dat.*) to succumb, yield, be overcome *or* defeated, be subject to

untermischen to intersperse

unternehmen, (unternimmt), unternahm, unternommen to undertake, attempt

unter-ordnen to subordinate

die **Unterredung, -, -en** interview, conversation

die **Unterrichtsstunde, -, -n** hour of instruction, class hour

der **Unterrock, -(e)s, ⸚e** petticoat, slip, underskirt

unterschätzen to undervalue, underrate, underestimate

unterscheiden, unterschied, unterschieden to distinguish, differentiate, differ (from)

sich **unterscheiden von** to distinguish oneself from, be distinct *or* different from

das unterscheidet sich durch nichts this is not at all different

die **Unterscheidung, -, -en** differentiation, distinction

unter-schieben, schob unter, untergeschoben *or* **unterschieben, unterschob, unterschoben** to substitute, assign

der **Unterschied, -(e)s, -e** difference, distinction, divergence, contradistinction

zum Unterschied von in contradistinction from, unlike

unterschlagen, (unterschlägt), unterschlug, unterschlagen to suppress

unter-schütten to pour under, place under

untersetzt squat, square-built

untersuchen to examine, investigate

die **Untersuchung, -, -en** investigation, research, examination

untertänig humble, submissive

danke untertänigst thank you most humbly

unterwegs on the way, on the road

die **Unterwelt, -** underworld

unterwerfen, (unterwirft), unterwarf, unterworfen to subjugate, subject (to)

einer Sache unterworfen sein to be subject *or* exposed to something

die **Unterwerfung, -, -en** resignation, subjection

unterzeichnen to sign

untrennbar inseparable

unüberwindlich unconquerable, insurmountable

unumstößlich incontrovertible

ununterbrochen uninterrupted, continuous, without interruption

unveränderlich unchangeable, unalterable, constant

unverändert unchanged, unaltered, invariable

unvereinbar incompatible

unvergleichlich incomparable

unverheiratet unmarried, single

unverhofft unexpected, unhoped for

die **Unverläßlichkeit, -** lack of dependability

das **Unvermeidliche, -n** the unavoidable

unvermutet unexpected

unvernünftig unreasonable

die **Unvernünftigkeit, -, -en** irrationality

unverrückbar immovable, fixed

399

unverschleiert unveiled, unconcealed

der Unverstand, -(e)s nonsense

unverwest not decayed, uncorrupted

unverwirrbar imperturbable

unverzüglich prompt

unvollkommen imperfect, incomplete

unvorhergesehen unforeseen, unexpected

unwahrscheinlich improbable, unreal

die Unwandelbarkeit, - stability, immutability

unweigerlich inevitably

unwesentlich unessential, unimportant, insignificant

unwidersprechlich without contradiction, incontrovertible

unwiderstehlich irresistible

unwiederholt not repeated, unique

unwillig annoyed, indignant, reluctant, unwilling

unwillkürlich instinctive, involuntary

unwillkürliche Absicht unconscious wish, instinctive intent

unwirksam ineffectual

unwissenschaftlich unscientific

unwürdig unworthy

unzählbar countless, innumerable

unzählig numerous, countless, innumerable

unzerreißbar untearable, indestructible

unziemlich unseemly; unjustifiable

die Unzufriedenheit, - dissatisfaction

unzugänglich inaccessible

die Unzugänglichkeit, - inaccessibility

unzugehörig irrelevant, inappropriate

die Unzugehörigkeit, - aloofness, inadaptability

unzulässig inadmissible

unzuverlässig untrustworthy, unreliable

die Unzuverlässigkeit, - unreliability

unzweideutig unmistakable, plain

unzweifelhaft undoubted, unquestionable, incontestable

üppig luxurious

uralt ancient, aged

der Urbeginn, -(e)s first beginning, the very beginning

das Urbild, -(e)s, -er original

die Urgeschichtsforschung, -, -en archaeology, research in prehistory

der Urgrund, -(e)s, -̈e origin, fundamentals, wellspring

der Urlaub, -(e)s, -e furlough, vacation

die Ursache, -, -n cause, motive, origin, reason

der Ursprung, -(e)s, -̈e origin, source, derivation; cause

ursprünglich original(ly), primary, primitive

das Ursprüngliche, -n original drive

die Ursprungsform, -, -en original shape, shape of origin

das Ursprungsgebiet, -(e)s, -e place of origin

die Ursprungslehre, -, -n theory of origin

das Ursprungsproblem, -s, -e problem of the origin

das Urteil, -s, -e view, opinion; verdict, sentence, judgment

urteilen to judge; give one's opinion

der Urteilende, -n, -n judge

die Urteilskraft, - judgment, power or ability to judge

der **Urteilsspruch, -(e)s, ⸚e**
judgment, sentence
urvertraut very familiar,
long-familiar
der **Urwald, -(e)s, ⸚er** jungle,
primeval forest
usw.=und so weiter

V

der **Vagabund, -en, -en** vagabond
die **Variation, -, -en** variation
der **Vater, -s, ⸚** father
die **Vatergüte, -** fatherly kindness
das **Vaterland, -(e)s, ⸚er** fatherland, native country or land
die **Vaterstadt, -, ⸚e** native town or city
(das) **Venedig, -s** Venice
verabfolgen to hand over
die **Verabredung, -, -en** agreement, appointment
verabscheuen to abominate, despise, detest
sich **verabschieden** to say goodbye
verachten to despise, look down upon, scorn
verächtlich scornful, contemptuous
die **Verachtung, -** disdain, contempt
verachtungsvoll scornful
(sich) **verändern** to change, alter, transform, vary, modify
die **Veränderung, -, -en** change, transformation, variation, alteration
die **Veranlagung, -, -en** talent
veranlassen to cause, induce, motivate, bring about
die **Veranlassung, -, -en** occasion, cause
verantwortlich responsible
die **Verantwortung, -, -en** responsibility
verarbeiten to treat, work

out or over, deal with, manipulate, make use (of), process; digest inwardly
verarmen to become impoverished
das **Verband(s)zeug, -(e)s** bandages
verbergen, (verbirgt), verbarg, verborgen to conceal, hide
verbessern to improve, correct, emend, emendate
die **Verbesserung, -, -en** correction, improvement
sich **verbeugen** to bow
die **Verbeugung, -, -en** bow
verbieten, verbot, verboten to prohibit, forbid
verbinden, verband, verbunden to unite, connect, associate; combine, join; engage; bandage
sich **verbinden** to be connected
die **Verbindung, -, -en** joining, binding, blending, connecting, compound, relation, combination; communication, love relationship, marriage, union, association, connection, bond
die **Verbindungstür, -, -en** communicating door
der **Verbleib, -(e)s** whereabouts
verbleichen, verblich, ist verblichen to fade, pale
verblenden to blind, dazzle
verblendet blind, infatuated, deluded
verblüffen to dumbfound, startle
verborgen hidden, concealed
verboten forbidden, prohibited
verbrauchen (für) to spend (on)
das **Verbrechen, -s, -** crime
(sich) **verbreiten** to spread, expand, extend, become widespread, circulate

weithin verbreitet widespread

verbrennen, verbrannte, verbrannt to burn (completely), consume by fire

verbrieft guaranteed

verbringen, verbrachte, verbracht to spend (one's time)

verbunden connected, combined, united

verbunden sein to be obliged

die **Verbundenheit, -** relationship, connection, obligation, bond

verbürgen to guarantee, assure

der **Verdacht, -(e)s** suspicion

Verdacht hegen to harbour suspicion

verdächtig suspicious

verdammen to damn, condemn

verdanken to owe, be indebted to

das **Verdeck, -(e)s, -e** deck

verderben, (verdirbt), verdarb, verdorben to spoil, ruin, upset

sich den Magen verderben to upset one's stomach

verdeutlichen to elucidate, clarify

verdienen to earn; deserve, merit

das **Verdienst, -es, -e** credit, merit, distinction, reward

verdorben corrupt; spoiled

verdorren to wither, dry up

verdrängen to displace, expel; repress, suppress

das **Verdrängte, -n** repressed material

die **Verdrängung, -, -en** repression, suppression

der **Verdrängungswiderstand, -(e)s, ̈e** resistance due to repression

verdrießen, verdroß, verdrossen to annoy, vex, trouble

verdrießlich annoying; annoyed, ill-tempered, cross, vexed

verdunkeln to darken, dim

verdunsten to evaporate

verdutzt nonplussed, sheepish, taken aback

verehren to admire, respect, honor, adore, worship

der **Verein, -(e)s, -e** club, association

der **Naturforschende Verein** club for research in the natural sciences

(sich) **vereinen** to unite, ally (oneself) with

die **Vereinfachung, -, -en** simplification

vereinheitlichen to unify, standardize

die **Vereinheitlichung, -, -en** unification, coordination

vereinigen to unite, combine, blend

sich **vereinigen** to unite, join (up), ally oneself (with), gather

die **Vereinigung, -, -en** combination, association, union

vereinsamt desolate

die **Vereinsamung, -** isolation, loneliness

die **Vereisung, -** glacial period

verengen to contract, constrict, oppress

sich **vererben** to be hereditary or handed down

verewigen to immortalize

die **Verewigung, -** immortalization

das **Verfahren, -s, -** act, action, procedure, process, proceeding, method

der **Verfall, -(e)s** decadence, decline, fall, ruin; decay

verfallen, (verfällt), verfiel, ist verfallen (*dat.*) to become enamored of, succumb to; fall away, decay, deteriorate, become dilapidated

er verfällt darauf the idea occurs to him

der **Verfasser, -s, -** author, writer

der **Verfechter, -s, -** proponent, advocate

die **Verfeinerung, -, -en** refinement, improvement

verfertigen to make, compose

verfertigt wrought

verfließen, verfloß, ist verflossen to elapse (time), pass

verfluchen to damn, curse

verflucht damned

verfolgen to follow (up), pursue; persecute

von der Polizei verfolgt wanted by the police

die **Verfolgung, -, -en** persecution

verfügbar available

verfügen (über) to command, have at one's disposal

sich **verfügen** to betake oneself (somewhere)

die **Verfügung, -, -en** disposal, disposition

zur Verfügung stellen place at (someone's) disposal or command

verführen to lead astray, tempt, seduce, lead on

verführerisch fascinating, seductive, tempting

vergangen past, gone

die **Vergangenheit, -** the past

dunkle Vergangenheit shady past

vergänglich perishable, mortal, ephemeral

vergeben, (vergibt), vergab, vergeben to forgive

vergebens in vain

vergeblich futile, in vain

die **Vergebung, -** pardon

um Vergebung=ich bitte um Vergebung excuse me, I beg your pardon

vergegenwärtigen to represent, bring to mind or life

sich **vergegenwärtigen (etwas)** to realize, look into (something)

die **Vergegenwärtigung, -, -en** confrontation; realization

vergehen, verging, ist vergangen to pass, vanish, disappear, diminish, perish, cease, go away

das **Vergehen, -s, -** misdemeanor

vergessen, (vergißt), vergaß, vergessen to forget

das **Vergessen, -s** oblivion

die **Vergeßlichkeit, -** forgetfulness

sich **vergewissern** (*gen.*) to ascertain, assure oneself

die **Vergiftung, -, -en** poisoning

vergittert barred, latticed

verglast glazed

der **Vergleich, -(e)s, -e** comparison

im Vergleich zu or **mit** compared or in comparison to or with

vergleichen (mit), verglich, verglichen to compare (to)

vergleichend comparative

die **Vergleichung, -, -en** comparison

das **Vergnügen, -s, -** pleasure, joy

sich **vergnügen** to enjoy oneself

vergnügt joyous, glad, cheerful, pleasant

die **Vergnügungsfahrt, -, -en** pleasure trip

vergolden to gild

die **Vergröberung, -, -en** exaggeration, coarsening

durch Vergröberungen by making things coarser

verhaften to arrest

sich **verhalten, (verhält sich), verhielt sich, hat sich verhalten (zu)** to be related (to); act; behave, conduct, *or* comport oneself

sich ruhig verhalten to keep quiet

das **Verhalten, -s** behavior, conduct, attitude, pattern

das **Verhältnis, -ses, -se (von)** attitude, relation (between), proportion, rate; relationship

die **Verhältnisse** (*pl.*) (economic) situation, condition, circumstances

verhältnismäßig in proportion, comparatively (speaking), relatively

verhandeln to discuss, debate, deliberate upon

verhängnisvoll disastrous

verhängt overcast

verharren to remain, stop

verhaßt hated

verhehlen to conceal

verheiratet married

verheißungsvoll full of promise

verhindern to prevent, hinder

verhöhnen to ridicule, jeer, sneer

das **Verhör, -(e)s, -e** (cross-) examination, hearing

verhüllen to cover, veil

verinnerlichen to introject, internalize

sich **verirren** to lose one's way, stray, go astray

der **Verkauf, -(e)s, ⸚e** sale

verkaufen to sell

der **Verkehr, -s** social *or* friendly intercourse, communication, association; traffic

Verkehr pflegen to associate (with)

verkehren (mit) to associate, deal, *or* communicate

(with); visit; have intercourse

der **Verkehrspolizist, -en, -en** traffic policeman

verkehrt upside down; perverse

verkennen, verkannte, verkannt to misinterpret, ignore, overlook, fail to recognize, misunderstand

die **Verkennung, -, -en** misjudgment, misinterpretation, lack of understanding, misunderstanding

verklären to transfigure, glorify

verklärt transfigured

die **Verklärung, -, -en** transfiguration, glory

sich **verkleiden** to dress up, disguise oneself

verkleidet disguised

verklingen, verklang, verklungen to die away, fade away (sounds)

verknüpfen to bind up; unite, connect, join

die **Verknüpfung, -, -en** connection

die **Verknüpfungen der Vorstellungen** association of ideas

verkommen (*part.*) disreputable

verkrüppeln to deform, stunt, cripple

verkümmern to pine away, get sick; be stunted; rot, decay

verkünden *or* **verkündigen** to make known, announce; prophesy

verlachen to laugh at

das **Verladen, -s** loading

das **Verlangen, -s, -** desire, longing

verlangen (nach) to ask for, demand, require, desire

verlängern to prolong, delay, elongate

die **Verlängerung, -, -en** pro-
longation, elongation, extension

verlangsamen to slacken,
delay, slow down

verlangsamt delayed; deliberate

**verlassen (verläßt), verließ,
verlassen** to leave; abandon, forsake, desert, leave
behind

verläßlich reliable, trustworthy, stable, to be de-
pended on, dependable

die **Verläßlichkeit, -** reliability,
trustworthiness, depend-
ability

das **Verläßlichwerden, -s** (process of) becoming reliable
or trustworthy

der **Verlauf, -(e)s** course, process (of time), progress, development

verlauten to utter

eine Sache verlauten lassen
to let a matter be known

verleben to spend (time)

verlegen to shift, change location, move

verlegen (*part.*) embarrassed

sich **verlegen (auf)** to devote
oneself (to)

verleihen, verlieh, verliehen
to give, grant, endow, bestow, impart, confer

verleiten to tempt, lead
astray, mislead

**verlesen (verliest), verlas,
verlesen** to read out

verletzen to injure, hurt

verletzlich vulnerable

leicht verletzlich very
sensitive

die **Verletztheit, -** annoyance,
vexation

verleugnen to deny, disavow

sich **verlieben** to fall in love

verliebt fond, infatuated

verlieren, verlor, verloren
to lose

der **(die) Verlobte, -n, -n** betrothed

verloren sein to be lost

**verloren-gehen, ging ver-
loren, ist verlorenge-
gangen** to be lost (to), get
lost

die **Verlorenheit, -** lost condition, being lost, forlornness,
forsakenness

der **Verlust, -es, -e** loss, bereave-
ment

sich **vermählen** to get married

vermeinen to think, believe

vermerken to note

vermischen to mingle, mix;
cross, hybridize

sich **vermischen** to mingle, mix

vermitteln to mediate, transmit, establish, bring about

vermittelt werden to be
communicated

das **Vermittlungsbestreben, -s**
attempt *or* desire to mediate

**vermögen, (vermag), ver-
mochte, vermocht** to
be able (to do), capable (of
doing), induce, be enabled
to

der Wunsch vermochte sie
. . . the wish enabled her . . .

vermöge (+*gen.*) by reason
of, by virtue of

das **Vermögen, -s, -** wealth,
riches, fortune, property, as-
sets; faculty

vermögend capable of doing;
well-to-do

der **Vermögensumstand, -(e)s, ̈-e**
circumstances, means, financial position

vermummen to mask, muffle up

vermuten to suppose, presume, suspect

vermutlich supposed, presumable, probable

405

die **Vermutung, -, -en** suspicion, conjecture

die **Vernachlässigung, -** neglect

vernehmen, (vernimmt), vernahm, vernommen to become aware of, hear, distinguish, perceive, understand

sich vernehmen lassen to let oneself be heard, announce

vernehmlich audible, distinct, clear

sich **verneigen** to bow

die **Verneinung, -, -en** denial, negation

vernichten to annihilate, destroy

vernichtend devastating, crushing

die **Vernichtung, -, -en** destruction, annihilation

die **Vernunft, -** reason

jemanden zur Vernunft bringen to bring a person to his senses

der **Vernunftdoktor, -s, -en** doctor of reason

vernünftig sensible, rational, logical, reasonable

der **Vernunftschluß, -sses, -̈sse** rational conclusion

veröden to devastate, become deserted

verödet laid waste

die **Verödung, -** desolation, sterility

veröffentlichen to publish

die **Veröffentlichung, -, -en** publication

verpalisadieren to build an impregnable wall *or* fortification

verpassen to miss

verraten, (verrät), verriet, verraten to disclose, reveal, betray; give away, compromise, manifest

sich **verraten** to give oneself away,

betray oneself, reveal oneself

verräterisch compromising

verräuchert smoky

verrauschen to rush past, die *or* pass away

verreisen to go on a journey, take a trip

verriegeln to bolt (a door)

verrucht damned, wicked, infamous, villainous

der **Vers, -es, -e** verse, poetry

versagen to fail, stop short; deny, refuse

jemandem etwas versagen to deny *or* refuse a person something

sich **versammeln** to congregate, assemble, gather

die **Versammlung, -, -en** congress, convention, assembly, meeting

versäumen to neglect, miss

verschaffen to procure, get

sich **verschärfen** to sharpen, increase

das **Verscharren, -s** quick unceremonious burial, shallow interment

verscheiden, verschied, ist verschieden to die, expire, pass away

verscheuchen to chase away, scare away

die **Verschiebung, -, -en** change, shift, shifting, rearrangement, postponement

verschieden different, various

verschlafen (*part.*) sleepy

verschlagen, (verschlägt), verschlug, verschlagen to take to; matter

verschlagen (*part.*) cast adrift, stranded; cunning

verschleiern to veil

die **Verschleierung, -, -en** veiling; evasion, masking, concealment

verschleißen, verschliß, ver-

406

schlissen (*Austr. dial.*) to sell

verschließen, verschloß, verschlossen to close, lock

sich **verschließen** to keep aloof, withdraw, lock

verschlingen, verschlang, verschlungen to swallow up; entwine, twist

verschlungen (*part.*) twisted, entangled

ineinander verschlungen intertwined, interlaced

verschlucken to swallow

das **Verschulden, -s** fault

verschwenden to dissipate, waste, squander

die **Verschwendung, -, -en** waste, dissipation, squandering

verschwimmen, verschwamm, ist verschwommen to be *or* become blurred

verschwinden, verschwand, ist verschwunden to disappear

das **Verschwinden, -s** disappearance

verschwindend fleeting, ephemeral, infinitesimal

der **Verschwörer, -s, -** conspirator

verschwunden gone, disappeared

versehen, (versieht), versah, versehen to provide (with), equip

mit Möbeln versehen to furnish

versenden, versandte (*or*** versendete), versandt (***or*** versendet)** to send out

versenken to sink, immerse; push down

versetzen to answer, reply; rejoin, transfer, transplant, transpose; put, place

den Vorhang in ein rotes Glühen versetzen to impart a red glow to the curtain

versichern to assure, insure

die **Versicherung, -, -en** insurance

das **Versicherungswesen, -s, -** insurance business

versinken, versank, ist versunken to be absorbed, plunge down, sink, be swallowed up, become lost, drown

in Nachdenken versunken to be absorbed in thought

versöhnen to placate, conciliate

versöhnlich placable, conciliatory

versöhnlich gestimmt sein to be in a conciliatory mood

die **Versöhnung, -** reconciliation

versorgen to attend to

verspeisen to eat up, consume (food)

versperren to lock, bar

verspotten to ridicule, mock

versprechen, (verspricht), versprach, versprochen to promise, predict

das **Versprechen, -s** slip of the tongue (*psychol.*); promise

verspüren to feel, perceive, experience, notice; trace

der **Verstand, -(e)s** (common) sense, mind, intelligence, intellect, understanding, reason

der menschliche Verstand human intellect *or* understanding

die **Verstandesgabe, -** gift of intelligence *or* reason

die **Verständigung, -** understanding, compatibility

verständlich understandable, comprehensible

das **Verständnis, -ses** understanding, comprehension

verständnisvoll understanding

verstärken to strengthen, intensify, increase

verstecken to hide

verstehen, verstand, verstanden to understand, comprehend, know

sich **verstehen** to understand one another, agree, get along well

das versteht sich von selbst that goes without saying, that is obvious, that is a matter of course

versteinert petrified

verstockt obstinate

verstohlen furtive, stealthy, secretive

verstohlenerweise secretly, surreptitiously

verstopfen to clog up, choke

verstopft congested

verstorben deceased

verstören to disturb

verstört agitated, disturbed, troubled, upset

die **Verstörung, -** disturbance, commotion

sich **verstricken (in Schuld)** to become guilty, become enmeshed (in guilt)

verstümmelt maimed

verstummen to become silent, grow speechless

der **Versuch, -(e)s, -e** attempt; experiment, test

versuchen to attempt, try; experiment (on); tempt

versucht sein to be tempted

die **Versuchung, -, -en** temptation

die **Versunkenheit, -** absorption

sich **versüßen** to become sweet

die **Verszeile, -, -n** line of poetry

vertäfelt paneled

verteidigen to defend, justify, stand up for

verteilen to distribute

die **Vertilgung, -, -en** extermination, destruction; consumption (of huge amounts of food)

vertragen, (verträgt), vertrug, vertragen to stand, bear, endure

das **Vertrauen, -s** confidence, trust, faith, reliance

im Vertrauen auf relying

vertrauen auf (*acc.*) to rely upon, have confidence in, trust *or* confide in

vertrauenerweckend trustworthy, promising

die **Vertraulichkeit, -, -en** intimacy

vertraut intimate, familiar (with)

der **Vertraute, -n, -n** confidant

die **Vertrauten** (*pl.*) intimate friends

die **Vertrautheit, -** familiarity, intimacy

vertreten, (vertritt), vertrat, vertreten to represent, stand for

der **Vertreter, -s, -** representative, substitute

die **Vertretung, -, -en** representation, replacement

vertun, (vertut), vertat, vertan to squander, waste

vertuschen to conceal, gloss over

verursachen to cause, produce

die **Verursachung, -, -en** cause, causation

verurteilen to judge, sentence, condemn

vervollkommnen to perfect, improve

die **Vervollkommnung, -** perfection, improvement, completion

verwachsen, (verwächst), verwuchs, ist verwachsen

to grow together

verwachsen sein to be deformed, misshapen *or* grown together

verwachsen sein mit to be bound up with

verwahren to keep (safe)

die **Verwahrlosung, -** neglect; delinquency

die **Verwaltung, -, -en** administration, management, government

die **Verwaltungsmaßnahme, -, -n** administrative measure

verwandeln to change, turn (into), transform

die **Verwandlung, -, -en** transformation, change

verwandt similar, alike; related, akin to

die **Verwandtschaft, -, -en** relations, relatives, relationship, affinity

verwechseln (mit) to confuse (with), take for, mistake (for)

verwehren to deny

verwenden, verwandte *or* **verwendete, verwandt** *or* **verwendet** to make use of, use, employ

verwerfen, (verwirft), verwarf, verworfen to reject, repudiate

verwerten to make use of, utilize

verwesen to decay

verwettert blasted, confounded, damned

sich **verwickeln** to become entangled

verwildern to grow wild, become wild

verwirklichen to realize, actualize

sich **verwirklichen** to be realized, come true

verwirren to bewilder, con-

fuse

die **Verwirrung, -, -en** confusion

verwöhnen to pamper

verworren indistinct, confused

verwunderlich astonishing, surprising, strange

sich **verwundern** to be astonished, marvel, be surprised, wonder

verwundert surprised, amazed, astonished

die **Verwunderung, -** astonishment, surprise, wonder (ment)

verwünschen to curse, bewitch, enchant, cast a spell (on)

verwüsten to lay waste, devastate

verzaubern to charm, bewitch, enchant

der **Verzauberte, -n, -n** bewitched person

die **Verzauberung, -, en** transformation, enchantment

verzehren to consume, absorb

sich **verzehren** to consume oneself

verzeihen, verzieh, verziehen to pardon, excuse, forgive

die **Verzeihung, -** pardon, forgiveness

Ich bitte um Verzeihung I am sorry, forgive me

verzichten (auf) to resign, renounce, omit, give up, forgo

verzieren to decorate, adorn, embellish, ornament

verzögern to delay

die **Verzögerung, -, -en** delay, deceleration, retardation

verzollen to pay *or* declare duty

der **Verzug, -(e)s** delay

verzweifeln to despair, give up hope

verzweifelt desperate

die **Verzweiflung, -** despair, desperation

verzwickt intricate

das **Vestibül, -s, -e** vestibule, lobby

der **Vetter, -s, -n** cousin

vgl. = vergleich(e) compare, cf.

viel, mehr, meist- much, more, most; a lot, a great deal

viel mehr much more

viele many

vielfach often, frequently, in many cases; complex, manifold, diverse, varied; ornate

das **Vielfache, -n** multiple

vielfältig abundant, manifold, varied

vielleicht possibly, perhaps

vielmehr rather, on the contrary

vielseitig many-sided, versatile

viereckig square, quadrangular

das **Viertel, -s, -** quarter

das **Vierteljahr, -(e)s, -e** quarter of a year

die **Viertelstunde, -, -n** quarter of an hour

die **Villa, -, Villen** villa

violett violet

virtuell virtually

virtuos with virtuosity

das **Vitriol, -s** vitriol

das **Vitriolwasser, -s** vitriolic water, oil of vitriol

der **Vogel, -s, -** bird

das **Vogelgezwitscher, -s** twittering of birds

der **Vogelzug, -(e)s, -e** flight of birds

das **Vokabular, -s, -e** or **-ien** vocabulary

der **Vokal, -s, -e** vowel

das **Volk, -(e)s, -er** people, nation, race, tribe

die **Volkswirtschaft, -** economics; national economy

volkswirtschaftlich economic

voll (gen. or **von**) full, filled; entire, full of, whole, complete

vollbesetzt fully occupied

vollbringen, vollbrachte, vollbracht to execute, produce, accomplish, complete, achieve, carry out

vollenden to accomplish, achieve, complete, perfect, finish

vollends completely

die **Vollendung, -** perfection, attainment, consummation; ending, termination

vollentwickelt fully developed

voller full of, filled with

die **Völlerei, -** debauchery, gluttony

vollführen to execute

das **Vollgefühl, -(e)s** consciousness

völlig entire, total, complete, full

vollkommen perfect, entire, complete, consummate, total, full

die **Vollkommenheit, -** perfection, completeness

voll-messen (mißt voll), maß voll, vollgemessen to give full measure

vollständig complete, entire

die **Vollständigkeit, -** entirety, totality, integrity

vollwertig valid, complete, perfect

vollziehen, vollzog, vollzogen to perform, accomplish, achieve, carry out

sich **vollziehen** to take place

der **Vollzug, -(e)s** realization, execution, carrying out

der **Volontär, -s, -e** unsalaried clerk, volunteer

von (*dat.*) from, by, in, on, upon; about, concerning

von . . . aus starting from

von . . . her from

von oben her *or* **obenher** from the top, from above

voneinander from one another, from *or* of each other, apart

vor before, ahead of (in place), in front of; because of, on account of, in the face of; prior to, previously, ago

vor allem above all, primarily, especially

voran forward

voran-gehen, ging voran, ist vorangegangen to precede

voraus in advance, before, ahead, in front

im voraus ahead, ahead of time

voraus-gehen, ging voraus, ist vorausgegangen to go ahead

vorausgesetzt provided

voraus-schicken to send ahead

voraus-sehen, (sieht voraus), sah voraus, vorausgesehen to anticipate

voraus-setzen to imply, presume, presuppose, postulate, assume

die **Voraussetzung, -, -en** supposition, assumption, requirement, preliminary, premise, presupposition

vor-behalten, (behält vor), behielt vor, vorbehalten to reserve

vorbei past, over

vorbei-gehen, ging vorbei,

ist vorbeigegangen to walk past

vorbei-jagen to race past

vorbei-laufen, (läuft vorbei), lief vorbei, ist vorbeigelaufen to run past

vorbei-reiten, (reitet vorbei), ritt vorbei, ist vorbeigeritten to ride past

vorbei-senden, sandte vorbei *or* **sendete vorbei, vorbeigesandt** *or* **vorbeigesendet** to send past

vorbei-sprengen to dash by (on horseback), gallop past

vorbei-streichen, strich vorbei, ist vorbeigestrichen to pass by slowly

vorbei-tragen, (trägt vorbei), trug vorbei, vorbeigetragen to carry past

vorbei-wandeln to go *or* walk past

vor-bereiten to prepare

die **Vorbereitung, -, -en** preparation

Vorbereitungen treffen to make preparations

vor-bestimmen to predestine

vor-beugen to bend forward; prevent

vorbewußt preconscious

das **Vorbewußte, -n** the preconscious

das **Vorbild, -(e)s, -er** original, model, example

vor-blasen, (bläst vor), blies vor, vorgeblasen to perform (on a woodwind *or* brass instrument), to blow

vor-bringen, brachte vor, vorgebracht to submit, suggest

vorder- anterior, front

die vorderen Beine front legs

der **Vordergrund, -(e)s, ⸚e** foreground

411

vor-dringen, drang vor, ist vorgedrungen to advance, intrude, gain ground, push on *or* forward

voreilig rash

vorerst first of all

vor-erzählen to tell

der **Vorfahr, -en, -en** forefather, ancestor

der **Vorfall, -(e)s, ⸗e** occurrence, incident

vor-fallen, (fällt vor), fiel vor, ist vorgefallen to occur; fall forward

das vorgefallene Haar the hair which had fallen into her face

vor-finden, fand vor, vorgefunden to find, meet with, come upon

vor-führen to demonstrate, present; bring up, bring before (a judge)

der **Vorgang, -(e)s, ⸗e** process, reaction, procedure; occurrence, happening, event

vor-gehen, ging vor, ist vorgegangen to go ahead; happen

Was geht hier vor? What is going on here?

vor-haben, (hat vor), hatte vor, vorgehabt to plan

Was hat er vor? What does he mean to do?

das **Vorhaben, -s, -** design, intention

vor-halten, (hält vor), hielt vor, vorgehalten to point (out), hold up before, lay down; reproach

vorhanden at hand, nearby, available; present, existent, existing

vorhanden sein to be, exist, be present

der **Vorhang, -(e)s, ⸗e** curtain

vorher before, previously; beforehand, in advance

vorhergehend preceding, previous

vor-kommen, kam vor, ist vorgekommen to happen, occur, take place; seem, appear, be found

der **Vorläufer, -s, -** forerunner, precursor

vorläufig for the time being, tentative(ly), provisional-(ly)

vor-legen to put *or* lay before

sich **vor-lehnen** to lean forward

vor-lesen, (liest vor), las vor, vorgelesen to read aloud

die **Vorlesung, -, -en** (university) course, lecture

vorletzt next to last

vor-liegen, lag vor, vorgelegen to occur; be (present), be available; be under discussion *or* consideration

vorn(e) in front

der **Vorname, -ns, -n** first name

vornehm distinguished, exalted, elegant, genteel, eminent, noble, aristocratic

die **Vornehmheit, -** distinction

vor-neigen to bend forward

vor-quellen, (quillt vor), quoll vor, ist vorgequollen to escape from, gush forth, slip out

das **Vorrecht, -(e)s, -e** privilege, prerogative

vor-rücken to advance

vor-schieben, schob vor, vorgeschoben to push forward

der **Vorschlag, -(e)s, ⸗e** suggestion

vor-schlagen, (schlägt vor), schlug vor, vorgeschlagen to suggest, propose

vor-schreiben, schrieb vor, vorgeschrieben to prescribe, direct, order, command

die **Vorschrift, -, -en** direction,

rule, instruction, dictation

die **Vorsehung, -** (divine) providence

vorsichtig careful

die **Vorsichtsmaßnahme, -, -n** precautionary measure

der **Vorsitz, -es** chairmanship

den Vorsitz führen to preside

den Vorsitz (bei Tisch) haben to sit at the head (of the table)

vor-sorgen to take precautions, provide for

vor-spannen to put horses to a carriage

vor-spiegeln delude, give the illusion, pretend, deceive; simulate

vor-springen, sprang vor, ist vorgesprungen to protrude

die **Vorstadt, -, ⁼e** suburb

vor-stellen to introduce, present; represent

sich **vorstellen** to imagine, fancy, conceive; introduce oneself

die **Vorstellung, -, -en** suggestion, idea, conception, notion, imagination, mental image, conceptualization; performance (theater *or* movie)

die **Vorstufe, -, -n** earlier version; preliminary stage *or* step, steppingstone

vorteilhaft advantageous

der **Vortrag, -(e)s, ⁼e** lecture, narration, presentation

einen Vortrag (ab)halten to give a lecture

vor-tragen, (trägt vor), trug vor, vorgetragen to express; explain, expound, utter, tell (a story), perform, report on, speak of, recite

die **Vortragsreihe, -, -n** series of lectures

vortrefflich excellent, splendid, admirable, fine

die **Vortrefflichkeit, -** excellence

vor-treten, (tritt vor), trat vor, ist vorgetreten to step forward

vorüber over, gone (by), past

vorüber sein to be at an end, be over and done with, be over

vorüber-fliegen, flog vorüber, ist vorübergeflogen to fly past

vorüber-gehen, ging vorüber, ist vorübergegangen to pass (by), walk by; be over

vorübergehend temporarily, for the time being

vorüber-kommen, kam vorüber, ist vorübergekommen to pass by

vorüber-puffen to puff by

vorüber-tragen, (trägt vorüber), trug vorüber, vorübergetragen to carry past

das **Vorurteil, -(e)s, -e** prejudice

sich **vor-wagen** to venture forth

vorwärts forward

vorwärts-gehen, ging vorwärts, ist vorwärtsgegangen to go forward, go on, proceed, progress

vorweg-nehmen, (nimmt vorweg), nahm vorweg, vorweggenommen to anticipate, forestall

vor-weisen, wies vor, vorgewiesen to show, produce

vor-werfen, (wirft vor), warf vor, vorgeworfen to reproach (with)

vorwitzig inquisitive, prying, impertinent

das **Vorwort, -(e)s, -e** preface, foreword

das **Vorwort, -(e)s, ⸚er** preposition

der **Vorwurf, -(e)s, ⸚e** motif, theme; reproach, blame, accusation

vor-ziehen, zog vor, vorgezogen to prefer

das **Vorzimmer, -s, -** antechamber

der **Vorzug, -(e)s, ⸚e** preference; advantage, privilege, merit; (*pl.*) good qualities

vorzüglich superior, above all

vorzugsweise mainly, preferably, chiefly

der **Vulkan, -s, -e** volcano

W

die **Waage, -, -n** scale

die **Waagschale, -, -n** scale

wach awake, alert

wachen to be alert, sit up, stay awake; watch, guard

wachsen, (wächst), wuchs, ist gewachsen to grow, extend, increase

das **Wachslicht, -(e)s, -er** wax candle

die **Wachstumsänderung, -, -en** change in growth

der **Wächter, -s, -** guardian, guard, warden

die **Waffe, -, -n** weapon; (*pl.*) arms

die **Waffengewalt, -** force of weapons *or* arms

sich **waffnen** to take up arms

der **Wagen, -s, -** car, carriage, vehicle, wagon

wagen to dare, venture, risk

wägen to weigh

wägend critical; weighing

die **Wahl, -, -en** choice; election, selection

jemandem die Wahl lassen to let someone choose

wählen to choose, select;

elect, vote

wählerisch fastidious

das **Wahlrecht, -(e)s** right to vote, suffrage

der **Wahn, -(e)s** delusion, madness, fancy, folly, illusion

wähnen to imagine, fancy

der **Wahnsinn, -(e)s** madness, insanity

der **Wahnsinnige, -n, -n** madman; (*pl.*) mad people, madmen

wahr true, real

während (*gen. or dat.*) during, while; whereas, although

das **Wahrgenommenwerden, -s** process of being perceived

wahrhaft true, actual, real, sincere, truthful

wahrhaftig truly, really, actually, surely, indeed; true, truthful

die **Wahrheit, -, -en** truth, reality, fact

in Wahrheit truly, in fact

wahrlich in truth, truly, surely, indeed

wahr-nehmen, (nimmt wahr), nahm wahr, wahrgenommen to perceive, notice, observe

die **Wahrnehmung, -, -en** perception, perceptual system

das **Wahrnehmungsfeld, -(e)s, -er** field of vision *or* perception

das **Wahrnehmungssystem, -s, -e** perceptual system

wahrscheinlich presumable, probable, likely,

die **Wahrscheinlichkeit, -, -en** probability, likelihood

das **Wahrsein, -s** state of being true

die **Währung, -, -en** currency

der **Wal, -(e)s, -e** whale

der **Wald, -(e)s, ⸚er** forest, wood

das **Wäldchen, -s, -** grove

die **Waldesnacht, -, ⸚e** forestnight

das **Waldgebiet, -(e)s, -e** forest region

die **Waldgiraffe, -, -n** forest giraffe

der **Waldmensch, -en, -en** forest man

der **Waldrand, -(e)s, ̈er** edge of the forest

der **Wall, -(e)s, ̈e** wall, dike

wallen to walk, stride, go; boil

der **Walnußbaum, -(e)s, ̈e** walnut tree

das **Walten, -s** (benevolent) rule

der **Walzertakt, -(e)s, -e** waltz time *or* rhythm

die **Wand, -, ̈e** wall

der **Wandel, -s** change, way of life

wandeln to go, walk, wander, travel

sich **wandeln** to change

der **Wanderer, -s, -** wanderer, traveler

wandern to wander, travel (on foot), walk, roam, rove

der **Wandersmann, -(e)s, pl.: -leute** wanderer

der **Wanderschuh, -s, -e** wanderer's shoe, hiking boot

der **Wandertag, -(e)s, -e** day of wandering, day of travel

die **Wanderung, -, -en** migration; trip, tour

der **Wanderzug, -(e)s, ̈e** migratory flight

die **Wandlung, -, -en** change, transformation

der **Wandschirm, -(e)s, -e** folding screen

die **Wange, -, -n** cheek

der **Wangenknochen, -s, -** cheekbone

wanken to quaver, shake, waver

wankende Stimme faltering voice

wann when

ward *arch. form of* **wurde** (*see:* **werden**)

die **Ware, -, -n** cargo, goods, wares, merchandise

warm warm

die **Wärme, -** warmth, heat, temperature

die **Wärmemechanik, -** thermomechanics

wärmen to heat, warm

warnen (vor + dat.) to warn, caution (against)

warten (auf) to wait, attend to

warten (+ gen.) to await

sich aufs Warten verlegen to decide to wait

was what, why; (*coll.*) how

was für ein what kind of

was noch alles what else

das **Waschbecken, -s, -** washbasin

waschen, (wäscht), wusch, gewaschen to wash

das **Wasser, -s, -** water

die **Wasserhöhle, -, -n** watery cave

die **Wasserkugel, -, -n** glass bowl, glass sphere (filled with water)

die **Wasserpflanze, -, -n** water plant, aquatic plant

der **Wasserschlund, -(e)s, ̈e** watery gulf

der **Wasserspiegel, -s, -** surface of the water

der **Wasserstoff, -(e)s** hydrogen

das **Wasserstoffatom, -s, -e** hydrogen atom

der **Wasserstrom, -(e)s, ̈e** gush *or* flow of water

der **Wassertopf, -(e)s, ̈e** water bucket

der **Wechsel, -s, -** change, alternation, shift

wechseln to change, vary, exchange, alternate

wecken to rouse, awaken

415

wedeln to wag

weder . . . noch neither . . . nor

der **Weg, -(e)s, -e** path, road, way, route, passage; manner, means; source

  auf dem Weg(e) approaching

  den Weg beschreiben to give directions

  seines Weges gehen to go one's way, proceed on one's way

  sich auf den Weg machen to start out, set out

  weg away, off, gone

sich **weg-begeben, (begibt sich weg), begab sich weg, hat sich wegbegeben** to go away

weg-bleiben, blieb weg, ist weggeblieben to be absent, be left out, stay away

weg-drängen to force away, push away

wegen because of

weg-fliegen, flog weg, ist weggeflogen to fly away

weg-geben (gibt weg), gab weg, weggegeben to give away

weg-gehen, ging weg, ist weggegangen to go away, leave

  im Weggehen during the departure

weg-kommen, kam weg, ist weggekommen to get away

weg-legen to lay aside, put away

weg-räumen to remove, clear away

weg-schieben, schob weg, weggeschoben to push away

weg-springen, sprang weg, ist weggesprungen to jump away

weg-stoßen, (stößt weg), stieß weg, weggestoßen to push away

weg-weisen, wies weg, weggewiesen to dismiss

weg-werfen, (wirft weg), warf weg, weggeworfen to throw away, discard

weg-zehren to consume

weg-ziehen, zog weg, ist weggezogen to pull away, pull off; move away

das **Weh, -(e)s** woe, pain, pang, grief, ache

  Weh und Ach *lamentation, cry of woe*

weh painful

wehe! alas! woe to me!

die **Wehmut, -** melancholy, sadness

wehmütig melancholy

wehren to restrain, stop

sich **wehren** to defend oneself, resist

weh-tun, (tut weh), tat weh, wehgetan to hurt, ache

das **Weib, -(e)s, -er** woman, wife

weiblich female

die **Weiblichkeit, -** femininity, womanliness

weich tender, soft

weichen, wich, ist gewichen (*dat.* or **von**) to give way, withdraw, yield

die **Weichheit, -** mildness, sensitivity, softness

die **Weide, -, -n** willow

weiden to feast one's eyes (on); (*poet.*) mirror, bathe

die **Weihnachten** Christmas

weil because

die **Weile, -** a while, a (space of) time

  über ein Weilchen after a little while

das **Weilen, -s** lingering, loitering

der **Wein, (e)s, -e** wine

weinen to cry, weep

die **Weinrebe, -, -n** grapevine

der **Weise, -n, -n** sage, wise man

die **Weise, -, -n** manner, fashion, mode, way; melody

    auf ähnliche Weise in a similar way

    weise wise

    weisen, wies, gewiesen to direct, indicate, show, point

    weisen auf to refer to, point to

die **Weisheit, -, -en** wisdom

    weiß white

das **Weißbrot, -(e)s, -e** white bread

    weißlackiert white-enameled

    weit extensive, large, vast, wide, broad, far, remote, long; far off, much, by far

    so weit to such an extent

    von weitem from a distance

    weit und breit far and wide

    ins Weite (to go) afar; into space

    weitberühmt well known, world-famous

    weiter else, further(more); farther (on), additional, more, distant, forward

    weiter ab farther away

    im weiteren in what follows, in the following

    weiter-geben, (gibt weiter), gab weiter, weitergegeben to pass on *or* along (to others)

    weiter-gehen, ging weiter, ist weitergegangen to walk on, go further, go on, continue

    weitergehend ever increasing

    weiter-marschieren to march on

    weiter-reiten, ritt weiter, ist weitergeritten to continue to ride (on horseback), ride on

    weiter-spielen to continue to play

    weither from afar

    weithin widely

    weitläufig extensive, wide

    weitreichend far-reaching, extensive

    weitschweifig spacious; long-winded

    welken to wilt, wither, fade, decay

die **Welle, -, -n** wave, billow

der **Wellenhügel, -s, -** crest of a wave

die **Wellenverbindung, -, -en** radio connection

die **Welt, -, -en** people; world

    zur Welt kommen to be born

die **Weltanschauung, -, -en** view of life, philosophy

    weltberühmt world-famous, of worldwide fame

das **Weltbild, -(e)s, -er** view of life, theory of life; world picture

die **Weltdame, -, -en** lady of fashion, woman of the world

die **Weltgeschichte, -, -n** world history

der **Weltkrieg, -(e)s, -e** world war

das **Weltmeer, -(e)s, -e** ocean

die **Weltorientierung, -** world orientation

das **Weltsein, -s** constitution of the world; the here-and-now

    allen Weltseins of all that constitutes our world

    das verschwindende Weltsein the fleeting here-and-now

das **Weltüberwinden, -s** the (act of) overcoming the world

der **Weltuntergang, -(e)s** end of the world

    weltzermalmend world-shattering

sich **wenden (an), wandte** *or* **wendete sich, hat sich gewandt** *or* **gewendet** to address; turn (to), turn around

die **Wendung, -, -en** turn; expression; change, turning point, revolution

wenig little, small, slight; (*pl.*) (a) few

ein wenig a few, a little

etwas weniges a little

wenigstens at least

das **Wenige, -n** the little

wenn if, when, whenever, in case

wenn auch even if, even though

wenn . . . so if . . . then

wer who, whoever

werben, (wirbt), warb, geworben to woo, strive

werden, (wird), wurde, ist geworden to grow, become, turn out, prove, come to be, get, shall, will be

werden + zu to become, turn into

das **Werden, -s** becoming, coming into being, development, evolving

werfen, (wirft), warf, geworfen to fling, cast, throw, toss, project

etwas zu Boden werfen to throw something to the ground

das **Werk, -(e)s, -e** (artistic) work; act, performance; production, composition; publication, book; creation, deed

die **Werkstatt, -, ̈en** *or* **die Werkstätte, -, -n** workshop

das **Werkzeug, -(e)s, -e** tool

die **Werkzeugerfindung, -** invention of tools

der **Wert, -(e)s, -e** value; importance

wert dear, esteemed, valued, worthy

wert halten to esteem

es ist nicht viel wert it is not worth much, it has little value

die **Wertung, -, -en** evaluation, estimation, valuing

wertvoll valuable, precious

das **Wesen, -s, -** manner, nature, character; being, creature; state (of affairs), reality, essence, substance, condition

das Sein und Wesen existence and character

wesenlos shadowy

die **Wesensart, -, -en** nature

wesentlich essential, substantial, vital, significant, important, fundamental, real

das **Wesentliche, -n** that which is essential, the vital point, essential factor *or* thing

weshalb why

westlich western, to the west

wetteifern to compete (with), vie (with), emulate, rival

wetten to bet

so haben wir nicht gewettet that's not what we agreed upon

das **Wetter, -s** weather

der **Wetterschaden, -s, ̈** storm damage, damage caused by weather

der **Wicht, -(e)s, -e** wretch, creature

wichtig important, significant, urgent

die **Wichtigkeit, -** importance

wickeln wrap

wider against

widerfahren, (widerfährt), widerfuhr, ist widerfahren to happen to, meet with, occur

Gerechtigkeit widerfahren lassen to do justice (to)

widerhallen to resound, echo

widerlegen to refute, disprove

der **Widerschein, -(e)s, -e** reflection; irradiation

sich **widersetzen** (*dat.*) to resist, act in opposition (to)

der **Widersinn, -(e)s** contradiction, absurdity, paradox

widersinnig preposterous, irrational

widerspenstig refractory, unruly

widersprechen, (widerspricht), widersprach, widersprochen to contradict, gainsay

der **Widerspruch, -(e)s, ⸚e** contradiction

der **Satz des Widerspruch(e)s** law of contradiction

der **Widerstand, -(e)s, ⸚e** opposition, resistance

die **Widerstandslosigkeit, -** defenselessness

widerstehen, widerstand, widerstanden (*dat.*) to oppose, resist, withstand

der **Widerstreit, -(e)s** antagonism

in *or* **im Widerstreit sein** to be at odds

widerwärtig unpleasant, tiresome, vexatious, disgusting, repulsive

(sich) **widmen** (*dat.*) to dedicate, devote (oneself)

wie as, when, how, like, just as, such as

wie auch as well as

wie immer whatever, as ever, no matter how

wieder again

wieder-bringen, brachte wieder, wiedergebracht to bring back, return

wieder-erkennen, erkannte wieder, wiedererkannt to recognize

das **Wiedererleben, -s** re-experience

wieder-geben, (gibt wieder), gab wider, wiedergegeben to return, give back

wieder-her-stellen, stellte wieder her, wiederhergestellt to re-establish, reinstate; repair, recover

die **Wiederherstellung, -** recovery, reintegration, restoration

(sich) **wiederholen** to repeat (itself)

wieder-kehren to recur, repeat, return, come back

wieder-kommen, kam wieder, ist wiedergekommen to come again, come back, return

wieder-schaffen to get back, produce again

das **Wiedersehen, -s** reunion

auf Wiedersehen! till we meet again! goodbye!

wieder-sehen, (sieht wieder), sah wieder, wiedergesehen to see *or* meet again

wiederum again, anew; on the other hand, on the contrary, in turn, in return

die **Wiege, -, -n** cradle; origin

wiegen, wog, gewogen to weigh

wiegen to rock (to sleep), sway

das **Wiegenlied, -(e)s, -er** lullaby

(das) **Wien, -s** Vienna

die **Wiener Statthalterei, -** government office of Vienna

der **Wiener, -s, -** Viennese

die **Wiese, -, -n** meadow

das **Wiesel, -s, -** weasel

die **Wiesenblume, -, -n** meadow flower

das **Wiesental, -(e)s, ⸚er** green valley

der **Wiesenweg, -(e)s, -e** meadow path

wieso why

wieviel how much, how many

wild wild

das **Wildpferd, -(e)s, -e** wild horse

der **Wille, -ns, -n** will, inclination, intention, determination, intent, wish

   dein Wille geschehe! your will be done!

   nach meinem Willen according to my will

willig voluntary, ready, willing

die **Willigkeit, -** interest, willingness

das (der) **Willkommen, -s, -** welcome

willkommen (+dat.) welcome, acceptable

willkürlich haphazard; arbitrary, voluntary, spontaneous

wimmeln to swarm

wimmelnd teeming

wimmern to whimper, moan

die **Wimper, -, -n** eyelash

   ihre Wimpern schlugen auf und zu her eyelashes fluttered

der **Wind, -(e)s, -e** wind

   der Wind geht the wind blows

die **Winde, -, -n** bindweed

der **Wink, -(e)s, -e** hint, sign

der **Winkel, -s, -** (quiet) corner, angle

winken to wink, beckon, wave

winklig angular, winding

der **Winter, -s, -** winter

die **Winternacht, -, ⸚e** winter night

winzig tiny

der **Wipfel, -s, -** treetop

wirbeln to whirl, spin

die **Wirbelsäule, -, -n** spinal column

das **Wirbeltier, -(e)s, -e** vertebrate

wirken to work, act, produce, be, be active; take effect, have an effect, have an influence

das **Wirken, -s** activity

wirklich real(ly), genuine, actual(ly)

die **Wirklichkeit, -** reality, actuality

wirksam effective

die **Wirksamkeit, -** sphere of action; effectiveness

die **Wirkung, -, -en** effect, impression produced, influence; action, reaction

das **Wirkungsquantum, -s, -quanten** effective quantum, Planck's quantum, effective amount

der **Wirt, -(e)s, -e** innkeeper

die **Wirtin, -, -nen** proprietress, hostess, innkeeper's wife

die **Wirtsfrau** innkeeper's wife

das **Wirtshaus, -es, ⸚er** inn, public house

wischen to wipe, rub

der **Wisent, -(e)s, -e** (European) bison

wissen, (weiß), wußte, gewußt to know, be aware; know how to do

   wissen um to know about, be familiar with, be aware of

das **Wissen, -s** knowledge

die **Wissenschaft, -, -en** science, knowledge, scholarship

   die schönen Wissenschaften fine arts and literature, belles-lettres

der **Wissenschaftler, -s, -** scientist, scholar

wissenschaftlich scientific,

scholarly

die **Wissenschaftsgeschichte, -** history of science

wittern to sense, smell

der **Witz, -es, -e** joke, wit

witzig witty

wo where; how

wo aus noch ein where to turn

wobei whereat, whereby, in connection with which, in doing so, in the course of which

die **Woche, -, -n** week

wöchentlich weekly

wodurch whereby, through *or* by means of which

wofür wherefore, for which, what for

wogen to float, surge, sway, undulate

woher from where, whence

wohin where, to what *or* which place, whereto

wohl well, probably, indeed, to be sure, perhaps, very likely, safely, no doubt

wohl bekomms! may it do you good!

es gefällt mir sehr wohl I like it very much

sich wohl sein lassen (*dat.*) to enjoy oneself

wohlanständig respectable

die **Wohlanständigkeit, -** propriety

wohlberechnet well-calcul- ated, carefully planned

wohlgegründet well- founded

wohlgestaltet well-shaped

wohlig comfortable, pleasant

das **Wohlleben, -s** luxury, good living, well-being

wohlmeinend well-meaning

wohlriechend scented, fragrant

wohlriechende Essenz perfume

das **Wohlsein, -s** well-being

das **Wohlwollen, -s** benevolence

mitleidiges Wohlwollen benevolence tinged with pity

wohnen to dwell, live

der **Wohnsitz, -es, -e** place of residence, home

die **Wohnung, -, -en** apartment, living quarters, dwelling, residence, house

die **Wohnungstür(e), -, -(e)n** entrance door (to an apart- ment), front door

die **Wolke, -, -n** cloud

aus allen Wolken fallen to be thunderstruck, be taken aback completely

der **Wolkendunst, -es, ⁻e** cloudy mist

der **Wolkenhügel, -s, -** pile *or* mountain of clouds

die **Wolkenschicht, -, -en** bank of clouds

die **Wolkenwelle, -, -n** wave of mist

wollen, (will), wollte, ge- wollt to want to, intend, "will"

wollen woolen

die **Wollust, -, ⁻e** sensuality, lust, debauchery

womit with which, with what

die **Wonne, -, -n** bliss, delight, ecstasy, rapture

die **Wonnestunde, -, -n** hour of bliss

worauf whereupon

woraus out of which, out of what

das **Wort, -(e)s, -e** word, term, expression

die **Worter** (*pl.*) (unconnected) words

wortlos silent, without saying a word, speechless

wozu for what purpose, what for

wuchern to grow rapidly,

thrive

der **Wuchs, -es, ⸚e** growth, height, figure

wund wounded, sore; grieved

die **Wunde, -, -n** wound

das **Wunder, -s, -** wonder, marvel, miracle

kein Wunder no wonder

was Wunder no wonder

wunderartig unusual, baffling

wunderbar wonderful, marvelous, amazing

wunderlich strange, odd, singular, curious

sich **wundern (über)** to wonder, be astonished, be surprised (at)

wundersam wondrous, strangely wonderful

wundervoll wonderful

die **Wundinfektion, -, -en** infection of a wound

der **Wunsch, -es, ⸚e** wish, desire

wünschen to wish

die **Wunschregung, -, -en** conative impulse, wishful impulse

die **Würde, -, -n** dignity, post of honor

würdig venerable, respectable, dignified, worthy

würdigen to dignify, honor, appreciate, value, express appreciation

die **Würdigung, -, -en** adequate attention, appreciation, valuation

der **Wurm, -(e)s, ⸚er** worm

die **Wurst, -, ⸚e** sausage

die **Wurzel, -, -n** root; basis

wurzeln to be *or* become rooted

in einer Sache wurzeln to have its origin in a thing

würzen to spice, season

der **Wust, -es** chaos

wüst waste, uncultivated, dissolute, desolate

die **Wüste, -, -n** desert

die **Wüstenei, -, -(e)n** desert, waste, wasteland

wütend furious, raging

Z

zackig jagged

zag timid

zagen to hesitate, quail

zaghaft timid

zäh stubborn

die **Zahl, -, -en** number, figure

zählen to count

die **Zahlenreihe, -, -en** series of numbers

zahllos countless, innumerable

zahlreich numerous

die **Zählung, -, -en** count, computation

zähmen to tame

der **Zahn, -(e)s, ⸚e** tooth

zappeln to fidget, kick, writhe

zart delicate, tender, sheer, gentle, sensitive, frail, slender, slight

zart gebaut of slender build

die **Zärtlichkeit, -** tenderness, affection

zartrosig delicate pink

der **Zauber, -s, -** magic, enchantment

der **Zauberberg, -(e), -e** magic mountain

der **Zauberer, -s, -** magician, sorcerer

zauberhaft enchanting, magical

der **Zauberlehrling, -s, -e** magician's apprentice, sorcerer's apprentice

das **Zauberpulver, -s, -** magic powder

das **Zauberstäbchen, -s, -** magic wand

das **Zauberwort, -(e)s, -e** magic word

der **Zaun, -(e)s, ⸚e** fence

zehnfach tenfold

die **Zehenspitze, -, -n** tip *or* point of a toe

zehren to consume

das **Zeichen, -s, -** sign, mark, token, indication

zum Zeichen (+*gen.*) as a sign of

zeichnen to draw, mark

die **Zeichnung, -, -en** drawing, diagram

der **Zeigefinger, -s, -** forefinger, index finger

zeigen to show, point out *or* at, display, indicate; demonstrate, prove; present

sich **zeigen** to be found, become evident, prove to be, turn out, appear, show oneself *or* itself, manifest itself, occur, display itself

es zeigt sich it becomes evident

der **Zeiger, -s, -** sign, indicator; hand (of clock *or* watch)

den Zeiger aufrichten to post *or* erect a sign

die **Zeile, -, -n** line

die **Zeit, -, -en** time; epoch, age, period

Zeit gewinnen to gain time

von Zeit zu Zeit from time to time

vor Zeiten long ago

der **Zeitablauf, -(e)s** passage of time

das **Zeitalter, -s, -** age, generation, era

zeitbeständig enduring

der **Zeitgenosse, -n, -n** contemporary

zeitgenössisch contemporary

zeitig early

die **Zeitlang: eine Zeitlang** for some time

zeitlebens all his (her) life

zeitlich temporal, in time, in a period; worldly

zeitlos timeless

die **Zeitschrift, -, -en** periodical, magazine, journal

zeittypisch typical of the age

die **Zeitung, -, -en** newspaper

der **Zeitvertreib, -(e)s, -e** diversion, pastime

die **Zeitvorstellung, -, -en** idea *or* concept of time

zeitweilig at times, occasionally, temporarily

die **Zensur, -, -en** report, mark, grade

(das) **Zentralafrika, -s** central Africa

der **Zentraleuropäer, -s, -** central European

das **Zentralgestirn, -(e)s, -e** central star

das **Zentrum, -s, Zentren** center

zerbrechen, (zerbricht), zerbrach, ist zerbrochen to break in *or* to pieces, shatter, smash (up)

zerdrücken to crush

der **Zerfall, -(e)s** decay, destruction, dissociation, disintegration; decadence

zerfallen, (zerfällt), zerfiel, ist zerfallen to fall apart *or* to pieces, break, collapse, fall out

zerfallen mit in conflict with

zerfließen, zerfloß, ist zerflossen to dissolve, melt

zerfressen, (zerfrißt), zerfraß, zerfressen to corrode

zerknirschen to crush, overwhelm with regret *or* sorrow

zerknirscht contrite, abjectly

zerlegen to divide, split, take apart, dissect, cut to pieces

die **Zerlegung, -, -en** separation, division, dissection

zerlumpt ragged, tattered and torn

zermartern to torture

zersetzlich in process of decomposition, disintegrating

zerstören to destroy

der Zerstörer, -s, - destroyer

die Zerstreuung, -, -en diversion; dispersion

der Zeuge, -, -n witness

zeugen to show, prove, give
evidence (of), bear witness
(to), testify (to); procreate

das Zeugnis, -ses, -se testimony,
evidence, proof, trace, witness; (school) report

der Zickzack, -(e)s, -e zigzag

ziehen, zog, gezogen to
draw, pull, move

auf sich ziehen to draw
onto oneself

Schlüsse or Folgerungen
ziehen to draw conclu-
sions

das Ziel, -(e)s, -e goal, end,
object, objective, destination; limit

ziemlich tolerably, pretty,
rather, somewhat, fairly

die Zier, - ornament

der Zierat, -(e)s, -e decoration,
ornament

die Zierde, -, -n ornament

zierlich elegant, pretty, dainty

die Zigarette, -, -n cigarette

der Zigeuner, -s, - gypsy

das Zimmer, -s, - room

die Zimmerausstattung, -, -en
room furnishings

der Zimmerwinkel, -s, - corner
of the room

der Zins, -es, -en rent; (pl.) interest

die Zipfelmütze, -, -n peaked
cap

zischen to hiss, whir

zitieren to cite

zittern to tremble, quiver

das Zittern, -s trembling, shaking

ins Zittern geraten to
start to tremble

das Zivil, -s civilian dress

in Zivil in civilian clothes

die Zivilbevölkerung, - civilian
population

die Zivilisation, -, -en civilization

die Zivilkleidung, - civilian or
plainclothes; mufti

zögern to hesitate

der Zöllner, -s, - toll collector

der Zollverwalter, -s, - adminis-
trator of customs, customs
official

der Zoologe, -n, -n zoologist

die Zoologie, - zoology

zoologisch zoological

der Zopf, -(e)s, ⸚e plait (of hair),
braid

der Zorn, -(e)s anger

zornig angry

zu (dat.) at, by, in, on, further,
to(ward); too

zu Fuß on foot

zu Fuß gehen to walk

zu Haus(e) at home

zum zweitenmal for the
second time

zu-bereiten, bereitet zu,
zubereitet to prepare

zu-billigen to attribute, concede

zu-bringen, brachte zu, zu-
gebracht to pass or spend
(time); bring in

das Zuchthaus, -es, ⸚er house of
correction

zucken to twitch, shrug,
move convulsively, quiver,
tremble

das Zucken, -s twitch

der Zucker, -s sugar

das Zuckerbrötchen, -s, -
pastry, sweet roll

zu-decken to cover (up)

zudem furthermore, in addition

zu-drücken to press shut

zu-erkennen, erkannte zu,
zuerkannt (dat.) to con-

cede, attribute to

zuerst (at) first, first of all, above all, especially

der **Zufall, -(e)s, ̈e** chance, accident, coincidence, occurrence

zu-fallen, (fällt zu), fiel zu, ist zugefallen to close, shut

zufällig by coincidence, accidental(ly)

die **Zuflucht, -, ̈e** refuge

zu-flüstern to whisper something to someone, breathe something into a person's ear

zufrieden content, satisfied, pleased

die **Zufriedenheit, -** contentment, satisfaction

der **Zug, -(e)s, ̈e** characteristic, feature, trait, tendency; train; draught; pull

in den letzten Zügen liegen to be dying, be in one's last throes

ein Zug zu a tendency toward

die Züge (*pl.*) outlines, strokes (of the pen), writing; features

der **Zugang, -(e)s, ̈e** (path of) access, approach

zugänglich (*dat.*) accessible, approachable

zu-geben, (gibt zu), gab zu, zugegeben to admit, grant

zugegen present

zu-gehen, ging zu, ist zugegangen to go toward, approach

der **Zügel, -s, -** rein, bridle

zugetan attached, devoted

zugig drafty, bleak

zugleich at the same time, simultaneous, at once, together; also

zugrunde-richten to destroy

zugute tun, (tut zugute), tat zugute, zugute getan (jemandem etwas) to treat (a person to something)

sich etwas zugute tun auf to be proud of something

zu-hören to listen

der **Zuhörer, -s, -** listener, auditor; (*pl.*) members of the audience

zu-klappen to snap shut

zu-kommen, kam zu, ist zugekommen (*dat.*) to belong to, be due to, befit; assume

jemandem zukommen to have coming, have a right to expect

die **Zukunft, -** future

zuletzt at last, finally, after all, in the last analysis

zuliebe (*dat.*) on account of, for the sake of, to oblige *or* please, obliging

zu-machen to shut, close

zumal especially, chiefly, above all, particularly

zumeist for the most part

zumindest at least

zumute sein, (ist zumute), war zumute, ist zumute gewesen to feel like

zu-muten to demand (unreasonably), expect (too much); impute

zunächst (at) first, first of all, to begin with; chiefly

zünden to light, kindle

zu-nehmen, (nimmt zu), nahm zu, zugenommen to increase, gain

sich **zu-neigen** (*dat.*) to incline *or* lean toward; favor (*e.g., an opinion*)

die **Zunge, -, -n** tongue

zuoberst at the very top, uppermost

zu-ordnen to assign, associate

zurecht-legen to put in order, arrange, make ready

zu-reden to urge, exhort, persuade, try to convince, encourage

zürnen to be angry

zurück back, backward

sich **zurück-begeben, (begibt sich zurück), begab sich zurück, hat sich zurückbegeben** to return

sich **zurück-biegen, bog sich zurück, hat sich zurückgebogen** to bend back

zurück-bleiben, blieb zurück, ist zurückgeblieben to remain behind

zurück-denken, dachte zurück, zurückgedacht to think back, recall

zurück-führen to lead back, reduce (to)

die **Zurückführung, -, -en** reduction, attribution

durch **Zurückführung** by tracing back

zurück-gehen, ging zurück, ist zurückgegangen to go or trace back (to), originate from, have its source (in); return, be traced back (to)

zurück-gleiten, glitt zurück, ist zurückgeglitten to slip back

zurück-halten, (hält zurück), hielt zurück, zurückgehalten to prevent, keep or hold back, restrain, retain, stop

die **Zurückhaltung, -** caution, reserve

zurück-kehren, kehrte zurück, ist zurückgekehrt to return, come back

zurück-kommen, kam zurück, ist zurückgekommen to return, come back

zurück-lassen, (läßt zurück), ließ zurück, zurückgelassen to leave behind, abandon

zurück-scheuchen to frighten or shoo back

zurück-scheuen to shrink from, hesitate before

zurück-schicken to send back

zurück-senden, sandte zurück or sendete zurück, zurückgesandt or zurückgesendet to send back

zurück-stoßen, (stößt zurück), stieß zurück, zurückgestoßen to rebuff, push back

zurück-weichen, wich zurück, ist zurückgewichen to retreat, fall back, recede, withdraw

zurück-werfen, (wirft zurück), warf zurück, zurückgeworfen to throw back, toss back

sich **zurück-ziehen, zog sich zurück, hat sich zurückgezogen (auf)** to retreat, resort (to)

zu-sagen to suit (a person's) wishes

es sagt mir zu I like it, it is to my taste

zusammen together

sich **zusammen-ballen** to gather, pack

zusammen-beißen, biß zusammen, zusammengebissen to clench

zusammen-binden, band zusammen, zusammengebunden to tie together

zusammen-bringen, brachte zusammen, zusammengebracht to bring together

der **Zusammenbruch, -(e)s, ⸚e**

collapse, breakdown, ruin

zusammen-fahren, (fährt zusammen), fuhr zusammen, ist zusammengefahren to join together; collide

zusammen-fallen, (fällt zusammen), fiel zusammen, ist zusammengefallen to coincide; collapse

zusammen-fassen, faßte zusammen, zusammengefaßt to summarize, sum up; bring together

die **Zusammenfassung, -, -en** concentration, synopsis

zusammen-fließen, floß zusammen, ist zusammengeflossen to merge, fuse, flow together

mit etwas zusammenfließen to become merged with something

zusammengekauert curled up

zusammengekniffen tightly closed, pinched

der **Zusammenhang, -(e)s, ⸚e** connection, association, context, nexus, relation, relationship

zusammen-klingen, klang zusammen, zusammengeklungen to sound together, harmonize

zusammen-kommen, kam zusammen, ist zusammengekommen to come together, meet

zusammen-knüpfen to knot, tie together

die **Zusammenkunft, -, ⸚e** meeting, get-together

sich **zusammen-nehmen, (nimmt sich zusammen), nahm sich zusammen, hat sich zusammengenommen** to pull oneself together,

pluck up courage

zusammen-raffen to collect, gather up

zusammen-rauschen to rustle together, murmur together (from all sides)

zusammen-sacken to cave in, crumble

zusammen-schnüren to constrict

zusammen-schrumpfen to shrivel

das **Zusammensein, -s** social life, togetherness

zusammen-setzen to put together, compound, compose, mix, combine

sich **zusammen-setzen** to consist of, be composed of; sit down together

die **Zusammensetzung, -, -en** compound, composition

zusammen-sinken, sank zusammen, ist zusammengesunken to collapse

zusammensinkende Glut dying embers

das **Zusammenspiel, -(e)s, -e** acting in union, concerted action, interplay

das **Zusammenspielen, -s** interaction

zusammen-treffen, (trifft zusammen), traf zusammen, ist zusammengetroffen to encounter, meet

zusammen-treiben, trieb zusammen, zusammengetrieben to drive *or* bring together

zusammen-treten, (tritt zusammen), trat zusammen, zusammengetreten to combine, join together

zusammen-ziehen, zog zusammen, zusammengezogen to contract

427

zusätzlich in addition, additional

der **Zuschauer, -s, -** bystander, onlooker, spectator

zu-schreiben, schrieb zu, zugeschrieben to attribute, ascribe

die **Zuschrift, -, -en** communication, letter

zu-sehen, (sieht zu), sah zu, zugesehen to watch, look on, witness

zu-sprechen, (spricht zu), sprach zu, zugesprochen to speak to; partake freely

der **Zustand, -(e), ⸚e** condition, situation, position, state, circumstance

zustande-kommen, kam zustande, ist zustandegekommen to occur, take place, come about

zuständig competent, appropriate

die **Zuständigkeit, -** status, residence

zu-stimmen to agree

die **Zustimmung, -** assent, consent, agreement

zu-streben (dat.) to tend toward, try to reach, strive for or after

zu-stutzen to put into shape, train, drill

die **Zutat, -, -en** addition, contribution; ingredient

zu-teilen to assign, mete out

sich **zu-tragen, (trägt sich zu), trug sich zu, hat sich zugetragen** to happen, come about, occur, take place

zu-trauen to believe capable of, seem capable of, give credit for

das hätte ich ihm nicht zugetraut I would never have considered him capable of that

das **Zutrauen, -s** trust, confidence

zu-treffen, (trifft zu), traf zu, ist zugetroffen to prove right, true, or correct; be or come true, come about (as expected)

zutreffend applicable

zu-tun, (tut zu), tat zu, zugetan to close, shut

zutunlich engaging, complacent

zuviel too much

zuvor before, previously

zuvorkommend obliging

zuweilen sometimes, at times, occasionally, now and then, once in a while

zu-weisen, wies zu, zugewiesen to assign, allot

zu-wenden, wendete zu or **wandte zu, zugewandt** or **zugewendet** to turn to

sich **zu-wenden** (dat.) to devote oneself (to), turn one's attention (to)

zu-winken to wave to

die (der) **Zuydersee,** or **Zuidersee, -s** Zuider Zee (formerly a landlocked inlet of the North Sea in Holland, now closed by a dike)

sich **zu-ziehen, zog sich zu, hat sich zugezogen** to contract (e.g., a disease)

der **Zwang, -(e)s, ⸚e** coercion, compulsion; (moral) obligation; necessity, pressure

der **ökonomische Zwang** economic pressure or necessity

zwar indeed, certainly, it is true, to be sure, of course, I admit

und zwar specifically, namely, and indeed, that is, in fact, and what is more

der **Zweck, -(e)s, -e** aim, goal, object, purpose

zweckfrei disinterested

zweckmäßig appropriate, practical, purposeful, useful

zweideutig ambiguous, improper

die Zweideutigkeit, -, -en ambiguity

zweierlei of two kinds

der Zweifel, -s, - doubt

zweifelhaft doubtful, uncertain, dubious, questionable

zweifeln to doubt, question

der Zweig, -(e)s, -e twig, branch

zweigen to branch (out)

der Zweihänder, -s, - two-handed sword

zweimal or zum zweitenmal for the second time

zweispännig drawn by two horses

zweitens in the second place, secondly

der Zwerg, -(e)s, -e dwarf, pygmy

das Zwergvolk, -(e)s, ⁼er pygmy or dwarf people

das Zwielicht, -(e)s twilight

zwingen, zwang, gezwungen to force, coerce, compel

herbeigezwungen forced to come

zwingend convincing, conclusive, compelling

der Zwingherr, -n, -en tyrannical master, tyrant

zwinkern to blink

zwischen between, among

der Zwischenakt, -(e)s, -e intermission

der Zwischenfall, -(e)s, ⁼e incident

das Zwischengeschoß, -es, -e mezzanine

die Zwischenzeit, -, -en meantime, interval, interim